21 世纪全国高等院校财经管理系列实用规划教材

U0830776

会计学原理

主　编　郭松克
副主编　彭　婷　周敏捷
杨烁丹

北京大学出版社
PEKING UNIVERSITY PRESS

内 容 简 介

会计学原理从学科层面阐述会计学的基本知识；从系统论的角度阐释会计的基本程序与方法；从技术处理层面诠释会计基本技能。本书即以全面阐述“三基”为要旨，目的是让教与学能共同通过对这门课程的互动学习，形成知识、方法、技能上的共鸣，并在日后的学习、工作中发挥作用。本书共分 11 章，具体内容包括：总论、会计要素和会计等式、会计科目和复式记账、工业企业主要经济业务的处理、成本计算、会计凭证、会计账簿、财务处理程序、财产清查、财务会计报告、会计工作组织。

本书可作为高等院校会计学专业和相近专业学生的教材，也可供高职高专同类专业学生使用，还可作为财政、税务、银行、审计等部门的专业人员和自学人员及会计专业的教师参考。

图书在版编目(CIP)数据

会计学原理/郭松克主编. —北京：北京大学出版社，2014.9

(21 世纪全国高等院校财经管理系列实用规划教材)

ISBN 978-7-301-24872-0

Ⅰ. ①会… Ⅱ. ①郭… Ⅲ. ①会计学—高等学校—教材 Ⅳ. ①F230

中国版本图书馆 CIP 数据核字(2014)第 216251 号

书　　名：会计学原理

著作责任者：郭松克　主编

策 划 编 辑：王显超

责 任 编 辑：葛　方

标 准 书 号：ISBN 978-7-301-24872-0/C • 1050

出 版 发 行：北京大学出版社

地　　址：北京市海淀区成府路 205 号　100871

网　　址：http://www.pup.cn　新浪官方微博：@北京大学出版社

电 子 信 箱：pup_6@163.com

电　　话：邮购部 62752015　发行部 62750672　编辑部 62750667　出版部 62754962

印　刷　者：北京富生印刷厂

经　销　者：新华书店

787 毫米×1092 毫米　16 开本　19.5 印张　446 千字

2014 年 9 月第 1 版　2017 年 6 月第 4 次印刷

定　　价：38.00 元

未经许可，不得以任何方式复制或抄袭本书之部分或全部内容。

版权所有，侵权必究

举报电话：010-62752024　电子信箱：fd@pup. pku. edu. cn

21世纪全国高等院校财经管理系列实用规划教材

专家编审委员会

主任委员	刘诗白		
副主任委员	(按拼音排序)		
	韩传模	李全喜	王宗萍
	颜爱民	曾　旗	朱廷珺
顾　　问	(按拼音排序)		
	高俊山	郭复初	胡运权
	万后芬	张　强	
委　　员	(按拼音排序)		
	程春梅	邓德胜	范　徵
	冯根尧	冯雷鸣	黄解宇
	李柏生	李定珍	李相合
	李小红	刘志超	沈爱华
	王富华	吴宝华	张淑敏
	赵邦宏	赵　宏	赵秀玲
法律顾问	杨士富		

丛 书 序

我国越来越多的高等院校设置了经济管理类学科专业，这是一个包括理论经济学、应用经济学、管理科学与工程、工商管理、公共管理、农林经济管理、图书馆、情报与档案管理 7 个一级学科门类和 31 个专业的庞大学科体系。2006 年教育部的数据表明，在全国普通高校中，经济类专业布点 1518 个，管理类专业布点 4328 个。其中除少量院校设置的经济管理专业偏重理论教学外，绝大部分属于应用型专业。经济管理类应用型专业主要着眼于培养社会主义国民经济发展所需要的德智体全面发展的高素质专门人才，要求既具有比较扎实的理论功底和良好的发展后劲，又具有较强的职业技能，并且又要求具有较好的创新精神和实践能力。

在当前开拓新型工业化道路，推进全面小康社会建设的新时期，进一步加强经济管理人才的培养，注重经济理论的系统化学习，特别是现代财经管理理论的学习，提高学生的专业理论素质和应用实践能力，培养出一大批高水平、高素质的经济管理人才，越来越成为提升我国经济竞争力、保证国民经济持续健康发展的重要前提。这就要求高等财经教育要更加注重依据国内外社会经济条件的变化，适时变革和调整教育目标和教学内容；要求经济管理学科专业更加注重应用、注重实践、注重规范、注重国际交流；要求经济管理学科专业与其他学科专业相互交融与协调发展；要求高等财经教育培养的人才具有更加丰富的社会知识和较强的人文素质及创新精神。要完成上述任务，各所高等院校需要进行深入的教学改革和创新，特别是要搞好有较高质量的教材的编写和创新工作。

出版社的领导和编辑通过对国内大学经济管理学科教材实际情况的调研，在与众多专家学者讨论的基础上，决定编写和出版一套面向经济管理学科专业的应用型系列教材，这是一项有利于促进高校教学改革发展的重要措施。

本系列教材是按照高等学校经济类和管理类学科本科专业规范、培养方案，以及课程教学大纲的要求，合理定位，由长期在教学第一线从事教学工作的教师编写，立足于 21 世纪经济管理类学科发展的需要，深入分析经济管理类专业本科学生现状及存在的问题，探索经济管理类专业本科学生综合素质培养的途径，以科学性、先进性、系统性和实用性为目标，其编写的特色主要体现在以下几个方面：

（1）关注经济管理学科发展的大背景，拓宽理论基础和专业知识，着眼于增强教学内容与实际的联系和应用性，突出创造能力和创新意识。

（2）体系完整、严密。系列涵盖经济类、管理类相关专业以及与经管相关的部分法律类课程，并把握相关课程之间的关系，整个系列丛书形成一套完整、严密的知识结构体系。

（3）内容新颖。借鉴国外最新的教材，融会当前有关经济管理学科的最新理论和实践经验，用最新知识充实教材内容。

（4）合作交流的成果。本系列教材是由全国上百所高校教师共同编写而成，在相互进行学术交流、经验借鉴、取长补短、集思广益的基础上，形成编写大纲。最终融合了各地特点，具有较强的适应性。

（5）案例教学。教材融入了大量案例研究分析内容，让学生在学习过程中理论联系实际，特别列举了我国经济管理工作中的大量实际案例，这可大大增强学生的实际操作能力。

（6）注重能力培养。力求做到不断强化自我学习能力、思维能力、创造性解决问题的能力以及不断自我更新知识的能力，促进学生向着富有鲜明个性的方向发展。

作为高要求，经济管理类教材应在基本理论上做到以马克思主义为指导，结合我国财经工作的新实践，充分汲取中华民族优秀文化和西方科学管理思想，形成具有中国特色的创新教材。这一目标不可能一蹴而就，需要作者通过长期艰苦的学术劳动和不断地进行教材内容的更新才能达成。我希望这一系列教材的编写，将是我国拥有较高质量的高校财经管理学科应用型教材建设工程的新尝试和新起点。

我要感谢参加本系列教材编写和审稿的各位老师所付出的大量卓有成效的辛勤劳动。由于编写时间紧、相互协调难度大等原因，本系列教材肯定还存在一些不足和错漏。我相信，在各位老师的关心和帮助下，本系列教材一定能不断地改进和完善，并在我国大学经济管理类学科专业的教学改革和课程体系建设中起到应有的促进作用。

劉詩白

2007 年 8 月

刘诗白　现任西南财经大学名誉校长、教授，博士生导师，四川省社会科学联合会主席，《经济学家》杂志主编，全国高等财经院校《资本论》研究会会长，学术团体“新知研究院”院长。

前　言

会计是人类经济社会发展到一定阶段的产物，是一项重要的经济管理活动；会计语言已经成为一种“国际通用的商业语言”；会计学科正以其较强的技术性、应用性向世人展现充满生机的管理特色。

“会计学原理”是会计学、财务管理学专业的奠基课程，同时也是大多数经济类、管理类专业的必修课程。会计学原理从学科层面阐述会计学的基本知识；从系统论的角度阐释会计的基本程序与方法；从技术处理层面诠释会计基本技能。本书即以全面阐述“三基”为要旨，目的是让教者与学者能通过对这门课程的共同互动学习，形成知识、方法、技能上的共鸣，并在日后的学习、工作中发挥作用。

本书体现以下特点：

(1) 力求知识全面。本书注重对不同学派、不同会计理论的介绍；注重以现行企业会计准则为指导，同时同国际惯例接轨。

(2) 力求案例新颖。本书各章顺序安排充分考虑复试记账方法同主要经济业务账务处理以及成本计算之间的内在联系；凭证、账簿、账务处理程序及财产清查、会计报告的逻辑关系。本书各章以导入语引发学生兴趣，以小结总括各章要点，以配套的习题帮助学生做全方位训练。

(3) 培养职业素质。本书第 11 章全面规划了会计机构、会计人员、会计法律制度的构成、会计档案等多项内容，将育人功能体现在专业教材之中，以期提前培养和提升初学者的职业道德及法律意识。

本书由广州大学松田学院郭松克教授担任主编，彭婷、周敏捷副教授担任副主编。参加本书编写的人员有：广州大学松田学院郭松克(第 1 章总论)；广州大学松田学院彭婷(第 2 章会计要素和会计等式、第 3 章会计科目和复式记账、第 5 章成本计算)；广州大学松田学院周敏捷(第 4 章工业企业主要经济业务的处理)；广州大学松田学院杨容(第 6 章会计凭证、第 8 章账务处理程序)；广州大学松田学院唐小惠(第 7 章会计账簿、第 11 章会计工作组织)；广州大学松田学院杨烁丹(第 10 章财务会计报告)；广州大学松田学院李红霞(第 9 章财产清查)。全书由郭松克教授负责总体设计、各章导入语设计、总纂并统稿，彭婷、管妙娴对全书体例编排进行了协助统筹。

本书可作为高等院校会计学专业和相近专业学生的教材，也可供高职高专同类专业学生使用，还可作为财政、税务、银行、审计等部门的专业人员和自学人员及会计专业的教师参考。

本书参考了许多同行专家的研究成果，谨以表示诚挚感谢。

由于编者水平有限，书中疏漏之处在所难免，敬请专家及读者斧正。

郭松克

2014 年 6 月

目　　录

第1章 总论

教学目的与要求

本章介绍会计学的基本理论。通过本章的学习，了解会计的产生和发展；掌握会计的含义；掌握会计的基本职能及会计基础；熟悉会计的对象；掌握会计基本假设和信息质量要求；熟悉会计核算方法。

本章主要内容

会计的产生与发展；
会计的概念；
会计的对象；
会计的基本职能；
会计基本假设和会计基础；
会计信息质量特征。

本章考核重点

会计的概念；
会计的对象；
会计基本假设和会计基础。

导入语

欢迎同学们前来学习“会计学原理”!

这里我们遇到的第一个问题是：什么是会计?

去年的第一次“会计学原理”课我曾问过新生同学，他(她)们是这样回答的。

学生甲：在家我妈说了，会计是个不错的工作，夏有空调，冬有暖气，风刮不着，雨淋不着，最适合女孩子干啦!

学生乙：在家我爸说了，他就是会计，工资虽不算丰厚，但稳定啊，近30年啦，从无下岗之忧。

学生丙：我大哥讲，他们单位有会计处，十几个人呢，有处长，还有登账、内审等方面的分工，是任何经营单位都少不了的一个职能机构。

学生丁：我姐在大学教书，她就是教会计的，她说会计的学问可大了，不仅以经济管理理论为基础，而且实操性极强，其专业知识已成为现代商业语言的最重要内容。作为前沿性理论，现在讨论的热点是世界范围内如何使各国会计接轨问题……

同学们，他(她)们的回答全面吗?

如果你也感到“丈二和尚摸不着头脑”的话，那就先让我们从“会计学原理”的第1章“总论”学起吧!

1.1 会计概述

1.1.1 会计的产生与发展

1. 会计的产生

生产活动是人类赖以生存和发展的基础，也是人类最基本的实践活动，它决定着人类所进行的其他一切活动。生产活动能够创造出物质财富，取得一定的劳动成果；同时，也必然会发生劳动耗费，其中包括人力、物力以及财力的耗费。如果劳动成果少于劳动耗费，则生产就会萎缩，社会就会倒退；如果劳动成果等于劳动耗费，则只能进行简单再生产，社会就会停滞不前；如果劳动成果多于劳动耗费，则可以进行扩大再生产，社会就能取得进步。而生产发展、社会进步是一切社会形态中人们所追求的共同目标，因此，无论在何种社会形态中，人们都必然会关心劳动成果和劳动耗费，并对它们进行比较，以便科学、合理地管理生产活动，提高经济效益。在对劳动成果和劳动耗费进行比较的过程中，产生了原始的计量、计算、记录行为。这种原始的计量、计算、记录行为中蕴含着会计思想、会计行为的萌芽。会计在其产生初期还只是“生产职能的附带部分”，也就是说，会计在它产生初期是生产职能的一个组成部分，是人们在生产活动以外，附带地把劳动成果和劳动耗费以及发生的日期进行计量和记录。当时会计还不是一项独立的工作。随着社会生产的发展，生产规模的日益扩大和复杂化，对劳动成果和劳动耗费及其比较，仅仅靠人们劳动过程中附带地进行计量、计算和记录，显然满足不了生产发展的需要。为了满足上述需要，适应对劳动成果和劳动耗费进行管理的要求，会计逐渐从生产职能中分离出来，成为特殊的、专门委托的当事人的独立的职能。可见，会计是适应生产活动发展的需要而产生的，对生产活动进行科学、合理的管理是它产生的根本动因。

生产活动的发生是会计产生的前提条件。如果没有生产活动的发生，便不会有会计思想、会计行为的产生。但是，这并不意味着生产活动一发生，就产生了会计思想、会计行为。会计史学者的考古结果表明：只有当人类的生产活动发展到一定阶段，以至于生产所得能够大体上保障人类生存和繁衍的需要时，人们才会关心劳动成果与劳动耗费的比较。特别是劳动成果有了剩余时，原始的计量、记录行为才具备了产生的条件，会计也因此而进入萌芽阶段。这一时期经历了漫长的过程；据考证，从旧石器时代中、晚期到奴隶社会这一时期被称作会计的萌芽阶段，也叫会计的原始计量与记录时代。由此可见，会计并不是在生产活动发生伊始就产生的，它是生产发展到一定程度，劳动成果有了剩余以后，人们开始关心劳动成果和劳动耗费的比较，更关心对剩余劳动成果的管理和分配，才需要对它们进行计量、计算和记录，因而产生了会计思想，使会计开始萌芽。

综上所述，会计是适应社会生产发展的需要而产生的，是人类生产活动发展到一定阶段的产物，并且一开始就具有管理的职能。

2. 会计的发展

会计自产生之后，在漫长的历史长河中随人类生产管理的需要不断向前发展，至今大致经历了如下阶段。

1) 古代会计阶段

严格的独立意义上的会计特征，是到奴隶社会的繁盛时期才表现出来的。那时，随着社会的发展，劳动生产力的不断提高，生产活动中出现了剩余产品。剩余产品与私有制的结合，造成了私人财富的积累，进而导致了受托责任会计的产生，会计逐渐从生产职能中分离出来，成为特殊的、专门委托的当事人的独立的职能。这时的会计，不仅应保护奴隶主物质财产的安全，而且还应反映那些受托管理这些财产的人是否认真地履行了他们的职责。所有这些都要求采用较先进、科学的计量与记录方法，从而导致了原始计量、记录行为向单式簿记体系的演变。从奴隶社会的繁盛时期到15世纪末，单式簿记应运而生而且得到了发展。一般将这一时期的会计称之为古代会计。

会计在我国有悠久的历史，如果说原始的计量、记录行为始于旧石器时代的中晚期，那么，见之于文字记载的中国会计，已于公元前1100年至公元前250年左右的西周和春秋战国时期初具规模。那时，中国就有了“会计”的称谓，人们已经认识到，会计工作是一项由零星核算到汇总核算再到三年大计的系统过程，这一系统过程应当真实、恰当。会计在当时的涵义是：既有日常的零星核算，又有岁终的总核算，通过日积月累的岁会的核算，达到正确考核王朝财政经济收支的目的。

公元1000年，中式会计在盛唐的基础上又有新的进展，并依旧在世界上处于领先地位。从公元1002年到1068年，连续三代皇帝推行财计组织体制改革，试图以此理顺中央与地方财计之间的关系。公元1069年，王安石以“理财”为纲进行变革，并以“制置三司条例司”作为改革的总机关。公元1074年，设置“三司会计司”，以此总考天下财赋出入。尽管以上改革未果，然而，这些事件却在会计发展史上造成了重要影响。公元1078年至1085年，又恢复到唐朝的“三省六部”体制，并重新确立了政府会计、出纳及审计的组织地位，使会计工作恢复到正常状态。上述史实表明，在11世纪，中国所进行的财计改革，在当时世界上具有先导性作用。

进入12世纪后，南宋设置的“审计院”，明朝的“都察院制度”、财物出纳印信勘合制度、黄册制度，以及继承两宋之制所实行的《会计录》编纂制度与钱粮“四柱清册”编报制度等，都闪烁着中式会计的历史光辉，为世界会计史研究者所肯定。宋朝采用“四柱清册”的方法。“四柱”指旧管、新收、开除、实在，即现时会计术语的期初结存、本期收入、本期付出和期末结存。

《宋史》云：“殊不知大国之制用，如巨商之理财”。此议揭示了公元10世纪以后，中国商业的发达及巨商在理财方面的重要影响。至明代，不仅商业与旧式金融业又有一定发展，而且手工业作坊也有了新的进步，在封建社会内部已孕育出资本主义经济关系的萌芽。

然而，从15世纪中叶起，中国开始在政治、经济、文化及科学技术方面落后于西方国家。自此，文明古国的会计占主导地位的时代过去了，而近500年的世界会计一直朝着西方经济发达国家占主导地位的方向发展。

2) 近代会计阶段

近代会计是从运用复式账簿开始的。复式记账技术首先来自中世纪意大利银行的存款转账业务。为适应实际需要，1494年，意大利数学家卢卡巴其阿勒出版了他的著作《算数、几何及比例概要》一书，系统地介绍了威尼斯的复式记账法，并给予理论阐述。由于这本书的出版，复式簿记方法在全世界得到推广，复式记账法在理论上的总结及在实践中的推广揭开了会计由古代阶段向近代阶段发展的一页。复式簿记在理论上的总结被认为是近代会计发展史上的第一个里程碑。

从15世纪到19世纪，会计的理论与方法的发展仍然是比较缓慢的，直到19世纪，英国进行了工业革命，出现了股份公司，在原来记账算账的基础上对会计提出了编制和审查财务报表，而且企业的会计需要接受外界监督的新要求。1854年，世界上第一个会计师协会——英国爱丁堡会计师公会的成立，使会计成为一种职业，被认为是近代会计发展史上的第二个里程碑。

第一次世界大战后，美国取代了英国的地位，无论是在生产的发展上，还是在科学技术的发展上都处于领先的地位。因此，会计学的发展中心也从英国转移到美国。在20世纪20年代和30年代，美国在标准成本会计上的研究有了突飞猛进的发展。这一时期，会计方法已经比较完善，会计科学也已经比较成熟。

近代会计同商品经济的发展有着不可分割的联系，同古代会计相比，其主要特点是：一方面，商品经济在一些国家发展的结果，使会计有可能充分地应用货币形式作为计量、记录与报告的手段；另一方面，会计的记录采用了复式记账法，形成了一个严密的体系。

3) 现代会计阶段

在20世纪30年代，为适应市场竞争的需要，西方一些发达资本主义国家的会计学者又创造了标准成本会计制度，并分别开展会计准则的研究和制订。20世纪40年代末50年代初，随着股份公司的快速发展，接受“公认会计原则”约束的财务会计的出现、管理会计的产生、计算机应用于会计，标志着现代会计的产生。现代管理会计的出现，是近代会计发展为现代会计的重要标志。1973年6月，澳大利亚、美国、英国、加拿大、法国、日本、荷兰、前联邦德国、墨西哥9个国家的会计职业组织集合于伦敦，成立了国际会计准则委员会，并陆续颁布了《国际会计准则》，促进了会计准则的国际化。

新中国建立后，我国在借鉴前苏联会计模式的基础上，继续使用复式记账法，结合我国实际，逐步建立了我国的会计制度。经过几十年的会计实践，形成了适应我国经济管理要求，指导我国会计实践的一系列会计制度。随着经济体制改革的深入，我国对会计制度也进行了很大的改革，并与国际会计惯例接轨，制定和发布了《企业财务通则》、《企业会计准则》以及13个行业会计制度，于1993年7月1日在全国实施。1997年至今，具体会计准则陆续出台。2006年2月，财政部发布了《企业新会计准则》，新准则的出台是市场经济发展与经济全球化的客观需要，是中国会计核算制度改革的必然。

综上所述，会计随着生产的发展而发展。经济越发展，会计越重要。正如马克思所说的那样："过程越是按照社会的规模进行……作为对过程进行控制和观念总结的簿记就越是必要。因此，簿记对资本主义生产比对手工业和农民的分散生产更为必要；对公有制生产比对资本主义生产更为必要。"

1.1.2　会计的概念

会计的概念是对会计本质的概括。虽然不同的学者从不同的角度出发对会计的本质认识有所不同，但是，它丝毫也不影响会计在现代经济社会的各行各业中发挥重要的作用。

会计的本质是指会计工作的根本性质。如何认识会计的本质，直接关系到会计职能、会计地位、会计作用的界定。因而，会计本质问题是会计理论中的一个最基本，也是最重要的问题。关于会计本质问题向来存在较大争论，大致形成了以下几种不同的观点。

1. 管理工具论

"管理工具论"认为会计是一种管理经济的工具。这种观点在我国20世纪50至80年代比较流行。在20世纪50年代，一些会计核算原理教材指出，会计核算是经济核算的一种，是反映经济过程中各个经济事实或经济现象的一种工具。在20世纪60年代出版的会计学原理教材则提出，会计是用来反映经济过程，进行观察、计量、登记和分析的方法。持这种观点的人认为，不能把会计和会计工作混为一谈，会计是从事会计工作的手段，它是一个独立的方法体系。这个方法体系是人们长期从事会计实践的经验总结，把它再用于会计实践，才表现为会计工作。并认为会计这种独立的方法体系主要是用来提供微观经济信息的，或者说主要是执行反映职能的；既然会计是一种技术方法，那么它本身就不可能有管理职能，而只是服务于管理的工具或手段。

2. 会计信息系统论

"会计信息系统论"认为：会计本质上是一个以提供会计信息为主的经济信息系统，会计职能是反映(包括分析、预测)和控制(包括计划、监督、提供决策有用的信息)，但主要强调反映是基本的、第一位的，会计本身只是提供经济活动所需的信息，会计目标是提供经济决策所需的会计信息，会计的处理对象是关于价值运动的信息，即认为会计是采用一系列程序和方法，处理和控制价值运动信息的完整系统。"会计信息系统论"承认会计的社会性和技术性，但更强调技术性，认为会计在企业经营管理中只处于参谋或顾问的地位，并不直接履行管理职能。

3. 管理活动论

“管理活动论”认为：会计不仅是一种管理方法，而且本身就是管理，是经济管理的重要组成部分。会计这一社会现象属于管理范畴，是人的一种管理活动。在管理科学的研究中，许多问题都涉及管理活动的实质。管理的实质是信息沟通，因为管理活动形形色色，各不相同。从大的方面来看，有国家行政管理，也有企事业单位管理；有社会事务管理，也有经济活动管理，等等。管理活动的实质就是信息的沟通。

以上几种观点争论的焦点在于，会计本身是管理凭借的工具？还是为管理提供信息的方法？还是管理活动？本书认为 3 种观点并无绝对矛盾，只是看问题的角度不同。现代会计由财务会计和管理会计两大分支构成。财务会计侧重于对外提供信息，管理会计侧重于为企业内部经营管理服务。两大会计系统的形成和发展，大大丰富了会计科学的内容，扩大了会计的传统职能，使会计的作用不再局限于对企业财务状况和经营成果作历史性的描述，而是进一步利用这些信息来预测经济前景、参与决策、规划未来和控制现在，以提高经济效益。因而现代会计是运用会计方法，借助信息处理采访技术，对企业进行经济管理的一项重要活动。

在我国，基于对会计本质的认识，基本统一了会计的概念。

会计是以货币为主要计量单位，以凭证为依据，借助于专门的技术方法，对一定单位的资金运动进行全面、综合、连续、系统的核算与监督，向有关方面提供会计信息、参与经营管理、旨在提高经济效益的一种经济管理活动。

对这个定义，可以从以下几个方面来理解：第一，会计是一项经济管理活动，它属于管理的范畴；第二，其对象是特定单位的经济活动；第三，会计的基本职能是核算和监督，即对发生的经济业务以会计语言进行描述，并在此过程中对经济业务的合法性和合理性进行审查；第四，会计以货币为主要计量单位，各项经济业务以货币为统一的计量单位才能够汇总和记录，但货币并不是唯一的计量单位。

在会计学中，财务会计是最基本的、也是最早产生和发展起来的，狭义的会计仅指财务会计。它是按照公认会计原则，对企业单位的经济活动中可用货币计量的业务，运用复式记账原理，进行记录、计算、分类、调整、汇总，并定期编制财务报告向使用者提供决策有用的会计信息。换言之，财务会计的目标是通过编制财务报告(主要内容为基本财务报表)，借以反映企业的财务状况、经营成果和现金流量。

1.1.3 会计对象

会计核算和监督的内容，就是会计对象。凡是特定主体能够以货币表现的经济活动，都是会计对象。以货币表现的经济活动通常又称为资金运动。因此，会计核算和会计监督的内容也是特定主体的资金运动。

由于会计服务的主体(如企业、事业、行政单位等)所进行的经济活动的具体内容和性质不同，会计对象的具体内容往往有较大的差异。典型的现代会计是企业会计，企业会计的对象就是企业的资金运动。但即使都是企业，工业、农业、商业、交通运输业、建筑业和金融业等不同行业的企业，其资金运动也均有各自的特点，会计对象的具体内容也不尽相同，其中最具代表性的是工业企业。下面以工业企业为例，说明企业会计的对象。

1. 资金的投入

资金的投入包括企业所有者投入的资金和债权人投入的资金两部分，前者属于企业所有者权益，后者属于企业债权人权益(即企业的负债)。投入企业的资金一部分构成流动资产(如货币资金、原材料等)，另一部分构成非流动资产(如厂房、机器设备等)。资金的投入是企业资金运动的起点。

2. 资金的运用

企业将资金运用于生产经营过程，就形成了资金的循环与周转。它又分为供应过程、生产过程、销售过程 3 个阶段。

(1) 供应过程。它是生产的准备过程。在这个阶段，为了保证生产的正常进行，企业需要用货币资金购买并储备原材料等劳动对象，要发生材料买价、运输费、装卸费等材料采购成本，与供应单位发生货款的结算关系；同时，随着采购活动的进行，企业的资金从货币资金形态转化为储备资金形态。

(2) 生产过程。它既是产品的制造过程，又是资产的耗费过程。在这个阶段，劳动者借助于劳动手段将劳动对象加工成特定的产品，企业要发生原材料等劳动对象的消耗、劳动力的消耗和固定资产等劳动手段的消耗等，构成了产品的使用价值与价值的统一体。同时，随着劳动对象的消耗，资金从储备资金形态转化为生产资金形态；随着劳动力的消耗，企业向劳动者支付工资、奖金等劳动报酬，资金从货币资金形态转化为生产资金形态；随着固定资产等劳动手段的消耗，固定资产和其他劳动手段的价值通过折旧或摊销的形式部分地转化为生产资金形态。当产品制成后，资金又从生产资金形态转化为成品资金形态。

(3) 销售过程。它是产品价值的实现过程。在这个阶段，企业将生产的产品销售出去，取得销售收入，要发生货款结算等业务活动，资金从成品资金形态转化为货币资金形态。

由此可见，随着生产经营活动的进行，企业的资金从货币形态开始，依次经过供应过程、生产过程和销售过程 3 个阶段，分别表现为储备资金、生产资金、成品资金等不同的存在形态，最后又回到货币资金形态，这种运动过程称为资金的循环。资金周而复始地不断循环，形成资金周转。

3. 资金的退出

企业在生产经营过程中，为社会创造了一部分新价值，因此，企业收回的货币资金一般要大于投入的资金，这部分增加额就是企业的利润。企业实现的利润，按规定应以税金的形式上交一部分给国家，还要按照有关合同或协议偿还各项债务，另外，还要按照企业章程或董事会决议向投资者分配股利或利润。这样，企业收回的货币资金中，用于交纳税金、偿还债务和向投资者分配股利或利润的这部分资金就退出了企业的资金循环与周转，剩余的资金则留在企业，继续用于企业的再生产过程。

上述资金运动的 3 部分内容，构成了开放式的运动形式，是相互支撑、相互制约的统一体。没有资金的投入，就不会有资金的循环与周转；没有资金的循环与周转，就不会有债务的偿还、税金的上交和利润的分配等；没有部分资金的退出，就不会有新一轮资金的投入，也就不会有企业的进一步发展。

企业的资金运动过程如图 1.1 所示。

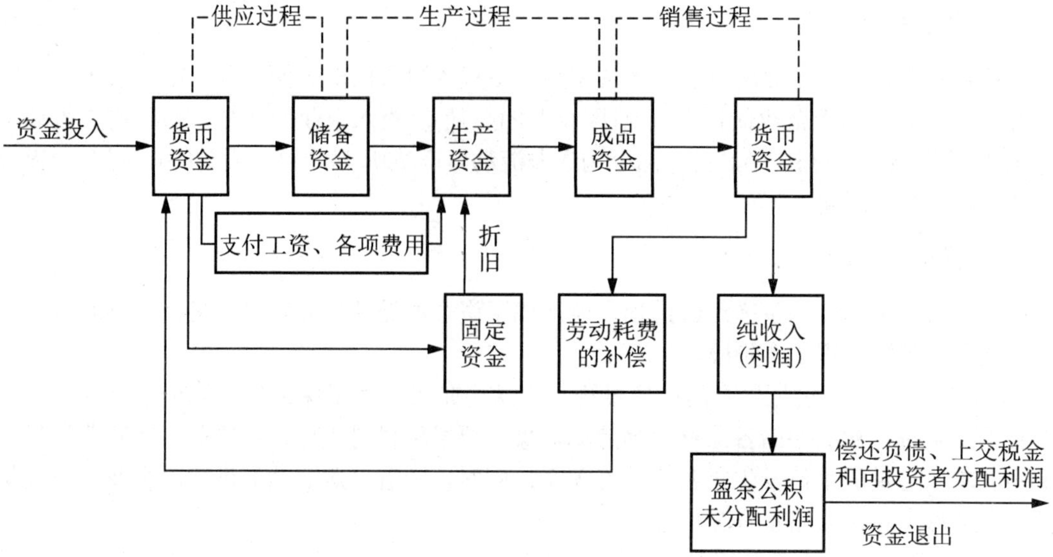

图 1.1　企业经营资金的循环与周转

1.1.4　会计职能

会计的职能是指会计所具有的功能。会计的基本职能包括会计核算与会计监督。

1. 会计核算

会计核算职能是指会计以货币为主要计量单位，通过确认、计量、记录和报告等环节，反映特定会计主体的经济活动，向有关各方提供会计信息。会计核算是会计的首要职能。任何经济实体要进行经济活动，都需要会计提供相关而可靠的信息，从而要求会计对过去发生的经济活动进行确认、计量、记录和报告等工作，形成综合反映各单位经济活动情况的会计资料。

会计核算的基本特点包括以下几个方面。

(1) 以货币为主要计量单位反映各单位的经济活动。由于经济活动的复杂性，只有以货币为度量单位，将经济活动以货币量化表达，并将其按一定程序进行加工处理生成会计数据，才能反映经济活动的全过程及其结果。会计核算以货币量度为主、以实物量度及劳动量度为辅，从数量上综合核算各单位的经济活动状况。

(2) 会计核算具有完整性、连续性和系统性。完整性是指对所有的会计对象都要进行确认、计量、记录和报告，不能有遗漏；连续性是指对会计对象的确认、计量、记录、报告要连续进行，不能有中断；系统性是指应采用科学的核算方法对会计信息进行加工，保证所提供的会计数据能够成为一个有机整体，从而可以揭示客观经济活动的规律性。

(3) 通过会计核算，会计人员对已发生的经济活动进行事后的确认、计量、记录和报告，提供会计信息，反映企业经济活动的全貌。对于会计信息的使用者来说，阅读财务报告的目的，不仅是了解已经发生的经济活动对企业财务状况等的影响，更为重要的是通过阅读财务报告对企业未来的财务状况、经营成果和现金流量进行合理的预测。因此，会计信息使用者会要求会计核算提供的信息可靠、全面，如此才能帮助信息使用者了解过去、把握现在并更好地预测将来。

会计核算包括 4 个环节。①确认：是指通过一定的标准或方法来确定所发生的经济活动是否应该或能够进行会计处理；②计量：是指以货币为单位对已确定可以进行会计处理的经济活动确定其应记录的金额；③记录：是指通过一定的会计专门方法按照上述确定的金额将发生的经济活动在会计特有的载体上进行登记的工作；④报告：是指通过编制财务报告的形式向有关方面和人员提供会计信息。

会计核算的具体方法包括：设置会计科目和账户；复式记账；填制和审核会计凭证；登记账簿；成本计算；财产清查；编制会计报表。上述 7 种会计核算方法的基本运作程序是：根据发生的经济业务填制和审核凭证，按照确定的会计科目设置账户，运用复式记账的方法登记账簿，按一定的成本计算对象计算成本，定期或不定期地进行财产清查，并根据账簿资料编制会计报表。

会计核算的具体内容包括如下方面，如图 1.2 所示。

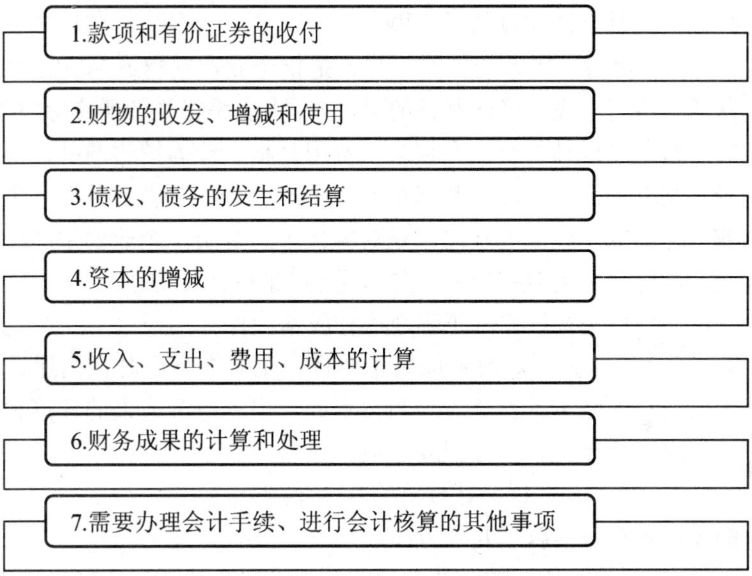

图 1.2　会计核算的具体内容

(1) 款项和有价证券的收付。款项是作为支付手段的货币资金，主要包括现金、银行存款以及其他视同现金和银行存款的银行汇票存款、银行本票存款、信用卡存款、信用证存款等。在单位的经营活动中，由于很多业务都会通过货币资金来结算，因此款项的收付就是企业会计核算的重要内容。有价证券是指表示一定财产拥有权或支配权的证券，如国库券、股票、企业债券等。单位可能由于多种原因取得或处置有价证券，因此，有价证券的取得、获得股利或利息、有价证券的处置及损益的核算都属于会计核算的具体内容。

(2) 财物的收发、增减和使用。财物是财产、物资的简称，是单位进行生产经营活动且具有实物形态的经济资源。财物一般包括原材料、燃料、包装物、低值易耗品、在产品、库存商品等流动资产，以及房屋、建筑物、机器、设备、设施、运输工具等固定资产。单位的生产经营不能离开必要的物质条件，任何单位都会有固定资产作为生产经营的基础。对于流动资产，不同类别的企业，其流动资产的内容和数量的大小各不相同。在制造业中，一般包括原材料、燃料、包装物、低值易耗品、在产品、库存商品等财物；在商品流通企业中，主要是库存商品。这些财物的取得、使用、出售等都是企业重要的经济业务，包括在会计核算的具体内容之中。

(3) 债权、债务的发生和结算。债权是企业收取款项的权利，一般包括各种应收和预付款项等。债务则是指由于过去的交易或者事项形成的企业需要以资产或劳务等偿付的现时义务，一般包括各项借款、应付和预收款项，以及应交款项等。单位在生产经营中，不可避免地要和其他单位或个人发生经济往来，由于各种原因导致的款项没有及时结算，就会形成单位的各种债权和债务，债权、债务的发生和结算是单位一项非常重要的会计核算内容。

(4) 资本的增减。资本是投资者为开展生产经营活动而投入的资金。会计上的资本专指所有者权益中的投入资本。投资者对单位的投入资本是单位存在的前提条件，单位的财务会计在很大程度上是为企业的投资者服务的，它要正确地反映资本的保值增值情况，因此，资本的增减变动就是会计核算的重要内容。

(5) 收入、支出、费用、成本的计算。收入是指企业在销售商品、提供劳务及让渡资产使用权等日常活动中所形成的经济利益的总流入。支出是指企业所实际发生的各项开支，以及在正常生产经营活动以外的支出和损失。费用是指企业为销售商品、提供劳务等日常活动所发生的经济利益的流出。成本是指企业为生产产品、提供劳务而发生的各种耗费，按一定的产品或劳务对象所归集的费用，是对象化了的费用。企业要生产经营，就必然会发生一定的耗费，同时努力去获得收入，收入是利润的源泉。因此，在会计上要正确地对企业的收入、支出、费用进行核算并正确地进行成本计算。

(6) 财务成果的计算和处理。财务成果主要是指企业在一定时期内通过从事生产经营活动而在财务上所取得的结果，具体表现为盈利或亏损。财务成果的计算和处理一般包括利润的计算、所得税的计算、利润分配或亏损弥补等。

(7) 需要办理会计手续、进行会计核算的其他事项。

会计核算的一般要求包括以下几个方面。

① 各单位必须按照国家统一的会计制度的要求设置会计科目和账户、复式记账、填制会计凭证、登记会计账簿、进行成本计算、财产清查和编制财务报告。国家统一的会计制度包括企业会计准则和会计制度，要求企业必须执行，是会计核算合法性的基本要求。

② 各单位必须根据实际发生的经济业务事项进行会计核算，编制财务报告。会计信息的真实性是对会计核算的基本要求，保证会计信息的真实性就必须以实际发生的经济业务为基础进行会计核算并编制财务报告。

③ 各单位发生的各项经济业务事项应当在依法设置的会计账簿上统一登记、核算，不得违反《会计法》和国家统一的会计制度的规定私设会计账簿登记、核算。

④ 各单位对会计凭证、会计账簿、财务报告和其他会计资料应当建立档案，妥善保管。

⑤ 使用电子计算机进行会计核算的，其软件及其生成的会计凭证、会计账簿、财务报告和其他会计资料，也必须符合国家统一的会计制度的规定。

⑥会计记录的文字应当使用中文。在民族自治地区，会计记录可以同时使用当地通用的一种民族文字。在中华人民共和国境内的外商投资企业、外国企业和其他外国组织的会计记录，可以同时使用一种外国文字。

需要说明的是，尽管不同的企业或单位的经济业务内容不同，但对其会计核算的基本要求是一致的。

2. 会计监督

会计监督职能是指会计人员在进行会计核算的同时，对特定主体经济活动的合法性、合理性进行审查。任何经济活动都要有既定的目标，都应依照一定的规则进行。会计监督是通过预测、决策、控制、分析和考评等具体方法，促使经济活动按照既定的要求运行，以达到预期的目的。会计监督具有以下两个方面的特点。

(1) 主要通过价值指标进行。会计监督的主要依据是会计核算经济活动的过程及其结果提供的价值指标。由于单位的经济活动一般都同时伴随着价值运动，表现为价值量的增减和价值形态的转化，因此，会计监督与其他监督相比，是一种更为有效的监督。

(2) 对企业经济活动的全过程进行监督，包括事后监督、事中监督及事前监督。事后监督是对已发生的经济活动及其相应核算资料进行的审查和分析；事中监督是对正在发生的经济活动过程及其核算资料进行审查，并据此纠正经济活动过程中的偏差与失误，促使有关部门合理组织经济活动，使其按照预定的目标与要求进行，发挥控制经济活动进程的作用；事前监督是在经济活动开始前进行的监督，即审查未来的经济活动是否符合有关法令、政策的规定，在经济上是否可行。

监督依据包括合法性与合理性两方面。合法性的依据是国家颁布的法令、法规；合理性的依据是客观经济规律及经营管理方面的要求。

对经济业务活动进行监督的前提是正确地进行会计核算，相关而可靠的会计资料是会计监督的依据；同时，也只有搞好会计监督，保证经济业务按规定进行、达到预期的目的，才能真正发挥会计管理经营活动的作用。

3. 两种职能的关系

上述两项基本会计职能是相辅相成、辩证统一的关系。会计核算是会计监督的基础，没有核算所提供的各种信息，监督就失去了依据；而会计监督又是会计核算质量的保障，只有核算、没有监督，就难以保证核算所提供信息的真实性、可靠性。

1.2 会计假设和会计基础

1.2.1 会计假设

会计假设也叫会计假定，或会计基本假设。会计假设是会计确认、计量和报告的前提，是对会计核算所处时间、空间环境等所作出的合理设定。为实现财务报告目标，必须对会计核算的时间、空间和计量属性等进行一定的设定，这些设定是会计核算的基础条件，是保证会计核算顺利进行的前提。会计方法的选择、会计数据的搜集与处理均以会计基本假设为依据。会计基本假设包括会计主体、持续经营、会计分期和货币计量。

1. 会计主体

会计主体是指会计核算和监督的特定单位或组织。一般来说，凡拥有独立的资金、自主经营、独立核算收支、盈亏并编制会计报表的单位或组织就构成了一个会计主体。

会计主体这一基本前提要求会计人员只能核算和监督所在主体的经济活动。其主要意义在于：一是将特定主体的经济活动与该主体所有者及职工个人的经济活动区别开来；二是将该主体的经济活动与其他单位的经济活动区别开来，从而界定了从事会计工作和提供会计信息的空间范围，同时说明某会计主体的会计信息仅与该会计主体的整体活动和成果相关。

应当注意的是，会计主体与法律主体(法人)并非对等的概念。法人可作为会计主体，但会计主体不一定是法人。例如，在企业集团的情况下，母子公司虽然是不同的法律主体，但是，为了核算企业集团的整体财务状况、经营成果和现金流量，就有必要将这个企业集团作为一个统一的会计主体，编制合并会计报表。另外，在同一个法律主体中，也可能存在多个会计主体(如企业的分厂、车间或事业部等)，这些会计主体往往也不属于法律主体。

2. 持续经营

持续经营是指会计主体在可预见的未来，会按照当前的规模和状态继续经营下去，不会破产，也不会大规模削减业务。即在可预见的未来，该会计主体不会破产清算，所持有的资产将正常营运，所负有的债务将正常偿还。通常情况下，应当假定企业将会按当前的规模和状态继续经营下去，不会停业，也不会大规模削减业务。事实上，持续经营只是一个假定，任何企业在经营中都存在破产、清算等不能持续经营的可能性或风险，如果判断企业不会持续经营下去，就应当改变会计确认、计量和报告的原则和方法，并在企业财务报告中作相应披露，以达到如实披露企业实际情况的目的。

3. 会计分期

会计分期是指将一个会计主体持续的生产经营活动划分为若干相等的会计期间，以便分期结算账目和编制财务会计报告。会计分期的目的在于通过会计期间的划分，据以结算账目、编制会计报表、反映企业的经营成果和财务状况及其变动情况，及时向有关方面提供会计信息。

根据《企业会计准则——基本准则》规定，会计期间分为年度和中期。这里的会计年度采用的是公历年度，即从每年的 1 月 1 日到 12 月 31 日为一个会计年度。所谓中期是短于一个完整会计年度的报告期间，又可以分成月度、季度、半年度。

4. 货币计量

货币计量是指会计主体在会计核算过程中采用货币作为计量单位，记录、反映会计主体的财务状况和经营成果。

《企业会计准则》中规定：我国的会计核算应以人民币作为记账本位币。考虑到外商投资企业等业务收支以人民币以外的货币为主的企业，根据会计核算的实际需要，可以选定某种外币作为记账本位币进行会计核算，但这些企业对外提供报表时，应该折合成人民币，来提供以人民币表示的财务报表。在境外设定的中国企业向国内报送的财务会计报告，应当折算为人民币。

1.2.2 会计基础

会计基础是指企业会计的确认、计量和报告的基础，包括权责发生制和收付实现制。《企业会计准则——基本准则》第九条规定，“企业应当以权责发生制为基础进行会计确认、计量和报告。”

1. 权责发生制

权责发生制也称应计制或应收应付制，它是以收入、费用是否发生而不是以款项是否收到或付出为标准来确认收入和费用的一种记账基础。按照权责发生制的要求，凡是当期已经实现的收入和已经发生或应当负担的费用，不论款项是否收付，都应当作为当期的收入和费用；凡是不属于当期的收入和费用，即使款项已在当期收付，也不应当作为当期的收入和费用。权责发生制基础主要是从时间上规定会计确认的基础，其核心是根据权责关系的实际发生期间来确认企业的收入和费用。一般情况下，企业在某会计期间销售商品或提供劳务所收到的款项，就是该期间所获得的收入；在某会计期间所支付的各种款项，往往就是该期间应负担的费用。但是，由于企业的生产经营活动是持续不断的，以及会计核算是分期进行的，与收入和费用有关的交易或事项发生的期间与款项收付的期间有时并不完全一致。例如，前期销售商品后期收回货款，或者前期预收货款后期销售实现；前期付款后期受益，或者前期受益后期付款，等等。这样，就需要确定这些收入和费用的归属期间。根据权责发生制基础的要求，收入的归属期间应是创造收入的会计期间，费用的归属期间应是费用所服务的会计期间。即一项收入之所以归入某个会计期间，是由于该期间创造了该项收入(如销售了商品或提供了劳务等)，因而享有收取款项的权利；一项费用之所以计入某个会计期间，是由于该期间接受了该项费用所提供的服务，因而负有支付款项的责任。因此，只要企业在某会计期间享有收取一项收入款项的权利，无论款项是否已收到，都应确认为该期间的收入；只要企业在某会计期间承担了一项支付费用款项的责任，无论款项是否已支付，都应确认为该期间的费用。例如，对于企业本期已向客户发货而尚未收到货款的交易，由于商品所有权已经转移，销售成立，就应作为本期的收入，而不应作为收到货款期间的收入；对于本期已预收货款而尚未发出商品的交易，由于本期不具有收取货款的权利，不能作为本期的收入，而只能作为一项负债，待以后期间销售成立时，才能确认为当期的收入。再如，对于企业本期应付的借款利息，尽管本期尚未支付，但由于本期已受益，就应作为本期的费用，而不应作为支付期的费用；对于企业本期预付下期的租金，尽管款项在本期支付，但由于本期并不受益，就不能作为本期的费用，而应作为下期的费用。权责发生制的核算手续比较复杂，需要运用一些如应计、应付、待摊、预提等账务处理手段，并通过相应的会计账户加以归类反映，但它能够揭示收入与费用之间的因果关系，因而能够准确地反映企业特定会计期间的财务状况和经营成果。

2. 收付实现制

收付实现制是与权责发生制相对应的一种确认基础。收付实现制也称现金制或现收现付制，它是以款项的实际收付为标准来确认本期收入和费用的一种方法。凡是在本期收到的收入和支付的费用，不论其是否属于本期，都应作为本期的收入和费用处理；反之，凡是本期未收到的收入和未支付的费用，即使应归属本期，也不作为本期的收入和费用处理。目前，我国的政府与非营利组织会计一般采用收付实现制，事业单位除经营业务采用权责发生制外，其他业务也采用收付实现制。

1.3 会计信息质量特征

会计的基本目标是为有关方面提供经济决策所需的会计信息，会计信息质量的高低是评价会计工作优劣的标准。因此，会计所提供的信息必须符合一定的质量标准。会计信息的质量要求是指财务报告中所提供会计信息质量的基本要求，是使财务报告中所提供会计信息对投资者等使用者决策有用应具备的基本素质。一般而言，评价会计信息质量的标准通常包括可靠性、可比性、一贯性、相关性、及时性、可理解性等。我国 2006 年《企业会计准则——基本准则》将原会计核算的 13 条一般原则改为 8 条对会计信息质量的要求，将权责发生制作为会计处理基础；将"实际成本计价"列作计量属性，取消了"配比、划分收益性支出和资本性支出"原则，将"一贯性"和"可比性"统一为"可比性"。根据基本准则规定，对会计信息质量的要求包括可靠性、相关性、可理解性、可比性、实质重于形式、重要性、谨慎性和及时性。其中，可靠性、相关性、可理解性和可比性是会计信息的首要质量要求，是企业财务报告所提供信息应具备的基本质量特征；实质重于形式、重要性、谨慎性和及时性是对会计信息的次级质量要求。

1.3.1 可靠性

可靠性要求企业应当以实际发生的交易或者事项为依据进行会计确认、计量和报告，如实反映符合确认和计量要求的各项会计要素及其他相关信息，保证会计信息真实可靠，内容完整。可靠性是对会计工作和会计信息质量最基本的要求。会计提供信息的唯一目的在于满足会计信息使用者的决策需要，因此，应做到内容真实、数字准确、资料可靠。在会计核算中坚持可靠性，就应当在会计核算时客观地反映企业的财务状况、经营成果和现金流量，保证会计信息真实可靠；正确运用会计原则和方法(会计政策)，准确地反映企业的实际情况；会计提供的信息应具有可验证性，经得起检验。如果企业的会计核算不是以实际发生的交易或事项为依据，没有如实地反映企业的财务状况、经营成果和现金流量，会计工作就失去了存在的意义，失真的会计信息会误导使用者的决策。

1.3.2 相关性

相关性要求企业提供的会计信息应当与财务报告使用者的经济决策需要相关，有助于财务会计报告使用者对企业过去、现在或者未来的情况做出评价或者预测。信息的价值在于其与决策相关，有助于决策。相关的会计信息能够有助于会计信息使用者评价过去的决策，证实或修正某些预测，从而具有反馈价值；有助于会计信息使用者作出预测和决策，从而具有预测价值。在会计核算中坚持相关性原则，就要求在收集、加工、处理和提供会计信息过程中，充分考虑使用者的信息需求。对于特定用途的会计信息，不一定都通过财务会计报告来提供，也可以采用其他的形式提供。

1.3.3 可理解性

可理解性要求企业提供的会计信息应当清晰明了，便于财务报告使用者理解和使用。在会计核算工作中坚持可理解性原则，会计记录应当准确、清晰，填制会计凭证、登记会计账簿必须做到依据合法、账户对应关系清楚、文字摘要完整；在编制会计报表时，项目勾稽关系清楚、项目完整、数字准确。

1.3.4 可比性

可比性要求企业提供的会计信息应当具有可比性。同一企业不同时期发生的相同或者相似的交易或者事项，应当采用一致的会计政策，不得随意变更。确需变更的，应当在附注中说明。不同企业发生的相同或者相似的交易或者事项，应当采用规定的会计政策，确保会计信息口径一致、相互可比。在我国，可比性原则要求企业的会计核算应当按照国家统一的会计制度的规定进行，使所有企业的会计核算都建立在相互可比的基础上。只要是相同的交易或事项，就应当采用相同的会计处理方法。显然，会计处理方法的统一是保证会计信息可比的基础。不同的企业可能处于不同行业、不同地区，经济业务发生于不同时点，为了保证会计信息能够满足决策的需要，便于比较各企业的财务状况、经营成果和现金流量，应当遵循可比性原则的要求。可比性包含一致性。一致性要求企业的会计核算方法前后各期保持一致，不得随意变更；如有必要变更，应当将变更的内容和理由、变更的累积影响数，以及累积影响数不能合理确定的理由等，在会计报表附注中予以说明。企业发生的交易或事项复杂多样，对于某些交易或事项可以有多种可选择的核算方法。例如，存货的领用和发出，可以采用先进先出法、加权平均法或个别计价法等确定其实际成本;固定资产折旧方法可以采用年限平均法、工作量法、年数总和法、双倍余额递减法等。一致性的前提是企业在前后各个会计期间尽可能地采用相同的会计处理程序和方法。一致性的要求并不意味着企业所选择的会计核算方法不能作任何变更，在符合一定条件的情况下，企业可以变更会计核算方法，但应在企业财务报告中作相应披露。

1.3.5 实质重于形式

实质重于形式，要求企业应当按照交易或者事项的经济实质进行会计确认、计量和报告，不应仅以交易或者事项的法律形式为依据。在实际工作中，交易或事项的外在法律形式或人为形式并不总能完全反映其实质内容。因此，会计信息要想反映其所拟反映的交易或事项，就必须根据交易或事项的实质和经济现实，而不能仅仅根据其法律形式进行核算和反映。例如，融资租入的资产，虽然从法律形式上看承租企业并不拥有其所有权，但从其经济实质来看，企业能够控制其创造的未来经济利益，因此，会计核算上将融资租入的资产视为承租企业的资产进行核算。

1.3.6 重要性

重要性要求企业提供的会计信息应当反映与企业财务状况、经营成果和现金流量等有关的所有重要交易或者事项。凡对资产、负债、损益等有较大影响，并进而影响使用者作出合理判断的重要会计事项，必须按规定的会计方法和程序进行处理，并在财务报告中单独予以充分披露；而对于次要的会计事项，在不影响会计信息真实性和不至于误导使用者作出正确判断的前提下，可适当合并、简化处理。重要性原则与会计信息的成本效益直接相关。在评价某项目的重要性时，很大程度上取决于会计人员的职业判断，一般来说，可以从质和量两个方面综合考虑。

1.3.7 谨慎性

谨慎性原则也称稳健性原则或审慎原则，是指企业在进行会计核算时，应当保持必要的谨慎，不得多计资产或收益、少计负债或费用，但不得计提秘密准备。谨慎性原则要求企业对交易或者事项进行会计确认、计量和报告应当保持应有的谨慎，不应高估资产或者收益、低估负债或者费用。企业的经营活动充满着风险和不确定性，在会计核算工作中坚持谨慎性，要求企业会计人员在面临不确定性因素作出职业判断时，应当保持必要的谨慎，充分估计各种风险和损失，做到既不高估资产或收益，也不低估负债或费用，合理核算可能发生的费用和损失，以免会计信息使用者对企业的财务状况和经营成果持盲目乐观的态度。例如，要求企业定期或至少于年度终了，对可能发生的各项资产损失计提资产减值或跌价准备以及对固定资产采用加速折旧法等，就充分体现了谨慎性的要求。在市场经济条件下，企业不可避免地会遇到各种风险和不确定因素，如企业的应收账款由于债务人破产、死亡等原因而无法收回，企业的固定资产由于技术进步而提前报废等，这些都会给企业造成损失。为了避免损失发生时企业的正常生产经营活动受到严重影响，企业必须对面临的风险和可能发生的损失及费用作出合理预计。需要注意的是，谨慎性原则并不意味着企业可以任意设置各种秘密准备，否则，就属于滥用谨慎性原则，将被作为重大会计差错进行处理。

1.3.8 及时性

及时性要求企业对于已经发生的交易或者事项，应当及时进行会计确认、计量和报告，不得提前或者延后。会计信息的价值在于帮助使用者作出经济决策，具有时效性。即使是客观、可比、相关的会计信息，如果不及时提供，对于会计信息使用者也没有任何意义，甚至可能误导会计信息使用者。在会计核算过程中坚持及时性原则，一是要求及时收集会计信息，即在经济业务发生后，及时收集整理各种原始单据；二是及时处理会计信息，及时编制出财务报告；三是及时传递会计信息。

本章小结

会计伴随着人们的生产实践而产生、发展并不断完善起来，经济越发展，会计越重要。会计是以货币为主要计量单位，以凭证为依据，借助于专门的技术方法，对一定单位的资金运动进行全面、综合、连续、系统的核算与监督，向有关方面提供会计信息、参与经营管理、旨在提高经济效益的一种经济管理活动。核算和监督是会计的两个基本职能。会计核算和会计监督的内容即会计对象，或叫资金运动。会计基本假设是会计核算工作的前提条件，包括会计主体、持续经营、会计分期和货币计量4个基本前提。目前，我国财政部颁布的《企业会计准则——基本准则》中，对会计信息质量要求规定了8条，包括可靠性、相关性、可理解性、可比性、实质重于形式、重要性、谨慎性和及时性。企业会计核算的基础是权责发生制。会计学属于管理学科的一门分支学科，会计学原理是会计学科体系中最为基础的主干核心课程。

习　题

一、单项选择题

1．下列有关会计方面的表述中，不正确的是(　　)。

A．经济越发展，会计越重要

B．会计按其报告对象不同，分为财务会计与管理会计

C．会计就是记账、算账和报账

D．会计是以货币为主要计量单位，反映和监督一个单位经济活动的一种经济管理活动

2．会计的本质是(　　)。

A．一种经济管理目标　　　B．一项经济管理活动

C．一种技术工作　　　D．一种货币资金管理工作

3．会计的基本职能包括(　　)。

A．会计控制与会计决策　　　B．会计预测与会计控制

C．会计核算与会计监督　　　D．会计计划与会计决策

4．以货币为主要计量单位，通过确认、计量、报告等环节，对特定主体的经济活动进行记账、算账、报账，为各有关方面提供会计信息的功能是(　　)。

A．会计核算职能　　　B．会计监督职能

C．会计计划职能　　　D．会计预测职能

5．下列关于会计的基本特征表述正确的是(　　)。

A．会计以货币为计量单位，不能使用实物计量和劳动计量

B．会计拥有一系列的专门方法，包括会计核算、管理和决策分析等

C．会计具有会计核算和监督的基本职能

D．会计的本质是核算活动

6．下面关于会计对象说法不正确的是(　　)。

A．会计对象是指会计所要核算与监督的内容

B．特定主体能够以货币表现的经济活动，都是会计核算和监督的内容

C．企业日常进行的所有活动都是会计对象

D．会计对象就是社会再生产过程中的资金运动

7．下列不属于资金退出的是(　　)。

A．偿还各项债务　　　B．支付职工工资

C．上交各项税金　　　D．向所有者分配利润

8．会计人员在进行会计核算的同时，对特定主体经济活动的合法性、合理性进行审查称为(　　)。

A．会计控制职能　　　B．会计核算职能

C．会计监督职能　　　D．会计分析职能

9．下列有关会计主体的表述中，不正确的是(　　)。

A．会计主体是指会计所核算和监督的特定单位和组织

B．会计主体就是法律主体

C．由若干具有法人资格的企业组成的企业集团也是会计主体

D．会计主体界定了从事会计工作和提供会计信息的空间范围

10．企业固定资产可以按照其价值和使用情况，确定采用某一方法计提折旧，它所依据的会计算前提是(　　)。

A．会计主体　　　B．持续经营　　　C．会计分期　　　D．货币计量

11. 我国实行公历制会计年度是基于(　　)的基本会计假设。

A. 会计主体　　B. 货币计量　　C. 会计分期　　D. 持续经营

12. 目前我国的行政单位会计采用的会计基础主要是(　　)。

A. 权责发生制　　B. 应收应付制　　C. 收付实现制　　D. 统收统支制

二、多项选择题

1. 下列关于会计监督的说法正确的有(　　)。

A. 只是对特定主体的经济活动的真实性、合法性进行审查

B. 主要通过价值指标来进行

C. 包括事前监督和事中监督，不包括事后监督

D. 会计监督是会计核算质量的保障

2. 会计核算的内容是指特定主体的资金活动，包括(　　)等阶段。

A. 资金的投入　　B. 资金的运用　　C. 资金的储存　　D. 资金的退出

3. 下面关于会计对象说法正确的有(　　)。

A. 会计对象是指会计所要核算与监督的内容

B. 特定主体能够以货币表现的经济活动，都是会计核算和监督的内容

C. 企业日常进行的所有活动都是会计对象

D. 会计对象就是社会再生产过程中的资金运动

4. 下列属于资金的运用的是(　　)。

A. 偿还债务　　B. 购买原材料

C. 生产工人的工资　　D. 收回货款

5. 下列各项活动中，属于企业资金退出的有(　　)。

A. 偿还各种债务　　B. 缴纳各种税费

C. 发放工资薪金　　D. 向所有者分配利润

6. 下列属于会计核算具体内容的有(　　)。

A. 款项和有价证券的收付、资本的增减

B. 财物的收发、增减和使用

C. 债权债务的发生和结算、财务成果的计算和处理

D. 收入、支出、费用、成本的计算

7. 下列各项中，属于会计核算基本前提的有(　　)。

A. 会计主体　　B. 持续经营　　C. 会计分期　　D. 货币计量

8. 会计核算的环节包括(　　)。

A. 确认　　B. 计量　　C. 记录　　D. 报告

9. 会计分期这一基本前提的主要意义在于(　　)。

A. 可使会计原则建立在非清算基础之上

B. 可分期结算账目奠定理论与实务基础

C. 界定了提供会计信息的时间和空间范围

D. 为编制财务会计报告及使用相关会计原则确立了理论和实务基础

10. 根据权责发生制原则，应计入本期的收入和费用的有(　　)。

A. 前期提供劳务未收款，本期收款

B. 本期销售商品一批，尚未收款

C. 本期耗用的水电费，尚未支付

D. 预付下一年的报刊费

三、判断题

1．会计的基本职能是会计核算和会计监督，会计监督是首要职能。（　）

2．会计的监督职能是会计人员在进行会计核算之前，对特定会计主体经济活动的合法性、合理性、完整性等进行审查。（　）

3．企业会计的对象就是企业的资金运动。（　）

4．资金的退出指的是资金离开本企业，退出资金的循环与周转，主要包括提取盈余公积、偿还各项债务，上交各项税金以及向所有者分配利润等。（　）

5．会计中期，是指短于一个完整的会计年度的报告期间，一般指半年度。（　）

6．由于有了持续经营这个会计核算的基本前提，才产生了本期与非本期的区别，从而出现了权责发生制与收付实现制。（　）

7．权责发生制主要是从空间上规定会计确认的基础。（　）

8．我国事业单位采用收付实现制核算。（　）

9．按照权责发生制原则的要求，凡是本期实际收到款项的收入和付出款项的费用，不论是否归属于本期，都应当作为本期的收入和费用处理。（　）

10．会计主体前提为会计核算确定了空间范围，会计分期前提为会计核算确定了时间范围。（　）

第2章　会计要素和会计等式

教学目的与要求

掌握会计要素的基本内容；
掌握会计要素之间的基本关系；
掌握经济交易与事项的基本类型；
理解会计要素的含义；
理解经济交易与事项的含义。

本章主要内容

会计要素的定义；
各会计要素的定义及特征；
会计要素计量属性；
会计平衡等式。

本章考核重点

会计要素的定义和特征；
经济业务对会计等式的影响。

导入语

楚学的爸爸是一位企业管理人员，在企业工作近20个年头了，对本企业的各项经济业务都相当熟悉。楚学想学习会计中遇到的问题，回去问一下爸爸不是很好吗？

楚学问爸爸："你们厂都有哪些经济业务活动，会计部门是怎样组织核算的呢？"

爸爸讲："我们厂是改革开放中创办的，最初有3个投资人，钱不够就向银行借了款，然后就开始建造厂房、仓库、办公室，修道路、围围墙、架电线、铺水管，购机器、买材料、培训员工、调试设备等。生产开展以来，最基本的业务活动是：买各种材料生产产品、对产品进行包装及入出库处理，到市场上销售产品，到期归还银行贷款，对设备进行维护保养，对厂房进行修缮改造，对员工进行后续培训，按月发放职工薪酬，如期上交国家税金，定期或不定期同银行结算利息，给投资人分取利润等，详细业务那就多了去啦！"

爸爸接着讲："至于会计部门是如何组织核算的，那我可真的不懂。只是有一次问起王会计，她说'我们一天都是上千笔业务，不想个办法分分类记账，通过一些简单的公式算算账，那还不把人累死呀？'"。

楚学听了后念叨着："分分类？简单的公式……"

同学们，想必你也和楚学一样，也在懵懂中期盼着见证奇迹吧？那就让我们共同来学习第2章吧。

2.1 会计要素

2.1.1 会计要素的定义及构成

如第1章所述，会计对象反映的是企业用货币表现的经济活动，即资金运动，而企业的资金运动种类众多，过程复杂，仅通过会计对象无法对各种不同的资金运动进行核算，所以需要对会计对象进行具体的分类，这种对会计对象的具体分类就是会计要素。会计要素为会计核算奠定了坚实的基础，是进行会计确认和计量的依据，也是设定会计报表结构和内容的依据。我国《企业会计准则》将会计要素分为资产、负债、所有者权益、收入、费用和利润6个会计要素。

2.1.2 各会计要素的定义及特征

根据各会计要素在企业资金运动中的作用和存在形式，可以将六大会计要素分为两类。资产、负债和所有者权益构成了企业资产负债表的基本内容，用来反映企业在某一特定日期的财务状况，被称作"资产负债表要素"，又被称作"静态会计要素"。收入、费用和利润构成企业利润表的基本内容，用来反映企业在某一特定期间的经营成果，被称作"利润表要素"，又被称作"动态会计要素"。

1. 资产

1) 资产的概念和特征

一个企业从事生产经营活动，必须具备一定的物质资源，或者说物质条件。在市场经济条件下，这些必须的物质条件表现为货币资金、厂房场地、机器设备、原料、材料等，这些必须的物质条件，统称为资产，它们是企业从事生产经营活动的物质基础。除以上的货币资金以及具有物质形态的资产以外，资产还包括那些不具备物质形态，但有助于生产经营活动的专利、商标等无形资产，也包括对其他单位的投资。根据《企业会计准则》的规定，资产是指企业过去的交易或事项形成的、由企业拥有或控制的、预期会给企业带来经济利益的资源。

根据资产的概念可知，资产有 3 个主要特征。第一，资产是由企业过去的交易或事项形成的。这就是说，企业资产必须是现实的而不是预期的资产，它是企业过去已经发生的交易或事项所产生的结果，包括购置、生产、建造等行为或其他交易或事项形成的。预期在未来发生的交易或事项不形成企业的资产，如计划购入的机器设备等。第二，资产是由企业拥有或控制的。拥有是指企业拥有资产的所有权，可以按照自己的意愿使用或者处置，控制是指企业虽然不拥有资源的所有权，却可以实际控制该资源。企业拥有资产，就能够从资源中获得经济利益；而在某些条件下，对一些由特殊方式形成的资源，企业虽然不享有所有权，但能够被企业所控制，而且企业同样能够从资源获取经济利益，也应该作为企业资产，如融资性租入固定资产等。企业不具有所有权也不能控制的资源，如未购买的机器设备、厂房内的空气、阳光等，都不能作为企业的资产确认。第三，资产预期能够给企业带来经济利益。资产预期能否为企业带来经济利益是资产的重要特征。如果某一资源预期不能给企业带来经济利益，那么就不能将其确认为企业的资产。前期已经确认为资产的项目，如果不能再为企业带来经济利益，也不能再确认为企业的资产，如霉烂变质的食品等，就不能作为企业的资产核算。

2) 资产的分类

按不同的分类标准，资产可以有不同的分类结果。国内外现行会计准则一般根据企业资产被耗用或变现时间，将资产分为流动资产和非流动资产。流动资产是指可以在一年或者超过一年的一个营业周期内变现或者耗用的资产，包括库存现金、银行存款、交易性金融资产、应收账款、预付账款、存货等。非流动资产是在一年或超过一年的一个营业周期以上变现或者耗用的资源，包括固定资产、无形资产、长期待摊费用、长期股权投资等。按流动性对资产进行分类，有助于了解企业资产的变现能力，从而进一步分析企业的偿债能力和支付能力。一般来说，流动资产所占比重越大，说明企业资产的变现能力越强。

根据资产未来流入企业的现金流是否可以确定，将资产分为货币性资产和非货币性资产。货币性资产指持有的现金及将以固定或可确定金额的货币收取的资产，包括现金、应收账款和应收票据以及准备持有至到期的债券投资等。这里的现金包括库存现金、银行存款和其他货币资金。非货币性资产指货币性资产以外的资产，包括存货、固定资产、无形资产、股权投资以及不准备持有至到期的债券投资等。非货币性资产区别于货币性资产的最基本特征是，其在将来为企业带来的经济利益，即货币金额是不固定的或不可确定的。

2. 负债

1) 负债的概念和特征

负债是指企业过去的交易或者事项形成的、预期会导致经济利益流出企业的现时义务。如果把资产理解为企业的权利，那么负债就可以理解为企业所承担的义务。

负债的主要特征表现在以下几个方面。第一，负债是由企业过去的交易或者事项形成的。换句话说，只有过去的交易或者事项才形成负债，如三个月前借入的一年期的短期借款等。企业将在未来发生的承诺、签订的合同等交易或者事项，不形成负债，如企业准备下个月发行的债券就由于尚未真实发生不能确认为企业的负债。第二，负债是企业承担的现时义务，这是负债的一个基本特征。其中，现时义务是指企业在现行条件下已承担的义务，与“现时义务”对应的是“潜在义务”。潜在义务是企业的未来承诺，尚未真实发生，因此一般不构成企业负债的内容，如企业管理层决定下个月购买的一台机器设备，由于设备尚未购买，不产生现实义务，因而不形成企业本期的负债。第三，负债的清偿预期会导致经济利益流出企业。企业取得负债时则会导致资产增加，从而产生未来偿还负债的义务，企业在未来履行因举债而形成的负债义务时，必然会放弃含有经济利益的资产，如用支付现金、提供劳务、转让其他财产等方式偿还。

2) 负债的分类

企业若不能如期偿还负债，就会面临中断生产经营活动而被清算的风险，因此，在理财过程中，负债的偿还时间是企业需要重点关注的问题。根据负债偿还期限的长短，一般将负债分为流动负债和非流动负债。流动负债也称短期负债，是在一年或超过一年的一个营业周期内偿还的债务，包括短期借款、应付票据、应付账款、预收账款、应付职工薪酬、应交税费、应付利息、应付股利、其他应付款等。非流动负债也称长期负债，是在一年或超过一年的一个营业周期以上偿还的债务，包括长期借款、应付债券、长期应付款等。

根据是否以货币偿还，可以将负债分为货币性负债和非货币性负债。货币性负债是在物价变动的情况下，其货币金额固定不变，只是其实际购买力发生变动的负债项目，是将来必须支付固定金额货币的债务，可以进一步分为货币性流动负债和货币性非流动负债两类。货币性流动负债包括应付账款、应付工资、应交所得税等；货币性长期负债包括长期借款、应付债券等。非货币性负债是企业不需要用固定的货币金额清偿，而要以实物来清偿的负债，也可分成非货币性流动负债和非货币性长期负债两类，非货币性负债主要有预收账款、递延收入等。

3. *所有者权益*

从企业的角度来看，所有者是指公司的投资者或者股东，所以公司的所有者权益又称为股东权益，所有者权益是企业从投资者手中吸收的资产投入，这些投入是企业进行生产经营活动的“本钱”。从投资者的角度来看，由于投资者对企业有资产投入，所以投资者实质上拥有对该部分资产的所有权，并应享有相应的产权权益，这种权益就是“所有者权益”。当然，这部分权益是针对投资者投入的资本及其增值部分所实际对应的企业资产的数额。

我国2006年2月颁布的《企业会计准则——基本准则》将所有者权益定义为“企业资产扣除负债后，由所有者享有的剩余权益”。投资者作为企业资产的最终所有人，将企业的全部资产偿还对外债务后，剩余部分归所有者享有，可见，所有者权益是所有者在企业资产中享有的经济利益，并且是一种剩余权益，其金额为资产减去负债后的余额，又称为净资产。所有者权益的计量取决于资产和负债的计量。

与负债相比，所有者权益具有以下特点。

(1) 除发生减值、清算外，一般情况下，所有者权益在企业经营期内可以供企业长期、持续的使用，企业不需要偿还。在资本市场中，风险与收益并存，所有者对企业投入资本，享有分配利润的权利，同样也承担企业发生亏损的风险，如果投资者要求企业在约定期限内偿还其投资，其实质就不是“所有者权益”了，而转化成为企业的一种“负债”。所以在企业正常的持续经营中，投资者权益不需要偿还，虽然在企业经营过程中所有者有利润分配，但这不属于偿还。

(2) 企业清算时，所有者的求偿权居于次位，债权人拥有优先清偿权。从本质上说，企业为所有者拥有，赚取的净利润也应归所有者所有，债权人仅是外部的资金借入者，因此，从公平的角度考虑，法律保护债权人的权益不受侵蚀，所以，当企业发生清算时，企业的资产应该先用于清偿外部负债，再对内返还给所有者。

(3) 企业所有者凭其对企业投入的资本，享受利润分配权和参与企业管理权，而债权人则不能参与利润分配或企业管理。投资者将资本投入企业后成为企业的股东，对企业为股东赚取的利润具有分享权。但是负债是债权人借入企业的资金，拥有要求企业还本付息的权益，但是不能要求进行利润分配。

根据我国2006年2月颁布的《企业会计准则——基本准则》的规定，所有者权益的来源包括所有者投入的资本、直接计入所有者权益的利得和损失、留存收益等。所有者投入的资本是指投资者投入企业的资本部分，包括投资者投资后形成企业注册资本或者股本的部分，也包括投资者投入的超过企业注册资本或者股本部分的金额，这部分形成资本溢价或者股本溢价，计入资本公积科目。直接计入所有者权益的利得和损失，是指不应计入当期损益、会导致所有者权益发生增减变动的、与所有者投入资本或者向所有者分配利润无关的利得或者损失。利得是指由企业非日常活动所形成的、会导致所有者权益增加的、与所有者投入资本无关的经济利益的流入。损失是指在企业非日常活动中发生的、会导致所有者权益减少的、与向所有者分配利润无关的经济利益的流出。企业的留存收益是企业历年实现的净利润留存于企业的部分，包括盈余公积和未分配利润。

不同来源的所有者权益内容形成了4个会计项目，分别是实收资本(或股本)、资本公积、盈余公积和未分配利润。其中，实收资本是指所有者投入的，构成企业注册资本的部分。如A投资者投入100万元入甲公司，享有甲公司股权的40%，接受A投资者投资后，甲公司注册资本总额为200万元，则此时，甲公司中吸收A投资者的实收资本为80万元。资本公积包括两个方面，分别是投资者投入的资本超过企业注册资本部分形成的资本溢价或股本溢价和直接计入所有者权益的利得和损失。仍引用前例，A投资者投入的100万元中超过其占有甲公司的注册资本80万元部分的20万元即为资本公积中的资本溢价(股本溢价)。盈余公积是“盈余公积金”的简称，是指企业按国家有关规定从净利润中提取的公积金。盈余公积是收益留存于企业的一种主要形式，按其用途的不同，盈余公积可以分为法定盈余公积金和任意盈余公积金。未分配利润是指企业实现的净利润中，尚未指定用途的部分。

所有者权益的来源和构成项目之间的关系如图2.1所示。

通过上述表述可知，债权人和投资者都是企业资金的最初提供者，应相应的享有权益。债权人享受的权益为负债，投资者享受的权益为所有者权益，所以负债和所有者权益统称为权益。

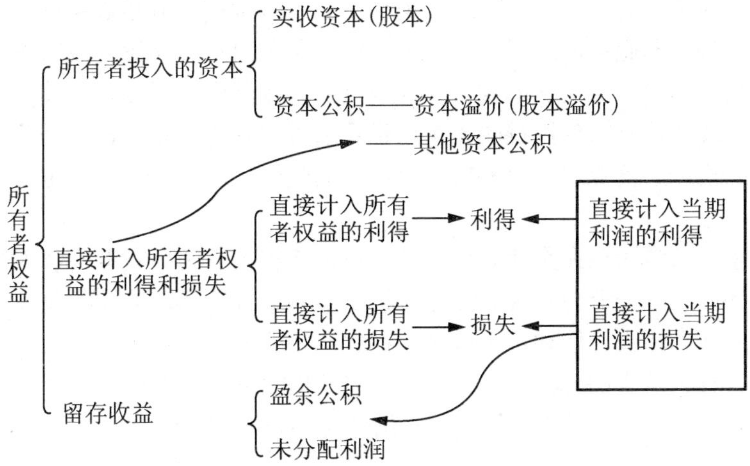

图 2.1　所有者权益示意图

4. 收入

1) 收入的概念和特征

收入是企业在日常活动中形成的、会导致所有者权益增加的、与所有者投入资本无关的经济利益的总流入。根据收入的概念，收入具有以下特征。

(1) 收入是企业在日常经营活动中形成的。日常活动是指企业为完成其经营目标所从事的经常性活动以及与之相关的活动，如服装生产企业生产服装，软件开发企业为客户开发软件，咨询公司提供咨询服务等产生的经济利益的流入，均是企业日常活动产生的，应确认收入。企业发生的非日常的，偶发性活动产生的经济利益流入不应确认为收入，而应当计入利得，例如工业企业出售过时的机器设备所取得的收益，由于不是日常经营业务，所以该收益应计入利得。

(2) 收入是与所有者投入资本无关的经济利益总流入。从所有者权益的来源可知，所有者投入的资本应当直接确认为所有者权益，而不是收入。收入的产生必然会导致企业资产的增加，如企业销售一批商品，应该会收到银行存款，或者有未来收取银行存款的权利，不管哪种方式，都最终会导致经济利益流入企业。

(3) 收入会导致所有者权益增加。收入的产生必然会导致所有者权益的增加，不会导致所有者权益增加的经济利益流入不符合收入的定义。一般来说，在费用一定的情况下，收入的增加，会使利润增加，从而使所有者能享有的权益增加，所有者权益相应增加。收入可能表现为企业资产的增加，如增加银行存款、应收账款等，也可表现为企业负债的减少，如用产品抵偿债务等。或者二者兼而有之，如销售产品的款项中部分收取现金，部分抵偿债务。

根据企业会计准则的规定，收入只有在经济利益很可能流入从而导致企业资产增加或者负债减少，且经济利益的流入额能够可靠计量时才能予以确认。

2) 收入的分类

收入可以按不同的标准分类，如按企业从事日常活动的性质进行分类、按企业从事的日常活动在企业的重要性进行分类等。

按企业从事日常活动的性质，可以将收入分为销售商品收入、提供劳务收入、让渡资产使用权收入、建造合同收入等。其中，销售商品收入是指企业通过销售商品实现的经济利益的总流入，如工业企业制造并销售产品、商业企业出售商品等实现的收入。提供劳务收入是指企业通过提供劳务实现的收入，如咨询公司提供咨询服务、安装公司提供安装服务等实现的收入。让渡资产使用权收入是指企业通过将资产的使用权让渡所实现的收入，如租赁公司出租资产、商业银行对外贷款等产生的收入。建造合同收入是指企业承担建造合同产生的收入。

按企业从事的日常活动在企业的重要性，可以将收入分为主营业务收入和其他业务收入等。主营业务收入是企业为实现其经营目标从事经常性的活动实现的收入，在企业生产经营活动中所占比重较大。例如，工业企业销售产品所取得的收入等。其他业务收入是企业为实现经营目标而从事的与其经常性的活动相关的活动实现的收入，在企业生产经营活动中所占比重较小，例如工业企业销售材料所取得的收入等。

5. 费用

1) 费用的概念和特征

费用是指企业在日常活动中发生的、会导致所有者权益减少的、与向所有者分配利润无关的经济利益的总流出。收入与费用相配比，即费用是为了获得日常活动中经济利益的流入而产生的相应经济利益的流出，一定期间的收入与费用应当相互配比。根据费用的概念，费用具有以下特征。

(1) 费用是企业在日常活动中发生的。如企业日常活动中的购买材料、发放工资、交纳税款等发生的经济利益的流出。有些非日常的偶发性的交易或事项也会导致经济利益的流出，但不应确认为费用，而应确认为损失，如企业的捐赠支出、原材料的非常损失、税收罚款等。

(2) 费用是与向所有者分配利润无关的经济利益的总流出。向所有者分配利润与投资者投入资本相对应，是投资者由于投入资本所得到的相应回报，很显然应该确认为所有者权益的抵减项目(分红)，不应确认为费用。费用的发生应该会导致经济利益的流出，费用可能会表现为资产的减少，如用银行存款支付企业保险费；也可能表现为企业负债的增加，如计提借款利息。或者二者兼而有之，如发生的广告费用，部分以银行存款支付，部分承担债务。无论哪种形式，都会导致经济利益流出企业。

(3) 费用最终会导致所有者权益减少。费用的产生必然会导致所有者权益的减少，不会导致所有者权益减少的经济利益流出不符合费用的定义。一般来说，在收入一定的情况下，费用的增加，会使利润减少，从而使所有者能享有的权益减少，进而减少所有者权益。

2) 费用的分类

从配比原则考虑，按照费用与收入的关系，费用可分为营业成本和期间费用。营业成本包括主营业务成本和其他业务成本。主营业务成本是指公司生产和销售与主营业务有关的产品或服务所必须投入的直接成本，主要包括原材料、人工成本和固定资产折旧等。“主营业务成本”用于核算企业因销售商品、提供劳务或让渡资产使用权等日常活动而发生的实际成本，与主营业务收入对应。其他业务成本为核算企业除主营业务活动以外的其他经营活动所发生的成本，包括销售材料成本，出租固定资产折旧额，出租无形资产摊销额，出租包装物成本或摊销额等，与其他业务收入相对应。企业的期间费用是指企业日常活动中发生的，应直接计入当期损益的费用，如企业管理部门发生的费用，销售产品的广告费、为经营活动借入款项的借款利息等。根据用途不同，期间费用又分为管理费用、销售费用、财务费用。

6. 利润

利润是企业在一定会计期间的经营成果。利润包括收入减去费用后的净额、直接计入当期利润的利得和损失等。直接计入当期利润的利得和损失是指应当计入当期损益，会导致所有者权益发生增减变化的、与所有者投入资本或向所有者分配利润无关的利得和损失。

通常有3个指标来衡量不同的利润，分别如下所述。

(1) 营业利润。营业利润是企业在销售商品、提供劳务等日常活动中产生的利润，计算公式为

营业利润=营业收入-营业成本-营业税金及附加-期间费用-资产减值损失+投资收益(-投资损失)+公允价值变动收益(-公允价值变动损失)

(2) 利润总额。即营业利润加减营业外收支后的余额，营业外收支是与企业的日常经营活动没有直接关系的各项收入和支出，其中，营业外收入项目主要有捐赠收入、固定资产盘盈、处置固定资产净收益、罚款收入等，营业外支出项目主要有固定资产盘亏、处置固定资产净损失、罚款支出等。其计算公式为

利润总额=营业利润+(营业外收入-营业外支出)

(3) 净利润。即利润总额减去所得税费用后的余额。其计算公式为

净利润=利润总额-所得税费用

2.1.3 会计要素计量属性

为了将符合确认条件的会计要素登记入账并列报于财务报表，必须确定各会计要素的入账金额，这个确定各会计要素金额的过程称为会计要素计量。进行会计计量时，应当按照规定的会计计量属性进行计量，确定其金额。按照《企业会计准则——基本准则》的规定，会计计量属性也称“计量基础”或“计价标准”，主要包括历史成本、重置成本、可变现净值、现值和公允价值等。

(1) 历史成本，历史成本又称“实际成本”，是指资产按照购买时支付的现金或者现金等价物的金额，或者按照购买资产时所付出的对价的公允价值计量。负债按照因承担现时义务而实际收到的款项或者资产的金额，或者承担现时义务的合同金额或者按照日常活动中为偿还负债预期需要支付的现金或者现金等价物的金额计量。例如，2013年购入一台设备，购买成本为100万元，则100万元为该设备的历史成本，又如2013年发生一项应付账款，金额为10万元，则10万元为该应付账款的历史成本。

(2) 重置成本，又称“现行成本”，在重置成本计量下，资产按照现在购买相同或者相似资产所需支付的现金或者现金等价物的金额计量，负债按照现在偿付该项债务所需支付的现金或者现金等价物的金额计量。重置成本计量属性多用于对现有资产或者负债的价值缺乏实际成本资料的情况，如设备更新、接受捐赠资产、盘盈资产等，确定资产重置成本时，应考虑资产的新旧程度。例如，企业在2013年购入的一台设备历史成本120万元，现在准备重新添置一台该种设备，依据目前市场上的情况，该设备的市场估价为90万元，则

该设备的重置成本为 90 万元；又如，甲公司盘盈了一台八成新的机器设备，目前市场上该同类设备的价值为 20 万元，则该设备的重置成本为 16(20×80%)万元。

(3) 可变现净值，在可变现净值计量下、资产按照其正常对外销售所能收到现金或者现金等价物的金额扣减该资产至完工时估计将要发生的成本、估计的销售费用以及相关税费后的金额计量。如企业的一批原材料，估计市场的售价为 12 万元，在销售过程中会发生 1 万元相关税费，则该批原材料的可变现净值为 11(12−1)万元。

(4) 现值，现值是“未来现金流量的现值”的简称，在现值计量下，资产按照预计从其持续使用和最终处置中所产生的未来净现金流入量的折现金额计量，负债按照预计期限内需要偿还的未来净现金流出量的折现金额计量，是考虑货币的时间价值的结果。例如，三年后收到的一笔 1 000 000 元的应收账款，在折现率为 5%的条件下，其现值为 863 800 元。

(5) 公允价值，在公允价值计量下，资产和负债分别按照在公平交易中，熟悉情况的交易双方自愿进行资产交换或者债务清偿的金额计量。例如，甲公司用一台设备换取乙公司的一台小轿车，假定双方约定该设备按照双方认可的 100 000 元进行交换，则甲公司该设备的公允价值为 100 000 元。

在各种会计要素计量属性中，历史成本通常反映的是资产或负债过去的价值，而重置成本、可变现净值、现值以及公允价值通常反映资产或负债的现时成本或者现时价值。

我国企业会计准则规定，企业在对会计要素进行计量时，一般应当采用历史成本，采用重置成本、可变现净值、现值、公允价值计量的，应当保证所确定的会计要素金额能够取得并可靠计量。

2.2 会计等式

会计要素之间彼此并不是孤立的，它们之间存在一定的内在联系，会计要素之间的关系可以通过会计等式来表现。会计等式也称为会计平衡等式，它是表明各会计要素之间基本关系的表达式。

2.2.1 资产=负债+所有者权益

一个企业有多少资产，就有多少相应的来源；反之，有多少来源也就必然表现为多少资产。资产的来源主要包括两个方面：①向外部债权人借入的债，即负债；②投资人的投入及其增值部分，即所有者权益。

由此可以认为债权人和投资者将其拥有的资源提供给企业使用，企业运用这些资源形成各项资产，而投资者和债权人对企业形成的资产就相应的享有一种权益，且企业全部资产最初都来源于投资者的投入和债权人的借入，所以，投资者和债权人所享受的权益必然等于企业形成的资产。由此可见，资产与权益相互依存，有一定数额的资产，必然有相应数额的权益；反之亦然。由此可以推出：

资产=权益

资产=负债+所有者权益　　　　(等式 1)

等式 1 反映了资产的归属关系，是会计对象的公式化，反映了企业任何一个时点资产的分布状况及其形成来源，无论在什么时点，资产、负债、所有者权益都应该保持上述恒等关系，且该时点的恒等是企业资金的相对静止状态，也称为静态会计等式。该等式表明在同一时点上，资产、负债、所有者权益之间的恒等关系，是最基本的会计等式，也是企业设置账户、复式记账和编制资产负债表的理论依据。

2.2.2 收入-费用=利润

企业在资金运动的动态情况下，其循环周转过程中发生的收入、费用和利润，也存在着平衡关系，其平衡公式为

收入-费用=利润　　(等式 2)

这三个会计要素均是企业资金运动在同一会计期间的动态表现，所以其构成的会计等式通常称为动态会计等式。该等式是编制利润表的基础，反映企业一定会计期间的经营成果。如果收入大于费用，企业经营成果表现为盈利；反之，如果收入小于费用，企业经营成果表现为亏损。

2.2.3 综合会计等式

纵观企业资金运动，不难发现，企业的经济业务不仅会导致静态会计要素发生变动，也会导致静态会计要素和动态会计要素同时发生变动，如销售产品的业务，使得企业的资产要素与收入要素同时发生增加变动，企业支付办公费的业务使得企业的费用要素发生增加变动，同时使得资产要素发生减少变动等。由此可见，静态会计要素和动态会计要素之间也存在某种基本的关系，结合静态会计等式“资产=负债+所有者权益”和动态会计等式“收入-费用=利润”，基于资金运动中各要素之间的基本关系，将等式 1 和等式 2 左右两边分别相加，得到下列会计等式：

资产=负债+所有者权益+收入-费用

进一步变形得到等式 3

资产+费用=负债+所有者权益+收入　　(等式 3)

由上面分析可以看出，等式 1 是反映资金运动的整体情况，也就是企业经营中的某一个时间点，一般是开始日或结算日情况。而等式 2 反映的是企业资金运动状况，反映的是企业在某一会计期间的经营成果。资产加以运用取得收入后，资产便转化为费用，收入减去费用后即为利润，该利润以资产形式运用到下一轮经营，于是便产生等式 3，当利润分配后，等式 3 便消失，又回到等式 1。所以不管六大要素如何相互转变，最终均要回到“资产=负债+所有者权益”这一恒等式。

2.2.4 经济业务对会计等式的影响

1. 经济交易与经济事项

美国财务会计准则委员会(FASB)在其发布的财务会计概念公告中将事项界定为“某一个体遭遇的结果”。其“可以是发生在某一个内部的内部事项，诸如生产中原材料或设备的耗用；也可以是涉及某一个体及其周围事物交互作用的外部事项，诸如与另一个体的交易，为某一个体所购、销产品或劳务的价格变动，一次洪水或地震，以及竞争对手的一项改进技术等。”按 FASB 的定义，事项既包括内部交易，又包括外部事项，交易只是事项的一部分。

经济交易与事项基本等同于我国会计实务中使用的“会计事项”或“经济业务”，是指发生于企业生产经营过程中，引起会计要素增减变化的事项，又称会计事项。经济业务按其是否与企业外部有关，可分为外部经济业务和内部经济业务。

2. 经济业务对会计恒等式的影响

经济业务的发生必然会对会计要素产生影响，引起会计等式左右两边或者同一边不同会计项目发生变化，但是，任何经济业务的发生都不会破坏会计等式的平衡关系。根据会计恒等式和数学原理可知，经济业务对“资产=权益”等式的影响有 4 种情况：等式左右两方同时增加，等式左方一增一减，等式左右两方同时减少，等式右方一增一减。

以下举例说明各种情况对会计等式的影响。

【例 2-1】东方化工厂 2013 年 12 月 31 日拥有 2 000 万元资产，其中现金 0.4 万元，银行存款 57.6 万元，应收账款 282 万元，存货 960 万元，固定资产 700 万元。该工厂接受投资形成实收资本 1 100 万元，银行借款 400 万元，应付账款 400 万元，尚未支付的职工薪酬 100 万元。可用表 2-1 反映资产、负债、所有者权益间的平衡关系。

表 2-1 资产负债表

单位：万元

资　产		负债及所有者权益	
现金	0.4	银行借款	400
银行存款	57.6	应付账款	400
应收账款	282	应付职工薪酬	100
存货	960	实收资本	1 100
固定资产	700		
合计	2 000	合计	2 000

上例子中，资产总额(2 000 万元)=负债及所有者权益(2 000 万元)反映某一时点上企业会计要素之间的平衡关系，这是一种静态关系。

当企业在继续经营时，发生的经济业务会引起各个会计要素额上增减变化，这些变化总不外乎以下 4 种类型。

(1) 资金进入企业：资产和权益等额增加，即资产增加，负债及所有者权益增加，会计等式保持平衡。

例如，东方化工厂 2014 年 1 月份从银行取得贷款 800 万元，现已办妥手续，款项已划入本企业存款账户。这项经济业务对会计恒等式的影响为

资产+银行存款增加=(负债+所有者权益)+银行借款增加

2 000 万元+800 万元=2 000 万元+800 万元

资产 2 800 万元=负债+所有者权益 2 800 万元

可以看出，会计等式两方等额增加 800 万元，等式平衡没有被破坏。

(2) 资金退出企业：资产和权益等额减少，即资产减少，负债及所有者权益减少，会计等式保持平衡。

例如，东方化工厂支付上年未还的应付货款，已从企业账户中开出转账支票 300 万元，该经济业务对会计等式的影响为

资产-银行存款减少额=(负债+所有者权益)-应付账款减少额

2 800 万元-300 万元=2 800 万元-300 万元

资产 2 500 万元=负债+所有者权益 2 500 万元

可以看出，会计等式两方等额减少 300 万元，等式没有破坏。

(3) 资产形态变化：一种资产项目增加，另一种资产项目等额减少，会计等式保持平衡。

例如，东方化工厂开出现金支票 2 万元，以备日常开支使用。该项经济业务对会计等式的影响为

资产-银行存款减少额+现金增加额=负债+所有者权益

2 500 万元-2 万元+2 万元=2 500 万元

资产 2 500 万元=负债+所有者权益 2 500 万元

可以看出，会计等式左方一种资产增加 2 万元，一种资产减少 2 万元，等式的平衡没有被破坏。

(4) 权益类别转化：一种权益项目增加，另一种权益项目等额减少，即负债类内部项目之间、权益类内部项目之间或者负债类项目与权益类项目之间此增彼减，会计等式也保持平衡。

例如，东方化工厂应付给三洋公司的应付账款 100 万元，经协商同意转作三洋公司对东方化工厂的投资款。该项经济业务对会计等式影响为

资产=负债+所有者权益-应付账款+接受长期投资

2 500 万元=2 500 万元-100 万元+100 万元

资产 2 500 万元=负债+所有者权益 2 500 万元

可以看出，东方化工厂的负债类项目减少 100 万元，所有者权益项目增加 100 万元，等式右方总额没有变化，等式没有破坏。

经过上述变化后的资产负债见表 2-2。

表 2-2　资产负债表

单位：万元

资产		负债及所有者权益	
现金	0.4+2=2.4	银行借款	400+800=1 200
银行存款	57.6+800-300-2=555.6	应付账款	400-300-100=0
应收账款	282	应付职工薪酬	100
存货	960	实收资本	1 100+100=1 200
固定资产	700		
合计	2 500	合计	2 500

经济业务对“资产=负债+所有者权益”的影响可以在“资产=权益”的基础上，进一步分为九类，具体的九类分别为：①资产内项目的一增一减；②负债内项目的一增一减；③所有者权益内项目的一增一减；④负债项目增加，所有者权益项目减少；⑤负债项目减

少，所有者权益项目增加；⑥资产项目增加，负债项目增加；⑦资产项目增加，所有者权益项目增加；⑧资产项目减少，负债项目减少；⑨资产项目减少，所有者权益项目减少。以下举例说明每一类经济业务的对会计等式的影响。

【例 2-2】假设甲公司 2014 年 3 月 31 日资产、负债、所有者权益的数量关系为

资产=负债+所有者权益

200 000=50 000+150 000

2014 年，甲公司发生如下经济业务。

(1) 资产和负债要素同时等额增加：5 月 1 日，甲公司向银行申请取得长期借款 40 000 元。

资产=负债+所有者权益

+40 000=+40 000+0(等式左右同增)

240 000=90 000+150 000

(2) 资产和负债要素同时等额减少：6 月 7 日，甲公司用银行存款偿还短期借款 20 000 元。

资产=负债+所有者权益

−20 000=−20 000+0(等式左右同减)

220 000=70 000+150 000

(3) 资产和所有者权益要素同时等额增加：9 月 1 日，甲公司收到追加投资 50 000 元。

资产=负债+所有者权益

+50 000=0+50 000(等式左右同增)

270 000=70 000+200 000

(4) 资产和所有者权益要素同时等额减少：9 月 20 日，甲公司向投资者发放-现金红利 80 000 元。

资产=负债+所有者权益

−80 000=0−80 000(等式左右同减)

190 000=70 000+120 000

(5) 资产要素内部项目等额有增有减，负债和所有者权益要素不变：9 月 25 日，甲公司购入原材料一批，价值 8 000 元，款项已支付，材料已入库。

资产=负债+所有者权益

+8 000−8 000=0+0(某个要素内部一增一减)

190 000=70 000+120 000

(6) 负债要素内部项目等额有增有减，资产和所有者权益要素不变：9 月 30 日，甲公司向银行申请取得短期借款 9 000 元，直接用于支付以前所欠货款。

资产=负债+所有者权益(某个要素内部一增一减)

0=+9 000−9 000+0

190 000=70 000+120 000

(7) 所有者权益要素内部项目等额有增有减，资产和负债要素不变：10 月 10 日，甲公司经批准将其盈余公积 10 000 元转增资本。

资产=负债+所有者权益

0=0+10 000−10 000(某个要素内部一增一减)

190 000=70 000+120 000

(8) 负债要素增加，所有者权益要素等额减少，资产要素不变：11 月 1 日，甲公司经研究，决定进行利润分配，应付投资者利润 15 000 元。

资产=负债+所有者权益(等式右边一增一减)

0=+15 000−15 000

190 000=85 000+105 000

(9) 负债要素减少，所有者权益要素等额增加，资产要素不变：12 月 8 日，某企业将甲公司所欠货款 25 000 元转作对甲公司的投资。

资产=负债+所有者权益

0=−25 000+25 000(等式右边一增一减)

190 000=60 000+130 000

值得注意的是，考虑经济业务对综合会计等式“资产+费用=负债+所有者权益+收入”的影响时，可以直接判断综合会计等式两边的要素变化，同时，通过上文所述，不管六大要素相互如何转变，最终均要回到“资产=负债+所有者权益”这一静态会计等式，所以，也可以将收入、费用要素的变化转化成为所有者权益要素的变化后再判断静态会计等式的变化。如企业以现金支付办公费 8 000 元，第一种判断方式为企业资产要素减少 8 000 元，费用要素增加 8 000 元，综合会计等式左边一增一减，等式保持平衡，第二种判断方式，我们认为企业费用要素增加 8 000 元，即所有者权益要素减少 8 000 元，所以，此时该业务为企业资产要素和所有者权益要素同时减少的业务，静态会计等式左右两边同时减少，等式保持平衡。

本章小结

会计要素的会计对象的具体化，是企业财务报表的结构性分类项目，也称为财务报表项目，这些结构性项目总括的反映了企业的财务状况、经营成果等方面的会计信息。我国的会计要素包括资产、负债、所有者权益、收入、费用和利润，其中资产、负债、所有者权益为静态会计要素或资产负债表要素，收入、费用、利润为动态会计要素或利润表要素。资产是指企业过去的交易或事项形成的、由企业拥有或控制的、预期会给企业带来经济利益的资源。负债是指过去的交易或者事项形成的、预期会导致经济利益流出企业的现时义务。如果把资产理解为企业的权利，那么负债就可以理解为企业所承担的义务。所有者权益是企业资产扣除负债后，由所有者享有的剩余权益。收入是企业在日常活动中形成的、会导致所有者权益增加的、与所有者投入资本无关的经济利益的总流入。费用是指企业在日常活动中发生的、会导致所有者权益减少的、与向所有者分配利润无关的经济利益的总流出。利润是企业在一定会计期间的经营成果。六大会计要素之间存在三大会计等式，分别是反映资产、负债、所有者权益 3 个要素关系的静态会计恒等式：资产=负债+所有者权益，反映收入、费用、利润 3 个要素之间基本关系动态会计等式：收入−费用=利润，以及反映 6 个会计要素关系的综合会计等式：资产+费用=负债+所有者权益+收入。经济业务的发生不会影响会计等式的平衡，经济业务对会计等式的影响主要有四类 9 种。

习　　题

一、单项选择题

1．下列各项中，符合会计要素中收入定义的是(　　)。

A．出售材料收入　　B．出售无形资产收入

C．出售固定资产收入　D．向购货方收回的销货代垫运费

2．从会计要素出发，将会计科目分为资产类、负债类、所有者权益类、成本类及(　　)类。

A．收入　B．费用　C．利润　D．损益

3．下列属于反映企业经营成果的会计要素是(　　)。

A．资产　B．利润　C．负债　D．所有者权益

4．会计科目是对(　　)的具体内容进行分类核算的项目。

A．经济业务　B．会计要素　C．会计对象　D．会计主体

5．下列各项中，能够作为费用核算的是(　　)。

A．以现金对外投资　B．以现金分派股利

C．支付劳动保险费　D．购买固定资产支出

6．(　　)反映了会计要素之间的基本数量关系。

A．会计科目　B．货币计量　C．复式记账法　D．会计等式

7．下列各项中，属于表现企业资金运动显著变动状态的会计要素是(　　)。

A．收入　B．所有者权益　C．资产　D．负债

二、多项选择题

1．下列各项中，正确的经济业务类型有(　　)。

A．一项资产增加，一项所有者权益减少　B．资产与负债同时增加

C．一项负债减少，一项所有者权益增加　D．负债与所有者权益同时增加

2．所有者权益与负债有着(　　)本质的不同。

A．两者偿还期限不同

B．两者享受的权利不同

C．两者风险程度不同

D．两者对企业资产的要求的顺序不同

3．下列各项中，属于收入会计要素内容的有(　　)。

A．销售商品收入

B．出租固定资产取得的租金收入

C．购买国库券取得的利息收入

D．出售固定资产取得的净收益

4．下列经济业务或事项中，应进行会计核算的有(　　)。

A．车间领用原材料

B．外单位捐赠企业设备一台

C．与某单位签订合同拟购入一批原材料

D．本月银行借款应计利息

5．企业在设置会计科目时，应遵循的原则有(　　)。

A．合法性原则　B．相关性原则　C．实用性原则　D．方便性原则

三、判断题

1．资产和权益在数量上始终是相等的。(　　)

2．经济业务的发生可能破坏“资产=负债+所有者权益”的平衡关系。(　　)

3．所有者权益是指投资者对企业资产的所有权。(　　)

4．所有者权益简称为权益。(　　)

5．资产既可以由过去的交易或者事项所产生形成，也可以由未来交易可能产生的结果所产生形成。(　　)

6. 企业发生收入往往表现为货币资产的流入，但是并非所有货币资产的流入都是企业的收入。（　）

7. 资产与权益的恒等关系是复式记账法的理论基础和企业编制资产负债表的依据。（　）

8. 资产、负债和所有者权益反映企业在一定时期内的财务状况，是对企业资金运动的静态反映，属于静态要素。（　）

9. 企业对融资租入的固定资产虽不拥有所有权，但能对其进行控制，故应将其作为本企业的固定资产核算。（　）

10. 费用是资产的耗费，它与一定的会计期间相联系，而与生产哪一种产品无关。（　）

四、业务题

业务一：

(一) 某企业月初资产：32 000 元、负债 11 800 元、所有者权益 20 200 元。

(二) 本月发生以下经济业务：

(1) 其他单位投资设备一台，价值 15 000 元。

(2) 购买原材料 10 000 元，货款暂欠。

(3) 用银行存款归还前欠货款 4 000 元。

(4) 向投资人分红 10 000 元，已用银行存款支付。

(5) 收到外单位前欠本单位账款 500 元，收存银行。

(6) 向银行借款 1 000 元，直接归还以前的购料款 1 000 元。

(7) 将盈余公积金 2 000 元转赠资本。

(8) 经研究决定，同意投资人撤除投资款 5 000 元，但目前由于企业资金紧张，投资款尚未返还。

(9) 债转股 3 000 元。

(10) 企业本月对外提供劳务 50 000 元。款已收存银行。

(11) 企业本月来料加工的加工费 20 000 元，用于直接偿还负债。

(12) 本期共发生工资费用 15 000 元，已用银行存款支付。

(13) 本期发生的通信费用 5 000 元，暂欠。

请将以上经济业务对会计等式的影响填列下表。

单位：元

	资产 32 000	负债 11 800	所有者权益 20 200	费用	收入
(1)					
(2)					
(3)					
(4)					
(5)					
(6)					
(7)					
(8)					
(9)					
(10)					
(11)					
(12)					
(13)					
期末结余					

业务二：林林公司在某月份发生了下列经济交易与事项。

(1) 投资者以银行存款向本公司投资 1 000 000 元。

(2) 林林公司向本市招商银行借入 2 年期借款 500 000 元。

(3) 以银行存款购入 A 商品 1 000 件，单价 600 元，货款 600 000 元已用银行存款付讫。

(4) 销售 A 商品 500 件，售价每件 800 元，货款 400 000 元已收到存入银行。

(5) 在本市某商场进行促销活动，发生促销费用 20 000 元，已用现金付讫。

(6) 向客户甲销售 A 商品 200 件，售价每件 700 元。商品已交付客户甲，该项货款 140 000 元客户甲已于上月预先支付。

(7) 以银行存款偿付所欠本市工商银行的借款 300 000 元。

(8) 召开股东大会，宣告向股东发放现金股利 500 000 元，尚未发放。

(9) 计算出本月应付职工的工资费用 200 000 元，尚未支付。

要求：填列经济交易与事项对会计要素的影响分析表

序号	影响结果				
	资产	费用	负债	所有者权益	收入
(1)					
(2)					
(3)					
(4)					
(5)					
(6)					
(7)					
(8)					
(9)					
合计					

第3章 会计科目和复式记账

教学目的与要求

理解会计科目和账户的含义与特点;
理解记账方法的含义;
掌握会计账户的结构与功能;
掌握我国会计账户体系的构成;
掌握总分类账户和明细分类账户的平行登记;
掌握借贷记账法的基本内容与具体应用。

本章主要内容

会计科目与会计账户;
会计账户(科目)体系;
记账方法的含义与类型;
借贷记账法的基本内容;
借贷记账法的应用。

本章考核重点

掌握会计账户的结构与功能;
掌握我国会计账户体系的构成;
掌握借贷记账法的基本内容与具体应用。

导入语

大家平时有记账的习惯吗？自己每个月花了多少钱有没有确切的数字？如果你有自己记账的习惯，是怎么记录呢？我想大家最多是记一笔简单的流水账吧，记流水账对我们个人来说，因为收支情况很简单，这种方法还可行，但是大家想想，一个公司，业务又多又杂，还能用流水账来记录企业的经济业务吗？最初的商人们是怎样记录他们的收入、支出，怎样核算他们的财务成果的呢？让我们来看看欧洲的商人是怎样用他们的聪明才智来记录经济业务的吧。

最初，商人经济业务的记录方式也极其简单，但是阿拉伯数字的采用，很快就改变了这种状况，可以使商人能更为精确地记录他们的生意往来。1494 年，一个叫卢卡·帕奇欧里(1445—1514 年)的意大利教士在总结了阿拉伯和意大利商人经验的基础上，发明了一种今天在世界各地都采用的方法：复式记账法。复式记账法的基本思想很简单：一个公司所发生的一切业务，都双重记录下来。比如一个商人卖了一桶葡萄酒收入十块杜卡特金币，他就在账簿的“葡萄酒库存”一栏中记下：-10 杜卡特；而在账簿的“现金”一栏中记下：+10 杜卡特。如果把所有业务往来都用这种方法双重记录下来，那么就可以随时建立起企业的结算。

大家可以看出，这种复式记账法把经济业务全面地记录下来了，比我们单纯的记流水账先进很多，正是由于这种方法的先进性，所以很快从意大利传至我国，一直使用至今。想必大家对这种“神奇”复式记账法充满了好奇吧，那就让我们开始学习第 3 章吧！

3.1 会计科目

3.1.1 会计科目的概念

企业在经营过程中发生的各种各样的经济业务，会引起各项会计要素发生增减变化。由于企业的经营业务错综复杂，即使涉及同一种会计要素，也往往具有不同的性质和内容。例如，固定资产和现金虽然都属于资产，但他们的经济内容以及在经济活动中的周转方式和所起的作用各不相同。又如应付账款和长期借款，虽然都是负债，但他们的形成原因和偿付期限也是各不相同的。再如所有者投入的实收资本和企业的利润，虽然都是所有者权益，但它们的形成原因与用途不大一样。为了实现会计的基本职能，要从数量上反映各项会计要素的增减变化，就不但需要取得各项会计要素增减变化及其结果的总括数字，而且要取得一系列更加具体的分类和数量指标。因此，为了满足所有者对企业利润构成及其分配情况、负债及构成情况了解的需要，为了满足债务人了解企业流动比率、速动比率等有关指标并判断其债权人的安全情况的需要，为了满足税务机关了解企业欠缴税金的详细情况的需要，还要对会计要素作进一步的分类。这种对会计对象的具体内容进行分类核算的项目称为会计科目。

会计对象、会计要素和会计科目的关系如图 3.1 所示。

会计对象 —具体化→ 会计要素 —具体化→ 会计科目

图 3.1 会计对象、要素、科目关系图

3.1.2 会计科目的设置

1. 会计科目设置的意义

会计科目是企业进行各项会计记录和提供各项会计信息的基础，设置会计科目对企业意义重大。通过设置会计科目，可以在账户中分门别类地核算各项会计要素具体内容的增减变化，能够为企业内部经营管理和外部有关各方面提供一系列具体的分类指标；设置会计科目是复式记账中编制、整理会计凭证和设置账簿的基础，并且会计科目能提供全面、统一的会计信息，便于投资人、债权人以及其他会计信息使用者掌握和分析企业的财务情况、经营成果和现金流量。

会计科目是对会计要素具体内容分类的标志，在每一个会计科目名称的项目下，都要有明确的含义、核算范围。例如，库存现金科目有以下含义：①本科目核算企业的库存现金，反映库存现金的增减变化；②如果采用借贷记账法，企业增加库存现金，借记本科目，减少库存现金，贷记本科目；③本科目期末借方余额，反映企业持有的库存现金。

2. 会计科目设置的原则

会计科目作为反映会计要素的构成情况及其变化情况，为投资者、债权人、企业管理者等提供会计信息的重要手段，在其设置过程中应努力做到科学、合理、实用，因此在设计会计科目时应遵循下列基本原则。

(1) 设置会计科目要符合国家的会计法规体系的规定，要具有合法性。国家的会计法规体系，体现了国家对财务会计工作的要求，因此，设计会计科目首先要以此为依据，所设置的会计科目，应符合《中华人民共和国会计法》，(以下简称《会计法》)以及《企业会计准则》等规定，以便编制会计凭证，登记账簿，查阅账目，实行会计电算化。

(2) 设置会计科目要结合所反映会计要素的特点，具有一定的灵活性。设置会计科目必须对会计要素的具体内容进行分类，以分门别类地反映和监督各项经营业务，不能有任何遗漏，即所设置的会计科目应能覆盖企业所有的项目。比如，有些公司是制造工业产品，根据这一业务特点就必须设置反映和监督其经营情况和生产过程的会计科目，如“主营业务收入”、“生产成本”；而农业企业就可以设置“消耗性生物资产”、“生产性生物资产”；金融企业则应设置反映和监督吸收和贷出存款相关业务，可以设置“利息收入”、“利息支出”等科目。此外为了便于发挥会计的管理作用，满足不同企业的需要，企业可以根据实际情况自行增设、减少或合并某些会计科目的明细科目。

(3) 设置会计科目要全面反映企业经济业务内容。在会计要素的基础上对会计对象的具体内容做进一步分类时，为了全面而概括地反映企业生产经营活动情况，会计科目的设置要保持会计指标体系的完整，企业所有能用货币表现的经济业务，都能通过所设置某一会计科目进行核算。

(4) 会计科目名称力求简明扼要，内容确切。每一科目，原则上反映一项内容，各科目之间不能相互混淆，相互交叉。企业可以根据本企业具体情况，在不违背会计科目使用原则的基础上，确定适合本企业的会计科目名称，具有实用性。

3.1.3 会计科目的分类

1. 会计科目按归属的会计要素分类

根据我国新的《企业会计准则》的规定，会计科目按所归属的会计要素分类，可分为资产类、负债类、共同类、所有者权益类、成本类和损益类 6 大类。(本教材只介绍 5 类，共同类科目不作介绍)

(1) 资产类科目是用来核算和监督企业拥有或者控制的、能以货币计量的经济资源的增减变动及结余情况的会计科目。

(2) 负债类科目是用来核算和监督企业承担的能以货币计量、需以资产或劳务偿付的债务的增减变动和结余情况的会计科目。

(3) 所有者权益类科目是用来核算和监督企业投资者对企业净资产所有权的增减变动和结余情况的科目。按所有者权益的形成和性质可分为反映资本的科目和反映留存收益的科目。

(4) 成本类科目是用来归集费用、计算成本的会计科目。按成本的不同内容和性质可以分为反映制造成本的科目和反映劳务成本的科目。

(5) 损益类科目是指其在一定时期的发生额合计要在当期期末结转到“本年利润”账户，用以计算确定一定时期内损益的会计科目。按损益的不同内容可以分为反映收入的科目和反映费用的科目。

各会计要素和会计科目的对应关系如图 3.2 所示。

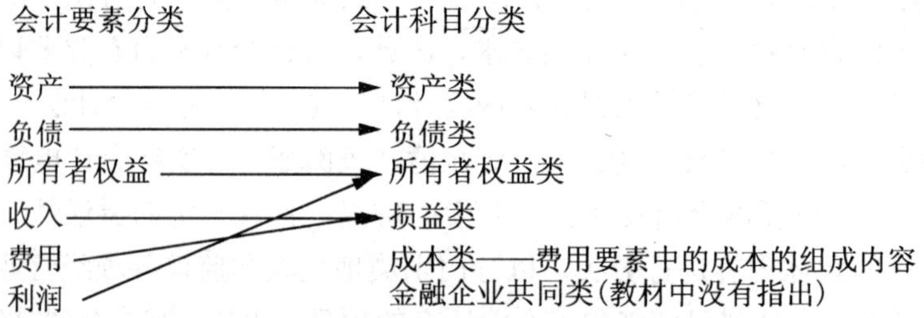

图 3.2 会计要素和会计科目的对应关系

2. 会计科目按详细程度及统驭关系分类

在生产经营过程中，由于经济管理的要求不同，企业所需要的核算指标的详细程度也就不同。根据经济管理的要求，企业既需要设置提供总括核算指标的总账科目，又需要设置提供详细核算资料的明细科目。所以，按照所提供信息的详细程度及统驭关系不同进行分类，可以将会计科目分为总账科目和明细科目。

(1) 总账科目。总账科目即一级科目，也称总分类会计科目，是对会计要素的具体内容进行总括分类、提供总括信息的会计科目，是进行总分类核算的依据。总分类科目反映各种经济业务的概括情况，是进行总分类核算的依据。如“应收账款”、“应付账款”、“原材料”等。为了满足会计信息使用者对信息质量的要求，使会计信息具有可比性，总账科目由财政部《企业会计准则——应用指南》统一规定。

(2) 明细科目。明细科目也称为明细分类会计科目、细目，是在总账科目的基础上，对总账科目所反映的经济内容进行进一步详细的分类的会计科目，以提供更详细、更具体的会计信息。如在“原材料”科目下，按材料类别开设“原料及主要材料”，“辅助材料”、“燃料”等二级科目。明细科目的设置，除了要符合财政部统一规定外，一般根据经营管理需要，由企业自行设置。对于明细科目较多的科目，可以在总账科目和明细科目下再设置三级或多级科目。如在“原料及主要材料”下，再根据材料规格、型号等开设三级明细科目。

实际工作中，并不是所有的总账科目都需要开设二级和三级明细科目，根据会计信息使用者所需不同信息的详细程度，有些只需设一级总账科目，有些只需要设一级总账科目和二级明细科目，不需要设置三级科目等。以原材料为例，会计科目的级别见表3-1。

表3-1 “原材料”总账和明细账会计科目

总账科目 (一级科目)	明细科目	
	二级科目(子目)	三级科目(细目)
原材料	原料及主要材料	圆钢、角钢
	辅助材料	润滑剂、石炭酸
	燃料	汽油、原煤

3. 常用会计科目表

常用会计科目表见表3-2。

表3-2 会计科目参照表

顺序号	编号	会计科目名称	顺序号	编号	会计科目名称
		一、资产类	50	2232	应付股利
1	1001	库存现金	51	2241	其他应付款
2	1002	银行存款	53	2501	长期借款
3	1012	其他货币资金			三、共同类
4	1101	交易性金融资产			四、所有者权益类
5	1121	应收票据	61	4001	实收资本
6	1122	应收账款	62	4002	资本公积
7	1123	预付账款	63	4101	盈余公积
8	1131	应收股利	64	4103	本年利润
9	1132	应收利息	65	4104	利润分配
10	1221	其他应收款	66	4201	库存股
11	1231	坏账准备			五、成本类
13	1402	在途物资	67	5001	生产成本
14	1403	原材料	68	5101	制造费用
16	1405	库存商品			六、损益类

续表

顺序号	编号	会计科目名称	顺序号	编号	会计科目名称
20	1411	周转材料	71	6001	主营业务收入
29	1601	固定资产	72	6051	其他业务收入
30	1602	累计折旧	73	6101	公允价值变动损益
32	1604	在建工程	74	6111	投资收益
34	1606	固定资产清理	75	6301	营业外收入
35	1701	无形资产	76	6401	主营业务成本
36	1702	累计摊销	77	6402	其他业务成本
41	1901	待处理财产损益	78	6403	营业税金及附加
23		二、负债类	79	6601	销售费用
42	2001	短期借款	80	6602	管理费用
44	2201	应付票据	81	6603	财务费用
45	2202	应付账款	82	6701	资产减值损失
46	2203	预收账款	83	6711	营业外支出
47	2211	应付职工薪酬	84	6801	所得税费用
48	2221	应交税费	85	6901	以前年度损益调整
49	2231	应付利息			

【例 3-1】会计科目运用：请分别写出下列情况下，企业应该设置的会计科目。

(1) 从银行提取现金 600 元。

该项业务应设置“银行存款”和“库存现金”科目。

(2) 购买材料 3 000 元，料款尚未支付。

该项业务应设置“原材料”和“应付账款”科目。

(3) 某投资者投入设备一台，价值 250 000 元。

该项业务应设置“实收资本”和“固定资产”科目。

(4) 某企业销售产品一批，价值 7 000 元，货款尚未收到。

该项业务应设置“主营业务收入”和“应收账款”科目。

3.2 会计账户

3.2.1 会计账户的含义

会计科目只是对会计对象的具体内容(会计要素)进行分类的项目，其本身并不具有增减变化的含义。为了能够分门别类地对各项经济业务的发生所引起会计要素的增减变动情况，并对其结果进行全面、连续、系统、准确地反映和监督，为经营管理提供需要的会计信息，必须设置一种方法或手段，能核算各项内容的具体数字资料，此时，会计账户应运而生。

所谓会计账户，是指具有一定格式，用来分类、连续地记录经济业务，反映会计要素增减变动及其结果的一种核算工具。所以设置会计科目以后，还要根据规定的会计科目开设一系列反映不同经济内容的账户。每个账户都有一个科学而简明的名称，账户的名称就是会计科目。会计账户是根据会计科目设置的。设置账户是会计核算的一种专门方法，运用账户，把各项经济业务的发生情况及由此引起的资产、负债、所有者权益、收入、费用和利润各要素的变化，系统地、分门别类地进行核算，以便提供所需要的各项指标。

会计账户是对会计要素的内容所做的科学再分类。会计账户是根据会计科目来设置的；会计科目就是会计账户的名称，会计科目与账户是两个既相区别，又有联系的不同概念。它们的共同点是：会计科目是设置会计账户的依据，是会计账户的名称，会计账户是会计科目的具体运用，会计科目所反映的经济内容，就是会计账户所要登记的内容，相同名字的两者核算的经济业务是相同的。它们之间的区别在于：会计科目只是对会计要素具体内容的分类，本身没有结构，会计账户则有相应的结构；会计科目只有名字，其主要作用为将会计对象的具体内容分为若干个相对独立的项目，而会计账户则是在会计科目的基础上，再赋予一定的结构，能指明记账的方向，以核算各会计要素的增减变动和余额；会计科目和账户制定或设置的方法也有所不同，会计科目由国家统一制定，是会计制度的组成部分，而账户则是由各单位根据会计科目的要求，结合本单位的实际情况开设的，是一种核算方法，能具体反映资金运用状况。因此，会计账户比会计科目，分户更为明细，内容更为丰富。实际工作中，先有会计科目，后有会计账户。但是在会计实务中，往往并不将二者严格区分。

3.2.2 会计账户的结构和内容

采用不同记账方法，账户的结构是不同的，即使采用同一记账方法，不同性质的账户结构也是不同的。但是，不管采用何种记账方法，也不论是何种性质的账户，其基本结构总是相同的。具体归纳如下。

(1) 账户的基本结构应同时具备以下内容：①账户的名称，即会计科目；②日期，即记载经济业务的日期；③摘要，即概括说明经济业务的内容；④凭证号数，即说明记载账户记录的来源和依据；⑤反映增加方和减少方的金额及余额。

(2) 账户的左右两方按相反方向来记录增加额和减少额。也就是说，如果规定在账户左方记录增加额，就应该在账户右方记录减少额；反之，如果在账户右方记录增加额，就应该在账户左方记录减少额。具体在账户的左、右两个方向中哪一方记录增加额，哪一方记录减少额，取决于账户所记录的经济内容和所采用的记账方法。

(3) 账户的余额一般与记录的增加额在同一方向。值得注意的是，损益类会计账户期末没有余额，成本类会计账户一般没有余额。

(4) 会计账户包含 4 个基本要素，分别是期初余额、本期增加发生额、本期减少发生额和期末余额，这 4 个要素之间的基本恒等关系为

本期期末余额=期初余额+本期增加额-本期减少额

本期增加额和减少额是指在一定会计期间内(月、季或年)，账户在左右两方分别登记

的增加金额合计数和减少金额的合计数，又可以将其称为本期增加发生额和本期减少发生额。本期增加发生额和本期减少发生额相抵后的差额，加上本期期初余额，就是本期期末余额。如果将本期的期末余额转入下一期，就是下一期的期初余额。

为了教学方便，在教科书中经常采用简化格式的“T”型账户来说明账户结构。这时，账户就省略了有关栏次。图 3.3 为库存现金的 T 型账户。

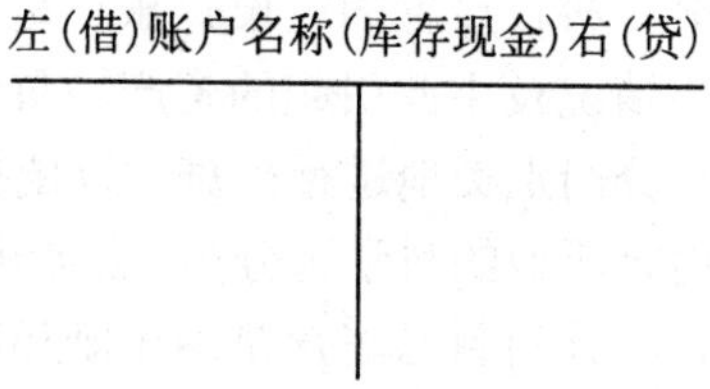

图 3.3　库存现金的 T 型账户

而在实际工作中最基本的账户格式为三栏式账户，见表 3-3。

表 3-3　三栏式账户

账户名称(会计科目)

年		凭证号数		摘要	借方金额	贷方金额	借或贷	余额
月	日	字	号					

注：借贷记账法下，以借或贷来表示增加或减少方向。

3.2.3　会计账户体系及分类

会计账户体系是指按照全面反映企业会计要素的要求，根据设置的会计科目而建立的会计账户系统。与会计要素和会计科目一脉相承，会计账户体系的形成依赖于会计科目体系的设置。即企业会计科目体系决定了所建立的会计账户的体系。根据企业会计科目的分类，可将会计账户作如下分类。

(1) 根据其所提供信息的详细程度及其统驭关系，会计账户分为总分类账户和明细分类账户。

① 总分类账户又叫总账账户，或一级账户，简称总账，它是根据总分类科目设置的。在总分类账户中，只使用货币计量单位，它可以提供概括的核算资料和指标，是对其所属的明细分类账户资料的综合。总账账户以下都统称为明细账户。

② 明细分类账户又称明细账户，简称明细账，是根据明细分类科目设置的。对于明细账的核算，除了用货币计量以外，必要时还需要用实物单位计量，或者用劳动单位来计量。明细账是提供企业明细核算资料的指标，它是对总账账户的具体化和补充说明。

③ 总账和所属明细账核算的内容相同，都是核算和反映同一事物，只不过反映内容的详细程度有所不同。两者相互补充，相互制约，相互核对。总账统驭和控制明细账，明细账从属于总账，是总账的从属账户，对总账补充和说明。

(2) 根据所反映的经济内容，账户分为资产类账户、负债类账户、所有者权益类账户、成本类账户、损益类账户、共同类账户六类，每一类账户与相应的会计科目相对应。

(3) 根据账户与财务报表的关系，账户分为资产负债表账户和利润表账户。资产负债表账户是为资产负债表的编制提供资料的账户，包括：资产类账户、负债类账户和所有者权益类账户。利润表账户是为利润表编制提供资料的账户，包括：收入类账户和费用类账户。

【例 3-2】账户运用举例。

(1) 从银行提取现金 500 元。

库存现金

借	贷
500	

银行存款

借	贷
	500

(2) 购买原材料 5 000 元，材料款尚未支付。

原材料

借	贷
5 000	

应付账款

借	贷
	5 000

(3) 接受投资者投入设备一台，价值 600 000 元。

固定资产

借	贷
600 000	

实收资本

借	贷
	600 000

(4) 某企业销售产品一批，价值 8 000 元，货款尚未收到。

应收账款

借	贷
8 000	

主营业务收入

借	贷
	8 000

3.3 复式记账法

记账方法，就是用账簿登记经济业务的方法，即根据一定的记账原则、记账符号、记账规则，采用一定的计量单位，利用文字和数字把经济业务登记到账簿中的一种专门方法。记账方法按记录方式不同，可分为单式记账法和复式记账法。本章节将重点介绍复式记账法。

3.3.1 复式记账法的基本原理

复式记账法是以资产与权益的平衡关系作为记账基础，对于每一笔经济业务，都要在两个或两个以上的相互联系的账户中进行相互联系的等额登记，系统地反映资金运动变化结果的一种记账方法。如“以银行存款 1 000 元购买原材料”，这笔业务在记账时，不仅记“银行存款”减少 1 000 元，同时还要记“原材料”增加 1 000 元。所以，在复式记账法下，有科学的账户体系，通过对应账户的双重等额记录，能反映经济活动的来龙去脉，并能运用账户体系的平衡关系来检查全部会计记录的正确性。所以，复式记账法作为科学的记账方法一直被广泛地运用。目前，我国的企业和行政、事业单位所采用的记账方法，都属于复式记账法。

复式记账法根据记账符号、记账规则等不同，又可分为借贷记账法、增减记账法和收付记账法等。其中，借贷记账法是世界各国普遍采用的一种记账方法，在我国也是应用最广泛的一种记账方法，我国颁布的《企业会计准则》明文规定中国境内的所有企业都应该采用借贷记账法记账。采用借贷记账法在相关账户中记录各项经济业务，可以清晰地表明经济业务的来龙去脉，同时也便于试算平衡和检查账户记录的正确性。下文中我们将重点说明借贷记账法。

1. 复式记账法的理论依据

在会计上将企业所发生的交易或事项在两个或两个以上相互联系的账户中进行记录的方法，即复式记账，是有科学的理论依据的，这个理论依据就是交易或事项影响会计要素增减变动的内在规律性。

从第 2 章中关于经济交易或事项影响会计等式中会计要素的变动情形的分析可知，每项交易或事项发生后，至少会引起两个会计要素或者同一个会计要素的两个项目发生变化，这些变化的类型要么是引起会计等式左右两边同时增加或者同时减少，要么是引起会计等式同一边的项目一增一减，增减金额相同。在会计上要全面完整的反映该项交易或者事项，就必须至少运用两个相互联系的会计账户来进行记录，以便将会计要素变化了的两个或两个以上的项目记录下来，这种记录方法就是复式记账。由此可见，经济交易或事项所引起的会计要素的增减变化规律为复式记账法提供了强有力的理论依据，使复式记账法成为必然。

2. 复式记账法的原则和意义

复式记账法必须遵循的基本原则主要有如下几个方面。①以会计等式为基础。复式记账是以资产等于权益为基本的理论依据，所以记账过程应以该会计等式为基础。②对每项经济业务，必须在两个或两个以上相互联系的账户中进行等额记录，以保持会计等式的恒等。③必须按经济业务对会计等式的影响类型进行记录，不同的经济业务引起不同的会计科目发生变化，复式记账法应该根据具体的情况进行账务处理。④定期汇总的全部账户记录必须平衡，这是由复式记账法的内在规律决定的。

通过复式记账对每笔经济业务进行双重等额记录后，定期汇总的全部账户的数据必然会保持会计等式的平衡关系。检验会计等式平衡关系的方法有两种，分别是发生额试算平衡法和余额试算平衡法，发生额试算平衡法是用来检查本期全部账户的借方发生额与贷方发生额是否相等的方法，余额试算平衡法是用来检查所有账户的借方期末余额和贷方期末余额合计是否相等的方法。

运用复式记账法的意义重大，主要表现在以下几个方面。①能够反映经济业务的来龙去脉。复式记账法对经济业务的两个或者两个以上会计科目的增减变化均进行记录，通过会计科目增减变化的方向能反映经济业务的来龙去脉。②复式记账法对于防止和检查会计数据的错漏有重要意义。由于每项经济业务发生后，都要以相等的金额在有关账户中进行登记，因此，可以通过试算平衡，检查账户记录是否正确，如果借贷方发生额或者期末余额不相等，则表明账务处理或者会计核算一定有错误，进而找出错误根源。③复式记账法对现代会计核算方法的发展也起到催化作用，复式记账法为登记会计凭证、设置会计账簿、成本计算、出具会计报表等会计方法奠定了基础，催化了这些方法的必然产生。

3.3.2 借贷记账法及其应用

借贷记账法起源于13—14世纪的意大利，是一种国际通用的商业语言。借贷记账法是以“资产=负债+所有者权益”这一会计基本等式作为记账原理，以“借”、“贷”二字作为记账符号，记录会计要素增减变动情况的一种复式记账法。下面分别从理论基础、记账符号、账户结构和记账规则这几方面进行介绍。

1. 借贷记账法的理论基础

借贷记账法的对象是会计要素的增减变动过程及其结果。这个过程及结果可用公式表示：资产=负债+所有者权益。这一恒等式揭示了三个方面的内容。

(1) 会计主体各要素之间的数字平衡关系。有一定数量的资产，就必然有相应数量的权益(负债和所有者权益)与之相对应，任何经济业务所引起的要素增减变动，都不会影响这个等式的平衡。如果把等式的“左”、“右”两方，用“借”、“贷”两方来表示的话，可以理解为每一次记账的借方和贷方是平衡的；一定时期账户的借方、贷方的金额是平衡的；所有账户的借方、贷方余额的合计数是平衡的。

(2) 各会计要素增减变化的相互联系。从上一章可以看出，任何经济业务(四类经济业务)都会引起两个或两个以上的相关会计项目发生金额变动，因此当经济业务发生后，在一个账户中记录的同时，必然要有另一个或一个以上账户的记录与之对应。

(3) 等式有关因素之间是对立统一的。资产在等式的左边，当想移到等式右边时，就要以“-”表示，负债和所有者权益也具有同样情况。也就是说，当我们用左边(借方)表示资产类项目增加时，就要用右边(贷方)来记录资产类项目减少。与之相反，当我们用右方(贷方)记录负债和所有者权益增加额时，我们就需要通过左方(借方)来记录负债和所有者权益的减少额。

这三个方面的内容贯穿了借贷记账法的始终。会计等式对记账方法的要求决定了借贷记账法的账户结构、记账规则、试算平衡的基本理论，因此，会计恒等式是借贷记账法的理论基础。

2. 借贷记账法的记账符号

借贷记账法以“借”、“贷”为记账符号，分别作为账户的左方和右方。左借右贷，这一规律适用于所有账户。“借”、“贷”二字是纯粹的记账符号，不表示任何经济意义。

借贷记账法中的借和贷与具体的账户相结合，可以表示如下不同的意义。

(1) 代表账户中两个固定的部位。借贷记账法下以“借”、“贷”为记账符号，分别作为账户的左方和右方。至于“借”表示增加还是“贷”表示增加，则取决于账户的性质及结构。

(2) 与不同类型的账户相结合，分别表示增加或减少。“借”“贷” 本身不等同于增或减，不表示任何经济意义，单纯就是借贷记账方向的符号，只有当其与具体类型的账户相结合后，才可以表示增加或减少。例如，对资产类账户来说，借方表示增加，贷方表示减少；对于负债类账户而言，正好相反，贷方表示增加，借方表示减少。

(3) 表示余额的方向。通常，资产、负债和所有者权益类账户期末都会有余额，且余额的方向通常与表示增加的一方一致，其中，资产类账户的正常余额在借方，负债和所有者权益类账户的正常余额在贷方。

3. 借贷记账法的账户结构

(1) 资产类会计账户的结构。资产类会计账户借方记录资产的增加额，贷方记录资产的减少额，如果有余额在账户的借方。资产类账户余额的计算公式为

资产类账户期末余额=期初余额+本期借方发生额-本期贷方发生额

【例 3-3】某企业 2013 年 8 月发生如下经济业务：

① 销售产品，收取现金 6 000 元；

② 提供劳务，收取现金 1 000 元；

③ 支付差旅费，支付现金 600 元；

④ 支付零星采购费用，支付现金 800 元。

已知企业库存现金科目期初借方余额 1 500 元。

要求：企业库存现金科目期末余额是多少？

本题分析如下：

库存现金期末余额=期初余额+本期增加发生额-本期减少发生额

=1 500+6 000+1 000-600-800=7 100(元)

库存现金

借 ↑		贷 ↓
期初余额	1 500	
①	6 000	③ 600
②	1 000	④ 800
本期发生额	7 000	1 400
期末余额	7 100	

(2) 负债和所有者权益类会计账户的结构。这类账户的借方记录负债和所有者权益的减少额，贷方记录负债和所有者权益的增加额，如果有余额在贷方。负债和所有者权益类账户余额的计算公式为

负债及所有者权益类账户期末余额=期初余额+本期贷方发生额-本期借方发生额

【例 3-4】某企业 2013 年 8 月发生如下经济业务：

① 向银行借款 10 000 元，归还日期为三个月后；

② 归还上月短期借款 5 000 元。

已知企业短期借款科目贷方期初余额 20 000 元。

要求：企业短期借款科目期末余额是多少？

本题分析如下：

短期借款期末余额=期初余额+本期贷方发生额－本期借方发生额

=20 000+10 000−5 000=25 000(元)

短期借款

借↓	贷↑
	20 000　期初余额
②　5 000	①　10 000
5 000	10 000 本期发生额
	25 000　期末余额

(3) 成本类会计账户的结构。成本类账户借方登记成本费用的增加额(发生)，贷方登记成本费用的减少额(结转、转销)。该类账户一般没有余额，如果该类账户期末有余额，则余额在借方，表示尚未完工的产品(在产品)应负担的成本，即期末在产品成本。在产品属于企业的资产。

【例 3-5】某企业 2013 年 8 月发生如下经济业务：

① 生产甲产品领用原材料价值 5 000 元；

② 应付生产甲产品工人工资 3 000 元；

③ 月末结转已完工产品成本 10 000 元。

期初企业在产品成本为 4 000 元。

要求：企业期末在产品成本是多少？

本题分析如下：在产品成本为生产成本期末余额，金额=4 000+5 000+3 000−10 000=2 000(元)

生产成本

借↑	贷↓
期初余额　4 000	
①　5 000	③　10 000
②　3 000	
本期发生额　8 000	10 000
期末余额　2 000	

(4) 损益类会计账户的结构。损益类账户又可以分为收入类账户和费用类账户。

收入类账户的结构与负债和所有者权益科目的结构基本相同。收入的增加额记入账户的贷方，收入减少额(结转)记入账户的借方，但是，与权益类账户不用的是，该类账户期末结转至“本年利润”后，没有余额。

【例 3-6】某企业主要从事 A 产品销售和提供安装业务，2013 年 8 月发生如下经济业务：

① 销售产品，取得销售收入 5 000 元；

② 提供劳务，收取收入 2 000 元；

③ 月末结转当期收入。

要求：企业主营业务收入账户本期贷方发生额是多少？

本题分析如下：

主营业务收入

③转出额　7 000	①增加额　5 000 ②增加额　2 000
本期借方发生额　7 000	本期贷方发生额　7 000

借↓　主营业务收入　贷↑

③　7 000	①　5 000 ②　2 000
本期发生额　7 000	7 000

费用类账户的结构与成本类和资产类账户基本相同。账户借方记录费用的增加额，贷方记录费用的减少(结转)数额，但是与资产类和成本类账户不同的是，该类账户期末结转费用至“本年利润”后，没有余额。

【例 3-7】某企业 2013 年 8 月发生如下经济业务：

① 发生管理人员办公费用 1 000 元；

② 发生管理人员工资费用 5 000 元；

③ 月末结转当期管理费用。

要求：企业管理费用账户本期借方发生额是多少？

本题分析如下：

管理费用

①增加额　1 000 ②增加额　5 000	③转出额　6 000
本期借方发生额　6 000	本期贷方发生额　6 000

借↑　管理费用　贷↓

①　1 000 ②　5 000	③　6 000
本期发生额　6 000	6 000

综上所述，可以总结出以下记忆方法：

资产=负债+所有者权益+(收入−费用)

变形为资产+费用=负债+所有者权益+收入

等式左方借增贷减，等式右方借减贷增，如果有余额一般在增加方。

即

资产=负债+所有者权益+收入−费用

费用+资产=负债+所有者权益+收入

增	减	减	增

借贷记账法各类科目的结构见表 3-4。

表 3-4　借贷记账法下各类科目的结构表

账户类别	借方	贷方	余额方向
资产类	增加	减少	借方
负债类	减少	增加	贷方
所有者权益类	减少	增加	贷方
成本类	增加	减少(或转销)	借方
收入类	减少(或转销)	增加	无余额
费用类	增加	减少(或转销)	无余额

借方：资产的增加，负债及所有者权益的减少，成本费用的增加，收入的减少(或转销)

贷方：资产的减少，负债及所有者权益的增加，成本费用的减少(或转销)，收入的增加

4. 借贷记账法的记账规则

记账规则是进行会计记录和检查账簿登记是否正确的依据和规律。不同的记账方法，具有不同的记账规则。借贷记账法的记账规则可以用一句话概括：“有借必有贷，借贷必相等”。这一记账规则要求对每项经济业务都要以相等的金额，相反的方向，同时登记在两个或两个以上的账户中。

5. 会计分录的编制

在运用借贷记账法进行核算时，在有关账户之间存在着应借、应贷的相互关系，账户之间的这种相互关系称为账户的对应关系。存在对应关系的账户称为对应账户。例如，用现金 5 000 元购买原材料，就要在“原材料”账户的借方和“库存现金”账户的贷方进行记录。这样“原材料”与“库存现金”账户就发生了对应关系，两个账户也就成了对应账户。掌握账户的对应关系很重要，通过账户的对应关系可以了解经济业务的内容，检查对经济业务的处理是否合理合法。

会计分录是指对某经济业务事项标明其应借、应贷方向，科目名称和金额的记录，简称分录。由定义可以看出，会计分录有三要素，分别是记账符号、会计科目和金额。编制会计分录应注意是借方在上，贷方在下，借贷分行错开写。

按照涉及账户的多少，会计分录分为简单会计分录和复合会计分录。简单会计分录指只涉及一个账户借方和另一个账户贷方的会计分录，即一借一贷的会计分录；复合会计分录指由两个以上(不含两个)对应账户所组成的会计分录，即一借多贷、一贷多借或多借多贷的会计分录。

会计分录的编制步骤如下。

第一，分析经济业务涉及的会计账户(或科目)。

第二，确定涉及的会计账户是增加还是减少。

第三，确定记入哪个(或哪些)账户的借方、哪个(或哪些)账户的贷方。

第四，确定金额，编制会计分录并检查是否符合记账规则。

其步骤如图 3.4 所示。

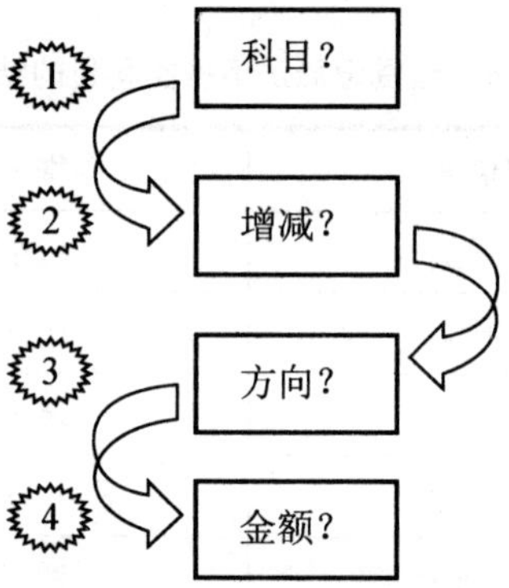

图 3.4　会计分录编制步骤

下面举例说明运用借贷记账法编制简单会计分录。

根据前文所述，会计账户记账方向如下。

费用+资产=负债+所有者权益+收入

借↑ 贷↓ 借↓ 贷↑

【例 3-8】2013 年，甲公司发生如下经济业务(不考虑相关税费)。

(1) 1 月 1 日，购入原材料 10 000 元，材料已经验收入库，货款尚未支付。

借：原材料　　10 000

　　贷：应付账款　　10 000

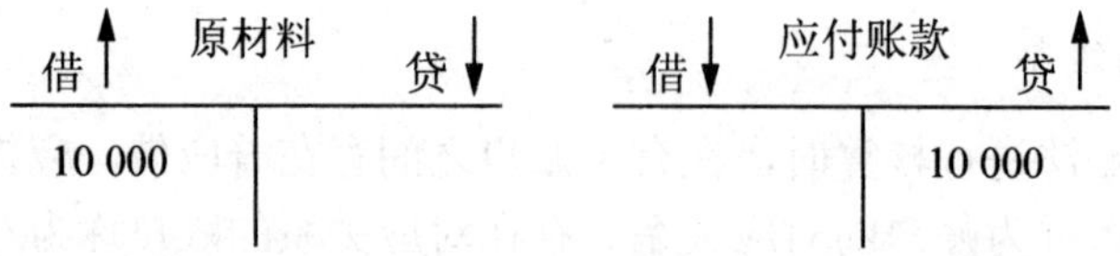

(2) 1 月 8 日，经批准增加注册资金，收到投资者投入的货币资金 800 000 元存入银行。

借：银行存款　　800 000

　　贷：实收资本　　800 000

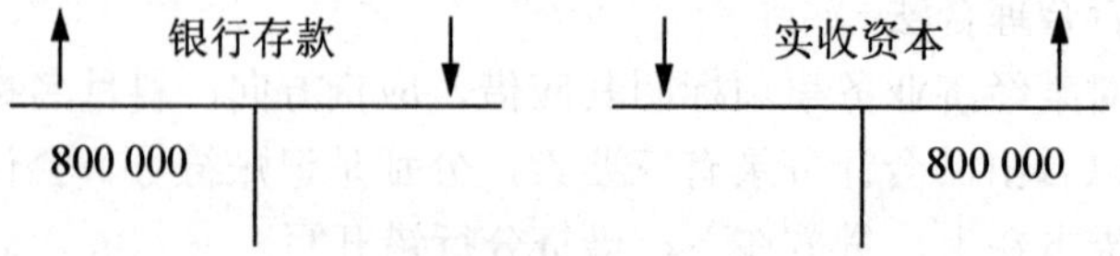

(3) 1 月 10 日，用银行存款 10 000 元偿还短期借款。

借：短期借款　　10 000
　　贷：银行存款　　10 000

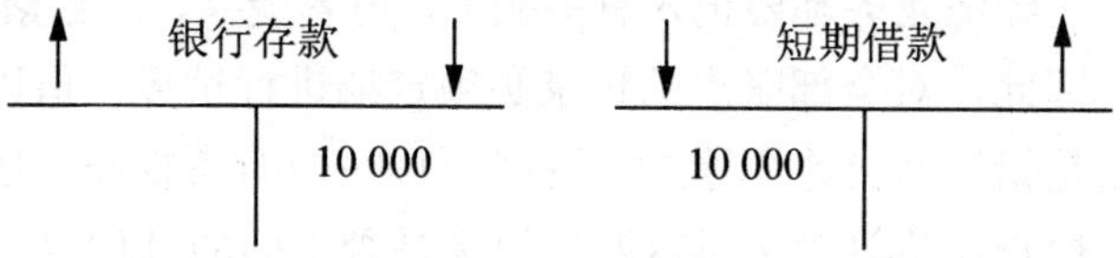

(4) 1 月 12 日，因违反有关税收法规，以银行存款 5 000 元支付罚款。

借：营业外支出　　5 000
　　贷：银行存款　　5 000

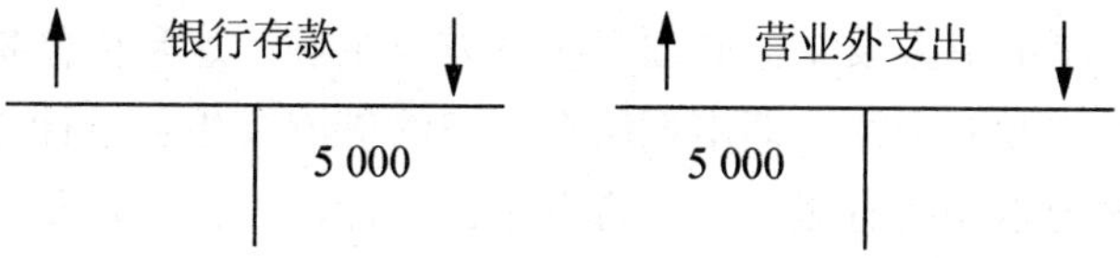

(5) 1 月 12 日，以银行存款 120 000 元购入汽车一辆，已交付使用。

借：固定资产　　120 000
　　贷：银行存款　　120 000

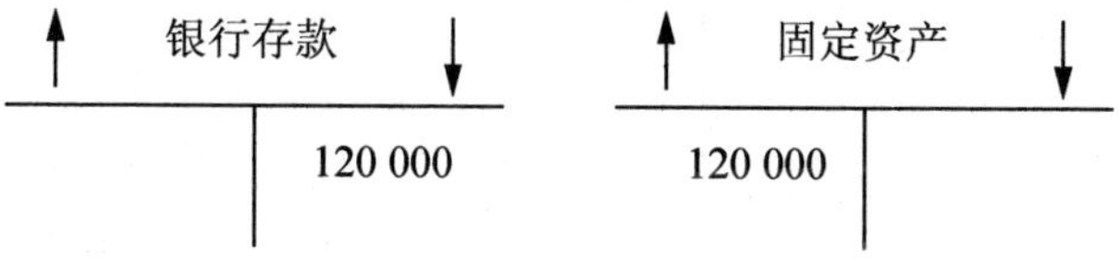

(6) 1 月 13 日，按有关规定，将盈余公积中的 100 000 元用于转增资本。

借：盈余公积　　100 000
　　贷：实收资本　　100 000

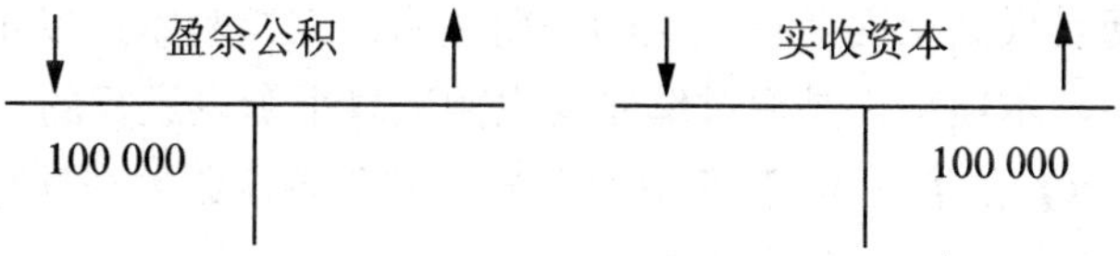

下面举例说明复合分录的编制。

【例 3-9】 1 月 20 日，甲公司从某厂购入原材料 28 000 元，已验收入库，货款已用银行存款支付 20 000 元，尚欠 8 000 元。作会计分录如下：

借：原材料　　28 000
　　贷：银行存款　　20 000
　　　　应付账款　　8 000

复合分录是由若干个简单分录组成的。上述复合分录可以分解为以下两个简单分录：

借：原材料　　20 000
　　贷：银行存款　　20 000

借：原材料　　8 000
　　贷：应付账款　　8 000

6. 借贷记账法的试算平衡

1) 试算平衡的定义

企业对日常发生的经济业务都要记入有关账户，内容庞杂，次数繁多，记账稍有疏忽，便有可能发生差错。因此，对全部账户的记录必须定期进行试算，借以验证账户记录是否正确。所谓试算平衡是指根据会计恒等式“资产=负债+所有者权益”以及借贷记账法的记账规则，通过汇总、检查和验算确定所有账户记录是否正确的过程。

2) 试算平衡的分类

试算平衡分为发生额试算平衡法和余额试算平衡法两种。

(1) 发生额试算平衡法。发生额平衡包括两方面的内容：一是每笔会计分录的发生额平衡，即每笔会计分录的借方发生额必须等于贷方发生额，这是由借贷记账法的记账规则决定的；二是本期发生额的平衡，即本期所有账户的借方发生额合计必须等于所有账户的贷方发生额合计。因为本期所有账户的借方发生额合计，相当于把复式记账的借方发生额相加；所有账户的贷方发生额合计，相当于把复式记账的贷方发生额相加，二者必然相等。这种平衡关系用公式表示为

第一笔会计分录的借方发生额 = 第一笔会计分录的贷方发生额

⋮

第 n 笔会计分录的借方发生额 = 第 n 笔会计分录的贷方发生额

Σ所有业务借方发生额 =Σ所有业务贷方发生额

本期全部账户借方发生额合计=本期全部账户贷方发生额合计

发生额试算平衡是根据上面两种发生额平衡关系，来检验本期发生额记录是否正确的方法。在实际工作中，本项工作是通过编制发生额试算平衡表进行的。

根据本章【例 3-8】和【例 3-9】所举的七笔经济业务编制的会计分录，可以汇总编制总分类科目发生额试算平衡表，见表 3-5。

银行存款

	(2) 800 000	(3) 10 000
		(4) 5 000
		(5) 120 000
		(7) 20 000
本期发生额	800 000	155 000

原财料

	(1) 10 000	
	(7) 28 000	
本期发生额	38 000	

固定资产

	(5) 120 000	
本期发生额	120 000	

短期借款

	(3) 10 000	
本期发生额	10 000	

应收账款

借方	贷方
	(1) 10 000 (7) 8 000
本期发生额	18 000

实收资本

借方	贷方
	(2) 800 000 (6) 100 000
本期发生额	900 000

盈余公积

借方	贷方
(6) 100 000	
本期发生额 100 000	

营业外支出

借方	贷方
(4) 5 000	
本期发生额 5 000	

表 3-5 总分类科目发生额试算平衡表

2013 年 1 月 1 日—20 日　　单位：元

账户名称	本期发生额	
	借方	贷方
银行存款	800 000	155 000
原材料	38 000	
固定资产	120 000	
短期借款	10 000	
应付账款		18 000
实收资本		900 000
盈余公积	100 000	
营业外支出	5 000	
合计	1 073 000	1 073 000

(2) 余额试算平衡法。余额平衡是指所有账户的借方余额之和与所有账户的贷方余额之和相等。余额试算平衡就是根据会计恒等关系，来检验本期会计记录是否正确的方法。这是由“资产=负债+所有者权益”的恒等关系决定的。在某一时点上，有借方余额的账户应是资产类账户，有贷方余额的账户应是权益类账户，分别合计其金额，即是具有相等关系的资产与权益总额。根据余额计算的时点不同，可分为期初余额平衡和期末余额平衡。本期的期末余额平衡，结转到下一期，就成为下一期的期初余额平衡。这种关系也可用下列公式表示为

资产=负债+所有者权益

本期期末(期初)资产借方余额=本期期末(期初)负债贷方余额+本期期末(期初)所有者权益贷方余额

全部会计科目的借方期末(期初)余额合计=全部会计科目的贷方期末(期初)余额合计

在实际工作中，本项工作是通过编制余额试算平衡表进行的。

例如，根据本章【例 3-8】和【例 3-9】所举七笔经济业务编制的会计分录，补充期初余额资料，编制总分类科目发生额及余额试算表见表 3-6。

表 3-6　总分类科目发生额及余额试算平衡表

2013 年 1 月 20 日　　　　单位：元

账户名称	期初余额		本期发生额		期末余额	
	借方	贷方	借方	贷方	借方	贷方
库存现金	500				500	
银行存款	205 000		800 000	155 000	850 000	
应收账款	20 000				20 000	
原材料	162 000		38 000		200 000	
库存商品	100 000				100 000	
固定资产	3 480 000		120 000		3 600 000	
短期借款		250 000	10 000			240 000
应付账款		300 000		18 000		318 000
实收资本		3 000 000		900 000		3 900 000
盈余公积		417 500	100 000			317 500
营业外支出			5 000		5 000	
合计	3 967 500	3 967 500	1 073 000	1 073 000	4 775 500	4 775 500

值得注意的是，试算平衡只是通过验算借贷发生金额或者余额是否平衡来检查账户记录是否正确的一种方法，但是这种方法得出的结论并不是绝对正确的。如果借贷不平衡，就可以肯定账户的记录或计算有错误；但是如果借贷平衡，却不能肯定记账一定没有错误，因为有些错误并不影响借贷双方平衡。常见的情况有：①某项经济业务错记了会计科目；②某项经济业务涉及的两个会计科目借和贷的方向都记错；③某项经济业务漏记或重记等。诸如此类错误，都不可能通过试算平衡法来发现，试算平衡法只能发现借贷金额不相等的错误。

7. 会计账户的平行登记

总分类账户与明细分类账户的关系主要表现在：总分类账户对明细分类账户具有统驭控制作用，明细分类账户对总分类账户具有补充说明作用，总分类账户与其所属明细分类账户在总金额上应当相等。为了保持总账和明细账一致，在记账时，总分类科目和明细分类科目应当平行登记。

总分类账户与明细分类账户的平行登记是指对同一项经济业务，应当在同一会计期间内，既登记相应的总分类账户，又登记所属的有关明细分类账户，做到两者的登记方向相同，金额相等。平行登记包括以下 4 个要点：①所依据的会计凭证相同，总分类账和明细分类账都必须是根据相同的会计凭证登记的，如销货单、入库单等；②借贷方向相同，对于同一笔经济业务，同时登记总分类账和明细分类账时借或者贷的方向应该是相同的，如购入甲材料，应该登记在总分类账“原材料”的借方，同时应该登记在明细分类账“甲材料”的借方；③所属的会计期间相同，总账和明细账的登记应登记在同一个会计期间的账簿上，对于每一项经济业务，要同时在相关的各总分类账户及其所属的有关各明细分类账户中分别独立地进行登记，同时一般是指在同一月份，并非指同一日期；④记录金额相等，记入总分类账户的金额与记入其所属全部明细分类账户的合计金额相等。这是由会计等式和记账规则所决定的，例如某企业一次购入一批原材料，分别有甲材料、乙材料、丙材料，那么计入总分类账“原材料”的金额和分别计入明细账在“甲材料”、“乙材料”、“丙材料”的金额之和应该相等。这一点具体为

总账账户的期初余额=所属明细账户期初余额合计

总账账户的本期发生额=所属明细账户本期发生额合计

总账账户的期末余额=所属明细账户期末余额合计

【例 3-10】用银行存款购买甲乙两种材料，其中甲材料 200 公斤，单价 100 元/公斤，共计 20 000 元，乙材料 50 件，单价 400 元/件，共计 20 000 元。会计处理如下：

借：原材料——甲材料	20 000	
——乙材料	20 000	
贷：银行存款		40 000

在原材料总账中登记原材料：40 000 元

在甲材料明细账中登记：数量 200 公斤，单价 100 元/公斤，金额 20 000 元

在乙材料明细账中登记：数量 50 件，单价 400 元/件，金额 20 000 元

本章小结

会计科目是会计要素的具体化，是进行各项会计记录和提供各项会计信息的基础，设置会计科目是复式记账中编制、整理会计凭证和设置账簿的基础。会计科目按所归属的会计要素分类，可分为资产类、负债类、共同类、所有者权益类、成本类和损益类六大类。按照所提供信息的详细程度及统驭关系不同进行分类，可以将会计科目分为总账科目和明细科目。

会计账户，是指具有一定格式，用来分类、连续地记录经济业务，反映会计要素增减变动及其结果的一种核算工具。会计科目与账户是两个既相区别，又有联系的不同概念。实际工作中，先有会计科目，后有账户。但是在会计实务中，往往并不将二者严格区分。

会计账户体系是指按照全面反映企业会计要素的要求，根据设置的会计科目而建立的会计账户系统。根据其所提供信息的详细程度及其统驭关系，账户分为总分类账户和明细分类账户。根据所反映的经济内容，账户分为资产类账户、负债类账户、所有者权益类账户、成本类账户、损益类账户、共同类账户六类。

复式记账法是以资产与权益平衡关系作为记账基础，对于每一笔经济业务，都要在两个或两个以上的相互联系的账户中进行相互联系的等额登记，系统地反映资金运动变化结果的一种记账方法。借贷记账法是世界各国普遍采用的一种复试记账方法，在我国也是应用最广泛的一种记账方法。

借贷记账法是以“资产=负债+所有者权益”这一会计基本等式作为记账原理，以“借”、“贷”二字作为记账符号，记录会计要素增减变动情况的一种复式记账法。资产类账户的正常余额在借方，负债和所有者权益类账户的正常余额在贷方。借贷记账法也是编制会计分录和试算平衡表的基础。

设置账户、运用符合复式记账原理的借贷记账法记录经济业务，是会计核算的核心内容，也是编制会计报表向外提供会计信息从而实现会计目标的基础。因此，如果说第二章关于会计要素的划分及其恒等原理是整个会计核算的理论基础的话，那么本章关于账户的设置与结构、复式记账原理以及借贷记账法的运用，则是整个会计核算的方法基础。因此，学好本章对于以后各章的学习具有非常重要的意义。

习　题

一、单项选择题

1．下列会计科目中，属于损益类科目的是(　　)。

A．主营业务成本　　B．生产成本
C．制造费用　　D．其他应收款

2．(　　)不是设置会计科目的原则。

A．实用性原则　　B．相关性原则
C．权责发生制原则　　D．合法性原则

3．下列会计科目中，不属于资产类的是(　　)。

A．应收账款　　B．累计折旧
C．预收账款　　D．预付账款

4．总分类会计科目一般按(　　)进行设置。

A．企业管理的需要　　B．统一会计制度的规定
C．会计核算的需要　　D．经济业务的种类不同

5．关于会计科目，下列说法中不正确的是(　　)。

A．会计科目的设置应该符合国家统一会计准则的规定
B．会计科目是设置账户的依据
C．企业不可以自行设置会计科目
D．账户是会计科目的具体运用

6．“其他业务成本”科目按其所归属的会计要素不同，属于(　　)类科目。

A．成本　　B．资产
C．损益　　D．所有者权益

7．在下列项目中，与“制造费用”属于同一类科目的是(　　)。

A．固定资产　　B．其他业务成本
C．生产成本　　D．主营业务成本

8．所设置的会计科目应符合单位自身特点，满足单位实际需要，这一点符合(　　)原则。

A．实用性　　B．合法性　　C．谨慎性　　D．相关性

9．下列不属于企业资产类科目的是(　　)。

A．预付账款　　B．坏账准备　　C．累计折旧　　D．预收账款

10．下列属于负债类科目的是(　　)。

A．预付账款　　B．应交税费　　C．长期股权投资　　D．实收资本

11．下列项目中，不属于所有者权益类科目是(　　)。

A．实收资本　　B．资本公积　　C．盈余公积　　D．未分配利润

12．下列不属于总账科目的是(　　)。

A．固定资产　　B．应交税费　　C．应交增值税　　D．预付账款

13．会计科目是对(　　)的具体内容进行分类核算的项目。

A．经济业务　　B．会计主体　　C．会计对象　　D．会计要素

14．下列会计科目中，属于企业损益类的是(　　)。

A．盈余公积　　B．固定资产　　C．制造费用　　D．财务费用

15．“预付账款”科目按其所归属的会计要素不同，属于(　　)类科目。

A．资产　　B．负债　　C．所有者权益　　D．成本

16．按所归属的会计要素不同，“预收账款”属于(　　)类科目。

A．资产　　B．负债　　C．所有者权益　　D．成本

17．负债是指过去的交易、事项形成的(　　)，履行该义务预期会导致经济利益流出企业。

A．潜在义务　　B．法定义务　　C．推定义务　　D．现时义务

18．对会计要素具体内容进行总括分类、提供总括信息的会计科目称为(　　)。

A．备查科目　　B．总分类科目　　C．明细分类科目　　D．二级科目

19．流动资产是指变现或耗用期限在(　　)的资产。

A．一年以内

B．一个营业周期以内

C．一年内或超过一年的一个营业周期以内

D．超过一年的一个营业周期内

20．会计科目按其所(　　)不同分为总分类科目和明细分类科目。

A．反映的会计对象　　B．归属的会计要素

C．提供信息的详细程度及其统驭关系　　D．反映的经济业务

21．关于试算平衡法的下列说法不正确的是(　　)。

A．包括发生额试算平衡法和余额试算平衡法

B．试算不平衡，表明账户记录肯定有错误

C．试算平衡了，说明账户记录一定正确

D．理论依据是“有借必有贷、借贷必相等”

22．符合资产类账户记账规则的是(　　)。

A．增加额记借方　　B．增加额记贷方　　C．减少额记借方　　D．期末无余额

23．借贷记账法下的“借”表示(　　)。

A．费用增加　　B．负债增加

C．所有者权益增加　　D．收入增加

24．甲公司月末编制的试算平衡表中，全部账户的本月借方发生额合计为136万元，除实收资本账户以外的本月贷方发生额合计120万元，则实收资本账户(　　)。

A．本月贷方发生额为16万元　　B．本月借方发生额为16万元

C．本月借方余额为16万元　　D．本月贷方余额为16万元

25．复式记账法是以(　　)为记账基础的一种记账方法。

A．试算平衡　　B．资产和权益平衡关系

C．会计科目　　D．经济业务

26．下列记账错误中，不能通过试算平衡检查发现的是(　　)。

A．将某一账户的借方发生额600元，误写成6 000元

B．某一账户的借贷方向写反

C．借方的金额误记到贷方

D．漏记了借方的发生额

27. 目前我国采用的复式记账法主要是(　　)。
A. 单式记账法　　B. 增减记账法
C. 收付记账法　　D. 借贷记账法

28. 根据资产与权益的恒等关系以及借贷记账法的记账规则，检查所有账户记录是否正确的过程称为(　　)。
A. 记账　　B. 试算平衡
C. 对账　　D. 结账

29. 借贷记账法的发生额试算平衡公式是(　　)。
A. 每个账户的借方发生额=每个账户的贷方发生额
B. 全部账户期初借方余额合计=全部账户期初贷方余额合计
C. 全部账户本期借方发生额合计=全部账户本期贷方发生额合计
D. 全部账户期末借方余额合计=全部账户期末贷方余额合计

30. 在借贷记账法下，账户的贷方用来登记(　　)。
A. 大部分收入类科目的减少　　B. 大部分所有者权益类科目的增加
C. 大部分负债类科目的减少　　D. 大部分成本类科目的增加

二、多项选择题

1. 下列项目中，属于会计科目设置原则的有(　　)。
A. 相关性原则　　B. 实用性原则　　C. 合法性原则　　D. 真实性原则

2. 下列会计科目中，属于成本类科目的有(　　)。
A. 生产成本　　B. 主营业务成本
C. 制造费用　　D. 销售费用

3. 下列项目中，属于成本类科目是(　　)。
A. 生产成本　　B. 管理费用　　C. 制造费用　　D. 长期待摊费用

4. 在下列项目中，与管理费用属于同一类科目的是(　　)。
A. 制造费用　　B. 销售费用　　C. 财务费用　　D. 其他应收款

5. 关于总分类会计科目与明细分类会计科目表述正确的是(　　)。
A. 明细分类会计科目概括地反映会计对象的具体内容
B. 总分类会计科目详细地反映会计对象的具体内容
C. 总分类会计科目对明细分类科目具有控制作用
D. 明细分类会计科目是对总分类会计科目的补充和说明

6. 下列项目中，属于所有者权益类科目是(　　)。
A. 实收资本　　B. 盈余公积　　C. 利润分配　　D. 本年利润

7. 下列属于负债类科目的是(　　)。
A. 应付票据　　B. 应交税费
C. 材料成本差异　　D. 其他应付款

8. 下列属于资产类科目的是(　　)。
A. 原材料　　B. 存货跌价准备
C. 坏账准备　　D. 固定资产清理

9. 下列项目中，属于企业损益类科目是(　　)。
A. 主营业务收入　　B. 投资收益　　C. 其他业务成本　　D. 所得税费用

10. 会计分录包括(　　)。
A. 简单会计分录　　B. 复合会计分录
C. 单式分录　　D. 混合分录

11．下列关于借贷记账法的说法中正确的有(　　)。

A．应该根据账户反映的经济业务的性质确定记入账户的方向

B．可以进行发生额试算平衡和余额试算平衡

C．以“有借必有贷，借贷必相等”作为记账规则

D．以“借”、“贷”作为记账符号

12．某项经济业务发生后，一个资产账户记借方，则有可能(　　)。

A．另一个资产账户记贷方　　B．另一个负债账户记贷方

C．另一个所有者权益类账户记贷方　　D．另一个资产账户记借方

13．用公式表示试算平衡关系，正确的是(　　)。

A．全部账户本期借方发生额合计=全部账户本期贷方发生额合计

B．全部账户本期借方余额合计=全部账户本期贷方余额合计

C．负债类账户借方发生额合计=负债类账户贷方发生额合计

D．资产类账户借方发生额合计=资产类账户贷方发生额合计

14．会计分录的格式正确的是(　　)。

A．先借后贷

B．贷方的文字和数字要比借方后退两格书写

C．在一借多贷和多借多贷的情况下，借方或贷方的文字要对齐

D．在一借多贷和多借多贷的情况下，借方或贷方的数字要对齐

15．下列错误不会影响借贷双方的平衡关系的是(　　)。

A．漏记某项经济业务　　B．重记某项经济业务

C．记错方向，把借方计入贷方　　D．借贷错误巧合，正好抵消

16．下列说法正确的是(　　)。

A．资产类账户增加记贷方，减少记借方　　B．负债类账户增加记贷方，减少记借方

C．收入类账户增加记贷方，减少记借方　　D．费用类账户增加记贷方，减少记借方

17．总分类账户与明细分类账户的关系说法正确的有(　　)。

A．总分类账户对明细分类账户具有统驭控制作用

B．明细分类账户所提供的明细核算资料是对其总分类账户资料的具体化

C．明细分类账户对总分类账户具有补充说明作用

D．总分类账户与其所属明细分类账户在总金额上应当相等

18．借贷记账法的特点有(　　)。

A．“借”表示增加，“贷”表示减少　　B．以“借”、“贷”为记账符号

C．可根据借贷平衡原理进行试算平衡　　D．以“有借必有贷，借贷必相等”作为记账规则

19．会计分录的内容包括(　　)。

A．经济业务内容摘要　　B．账户名称

C．经济业务发生额　　D．应借应贷方向

三、判断题

1．会计科目不能记录经济业务的增减变化及结果。(　　)

2．二级科目(子目)不属于明细分类科目。(　　)

3．总分类科目与其所属的明细分类科目的核算内容相同，所不同的是前者提供的信息比后者更加详细。(　　)

4．不违反国家统一会计制度的前提下明细会计科目可以根据企业内部管理的需要自行制定。(　　)

5．应交税费科目属于资产类科目。(　　)

6．明细分类科目是对总分类科目进一步分类，提供更详细、更具体的会计信息的科目。(　　)

7．在实际工作中发生账户借贷方向颠倒的记账错误，不能通过试算平衡的方法来发现。(　　)

8．成本类科目包括制造费用、生产成本及主营业务成本等科目。（ ）

9．在实际工作中，余额试算平衡通过编制试算平衡表进行。（ ）

10．资产是指企业现时的交易或者事项形成的，由企业拥有或者控制的，预期会给企业带来经济利益的资源。（ ）

11．一个会计主体一定期间内的全部账户的借方发生额合计与贷方发生额合计一定相等。（ ）

12．无论发生什么经济业务，会计等式始终保持平衡关系。（ ）

13．某企业的试算平衡表实现了平衡关系，那么这个企业的账户记录就是正确无误的。（ ）

14．编制试算平衡表时，也应该包括只有期初余额而没有本期发生额的账户。（ ）

15．复式记账法是指对于发生的每一项经济业务都要以相等的金额同时在相互联系的两个账户中进行登记的一种记账方法。（ ）

16．在借贷记账法下，成本类账户的借方登记增加数，贷方登记减少数，期末无余额。（ ）

17．发生额试算平衡是根据资产与权益的恒等关系，检验本期发生额记录是否正确的方法。（ ）

18．构成会计分录要素的有借贷方向、科目名称、经济业务内容和金额。（ ）

19．损益类账户的期末余额=期初余额+本期贷方发生额-本期借方发生额。（ ）

20．各种复式记账法的根本区别在于记账符号不同。（ ）

四、综合题

(一) 熟悉各类账户的登记方法

(1) 资产类账户	A．增加记贷方，减少记借方，余额一般在贷方。
(2) 负债类账户	B．增加记借方，减少记贷方，余额一般在借方。
(3) 所有者权益类账户	C．增加记贷方，减少记借方，期末一般无余额。
(4) 费用类账户	D．增加记借方，减少记贷方，期末一般无余额。
(5) 收入类账户	

(二) 根据账户的结构，将下列“T”型账户中的(　　)处数据填写完整。

库存现金

借		贷	
期初余额	1 200		
(1)	600		
(2)	15 000	(3)	800
本期发生额	(　)	本期发生额	(　)
期末余额	(　)		

应收账款

借		贷	
期初余额	56 780		
(2)	12 600	(1)	23 800
(3)	(　)		
本期发生额	34 500	本期发生额	(　)

短期借款

借		贷	
(1)	200 000	期初余额	500 000
(2)	100 000		
(3)	(　)		
本期发生额	(　)	本期发生额	600 000
		期末余额	5 000

销售费用

借		贷	
(1)	15 000		
(2)	50 000		
(3)	60 000		
		(4)	(　)
本期发生额	(　)	本期发生额	(　)
期末余额	(　)		

(三) 根据下列各账户中的有关数据，计算每个账户的未知数据。

账户名称	期初余额	本期增加额	本期减少额	期末余额
(1)银行存款		300 000	270 000	35 000
(2)固定资产	6 000 000	70 000	200 000	
(3)应付账款	30 000		50 000	30 000
(4)原材料	90 000	45 000		32 000
(5)短期借款	50 000		70 000	30 000
(6)库存商品	36 000	30 000	34 000	
(7)应收账款	60 000	12 000		65 000
(8)资本公积	10 000		16 000	16 000

五、会计分录题

某公司 12 月份发生如下经济业务，假设不考虑增值税，请依次编写会计分录。

1．向银行借入一笔三年期的长期借款 20 000 元。

2．前应收 B 公司货款 70 000 元，现已收回存入银行。

3．收到乙公司的投资 100 000 元，其中银行存款 60 000 元，固定资产 40 000 元。

4．从银行提取现金 5 000 元。

5．以银行存款支付本月应负担的各种管理费用 10 000 元。

6．以银行存款支付新产品的展销费用 50 000 元。

7．以现金收取职工的违纪罚款 1 000 元。

8．销售商品 5 000 件，单价 100 元，已收到货款 500 000 元。

9．结转已售商品的生产成本 360 000 元。

10．根据工资汇总表分配本月工资费用，生产工人工资 50 000 元，车间管理人员工资 20 000 元，行政管理人员工资 6 000 元，销售人员工资 4 000 元。

第4章 工业企业主要经济业务的处理

教学目的与要求

熟悉制造企业经营活动的基本流程以及资金在企业经营活动过程中的循环过程;

掌握筹集资金、供应过程、生产过程、销售过程、利润形成及分配等业务的会计核算方法;

掌握主要会计账户的设置和使用。

本章主要内容

筹集资金、供应过程、生产过程、销售过程、利润形成及分配等业务进行会计处理;

设置和使用制造企业会计系统的主要会计账户。

本章考核重点

制造企业的主要经济业务;

筹集资金的业务处理、供应过程、生产过程、销售过程的业务处理;

利润形成及分配的业务处理。

导入语

邱真和吴实两位同学相约星期天到郊外去玩。这天，他俩走向了一片农田，正赶上农民放水浇田的时候，两人走在乡间的田埂上，望着一望无际的稻浪，看着脚下盛开的野花，心情爽朗极了。突然，田埂边的水渠里一股清流奔涌而来，不停地穿越着同小道交叉的一个个涵洞，宛若一条精灵的青龙，美丽而灵动。邱真突然说："阿实，你看这水流像不像会计老师所讲的资金流啊，每一股水都有它的来源和去处，真是'为有源头活水来'呀!"吴实听了若有所思，迅即走到田埂边一个歇息处，从挎包里拿出几张纸画了起来。不一会，他就将自学的第4章的全部经济业务核算所用的账户画到了3张图上。邱真看了高兴极了，说："没想到郊游会对学习有这么大的启发呀!"

同学们，你知道吴实受到了怎样的启发吗？吴实画出的3张图是什么样子的吗？你能和他画得大致一样吗？你能将3张图组合为一张吗？

4.1　筹资和投资活动主要经济业务的处理

在市场经济条件下，兴办企业缺少资金就要想方设法筹集资金，如果企业盈利有多余的资金就对外投资，寻找更多的回报，因此，筹集和投资活动是两个相反的资金运动过程。

4.1.1　筹资活动经济业务的处理

资金筹集是企业经营资金活动全过程的起点。企业通过投资者投入、向银行及其他金融机构借款，筹集企业生产经营所需资金。投资者投入的资金形成企业的所有者权益，借入的资金形成企业的负债。

1. 筹资活动主要经济业务的内容

投资者投入资本是企业得以创立的基本条件，是企业赖以生存和发展的基础，也是所有者权益的基本组成部分。企业的投入资本按照投资主体不同，可分为国家投入资本、法人投入资本、个人投入资本3种；按照投入资本的不同物质形态，可分为货币资金投资、实物资产投资、无形资产投资等。投入资本按实际投资数额入账，以货币资金投资的，应按实际收到款项作为投资者的投资入账；以实物形态投资的，应当进行合理的估价，按双方认可的估价款项作为实际投资额入账。投资者按照出资比例或者合同、章程的规定，分享企业利润和分担风险或亏损。资本公积金是企业在筹集资本金活动中，投资者实际缴付的出资额超出其资本金的差额(包括股份有限公司发行股票的溢价净收入)，直接计入所有者权益的利得和损失等。资本公积金按照法定程序，可以转增资本金。企业筹集资金，除了所有者投入资本外，为补充生产周转资金的不足，或购进固定资产，经常需要向银行或其他金融机构借入资金。企业的借入资金，按照偿还期限不同，可分为短期借款和长期借款。企业借入的偿还期在一年以内的借款称为短期借款，借入的偿还期在一年以上的借款称为长期借款。企业借入的资金必须按照规定的用途使用，到期还本付息。

2. 筹资活动的账户设置

为了准确核算与记录投入资本、借入资本业务。应设置“实收资本”、“资本公积”、“短期借款”、“长期借款”账户并涉及“银行存款”、“固定资产”、“财务费用”等账户。

(1)“实收资本”账户属于所有者权益账户，用来核算投资者投入资本的增减变动情况及其结果。其借方登记投入资本的减少数或归还数；贷方登记收到投资者投入的资本，以及企业按规定将资本公积、盈余公积转增的资本。余额在贷方，表示期末投资者投入资本的实有数额。本账户应按投资者设置明细分类账户。

实收资本

因企业退回给投资人而减少的资本金	期初余额 实际收到投资人投入的资本金
	期末余额：企业现有的资本金

(2)“银行存款”账户属于资产类账户，用以核算和监督企业银行存款的收入、支出和结存的情况。该账户借方登记银行存款的增加额，贷方登记银行存款的减少额，期末余额在借方，表示期末结存的银行存款实有数额。企业应按开户银行和金融机构、存款种类设置明细分类账户进行核算。

银行存款

期初余额 银行存款的增加额	银行存款的减少额
期末余额：银行存款结存的实有数额	

(3)“固定资产”账户属于资产类账户，用以核算和监督企业固定资产的增减变动及其结存情况。该账户借方登记增加固定资产的原始价值，贷方登记减少固定资产的原始价值，期末余额在借方，表示期末结存固定资产的原始价值。企业应按固定资产类别、使用部门和每项固定资产进行明细核算。

固定资产

期初余额 企业购进、投资者投入固定资产的原始价值	企业出售、报废、毁损固定资产而减少的原始价值
期末余额：企业现有固定资产的原始价值	

(4)“无形资产”账户属于资产类账户，用以核算和监督企业无形资产的增减变动及其结存情况，该账户借方登记增加的无形资产原始价值，贷方登记减少的无形资产原始价值，期末余额在借方，表示结存无形资产的原始价值。企业应按类别设置明细分类账对无形资产进行核算。

无形资产

期初余额 增加的无形资产原始价值	减少的无形资产原始价值
期末余额：结存无形资产的原始价值	

(5)“短期借款”账户属于负债类账户，用以核算和监督企业短期借款的借入和归还情况，该账户贷方登记企业借入的短期借款的本金，借方登记归还而减少的短期借款的本金，期末余额在贷方，表示期末尚未偿还的短期借款的本金。该账户应按债权人设置明细账，并按借款种类进行明细核算。

短期借款

归还而减少的短期借款的本金	期初余额： 企业借入的短期借款的本金
	期末余额：尚未偿还的短期借款的本金

(6)“长期借款”账户属于负债类账户，用以核算和监督长期借款的取得、偿还及结存情况。该账户贷方登记取得的各种长期借款及到期一次还本付息方式计算的应付利息，借方登记到期偿还而减少的各种长期借款的本金和利息，期末余额在贷方，表示尚未偿还的长期借款的本金和利息。该账户按借款单位设置明细账，并按借款种类进行明细核算。

长期借款

到期偿还而减少的各种长期借款的本金和利息	期初余额： 取得的各种长期借款及到期一次还本付息方式计算的应付利息
	期末余额：尚未偿还的长期借款的本金和利息

3. 筹资活动主要经济业务的核算

假设2013年2月，宏达公司发生下列部分会计事项。

【例4-1】2013年2月3日，宏达公司收到新远公司投入资金400 000元，存入银行。

该项会计事项的发生，一方面使企业的银行存款增加了400 000元，另一方面使企业接受的投入资本增加了400 000元。因此，该会计事项涉及“银行存款”和“实收资本”两个账户。银行存款的增加是企业资产的增加，应记入“银行存款”账户的借方；新远公司对企业投资的增加是企业所有者权益的增加，应记入“实收资本”的贷方。编制会计分录如下：

借：银行存款　　400 000
　贷：实收资本——新远公司　　400 000

【例4-2】2013年2月5日，宏达公司收到黄河公司投入全新的机器一台，原值200 000元；投入专利160 000元。

该项会计事项的发生，一方面使企业的固定资产增加了200 000元，无形资产增加了160 000元；另一方面使企业接受的投资增加了360 000元。因此，该项会计事项涉及“固定资产”、“无形资产”、“实收资本”3个账户，固定资产原始价值的增加，应记入“固定资产”账户的借方，无形资产价值的增加，应记入“无形资产”账户的借方；黄河公司对企业投资的增加是企业所有者权益的增加，应记入“实收资本”账户的贷方。

借：固定资产　　200 000
　　无形资产　　160 000
　贷：实收资本——黄河公司　　360 000

【例 4-3】2013 年 2 月 10 日，宏达公司向银行借入期限为 6 个月的借款 900 000 元，存入公司存款账户。

该项会计事项的发生，一方面使企业的银行存款增加了 900 000 元，另一方面使企业的短期借款增加了 900 000 元。因此，该项会计事项涉及“银行存款”和“短期借款”两个账户。银行存款的增加，应计入“银行存款”账户的借方；短期借款的增加使企业对银行的债务增加，应计入“短期借款”账户的贷方。编制会计分录如下：

借：银行存款　　900 000

　　贷：短期借款　　900 000

【例 4-4】2013 年 2 月 16 日，宏达公司以银行存款偿还短期借款 60 000 元。

该项会计事项的发生，一方面使企业的银行存款减少了 60 000 元，另一方面使短期借款减少了 60 000 元，仍然涉及“银行存款”和“短期借款”两个账户。短期借款的减少使企业的负债减少，应记入“短期借款”账户的借方；银行存款的减少使企业的资产减少，应记入“银行存款”账户的贷方。编制会计分录如下：

借：短期借款　　60 000

　　贷：银行存款　　60 000

【例 4-5】2013 年 2 月 26 日，宏达公司计算以前借入应计入当期损益的到期一次还本付息的长期借款利息 4 500 元。

该项会计事项的发生，一方面使企业的财务费用增加了 4 500 元，另一方面使长期借款增加了 4 500 元，这涉及“财务费用”和“长期借款”两个账户。财务费用增加，应计入“财务费用”账户的借方；长期借款增加，应计入“长期借款”账户的贷方。编制会计分录如下：

借：财务费用　　4 500

　　贷：长期借款　　4 500

4.1.2 投资活动的主要经济业务的处理

前面论述了企业缺少资金需要筹资，本节论述企业有多余资金，就可以对外投资，以获取更多回报或经济利益。

1. 投资活动主要经济业务的内容

企业对外投资按投资目的分为交易性金融资产、可供出售金融资产、持有至到期投资、长期股权投资。

(1) 交易性金融资产主要是指企业为了近期内出售而持有的金融资产，例如企业以赚取差价为目的从二级市场购入的股票、债券、基金等。

(2) 可供出售金融资产是指初始确认时即被定为可供出售的非衍生金融资产，以及没有划分为持有至到期投资、贷款和应收款项、以公允价值计量且其变动计入当期损益的金融资产。通常情况下，划分为此类的金融资产应当在活跃的市场有报价，因此，企业从二级市场上购入的有报价的股票、债券、基金等，没有划分为以公允价值计量且其变动计入当期损益的金融资产或持有至到期投资等金融资产的，可以划分为可供出售金融资产。

(3) 持有至到期投资是指到期日固定、回收金额固定或可确定，且企业有明确意图和能力持有至到期的非衍生金融资产。

(4) 长期股权投资是指企业持有的其子公司、合营企业及联营企业的权益性投资以及企业持有的对被投资单位不具有控制、共同控制或重大影响，且在活跃市场中没有报价、公允价值不能可靠计量的权益性投资。

2. 投资活动的账户设置

这里主要就“交易性金融资产”，“长期股权投资”两个账户加以说明。

1) “交易性金融资产”账户

本账户为资产类账户，用来核算企业为交易目的所持有的债券投资、股票投资、基金投资等交易性金融资产的公允价值。本账户的借方登记取得交易性金融资产的价值；贷方登记出售交易性金融资产收到的金额，其借方期末余额表示企业持有的交易性金融资产的公允价值。本账户按交易性金融资产的类别和品种分别设置“成本”、“公允价值”等明细分类账。

交易性金融资产

期初余额： 取得交易性金融资产的价值	出售交易性金融资产收到的金额
期末余额：企业持有的交易性金融资产的公允价值	

2) “长期股权投资”账户

本账户是资产类账户，用来核算企业持有的企业合并形成或以支付现金、非现金资产等其他方式形成的各种股权性质的投资。本账户的借方登记各种长期股权投资的价值；贷方登记实际收回长期股权投资的价值，如有差额应计入“投资收益”账户的贷方(收益)或借方(损失)；期末借方余额表示长期股权投资的成本。

长期股权投资

期初余额： 各种长期股权投资的价值	实际收回长期股权投资的价值
期末余额：长期股权投资的成本	

【例 4-6】企业购入面值 1 000 元的 1 年期债券 10 张，年利率为 5%。以银行存款支付 10 000 元。

这笔经济业务表明购入一年期的债券，属于短期投资的增加。一方面要记入“交易性金融资产”账户的借方；另一方面支付价款要减少企业在银行账户上的存款金额，应计入“银行存款”账户的贷方。其会计分录如下：

借：交易性金融资产	10 000	
贷：银行存款		10 000

如果一年到期收回本利 10 500 元(其中：本金 10 000 元，利息 500 元)，债券利息属于投资收益，应在“投资收益”账户核算。其会计分录如下：

借：银行存款	10 500	
贷：交易性金融资产		10 000
投资收益		500

【例 4-7】甲公司于 2013 年 4 月 10 日自公开市场中买入乙公司 20%的股份，实际支付价款 80 000 000 元。在购买过程中支付手续费等相关费用 1 000 000 元。该股份取得后能够对乙公司施加重大影响。

甲公司应当按照实际支付的购买价款作为取得长期股权投资的成本，其账务处理为：

借：长期股权投资——成本(乙公司)　　81 000 000

　　贷：银行存款　　81 000 000

4.2　供应过程主要经济业务的处理

前面讲述了资金的筹集，有了资金(货币)，接下来就是购买材料和机器设备(即固定资产)，为生产做好准备。供、产、销是企业主要生产经营的主要基本过程，如图 4.1 所示。

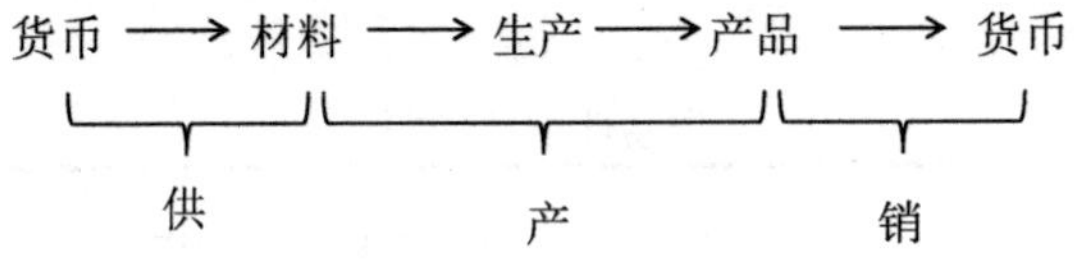

图 4.1　资金运动图

4.2.1　供应过程主要经济业务的内容

供应业务是为生产经营活动做物质上的准备，其主要内容包括供应劳动资料(固定资产)和劳动对象(材料)。本节主要介绍原材料的供应。

工业企业在供应过程中发生的会计事项，其主要内容是企业以货币资金购买各种材料作为生产储备，形成材料存货，以保证生产的需要。材料从购买到验收入库过程中，企业应根据经济合同和结算制度的规定，向有关单位支付材料价款及运输费、装卸费等各种采购费用。在供应过程中，会计还有一项重要的工作，就是计算材料的采购成本。对于外购材料来讲，其采购成本是由材料的买价和采购费用组成的。因此，供应过程的核算业务包括材料的采购和材料采购成本的核算。

4.2.2　供应过程核算的账户设置

为了进行供应过程的核算，应设置“在途物资”、“材料采购”、“预付账款”、“应交税费——应交增值税”、“原材料”、“应付账款”等账户。

(1) “在途物资”科目属于资产类科目，用来核算企业采用实际成本法(或进价)进行材料、商品等物资的日常核算时货款已付尚未验收入库的在途物资的采购成本。借方登记企业购入的尚未入库在途物资的实际成本；贷方登记验收入库的在途物资的实际成本；期末余额在借方，表示尚未运达企业或者已经运达企业但尚未验收入库的在途物资的采购成本。“在途物资”科目可按照供应单位和材料品种进行明细核算。

(2) “材料采购”账户属于资产类账户，用以归集采用计划成本法外购材料的买价和采购费用等采购成本，采购费用主要包括运输费、装卸费、包装费、保险费、运输途中的合理损耗、入库前的挑选和整理费用、仓储费、进口关税等，值得注意的是采购人员的差旅费，以及市内零星运杂费等则不计入材料采购成本，而作为管理费用列支。“材料采购”账户的借方登记外购材料的买价及采购费用，贷方登记转入“原材料”等账户的材料实际采购成本。如有余额，一般在借方，表示在途材料的实际采购成本。为了正确计算各种材料的采购成本，应在材料采购账户下，根据材料的具体品种、规格等分别设置明细分类账户，进行明细核算。该账户一般按采购成本的项目分别设置专栏。

材料采购

期初余额 外购材料的买价及采购费用	转入“原材料”等账户的材料实际采购成本
期末余额：在途材料的实际采购成本	

(3)“预付账款”为资产类账户，用于核算企业因购入材料、商品或接受劳务供应时，按照合同规定预付给供应单位的款项。借方登记预付的款项以及收到货物后补付给供应单位的款项，贷方登记企业收到货物时应付给供应单位的款项和退回多付的款项。期末余额在借方，表示企业实际预付的款项；若为贷方余额，反映企业尚未补付的款项。本账户应按供应单位设置明细账，进行明细核算。

预付账款

期初余额 预付及补付的款项	收到货物时应付给供应商的款项和收到退回多付的款项
期末余额：企业实际预付的款项	期末余额：尚未补付的款项

(4)“应交税费”账户属于负债类账户，用以核算企业交纳的各种税金。该账户贷方登记应交纳的各种税费，借方登记已交纳的税费。我国新税制规定，对商品的生产、批发、零售和进出口全面实行增值税，对提供加工、修理修配劳务的单位和个人征收增值税。增值税实行价外计征的办法，即按不包含增值税税额的商品价格和规定的税率计算征收。“应交税费”账户应设“应交增值税”、“应交消费税”、“应交营业税”、“应交所得税”、“应交城市维护建设税”、“应交教育费附加”等明细分类账户，进行明细核算。

(5)“应交税费——应交增值税”账户的借方发生额反映企业购进货物或接受应税劳务支出的进项税额和实际已交纳的增值税；贷方发生额反映销售货物或提供应税劳务应交纳的销项税额；期末借方余额反映企业多交和尚未抵扣的增值税；期末贷方余额反映企业尚未交纳的增值税。该账户中应分设“进项税额”、“销项税额”、“已交税金”、“进项税额转出”等专栏进行明细核算。

应交税费——应交增值税

进项税额 已交税金	期初余额 销项税额 进项税额转出
期末余额：多交的增值税额	期末余额：未交的增值税额

(6)“原材料”账户属于资产类账户，用以核算和监督企业库存材料的增加、减少和结余等情况。借方登记验收入库材料的实际成本，贷方登记发出材料的实际成本，余额在借方，反映库存材料的实际成本。为了反映每种库存材料的增减变化情况，应根据材料的品种、规格设置明细分类账户。

原材料	
期初余额 验收入库材料的实际成本	发出材料的实际成本
期末余额：反映库存材料的实际成本	

(7) “应付账款”账户属于负债类账户，用以核算和监督企业因购买材料、物资、接受劳务供应等而应付、偿还给供应单位的款项。借方登记已偿还的款项，贷方登记采购材料但没有及时承付而尚欠的款项。余额在贷方，反映尚未偿还的款项。该账户应按供应单位设置明细账。

应付账款	
已偿还的款项	期初余额 采购材料但没有及时承付而尚欠的款项
	期末余额：反映尚未偿还的款项

(8) “应付票据”属于负债类账户，用以核算企业对外发生债务时所开出、承兑的商业汇票。商业汇票是收款人或付款人(或承兑申请人)签发，由承兑人承兑，并于到期日向收款人或被背书人支付款项的票据。按其承兑人不同，商业汇票又可分为商业承兑汇票和银行承兑汇票。“应付票据”账户的贷方登记企业开出、承兑的商业汇票；借方登记汇票到期支付的款项或转作应付账款或短期借款的款项；期末贷方余额表示尚未支付的商业汇票款。为加强应付票据的管理，企业应设置“应付票据备查簿”，详细登记每一应付票据的种类、号数、签发日期、到期日、票面金额、合同交易号、收款人姓名或单位名称，以及付款日期和金额等详细资料。

应付票据	
汇票到期支付的款项或转作应付账款或短期借款的款项	期初余额 企业开出、承兑的商业汇票
	期末余额：尚未支付的商业汇票款

4.2.3 供应过程主要经济业务的核算

在购买材料之前，为了保证生产的正常进行，首先要取得固定资产(机器设备)，取得的方式有：投资者投入(在【例 4-2】中已讲述)，企业自行购入，接受捐赠等。

【例 4-8】宏达公司购买新设备一台，增值税专用发票上价款注明为 20 000 元，税款 3 400 元，该设备用于生产 A 产品，款项以银行存款支付。

这项业务表明，企业购买设备 20 000 元，固定资产增加，应记入“固定资产”账户的借方，同时支付增值税款 3 400 元，增值税进项税额增加，应记入“应交税费－应交增值税(进项税额)”账户的借方，由于款项以银行存款支付，银行存款减少，应计入“银行存款”账户的贷方。作如下会计分录：

借：固定资产　　20 000
　　应交税费——应交增值税(进项税额)　　3 400
　　贷：银行存款　　23 400

【例 4-9】宏达公司接受甲企业捐赠新设备一台，专用增值税发票上注明价款 100 000 元，税款 17 000 元，该设备用于生产 B 产品。

这项业务表明，企业接受捐赠 100 000 元的新设备，固定资产增加，应计入“固定资产”账户的借方，同时表明，接受捐赠属于与生产经营无直接关系，属于“营业外收入”增加，应计入其贷方。作如下会计分录：

借：固定资产　100 000
　　应交税费——应交增值税(进项税额)　17 000
　　贷：营业外收入　117 000

4.2.4 材料采购的核算

材料采购核算包括支付价款、增值税以及材料入库的核算。

下面举例说明供应过程核算中复式记账法的运用。

假定宏达公司 2013 年 5 月份发生下列部分会计事项。

【例 4-10】2013 年 5 月 2 日，向新兴公司购入甲材料 4 000 千克，每千克 2 元，进项税额为 1 360 元，对方代垫运杂费 500 元，款项银行存款支付，材料尚未运到。

这项业务表明，企业购入未入库的甲材料 8 500 元，材料采购增加 8 500 元，应计入“材料采购”账户的借方；同时支付进项税额 1 360 元，应交税费减少 1 360 元，应计入“应交税费－应交增值税(进项税额)”账户的借方；由于款项以银行存款支付，银行存款减少，应计入“银行存款”账户的贷方。作会计分录如下：

借：材料采购——甲材料　8 500
　　应交税费——应交增值税(进项税额)　1 360
　　贷：银行存款　9 860

【例 4-11】2013 年 5 月 6 日，从新兴公司购入的甲材料运到本公司，并验收入库。

这项业务表明，从新兴公司购入的甲材料已运到并已验收入库，原材料增加，应计入“原材料”账户的借方；材料采购减少，应计入“材料采购”的贷方。作会计分录如下：

借：原材料——甲材料　8 500
　　贷：材料采购——甲材料　8 500

【例 4-12】2013 年 5 月 7 日，从黄河公司购进乙材料 20 000 千克，增值税专用发票注明每千克单价 5 元，共计价款 100 000 元，进项税额 17 000 元，供方代垫运杂费 100 元，货款未付，材料未入库。

这项业务表明，企业购入原材料的买价和运杂费共计 100 100 元构成材料采购成本，应记入“材料采购”账户的借方；同时支付进项税额 17 000 元，应记入“应交税费－应交增值税(进项税额)”的借方；由于货款未付，应记入“应付账款”账户的贷方。作如下会计分录：

借：材料采购——乙材料　100 100
　　应交税费——应交增值税(进项税额)　17 000
　　贷：应付账款——黄河公司　117 100

【例 4-13】2013 年 5 月 10 日，以银行存款归还黄河公司材料款项 117 100 元。

该项业务表明，企业以银行存款支付了前欠黄河公司款项，使应付款项减少，应记入“应付账款”账户的借方和“银行存款”账户的贷方。作如下会计分录：

借：应付账款——黄河公司　　117 100

　贷：银行存款　　117 100

【例 4-14】2013 年 5 月 18 日，从黄河公司购进的乙材料验收入库，按其实际采购成本入账(假设不存在材料成本差异)。

这项业务表明，从黄河公司购进的乙材料已入库，因此应从“材料采购”账户的贷方转入“原材料”账户的借方。作如下会计分录：

借：原材料——乙材料　　100 100

　贷：材料采购——乙材料　　100 100

【例 4-15】2013 年 5 月 19 日，从新兴公司购进甲材料 10 000 千克。每千克单价 2 元，供方代垫运杂费 200 元，增值税发票注明甲材料买价 20 000 元，进项税额 3 400 元。开出期限为 3 个月，票面金额 23 600 元的不带息商业汇票一张，材料尚未运到。

这项业务表明，企业购进甲材料的买价和运杂费共计 20 200 元，应记入“材料采购”账户的借方；进项税额 3 400 元，应记入“应交税费－应交增值税(进项税额)”账户的借方；由于采用商业汇票结算方式，应记入“应付票据”账户的贷方，作如下会计分录：

借：材料采购——甲材料　　20 200

　应交税费——应交增值税(进项税额)　　3 400

　贷：应付票据——新兴公司　　23 600

【例 4-16】2013 年 5 月 20 日，从亨利公司购进乙材料 50 000 千克，每千克单价 5 元，计买价 250 000 元，供方代垫运杂费 1 000 元，增值税专用发票注明材料进项税额 42 500 元，货款以银行存款支付，材料尚未入库。

这项业务表明，购进的乙材料采购成本为 251 000 元，应记入“材料采购”账户的借方；进项税额 42 500 元，应记入“应交税费－应交增值税(进项税额)”账户的借方；由于款已付，因此应将已付款记入“银行存款”账户的贷方。应作如下会计分录：

借：材料采购——乙材料　　251 000

　应交税费——应交增值税(进项税额)　　42 500

　贷：银行存款　　293 500

【例 4-17】2013 年 5 月 21 日，从新兴公司、亨利公司购进的甲、乙材料验收入库，按其实际采购成本入账(假设不存在材料成本差异)。

这项业务表明，从新兴公司、亨利公司购进的甲、乙材料已入库，因此应从“材料采购”账户的贷方转入“原材料”账户的借方。作如下会计分录：

借：原材料——甲材料　　20 200

　　——乙材料　　251 000

　贷：材料采购——甲材料　　20 200

　　——乙材料　　251 000

【例 4-18】宏达公司以银行存款向南红企业预付货款 10 000 元。

该业务涉及“预付账款”，增加应记入“预付账款”的借方；同时银行存款减少，应记入“银行存款”的贷方。根据以上分析，作会计分录如下：

借：预付账款　　10 000

　　贷：银行存款　　10 000

【例 4-19】承【例 4-18】，宏达公司从南红企业采购一批甲材料，买价 10 000 元，运杂费 300 元，缴纳增值税 1 700 元，以抵前期预付账款 10 000 元，另以银行存款支付 2 000 元。材料已经验收入库。

宏达公司的库存材料增加，涉及原材料账户，增加应记入“原材料”的借方；又缴纳了增值税即负债减少，涉及“应交税费”账户，减少应当记入“应交税费”的借方。同时，宏达公司的预付账款被抵消，即债权减少，涉及“预付账款”账户，减少应记入“预付账款”的贷方；银行存款也减少了，应当记入“银行存款”的贷方。根据以上分析，作分录如下：

借：原材料——甲材料　　10 300

　　应交税费——应交增值税(进项税额)　　1 700

　　贷：预付账款——南红企业　　10 000

　　　　银行存款　　2 000

【例 4-20】2013 年 5 月 22 日，从新兴公司购入甲材料 3 000 千克，每千克单价 2 元，增值税 1 020 元，购进乙材料 1 000 千克，每千克 5 元，增值税 850 元，运杂费合计 160 元，货款及税金以银行存款支付。

该会计事项除支付买价和增值税外，还支付运杂费 160 元。由于企业同时采购甲、乙两种材料，所以运杂费应该在甲、乙两种材料之间进行分配。运杂费的分配方法有：按材料的重量分配、按材料的价值量分配、按材料的体积分配等。公式为

采购费用分配率=采购费用总额/各种材料的总重量(或价值量)

某种材料应分摊的采购费=该种材料的重量(或价值量)×分配率

本例题假定运杂费按重量分配，分配步骤如下。

分配率=160÷(3 000+1 000)=0.04(元/千克)

计算运杂费：

甲材料应负担的运杂费=3 000×0.04=120(元)

乙材料应负担的运杂费=1 000×0.04=40(元)

编制如下会计分录：

借：材料采购——甲材料　　6 120

　　　　　　——乙材料　　5 040

　　应交税费——应交增值税(进项税额)　　1 870

　　贷：银行存款　　13 030

【例 4-21】2013 年 5 月 24 日，新兴公司购进的甲、乙材料验收入库，按其实际采购成本入账(假设不存在材料成本差异)。

该项业务表明，从新兴公司购进的甲、乙材料已入库，因此应从“材料采购”账户的贷方转入“原材料”账户的借方。作如下会计分录：

借：原材料——甲材料　　6 120
　　　　　——乙材料　　5 040
　贷：材料采购——甲材料　　6 120
　　　　　　　——乙材料　　5 040

4.3 生产过程主要经济业务的核算

生产过程既是产品的制造过程，又是物化劳动(固定资产的损耗以折旧的形式计入产品成本，原材料消耗直接计入产品成本)和活劳动(工人操作机器以工资的形式直接计入产品成本)的消耗过程。

生产业务是制造企业的核心经济业务。产品的生产过程是指从原材料投入生产到产成品完工入库的过程，是制造企业经营活动的主要过程。在生产过程中，企业一方面制造出社会所需要的产品，另一方面为进行产品的制造会发生各种耗费，包括物化劳动和活劳动的消耗，如原材料的投入、工人工资的支付、固定资产价值的损耗以及为制造产成品而耗费的水电费、保险费等其他费用。这些在生产过程中的耗费，在产品完工之前，构成产品的生产成本，以半成品和在产品的形式存在；产品完工验收入库后，就构成产品的生产成本。所以，生产过程中的主要核算任务是：按一定的成本计算对象，归集生产过程中的各种耗费，以确定完工产品的生产成本。

生产过程中发生的各种耗费通称为费用。费用按其是否计入产品生产成本可划分为生产费用和期间费用。生产费用按其计入产品成本的方式不同，可分为直接费用和间接费用。期间费用包括管理费用、财务费用和销售费用。制造企业生产业务的各种耗费如图 4.2 所示。

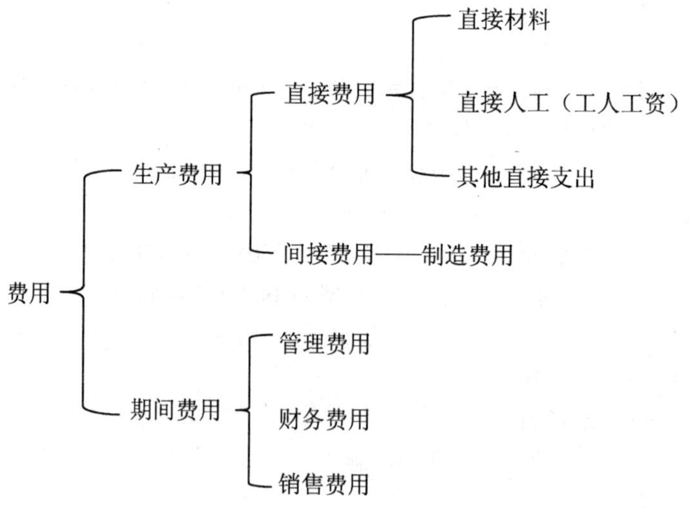

图 4.2　制造企业费用图

4.3.1 生产过程主要经济业务的内容

工业企业(制造业)的基本经济活动是生产和销售产品。产品的生产加工过程也是生产耗费的过程。企业在生产加工过程中，通过利用机器设备等劳动工具对各种材料进行加工，生产符合社会需要的产品。企业进行生产和加工产品而消耗的材料、人工费和机器设备等固定资产的磨损以及其他各项生产耗费，构成了企业的生产加工费用。凡是企业为进行生产加工而发生耗费的经济活动，均属主营业务，反之，则为非主营业务的内容。

企业为了准确记录和及时反映生产加工业务，正确计算成本，将生产经营活动中发生的费用分为直接费用、制造费用(间接费用)和期间费用。直接费用和制造费用在本期销售产品和库存产成品以及在产品之间进行分配；而期间费用则在发生费用的期间直接计入当期损益，从当期实现的收入中得到补偿。

4.3.2 生产过程核算的账户设置

为了记录生产加工业务，反映费用发生、归集和分配的情况，应设置“生产成本”、“制造费用”、“管理费用”、“财务费用”、“应付职工薪酬”、“累计折旧”、“库存商品”等有关账户。

(1) “生产成本”账户属于成本类账户，该账户用以核算企业进行产品生产而发生的各项生产费用。其借方登记为进行产品生产而发生的各种费用，包括直接材料、直接人工和分配转入的制造费用；贷方登记企业已经完成生产并已验收入库的产成品成本；期末借方余额反映尚未完工的在产品成本。为了具体核算每种产品的生产成本，在“生产成本”账户下还应按成本核算对象即产品的品种或种类设置明细账，进行明细核算。

生产成本

期初余额 为进行产品生产而发生的各种费用	企业已经完成生产并已验收入库的产成品成本
期末余额：尚未完工的在产品成本	

(2) “制造费用”账户属于成本类账户，用以核算企业为生产产品和提供劳务而发生的各项间接费用。其借方登记企业车间发生的各项制造费用；贷方登记期末分配计入有关产品成本的制造费用；除季节性产品外，期末一般无余额。本账户应按不同车间、部门设置明细账，进行明细核算。

制造费用

企业车间发生的各项制造费用	期末分配计入有关产品成本的制造费用
期末一般无余额	

(3) “管理费用”账户属于损益类账户，用以核算行政管理部门为组织和管理企业生产经营活动而发生的各项管理费用。其借方登记企业行政部门发生的各项管理费用；贷方登记期末转入“本年利润”账户的管理费用；结转后该账户无余额。该账户应按费用项目设置明细账，进行明细核算。

管理费用	
企业行政部门发生的各项管理费用	期末转入“本年利润”账户的管理费用
结转后无余额	

(4)“财务费用”账户属于损益类账户，用来核算企业为筹集生产经营所需资金而发生的费用，如：银行借款手续费、借款利息等。其借方登记发生的利息支出；贷方登记发生的利息收入和期末转入“本年利润”账户的财务费用，结转后该账户无余额。“财务费用”账户应按费用项目设置明细账，进行明细核算。

财务费用	
发生的利息支出	发生的利息收入 期末转入“本年利润”账户的财务费用
结转后无余额	

(5)“应付职工薪酬”账户属于负债类账户，用以核算企业根据有关规定应付给职工的各种薪酬。包括各种职工工资、奖金、津贴和补助、职工福利费、养老保险费、失业保险费、工伤保险费、生育保险费、住房公积金、工会经费和职工教育培训费、非货币性福利；因解除与职工的劳动关系给予的补偿等。账户贷方登记应发给职工的工资总额，借方登记实际发放或支付的工资；期末余额在贷方，表示应付未付的职工薪酬。本账户应根据工资总额组成的内容设置明细账，进行明细核算。

应付职工薪酬	
实际发放或支付的工资	期初余额 应发给职工的工资总额
	期末余额：应付未付的职工薪酬

(6)“累计折旧”账户属于资产类账户，以核算企业固定资产累计损耗价值，它是“固定资产”账户的抵减账户(注意：该账户的特点是资产类账户性质，负债类结构)。其贷方登记固定资产折旧的提取数以及调入固定资产的已提折旧额；借方登记出售、报废、毁损和盘亏固定资产转出的已提折旧额；期末贷方余额反映企业固定资产累计折旧数额。

累计折旧	
出售、报废、毁损和盘亏固定资产转出的已提折旧额	固定资产折旧的提取数以及调入固定资产的已提折旧额
	期末余额：反映企业固定资产累计折旧数额

(7)“库存商品”账户属于资产类账户，用以核算企业已经完成全部生产过程并已验收入库，可以作为商品对外销售的产品成本。其借方登记完工验收入库产品的实际成本；贷方登记销售、发出的产成品的实际成本；期末借方余额反映企业库存产品的实际成本。企业应按产成品的品种、规格设置明细账。

库存商品	
期初余额 完工验收入库产品的实际成本	销售、发出的产成品的实际成本
期末余额：反映企业库存产品的实际成本	

4.3.3 生产过程主要经济业务的核算

假定宏达公司 2013 年 7 月份有如下会计事项。

【例 4-22】 2013 年 7 月 23 日，仓库发出下列材料(根据发料单汇总)，见表 4-1。

表 4-1 材料发出汇总表

用途	甲材料		乙材料		合计
	数量	金额	数量	金额	
生产 A 产品	10 000	20 500			20 500
生产 B 产品			50 000	251 000	251 000
车间一般消耗	1 000	2 050	2 000	10 040	12 090
管理部门耗用			1 000	5 020	5 020
合计	11 000	22 550	53 000	266 060	288 610

这项业务表明，仓库发出材料使库存材料减少，应记入“原材料”账户的贷方，同时应分别不同的用途计入相应账户的借方，为制造产品而耗用的直接材料费用应记入“生产成本”账户的借方；车间一般耗用的材料，应记入“制造费用”账户的借方；行政管理部门耗用材料，应记入“管理费用”账户的借方。作如下会计分录：

借：生产成本——A 产品　　20 500
　　　　　　——B 产品　　251 000
　　制造费用　　12 090
　　管理费用　　5 020
　　贷：原材料——甲材料　　22 550
　　　　　　　——乙材料　　266 060

【例 4-23】 2013 年 7 月 23 日，从银行提取现金 100 000 元，以备发放本月工资。

这项业务表明，为发放工资提取现金，使银行存款减少，库存现金增加。应作如下会计分录：

借：库存现金　　100 000
　　贷：银行存款　　100 000

【例 4-24】 2013 年 7 月 23 日，用现金发放本月职工工资 100 000 元。

这项业务表明，以现金发放本月工资，按规定不论工资用途如何，全部先记入“应付职工薪酬”账户的借方。应作如下会计分录：

借：应付职工薪酬——应付工资　　100 000
　　贷：库存现金　　100 000

【例 4-25】2013 年 7 月 24 日，企业行政管理部门购买办公用品 1 500 元，以银行存款支付。

这项业务表明，企业以银行存款购买办公用品，使企业管理费用增加，应记入“管理费用”账户的借方；银行存款减少，应记入“银行存款”账户的贷方。作如下会计分录：

借：管理费用——办公费　　1 500
　　贷：银行存款　　1 500

【例 4-26】2013 年 7 月 25 日，以银行存款支付本月水电费 1 000 元，其中基本生产车间使用的水电费 600 元；行政管理部门使用的水电费 400 元。

这项业务表明，以银行存款支付的本月水电费应由本月有关使用部门全部承担。其中，生产车间使用的水电费，应记入“制造费用”账户的借方；行政管理部门使用的水电费，应记入“管理费用”账户的借方；同时以银行存款支付的款项，应记入“银行存款”账户的贷方。作如下会计分录：

借：制造费用——水电费　　600
　　管理费用——水电费　　400
　　贷：银行存款　　1 000

【例 4-27】2013 年 7 月 25 日，经批准从银行借入期限为 6 个月的借款 470 000 元，存入银行。

这项业务表明，由于从银行借入短期借款，使银行存款和短期借款同时增加，记入“银行存款”账户的借方和“短期借款”账户的贷方。作如下会计分录：

借：银行存款　　470 000
　　贷：短期借款　　470 000

【例 4-28】2013 年 7 月 26 日，以现金预付企业采购员张燕差旅费 3 000 元。

这项业务表明，预付的差旅费暂付款项，应通过“其他应收款”账户核算。预付时记入“其他应收款”账户的借方，报销差旅费以及收回暂付款时，应记入“其他应收款”账户的贷方。期末借方余额表示尚未收回或报销的暂付款。这项业务应作如下会计分录：

借：其他应收款——张燕　　3 000
　　贷：库存现金　　3 000

【例 4-29】2013 年 7 月 27 日，采购员张燕出差归来，报销差旅费 2 600 元，交回现金 400 元。

这项业务表明，因报销差旅费和交回现金，而使其他应收款减少和管理费用以及现金增加，应记入“管理费用”、“库存现金”账户的借方和“其他应收款”账户的贷方。作如下会计分录：

借：管理费用——差旅费　　2 600
　　库存现金　　400
　　贷：其他应收款——张燕　　3 000

【例 4-30】2013 年 7 月 27 日，企业以银行存款支付应由本月负担的财产保险费 3 600 元。

这项会计事项表明，由于支付财产保险费使银行存款减少，支付应由本月负担的应直接记入“管理费用”账户的借方和“银行存款”账户的贷方。作如下会计分录：

借：管理费用——保险费　　3 600
　　贷：银行存款　　3 600

【例 4-31】2013 年 7 月 31 日，预提本月应负担的短期借款利息 15 000 元。

这项业务表明，预提短期借款利息使得企业财务费用和应付利息增加。应记入“财务费用”账户的借方和“应付利息”账户的贷方。作如下会计分录：

借：财务费用　　15 000
　贷：应付利息　　15 000

【例 4-32】2013 年 7 月 31 日，按规定计提本月固定资产折旧费 12 000 元。其中，生产车间使用的固定资产应计提折旧费 8 000 元，企业行政管理部门使用的固定资产应计提折旧费 4 000 元。计提的固定资产折旧费，应记入“制造费用”账户(生产用及车间固定资产提取折旧部分)、“管理费用”账户(企业行政管理部门固定资产提取折旧部分)、“销售费用”(企业销售部门固定资产提取折旧部分)的借方；同时记入“累计折旧”账户的贷方。这项会计事项应作如下会计分录：

借：制造费用——折旧费　　4 000
　管理费用——折旧费　　8 000
　贷：累计折旧　　12 000

【例 4-33】2013 年 7 月 31 日，分配本月份职工工资 100 000 元。其中，生产工人工资 64 000 元(用于 A 产品生产工人工资 40 000 元，B 产品生产工人工资 24 000 元)，车间管理人员工资 20 000 元，企业行政管理部门人员工资 10 000 元，销售人员工资 6 000 元。

这项业务表明，工资是企业进行生产经营活动而发生的人工费用，应按工资的用途进行分配。记入“生产成本”、“制造费用”、“管理费用”、“销售费用”账户的借方，同时记入“应付职工薪酬”账户的贷方。作如下会计分录：

借：生产成本——A 产品　　40 000
　　　　　——B 产品　　24 000
　制造费用　　20 000
　管理费用　　10 000
　销售费用　　6 000
　贷：应付职工薪酬——应付工资　　100 000

【例 4-34】2013 年 7 月 31 日，按规定以工资的 14%计提本月职工福利费 14 000 元。其中，按生产工人工资计提的福利费 8 960 元(A 产品 5 600 元，B 产品 3 360 元)，按生产车间管理人员工资计提的福利费 2 800 元，按企业行政管理部门人员工资计提的福利费 1 400 元，按企业销售部门人员工资计提的福利费 840 元。

按照职工工资的一定比例计提的福利费是企业费用的组成部分，这项费用分配和工资分配一样，应记入“生产成本”、“制造费用”、“管理费用”、“销售费用”等账户的借方，记入“应付职工薪酬——应付福利费”账户的贷方。作如下会计分录：

借：生产成本——A 产品　　5 600
　　　　　——B 产品　　3 360
　制造费用　　2 800
　管理费用　　1 400
　销售费用　　840
　贷：应付职工薪酬——应付福利费　　14 000

【例 4-35】2013 年 7 月 31 日，结转本月制造费用 51 490 元。其中，A 产品 30 894 元，B 产品 20 596 元。

制造费用是产品制造成本的组成部分，平时发生的制造费用应在“制造费用”账户的借方进行归集，期末按一定的标准进行分配，应从“制造费用”账户的贷方转入“生产成本”账户的借方(按产品的生产工时分配，其中：A 产品 6 000 工时，B 产品 4 000 工时)。

先计算制造费用分配率，公式为

$$\text{制造费用分配率}=\frac{\text{制造费用总额}}{\text{生产工人工资(或生产工时)总额}}$$

$$=\frac{51\,490}{6\,000+4\,000}=5.149(\text{元/工时})$$

A 产品应负担的制造费用=5.149×6 000=30 894(元)

B 产品应负担的制造费用=5.149×4 000=20 596(元)

分配结果见表 4-2。

表 4-2　制造费用分配表

产品名称	分配标准(生产工时)	分配率	分配金额
A 产品	6 000	5.149	30 894
B 产品	4 000	5.149	20 596
合计	10 000		51 490

作如下会计分录：

借：生产成本——A 产品　　30 894

　　　　　　——B 产品　　20 596

　贷：制造费用　　51 490

【例 4-36】2013 年 7 月 31 日，结转本月完工入库 A、B 产品制造成本。A 产品 2 000 件，每件成本 48.497 元，计 96 994 元；B 产品 5 000 件，每件成本 59.791 元，计 298 956 元。

这项业务表明，完成生产加工并验收入库产品的制造成本，应记入“库存商品”账户的借方和“生产成本”账户的贷方。作如下会计分录：

借：库存商品——A 产品　　96 994

　　　　　　——B 产品　　298 956

　贷：生产成本——A 产品　　96 994

　　　　　　　——B 产品　　298 956

4.4　销售过程主要经济业务的处理

销售过程是企业将生产出来的产品推向市场销售给消费者的过程，也是利润的实现过程。

4.4.1　销售过程主要经济业务的内容

销售过程是工业企业生产经营活动的最后阶段。在销售过程中，企业出售产品，按照销售价格和销售数量收取价款，形成销售收入，使成品资金转化为货币资金，为了顺利地实现产品销售，还会发生包装、运输、广告等销售费用，同时企业必须向国家上缴税金，从而完成资金的一次循环。企业的各项支出也从中得到补偿，使再生产得以持续不断地进行。因此，工业企业销售过程会计核算的主要内容包括：确认和反映销售收入，计算和交纳各种税金，计算并结转销售成本，核算归集销售费用等。

销售环节交纳的税金主要有增值税、营业税、城市维护建设税等，部分产品还应交纳消费税。增值税主要核算按产品销售收入(即销售额)计算的销项税额。应交增值税销项税额的计算公式为

$$销项税额=销售额(不含税)\times 税率$$

$$不含税销售额=含税销售额\div(1+增值税税率)$$

不同应税产品适用不同的税率或税额。企业应当根据税法的规定正确计算应纳税金，并按时上交税务部门。

4.4.2 销售过程核算的账户设置

在销售环节，企业需要设置“应收账款”、“应收票据”、“预收账款”、“主营业务收入”、“其他业务收入”、“主营业务成本”、“其他业务成本”、“营业税金及附加”、“应交税费”、“销售费用”等账户。

(1) “应收账款”账户属于资产类账户，用于核算企业因销售产品、提供劳务等应向购货单位或接受劳务单位收取的款项。应收款项在企业销售产品、提供劳务产生时记入该账户的借方，表示债权的增加；收到货款时记入其贷方，表示债权的减少；期末余额在借方，反映尚未收回的货款，该账户应按债务人设置明细账户，进行明细核算。

应收账款

期初余额 本期企业销售产品、提供劳务应收的货款	本期收回的货款
期末余额：尚未收回的货款	

(2) “应收票据”账户属于资产类账户，用来核算销售商品、提供劳务时收到的商业汇票。该账户反映企业债权，收到商业汇票时记入借方，表示债权的增加；收到票据款时记入该账户的贷方，表示债权的减少；期末余额在借方，反映企业尚未收到货款的票据。该账户应按购货单位设置明细账，进行明细核算。此外，企业还应设置“应收票据备查簿”，逐笔登记每一份应收票据的种类、号数、出票日期、到期日、承兑人名称等内容，票据到期收回款项后，应在备查簿上注销。

应收票据

期初余额 本期销售产品、提供劳务收到的商业汇票	本期收到的商业汇票款
期末余额：尚未收回的商业汇票款	

(3) “预收账款”账户属于负债类账户，用来核算企业按照合同规定向购货单位或接受劳务单位预收的款项。贷方登记预收及对方收到货物后预付的款项，借方登记销售实现时转出的数额和退回多收的款项。期末余额在贷方，表示企业实际预收或多收而未退回的款

项；若为借方余额，反映购货企业尚未补付的款项。本账户应按购货单位设置明细账，进行明细核算。

预收账款

销售实现时转出的数额和退回多收的款项	期初余额 预收及对方收到货物后预付的款项
期末余额：客户尚未补付的款项	期末余额：尚未提供产品的预收款项

(4)“主营业务收入”账户属于损益类账户，用来核算企业销售产品和提供工业性劳务而发生的收入。企业实现的产品销售收入，记入本账户的贷方，并记入“银行存款”或“应收账款”等相应账户的借方，期末应将本账户余额全部从借方转入“本年利润”账户的贷方，本账户期末无余额。

主营业务收入

转入“本年利润”账户的产品销售收入	企业实现的产品销售收入
	结转后无余额

(5)“其他业务收入”账户属于损益类账户，用来核算企业根据收入准则确认的除主营业务以外的其他经营活动实现的收入，包括出租固定资产、出租无形资产、出租包装物、销售材料等实现的收入。

其他业务收入

期末将发生额转入“本年利润”账户的贷方	除主营业务收入以外的其他销售或其他业务的收入
	结转后无余额

(6)“主营业务成本”账户属于损益类账户，用来核算销售产品和提供工业性劳务而发生的成本。企业已销售产品的实际生产成本计入本账户的借方，贷方登记月末结转已售产品成本的金额，期末应将本账户借方发生额从贷方转入“本年利润”账户的借方，结转后，期末本账户无余额。

主营业务成本

企业已销售产品的实际生产成本	月末结转到“本年利润”的产品实际生产成本
结转后无余额	

(7)“其他业务成本”账户属于损益类账户，用来核算企业除主营业务活动以外的其他经营活动所发生的成本，包括销售材料的成本、出租固定资产的累计折旧、出租无形资产的累计摊销、出租包装物的成本或摊销额等。

其他业务成本

除主营业务收入以外的其他经营活动所发生的成本	期末将发生额转入“本年利润”账户的借方
结转后无余额	

(8)“应交税费”账户属于负债类账户，用来核算企业向税务部门交纳的各种税金，包括增值税、消费税、营业税、资源税、城市维护建设、教育费附加、所得税等。贷方登记月末企业计算出应交纳的各种税费，借方登记企业已交纳的各种税费；期末如为贷方余额，表示应交未交的税费，如为借方余额，表示多交的税费。

应交税费

企业已交纳的各种税	月末企业计算出应交纳的各种税费
期末余额：表示多交的税费	期末余额：应交未交的税费

(9)“营业税金及附加”账户属于损益类账户，用来核算企业因销售产品、材料和提供工业性劳务发生的消费税、城市维护建设税以及资源税、教育费附加等。本账户的借方登记企业按照规定计算出的应负担的各种税金(增值税除外)；贷方登记结转到“本年利润”的各种税金，月末将各种税金的合计数从本账户的贷方转入“本年利润”账户的借方。结转后本账户无余额。

营业税金及附加

企业按照规定计算出的应负担的各种税金(不含增值税)	结转到“本年利润”的各种税金
结转后无余额	

(10)“销售费用”账户属于损益类账户，用来核算企业因销售产品和提供劳务过程中发生的各种费用以及专设销售机构的各项经费(包括送货运杂费、包装费、保险费、广告费和展览费以及支付专设销售机构人员的工资等)。本账户借方登记企业发生的销售费用，贷方登记结转到“本年利润”的销售费用，即月末将销售费用的合计数从销售费用账户的贷方转入“本年利润”账户的借方。本账户经结转后期末无余额。

销售费用

企业发生的销售费用	结转到“本年利润”的销售费用
结转后无余额	

4.4.3 销售过程主要经济业务的核算

假定宏达公司 2013 年 12 月份有如下会计事项。

【例 4-37】2013 年 12 月 8 日，售给新雅公司 A 产品 1 500 件，每件售价 100 元，增值税率为 17%。收到对方的转账支票一张共计 175 500 元，已存入银行。

该项业务发生后，应作如下会计分录：

借：银行存款	175 500	
贷：主营业务收入——A 产品		150 000
应交税费——应交增值税(销项税额)		25 500

【例 4-38】2013 年 12 月 11 日，以银行存款支付产品广告费 4 500 元。

该项业务发生后，应作如下会计分录：

借：销售费用	4 500	
贷：银行存款		4 500

【例 4-39】2013 年 12 月 15 日，向华源公司出售 B 产品 3 000 件，每件售价 120 元，价款 360 000 元，增值税 61 200 元，货款尚未收到。

该项业务的发生，使“主营业务收入”增加了 360 000 元，“应交税费——应交增值税”增加 61 200 元，“应收账款”增加 421 200 元。

该项会计事项发生后，应作如下会计分录：

借：应收账款——华源公司　　421 200
　　贷：主营业务收入——B 产品　　360 000
　　　　应交税费——应交增值税(销项税额)　　61 200

【例 4-40】宏达公司根据购销合同预收甲企业货款 12 000 元存入银行。该项业务表明，企业的银行存款增加，应当记入“银行存款”的借方。同时，企业预收账款增加，涉及“预收账款”账户，该账户属于负债类账户，增加应当记入“预收账款”账户的贷方。应作如下会计分录：

借：银行存款　　12 000
　　贷：预收账款——甲企业　　12 000

假设企业以后销售 A 产品 10 000 元，应缴纳增值税 1 700 元，用以抵消预收账款，余额以银行存款退回。应作如下会计分录：

借：预收账款——甲企业　　11 700
　　贷：主营业务收入　　10 000
　　　　应交税费——应交增值税(销项税额)　　1 700

借：预收账款——甲企业　　300
　　贷：银行存款　　300

【例 4-41】宏达公司销售 A 产品，收到购货方开出并承兑的一张含税价为 46 800 元，期限为 3 个月的商业汇票。

该笔经济业务表明，宏达公司“应收票据”增加，应记入“应收票据”账户的借方；“主营业务收入”也增加，应记入“主营业务收入”账户的贷方，“应交税费”增加，也应记入“应交税费”账户的贷方。会计分录如下：

A 产品不含税价=含税价÷(1+17%)=46 800÷(1+17%)=40 000(元)

借：应收票据　　46 800
　　贷：主营业务收入　　40 000
　　　　应交税费——应交增值税(销项税额)　　6 800

假如 3 个月到期时，款项收到存入银行，会计分录如下：

借：银行存款　　46 800
　　贷：应收票据　　46 800

【例 4-42】宏达公司 2013 年 12 月 13 日将用不完的并且不再需要使用的丙材料 130 吨销售给 H 公司，单价为 150 元，成本价每吨 121 元，材料已发出，货款已收到，并存入银行。

借：银行存款　　22 815
　　贷：其他业务收入　　19 500
　　　　应交税费——应交增值税(销项税额)　　3 315

借：其他业务成本　　15 730
　　贷：原材料——丙材料　　15 730

【例 4-43】2013 年 12 月 16 日，以银行存款支付产品销售过程保险费 1 500 元。

该项会计事项发生后，应作如下会计分录：

借：销售费用　　1 500
　　贷：银行存款　　1 500

【例 4-44】2013 年 12 月 17 日，收到华源公司偿还前欠货款 421 200 元，当即存入银行。

该项会计事项发生后，应作如下会计分录：

借：银行存款　　421 200
　　贷：应收账款——华源公司　　421 200

【例 4-45】2013 年 12 月 31 日企业计算出应交城市维护建设税 1 439.90 元，应交教育费附加 617.10 元。

该项会计事项发生后，应作如下会计分录：

借：营业税金及附加　　2 057
　　贷：应交税费——应交城市维护建设谁　　1 439.90
　　　　　　　　——应交教育费附加　　617.10

【例 4-46】2013 年 12 月 31 日，结转本月售出 A、B 产品的实际生产成本，共计 252 150 元。其中，A 产品售出 1 500 件，每件实际生产成本 48.50 元，共计 72 750 元；B 产品 3 000 件，每件生产成本 59.80 元，共计 179 400 元。

该项会计事项发生后，应作如下会计分录：

借：主营业务成本——A 产品　　72 750
　　　　　　　　——B 产品　　179 400
　　贷：库存商品——A 产品　　72 750
　　　　　　　　——B 产品　　179 400

4.5　经营成果主要经济业务的处理

利润是企业在一定会计期间的经营成果，是企业通过经营活动的组织和管理而创造的。它是综合反映企业经济效益的一个重要指标。

在每一个会计核算期末，企业都应计算本期的经营成果，即计算利润或亏损，并按规定进行利润分配。

4.5.1　经营成果主要经济业务的内容

经营成果是指企业在一定时间内全部经营活动在财务上所取得的成果，即本期间的全部收入减去全部支出后的净额，其表现为利润或亏损。经营成果是企业经营成果价值形式的集中反映，关系到企业的生存与发展，关系到投资者的利益和国家的利益，每个企业都应积极拓宽产品销路，努力降低成本和费用开支，力争获得最好的经济效益。正确核算财务收支，反映企业的经营成果，是会计核算的重要内容。

工业企业的经营成果主要包括营业利润(或亏损)和营业外净收入两个部分。经营成果核算的内容，主要包括经营成果形成的核算和经营成果分配的核算两个方面。经营成果的核算必须首先进行利润汇总，即计算利润总额和净利润，公式为

营业利润=营业收入-营业成本-营业税金及附加-期间费用-资产减值损失+投资收益(-投资损失)+公允价值变动收益(-公允价值变动损失)

利润总额=营业利润+营业外收入-营业外支出

企业取得了利润，必须向国家交纳所得税。因此可得

净利润=利润总额-所得税费用

企业取得的净利润应当按照国际有关规定或各方投资人的决议进行分配。企业当年实现的净利润加上以前年度未分配的利润便为可供分配的利润。如果企业发生亏损，按规定可用下一年度的利润进行弥补。为了简便起见，在本节经营成果的核算中，均假定企业为盈利企业，且无需弥补以前年度的亏损。

企业实现的净利润，一般按照下列顺序进行分配。

(1) 应为弥补以前年度亏损。

(2) 提取法定盈余公积。

(3) 向投资者分配利润。

(4) 提取任意盈余公积。

因此，利润分配核算的主要内容有：按国家有关规定弥补以前年度亏损；按照国家规定提取法定盈余公积；根据股东大会决议向投资人分配利润；根据股东大会决议提取任意盈余公积；确定企业尚未分配的利润数额。

4.5.2 经营成果核算的账户设置

经营成果的形成与分配主要是通过“本年利润”和“利润分配”两个账户来进行的。此外，经营成果的核算还涉及“营业外收入”、“营业外支出”以及“所得税费用”、“盈余公积”、“应付股利”等账户。

(1) “营业外收入”账户属于损益类账户，用来反映与企业生产经营活动无直接关系的各项收入，包括处理固定资产净收益、出售无形资产收益、罚款收入、对外索赔收入、收到的教育费附加返还款、无法偿还的应付款转入等。取得上述各项收入，记入“营业外收入”账户贷方，期末将营业外收入从借方转入“本年利润”账户的贷方。期末本账户无余额。

营业外收入

期末将发生额转入“本年利润”账户的贷方	发生的与生产经营无直接关系的各项收入(如处置固定资产净收益、出售无形资产收益、罚款收入、对外索赔收入、收到的教育费附加返还款、无法偿还的应付款转入等)
	结转后无余额

(2) “营业外支出”账户属于损益类账户，用来反映与企业生产经营活动无直接关系的各项支出，如固定资产盘亏和处置固定资产净损失、水风火等灾害造成的非正常损失、罚款支出、赔偿支出、捐赠支出、被没收的财物损失等。发生上述各项支出，应计入“营业

外支出”账户借方，期末将营业外支出从贷方转入“本年利润”账户的借方。期末本账户无余额。

营业外支出

发生的与生产经营无直接关系的各项支出(如固定资产盘亏和处置固定资产净损失、水风火等灾害造成的非正常损失、罚款支出、赔偿支出、捐赠支出、被没收的财物损失等)	期末将发生额转入“本年利润”账户的借方
结转后无余额	

(3)“本年利润”账户属于所有者权益类账户，同时也是经营成果计算账户，用来汇总企业本期的经营成果。期末(月末或年末)，企业应将各种收益类账户，如“主营业务收入”、“其他业务收入”、“投资收益”、“营业外收入”账户的发生额从各自账户的借方转入本账户的贷方；将各种支出类账户，如“主营业务成本”、“营业税金及附加”、“销售费用”、“管理费用”、“财务费用”、“其他业务成本”、“营业外支出”账户的发生额从各自账户的贷方转入本账户的借方。结转以后，本账户贷方发生额大于借方发生额的差额即为本期实现的利润总额；反之，则为亏损总额。如果企业的经营成果为利润，则企业应按国家有关规定计算缴纳所得税。期末应将所缴纳的所得税从“所得税费用”账户的贷方转入“本年利润”账户的借方，结转后，“本年利润”账户的贷方余额为本年的净利润，即属于投资者权益的净收益。年度终了时，企业应将净利润从“本年利润”账户全部转入“利润分配”账户。如果是净利润，则从借方转出；如为亏损，则从贷方转出。经结转后，本账户年终无余额。

本年利润

本月转入的各项费用、损失	本月转入的各项收入、收益
期末余额：本年发生的累计亏损 (年末转出本年利润)	期末余额：本年实现的累积盈余 (年末转出本年亏损)

(4)“所得税费用”账户属于损益类账户，用来反映企业的所得税支出，该账户借方反映按会计利润计算应交纳的所得税，贷方反映将本期所得税转入“本年利润”账户的数字。该账户的期末无余额。

所得税费用

计提本月应缴纳的所得税额	月末将所得税费转入“本年利润”账户
结转后无余额	

(5)“利润分配”账户属于所有者权益类账户，用来分配企业的经营成果，反映企业利润分配的各项具体数额和分配后的结存数额。在“利润分配”总分类账户下设置“盈余公积补亏”、“提取法定盈余公积”、“应付利润”、“未分配利润”等明细账户。核算过程如下。

利润分配

对利润的分配数额	期初余额 从“本年利润”账户转入的净利润
	期末余额：未分配的利润

① 将净利润转入“利润分配”账户时，借记“本年利润”账户，贷记“利润分配——未分配利润”账户。亏损作相反的会计分录。

② 核算企业用盈余公积弥补亏损时，借记“盈余公积”账户，贷记“利润分配——盈余公积补亏”账户。

③ 核算企业提取盈余公积时，借记“利润分配——提取盈余公积”账户，贷记“盈余公积”账户。

④ 核算按规定上交国家和支付给投资人的利润时，借记“利润分配——应付利润”账户，贷记“应付股利”账户。

⑤ “利润分配－未分配利润”账户用来核算企业从“本年利润”账户转入的净利润的未分配利润的余额，反映企业利润分配情况的全过程。核算方法是：年度终了，企业应将净利润自“本年利润”账户的借方转入本账户的贷方，这时，本账户的贷方便归集了当年可供分配的净利润总额；利润分配事项核算完毕后将“利润分配”账户下的其他明细账户的余额转入本明细账户的借方。结转后“利润分配”账户的其他明细账户无余额，这时，该明细账户的借方反映企业已经分配的净利润。贷方(全部净利润)与借方(已分配的利润)的差额，即贷方余额表示企业尚未分配的利润；如为借方余额，表示尚未弥补的亏损。

(6) “盈余公积”账户属于所有者权益类账户，用来核算公积金的提取及使用情况。其借方登记盈余公积的使用数，贷记登记盈余公积的提取数。余额在贷方，表示盈余公积的结余数。

盈余公积

使用盈余公积金(盈余公积转增资本、盈余公积弥补亏损、盈余公积发放股利)	期初余额 提取盈余公积
	期末余额：尚未使用的盈余公积

(7) “应付股利”账户属于负债类账户，用来核算企业对投资者的利润分配情况和实际支付情况。其借方登记实际支付给投资者的利润数，贷方登记计算出的应付给投资者的利润分配数。余额在贷方，表示尚未支付给投资者的应付股利数。

应付股利

实际支付的现金股利或利润	期初余额 计提应付给投资者的现金股利或利润
	期末余额：尚未支付的现金股利或利润

4.5.3 经营成果主要经济业务的核算

1. 营业外收支的核算

假定宏达公司2013年12月份有如下会计事项。

【例4-47】2013年12月14日，宏达公司收到教育费附加返还款30 000元，银行已入账。应作如下会计分录：

借：银行存款　　30 000

　　贷：营业外收入　　30 000

【例 4-48】2013 年 12 月 25 日，宏达公司以银行存款支付违约金 1 000 元。

这项业务表明，支付违约金属于营业外支出。应作如下会计分录：

借：营业外支出　　1 000
　　贷：银行存款　　1 000

2. 经营成果实现的核算

计算经营成果的方法是将所有的损益类账户于期末全部转入“本年利润”账户，然后进行比较。如果“本年利润”账户的期末余额在贷方，即表明为利润；如果在借方，则为亏损。

例如：宏达公司 2013 年 12 月 31 日损益类账户余额如下。

主营业务收入	560 000 元(贷方)
其他业务收入	19 500 元(贷方)
主营业务成本	252 150 元(借方)
其他业务成本	15 730 元(借方)
销售费用	6 000 元(借方)
营业税金及附加	2 057 元(借方)
管理费用	32 960 元(借方)
财务费用	15 000 元(借方)
营业外收入	30 000 元(贷方)
营业外支出	1 000 元(借方)

(损益类还包括：资产减值损失、公允价值变动损益、投资收益。因为这里的销售业务未涉及此类账户，故省略)

【例 4-49】2013 年 12 月 31 日，将上述损益类账户中的收入类账户余额转入“本年利润”账户，编制会计分录如下：

借：主营业务收入　　560 000
　　其他业务收入　　19 500
　　营业外收入　　30 000
　　贷：本年利润　　609 500

【例 4-50】2013 年 12 月 31 日，将上述损益类账户中的费用类账户余额转入“本年利润”账户，编制会计分录如下：

借：本年利润　　324 897
　　贷：主营业务成本　　252 150
　　　　其他业务成本　　15 730
　　　　销售费用　　6 000
　　　　营业税金及附加　　2 057
　　　　管理费用　　32 960
　　　　财务费用　　15 000
　　　　营业外支出　　1 000

由上述【例 4-49】与【例 4-50】的核算可知，该企业 12 月份实现的利润总额为 609 500-324 897=284 603(元)

用“T”字账户表示如下：

本年利润

324 897	609 500
	余额：284 603

【例 4-51】假设宏达公司所得税税率为 25%，2013 年 12 月 31 日计算该企业 12 月份应交所得税。

该企业 12 月份应交所得税计算如下：284 603×25%=71 150.75(元)

该项会计事项发生后，应作如下会计分录：

借：所得税费用　　71 150.75

　　贷：应交税费——应交所得税　　71 150.75

【例 4-52】2013 年 12 月 31 日，将“所得税费用”账户余额转入“本年利润”账户。此项业务的会计分录如下：

借：本年利润　　71 150.75

　　贷：所得税费用　　71 150.75

所得税结转后，便可得出宏达公司 2013 年 12 月份的净利润为 213 452.25 元。

本年利润

324 897	609 500
所得税费用 71 150.75	余额：284 603
	净利润：213 452.25

3. 经营成果分配的核算

经营成果分配是通过“利润分配”账户核算的。为简便起见，假定宏达公司以前年度无亏损，也无期初未分配利润，12 月份的净利润为全年利润。

【例 4-53】年终结转“本年利润”账户，会计分录如下：

借：本年利润　　213 452.25

　　贷：利润分配——未分配利润　　213 452.25

【例 4-54】宏达公司按国家有关规定提取公积金，法定盈余公积金按净利润的 10%提取。会计分录如下：

借：利润分配——提取盈余公积　　21 345.23

　　贷：盈余公积——法定公积金　　21 345.23

【例 4-55】宏达公司根据董事会决定，用 120 000 元向投资者分配利润，会计分录如下：

借：利润分配——应付投资者利润　　120 000

　　贷：应付股利　　120 000

【例 4-56】将上述有关利润分配明细分类账户余额转入“利润分配——未分配利润”明细分类账户，会计分录如下：

借：利润分配——未分配利润　　141 345.23
　　贷：利润分配——提取法定盈余公积　　21 345.23
　　　　　　　——应付利润　　120 000

根据对上述业务的核算，宏达公司年终结算后“利润分配——未分配利润”账户余额为

213 452.25-141 345.23=72 107.02(元)

用“T”字账户表示如下：

利润分配——未分配利润

21 345.23 120 000	213 452.25
	余额：72 107.02

本章小结

本章主要讲述借贷记账法在工业企业经济业务中的应用，按工业企业资金运动的顺序对各个环节作系统的讲述。

本章第一节详细阐述的是企业筹资活动和投资活动的业务处理。企业资金筹集的渠道有两种，即所有者投资和债权人借入，所以筹资活动主要涉及“实收资本”、“资本公积”等所有者权益账户和“长期接近”、“短期借款”等负债账户；企业的投资活动主要涉及各类金融资产账户，如“交易性金融资产”、“可供出售金融资产”、“持有至到期投资”等账户。

资金周转过程分为供应过程、生产过程和销售过程。供应过程主要包括固定资产投入、原材料采购等经济业务，在投入固定资产和购入材料的过程中会涉及增值税的进项税额，因此这个过程也会有相应的税务处理；生产过程主要是将原材料投入生产变成产品的过程，涉及的账户主要有“生产成本”、“制造费用”等成本类账户以及“应付职工薪酬”、“累计折旧”等账户，领用材料生产的过程会计分录是借记“生产成本”，贷记“原材料”，产品入库分录为借记“库存商品”，贷记“原材料”，即这个过程实质就是由原材料生产出产成品的过程；销售过程主要是将产成品销售，变现为收入的过程，涉及的主要有“主营业务收入”、“应交税费——应交增值税(销项税额)”等与收入相关的账户，以及“银行存款”、“应收账款”等与资金回收相关的账户。这3个过程相互联系，应明确在“货币资金—原材料—生产—产成品—货币资金”这一循环过程中价值的流动与变化及其反映的经济含义。

本章最后一节讲述的是企业经营成果的业务处理。企业经营成果的直接表现形式是利润，利润有不同的衡量指标，分别有营业利润、利润总额、净利润，每种利润都有对应的含义，计算出利润后，将利润结转至“本年利润”，并对利润进行分配。

习　题

习题一

一、单项选择题

1．购买的材料，当其验收入库以后，其实际发生的成本在(　　)账户核算。

A．材料采购　　B．原材料　　C．库存商品　　D．产成品

2．与“本年利润”账户的贷方对应的账户是(　　)。

A．管理费用　B．主营业务收入　C．应付福利费　D．应交税费

3．下列项目中，不属于管理费用的是(　　)。

A．车间管理人员工资　B．厂部管理人员工资

C．厂部耗用材料　D．厂部办公用房的租金

4．常与“主营业务成本”账户的借方相对应的账户是(　　)。

A．材料采购　B．库存商品　C．营业外支出　D．应付职工薪酬

5．年末结转后，“利润分配”账户的贷方余额表示(　　)。

A．利润实现额　B．利润分配额

C．未分配利润　D．未弥补亏损

6．下列项目中，应记入“制造费用”账户的是(　　)。

A．生产产品耗用的材料　B．机器设备的折旧费

C．生产工人工资　D．行政管理人员的工资

7．“生产成本”账户的期末借方余额表示(　　)。

A．完工产品成本　B．半成品成本

C．本月生产成本合计　D．期末在产品成本

8．销售产品时应交增值税，应贷记的科目是(　　)。

A．主营业务收入　B．营业税金及附加

C．应交税费　D．所得税费用

9．企业实际收到投资者投入的资金属于企业所有者权益中的(　　)。

A．固定资产　B．银行存款　C．实收资本　D．资本公积

10．下列项目中属于营业外收入的有(　　)。

A．主营业务收入　B．出售废料收入　C．固定资产盘盈　D．出售固定资产的收入

二、多项选择题

1．企业所有者权益包括(　　)。

A．资本公积　B．股本

C．未分配利润　D．盈余公积

E．库存现金

2．产品成本的构成项目主要有(　　)。

A．直接材料费　B．直接人工费

C．制造费用　D．期间费用

E．销售费用

3．下列各项属于销售费用的有(　　)。

A．广告费　B．销售人员的工资

C．产品的展销费　D．销售商品的包装费

4．产品生产成本包括(　　)。

A．直接人工　B．直接材料

C．制造费用　D．管理费用

E．销售费用

5．从银行借入长期借款5 000元，用于归还前欠货款，正确的说法有(　　)。

A．借记“银行存款”5 000元　B．贷记“长期借款”5 000元

C．借记“应付账款”5 000元　D．贷记“应付账款”5 000元

E. 借记“长期借款”5 000元

6. 购进材料时，如果借记“材料采购”科目，可能贷记(　　)。

A. 银行存款　　B. 原材料

C. 应付账款　　D. 预付账款

E. 应收账款

7. 材料的采购成本包括(　　)。

A. 买价　　B. 运杂费

C. 运输中的仓储费　　D. 生产中的消耗

E. 入库后的仓储费

8. 属于营业利润构成要素的项目有(　　)。

A. 主营业务收入　　B. 营业利润

C. 销售费用　　D. 主营业务成本

E. 营业外收入

9. 某制造企业采购A、B两种材料，下列采购支出属于直接费用的有(　　)。

A. 材料的买价　　B. 两种材料的装卸费

C. 材料的包装费　　D. 两种材料的运费

E. 增值税

10. 下列项目中可记入“制造费用”账户的有(　　)。

A. 车间一般耗用的材料　　B. 车间管理人员的工资

C. 车间发生的水电费　　D. 车间计提的固定资产折旧

E. 行政管理人员的工资

三、判断题

1.“营业外收入”账户是用来核算企业发生的与企业生产经营活动无关的各项收入的账户。(　　)

2.“应付利润”账户期末贷方余额为多付的利润。(　　)

3. 企业出租无形资产应缴纳的营业税，应借记“营业税金及附加”账户。(　　)

4. 车间管理人员的工资薪酬不属于直接人工费。(　　)

5. 期末，结转完工入库产品的生产成本以后，“生产成本”总账及所属明细分类账户应均无余额。(　　)

6. 盈余公积是从销售收入中提取的公积金。(　　)

7. 企业出售无形资产取得的收入应在“其他业务收入”账户核算。(　　)

8.“制造费用”账户属于费用成本类，即损益类账户，故期末必定没有余额。(　　)

9. 费用和成本是同一个概念。(　　)

10. 预收的销货款，可以直接作为收入确认。(　　)

四、业务处理题

1. 星光公司2013年9月发生以下经济业务。

(1) 收到新华公司投资款70 000元，存入银行。

(2) 收到A公司投资，其中设备协议价80 000元，材料价值为100 000元，已经交付。

(3) 从银行取得借款50 000元，期限为6个月，年利率为5.8%，利息于季度末结算，所得款项存入银行。

(4) 收到捐赠的新机器设备一台，其价值为27 000元，并交付使用。

(5) 收到B公司投入的生产线，其原值为600 000元，已提折旧50 000元，双方协议作价580 000元。

(6) 用银行存款500 000元偿还到期的银行临时借款。

要求：根据以上各项经济业务编制相应的会计分录。

2．某公司 2013 年 10 月发生如下经济业务。

(1) 向光明公司购进 A 材料 1 500 千克，单价 30 元，价款 45 000 元，增值税 7 650 元；购买 B 材料 2 000 千克，单价 15 元，价款为 30 000 元，增值税为 5 100 元，全部款项以银行存款支付，材料尚未到达。

(2) 用银行存款支付上述 A、B 材料的运杂费 7 000 元，运杂费以材料重量为分配标准。

(3) 向中兴公司购进 C 材料 3 000 千克，单价 25 元，价款为 75 000 元，增值税 12 750 元，款项尚未支付，材料已到但未验收入库。

(4) 用银行存款支付 C 材料的运杂费及装卸费 3 000 元。

(5) A、B、C 3 种材料发生入库前的挑选整理费用 3 250 元(按照材料重量比例分摊)，用现金支付。

(6) 购进的 A、B、C 材料均已验收入库，现结转实际采购成本。

要求：根据以上经济业务编制相应的会计分录。

习题二

一、单项选择题

1．企业的资金来源渠道包括(　　)。

A．资产和负债　　B．所有者权益　　C．负债　　D．负债和所有者权益

2．计提短期借款利息时应该借记(　　)账户。

A．管理费用　　B．财务费用　　C．销售费用　　D．制造费用

3．企业的资本公积可以(　　)。

A．转增资本　　B．弥补亏损　　C．分派现金股利　　D．转作营业外收入

4．企业收到投资人投入的资金时，应该借记(　　)。

A．实收资本　　B．银行存款　　C．固定资产　　D．无形资产

5．将盈余公积转增实收资本时，会引起(　　)。

A．资产和负债同增　　B．资产内部一增一减

C．负债内部一增一减　　D．所有者权益内部一增一减

6．材料采购成本是由(　　)构成。

A．买价　　B．采购费用　　C．买价及采购费用　　D．买价、采购费用及税金

7．某公司为一般纳税人，外购 A 材料 3 000 千克，单价 20 元，增值税 10 200 元，运杂费 500 元，A 材料的实际采购成本为(　　)元。

A．60 000　　B．70 200　　C．60 500　　D．70 700

8．“材料采购”账户的借方余额反映(　　)。

A．库存材料实际成本　　B．库存材料计划成本

C．在途材料计划成本　　D．在途材料实际成本

9．购入材料的进项税额计入(　　)。

A．材料实际成本　　B．应交增值税账户借方

C．应交增值税账户贷方　　D．冲减收入

10．“材料采购”账户按经济内容划分，属于(　　)账户。

A．资产　　B．成本　　C．负债　　D．所有者权益

二、多项选择题

1．企业仓库发出材料有可能记入借方的是(　　)账户。

A．生产成本　　B．制造费用　　C．管理费用　　D．原材料

2．产品的生产成本由(　　)构成。

A．直接材料费　　B．直接人工费　　C．管理费用　　D．制造费用

3．“应付职工薪酬”账户核算(　　)等。

A．职工工资、奖金、津贴和补贴　　B．职工福利费

C．工会经费和职工教育培训费　　D．非货币性福利

4．计提固定资产折旧时，借方登记的账户可能是(　　)。

A．制造费用　　B．管理费用　　C．财务费用　　D．销售费用

5．结转完工入库产品实际生产成本时，涉及(　　)等科目。

A．生产成本　　B．制造费用　　C．主营业务成本　　D．库存商品

6．应记入“其他业务收入”账户的是(　　)。

A．销售材料收入　　B．转让无形资产使用权收入

C．出租固定资产收入　　D．出租包装物收入

7．下列属于营业外收入的是(　　)。

A．接受捐赠收入　　B．取得的罚款、赔款收入

C．固定资产清理收益　　D．固定资产盘盈收益

8．期末应转入“本年利润”账户借方的是(　　)。

A．主营业务收入　　B．主营业务成本　　C．营业税金及附加　　D．管理费用

9．期末应转入“本年利润”账户贷方的是(　　)。

A．主营业务收入　　B．投资收益　　C．其他业务收入　　D．管理费用

10．影响营业利润的有(　　)。

A．主营业务收入　　B．主营业务成本　　C．营业外收入　　D．营业外支出

三、判断题

1．制造业的材料采购成本包括材料的买价，不包括运杂费等进货费用。(　　)

2．购入材料在运输途中发生的合理损耗应计入材料采购成本。(　　)

3．车间主任的工资、奖金及津贴等应记入“生产成本”账户的借方。(　　)

4．管理费用是企业行政管理部门为组织和管理生产经营活动而发生的费用。(　　)

5．财务费用是企业为筹集资金而发生的费用，包括利息支出、汇总损失等。(　　)

6．企业为销售A产品支付广告费2 000元，应记入“管理费用”账户。(　　)

7．企业提取的法定公积金应在“盈余公积”账户核算。(　　)

8．外单位捐赠现金50 000元，应记入“实收资本”账户的贷方。(　　)

9．企业收到银行存款利息，应记入“财务费用”账户的贷方。(　　)

10．支付职工工资，应借记“应付职工薪酬”账户，贷记“库存现金”账户。(　　)

11．期间费用是构成企业产品成本的要素。(　　)

12．企业的制造费用应按一定的标准分配计入生产成本。(　　)

13．财务成果是企业生产经营活动的最终结果，即盈利或亏损。(　　)

14．计算应交所得税费用的会计分录是涉及利润分配的会计分录。(　　)

四、业务题

1．练习资金筹集和供应过程的核算。

资料：某企业2013年7月份发生下列的一些业务。

(1) 一外商向企业投资90 000元，其中包括全新设备一台，公允价值80 000元；货币资金10 000元存入银行。

(2) 企业向银行存入借入期限为3个月的借款60 000元，款项已存入银行。

(3) 企业向A公司购入甲材料20吨，每吨5 000元，货款已由银行存款支付，购入乙材料30吨，每吨4 000元，货款尚未支付。两种材料均已验收入库。

(4) 企业向B公司购入丙材料5吨，每吨6 000元，货款已由银行存款支付，材料尚在运输途中。

(5) 企业以银行存款5 000元支付从A公司购入的甲、乙两种材料的运杂费(运杂费按甲、乙材料重量分配，列出计算过程)。

(6) 企业以银行存款120 000元偿还前欠A公司的乙材料的购货款。

(7) 外商向企业超额投资款项20 000元存入银行。

(8) 企业外购生产设备一台，买价200 000元，运费2 000元，不需安装，已经验收投入使用，货款未付。

(9) 月末，结转上述已验收入库的丙材料的实际采购成本。

2．练习企业生产过程的核算。

资料：某企业2013年7月份发生下列一些经济业务。

(1) 本月车间领用材料共计160 000元，其中：生产A产品耗用100 000元；生产B产品耗用55 000元，车间一般耗用材料5 000元。

(2) 本月应付职工工资共计60 000元，其中：生产A产品的生产工人工资40 000元，生产B产品的生产工人工资12 000元，车间管理人员工资8 000元。

(3) 按工资总额的14%计提车间生产工人和管理人员职工福利费。

(4) 月末，计算车间固定资产折旧30 000元。

(5) 本月以现金支付车间购买办公用品400元。

(6) 本月以银行存款支付车间财产保险费600元。

(7) 以银行存款支付本月由车间负担的供暖费6 880元。

(8) 月末，将本月发生的制造费用分配计入A和B两种产品(制造费用按生产工人工资的比例分配)，列出计算过程。

(9) 月末，本月投产的A产品2 000件全部完工并验收入库，B产品尚未完工。计算A产品的总成本和单位成本，并结转已验收入库的A产品成本。

要求：根据上述经济业务编制会计分录。

3．练习销售过程和经营成果的核算。

资料：某企业2013年7月份发生下列一些经济业务。

(1) 企业销售A产品1 600件，单位销售150元，共计240 000元。增值税率为17%，货款已收回120 000元并存入银行，另外的160 800元尚未收回。

(2) 企业以银行存款8 000元支付本月广告费。

(3) 月末，结转本月已销售A产品的产品成本。本月共销售A产品1 600件，单位成本90.80元。

(4) 月末，企业按规定计算本月应交营业税5 000元。

(5) 本月企业行政管理部门发生如下费用：行政管理人员工资10 000元及职工福利费1 400元。耗用原材料3 000元，固定资产折旧15 000元。

(6) 以银行存款2 600元支付给金融机构手续费。

(7) 月末，结转本月的主营业务收入。

(8) 月末，结转本月的主营业务成本、营业税金及附加、销售费用、管理费用、财务费用。

(9) 按25%计提企业所得税。

(10) 按净利润的10%计提法定盈余公积。

(11) 按可分配利润的80%分配股东股利。

要求：根据上述经济业务编制会计分录。

习题三

一、单项选择题

1. 企业的下列固定资产，按规定不应计提折旧的是( )。

A. 经营性租入的设备　B. 融资租入的设备
C. 经营性租出的设备　D. 未使用的房屋

2. 下列会计事项，会引起企业所有者权益总额发生变化的是( )。

A. 从净利润中提取盈余公积　B. 用盈余公积弥补亏损
C. 用盈余公积转增资本　D. 向投资者分配现金股利

3. "库存商品"账户的期初余额为 1 000 元，本期借方发生额为 7 000 元，本期贷方发生额为 6 500 元，该账户的期末余额为( )元。

A. 1 500　B. 500
C. 8 000　D. 7 500

4. 企业接受捐赠的新设备一台，价值 20 000 元，应记入( )账户的贷方。

A. 实收资本　B. 资本公积　C. 固定资产　D. 营业外收入

5. 净利润是利润总额扣除( )后的余额。

A. 所得税　B. 盈余公积　C. 未分配利润　D. 应付股利

6. 所得税等于( )乘以所得税税率的积。

A. 利润总额　B. 应纳税所得额　C. 营业利润　D. 税后利润

7. "利润分配"账户属于( )。

A. 资产类账户　B. 损益类中费用类账户
C. 负债类账户　D. 所有者权益类账户

8. 结转已售产品的生产成本，应从( )账户转入"主营业务成本"账户。

A. 生产成本　B. 材料采购　C. 库存商品　D. 制造费用

9. 接受外单位投入的一项专利技术，应记入( )账户的借方。

A. 固定资产　B. 无形资产　C. 管理费用　D. 实收资本

10. 结转完工验收入库产成品的生产成本，应记入( )账户的借方。

A. 制造费用　B. 库存商品　C. 生产成本　D. 主营业务成本

11. 计提银行存款短期借款利息，应记入( )账户的贷方

A. 制造费用　B. 管理费用　C. 应付利息　D. 短期借款

12. 下列可以直接记入"生产成本"账户的费用是( )。

A. 车间主任的工资　B. 厂长的工资　C. 生产工人的工资　D. 销售人员的工资

13. 企业用盈余公积金弥补亏损，应记入( )账户的贷方。

A. 实收资本　B. 本年利润　C. 盈余公积　D. 利润分配

14. 销售商品 10 000 元，收到购货方签发并承兑的商业汇票，应借记( )

A. 应收账款　B. 银行存款　C. 应收票据　D. 预收账款

15. 某企业 7 月份支付车间管理人员工资 8 000 元；预付本季度生产车间财产保险费 3 000 元；支付本月生产车间设备维修费 300 元；提取本月银行借款利息 1 000 元。该企业 7 月份制造费用发生额为( )元。

A. 1 000　B. 3 000　C. 9 300　D. 10 300

16. 某企业购进甲材料 200 吨，每吨 85 元；乙材料 100 吨，每吨 50 元，购进两种材料共支付运费 420 元，运费按重量比例分配，甲材料的采购成本为( )元。

A. 17 000　B. 17 280　C. 5 000　D. 5 140

二、多项选择题

1. 下列各项费用，应计入管理费用的有(　　)。
A. 咨询费　　B. 业务招待费　　C. 广告费　　D. 展览费

2. 记入“盈余公积”账户的经济业务包括(　　)。
A. 提取法定盈余公积金　　B. 提取任意盈余公积金
C. 现金盈余　　D. 确实无法支付的应付账款

3. 利润总额是由(　　)3 部分组成的。
A. 营业利润　　B. 投资收益　　C. 营业外收入　　D. 营业外支出

4. 记入“资本公积”账户的经济业务包括(　　)。
A. 接受投资　　B. 资本溢价
C. 以权益结算的股份支付　　D. 存货盘亏

5. 盈余公积金可用于(　　)
A. 弥补亏损　　B. 转增资本
C. 分配现金股利　　D. 分配股票股利

6. 属于期间费用账户的有(　　)。
A. 管理费用　　B. 销售费用　　C. 财务费用　　D. 制造费用

7. 构成产品生产成本的费用有(　　)。
A. 直接人工费用　　B. 直接材料费用
C. 其他直接支出　　D. 制造费用

8. 利润分配的途径有(　　)。
A. 提取资本公积金　　B. 提取法定盈余公积金
C. 给投资者分配股利　　D. 提取任意公积金

9. 产品制造成本提取应付职工薪酬，应借记(　　)账户。
A. 管理费用　　B. 销售费用　　C. 生产成本　　D. 制造费用

10. 投资者可以用(　　)进行投资。
A. 现金　　B. 设备　　C. 原材料　　D. 专利技术

11. 生产费用按其计入产品成本的方式不同，分为(　　)。
A. 直接费用　　B. 间接费用　　C. 销售费用　　D. 财务费用

12. 企业实现的净利润应进行下列分配(　　)。
A. 计算缴纳所得税　　B. 提取法定盈余公积金
C. 向投资者分配利润　　D. 提取职工薪酬

13. 生产用固定资产不需安装应按取得时的实际成本入账，其实际成本包括固定资产的(　　)。
A. 买价　　B. 运杂费　　C. 增值税　　D. 安装成本

14. 企业销售商品的业务，借方可能登记的账户有(　　)。
A. 银行存款　　B. 预收账款　　C. 预付账款　　D. 应收账款

15. 下列账户在期末结转利润后，无余额的是(　　)。
A. 所得税费用　　B. 营业税金及附加
C. 营业成本　　D. 应交税费

16. 下列项目应记入“营业外支出”账户借方的有(　　)。
A. 非常损失　　B. 固定资产盘亏净损失
C. 罚款支出　　D. 捐赠支出

17. 下列应列为管理费用的有(　　)。

A. 专设销售机构固定资产的折旧费

B. 按职工工资总额计提的工会经费

C. 企业生产经营及管理用无形资产的摊销

D. 属于计量收发和管理不善等原因造成的存货短缺净损失

18. 下列应计提折旧的固定资产是(　　)。

A. 已提足折旧继续使用的固定资产　　B. 融资租入固定资产

C. 未使用、不需要的房屋、建筑物　　D. 当月增加的固定资产

三、判断题

1. 制造企业的生产经营过程包括供应过程、生产过程和销售过程，而商业企业只包括前后两个过程，没有生产过程。(　　)

2. 在工业企业中，进货费用应计入购进商品的成本。(　　)

3. “预收账款”账户期末如为借方余额，则表示企业应由购货单位补付的款项，即应收款项。(　　)

4. 费用的本质是企业的一种资产流出，所以，费用最终会导致企业所有者权益的减少。(　　)

5. 企业应交的各种税金，均应通过“应交税费”账户进行核算；“应交税费”账户的期末贷方余额反映企业应交未交的税费。(　　)

四、业务题

1. 练习筹资业务的会计核算。

(1) 收到国家投资的机器设备一台，价值20 000元，已验收并使用。

(2) 收到投资者投入的现金200 000元。

(3) 接到银行通知，支付上期借款利息3 000元，用银行存款支付。

(4) 因资金周转需要，向银行借入短期借款50 000元。

(5) 因业务扩张需要，向银行借入两年期借款100 000元。

要求：根据以上经济业务编制会计分录。

2. 练习投资业务的会计核算。

(1) 用银行存款50 000元购买东方航空公司发行的3年期每年付息一次到期还本债券，面值50 000元，准备持有至到期。

(2) 用银行存款100 000元购买中国铝业集团2 000股股票，为交易目的准备短期持有。

(3) 年底，中国铝业集团股票的市场价格涨到每股60元。

(4) 年底，收到东方航空公司债券的1年应收利息2 500元。

要求：根据以上经济业务编制会计分录。

3. 练习财务成果业务的会计核算。

(1) 收到晴空公司合同违约罚金5 000元，存入银行。

(2) 为四川地震灾区捐款30 000元，用银行存款支付。

(3) 期末，将上述习题4、5及本习题6的损益类账户的收入类账户的本月贷方发生额转入“本年利润”账户的贷方。

(4) 期末，将上述习题4、5及本习题6的损益类账户的费用类账户的本月借方发生额转入“本年利润”账户的借方。

(5) 期末，计算出本期实现的利润总额，并按利润总额的25%计算应交的所得税，同时将计算出的所得税费用转入“本年利润”账户的借方。

(6) 结转本期实现的净利润，由“本年利润”账户的借方转入“利润分配－未分配利润”账户的贷方。

(7) 按税后净利润的10%提取法定盈余公积金。

(8) 按税后净利润的50%计算应付给投资者的利润。

(9) 结转已分配利润，将“利润分配－提取盈余公积”和“利润分配－应付投资者利润”的借方发生额，由贷方转入“利润分配－未分配利润”的借方。

要求：根据以上经济业务编制会计分录。

4．综合业务会计核算。

(1) 外部某单外投入资本5 000 000元，存入银行。

(2) 借入短期借款100 000元，存入银行存款户。

(3) 收到投资人的固定资产投资，作价300 000元，上述资产均已办理产权转让手续。

(4) 从大华公司购入A材料2 000千克，不含税单价10元，B材料6 000千克，不含税单价5元，增值税率为17%，材料税款尚未支付，材料未到。

(5) 以银行存款支付上述材料运杂费4 000元，运杂费按材料重量分配。

(6) 从大华公司购买的A、B两种材料运达企业，全部验收入库，并结转成本。

(7) 采购员李宁出差预借差旅费800元，以现金支付。

(8) 从银行提取现金80 000元，以备发放职工工资。

(9) 用现金80 000元发放职工工资。

(10) 以银行存款支付购入的办公用品费用2 500元，其中：基本生产车间领用800元，行政管理部门领用1 700元。

(11) 采购员李宁报销差旅费1 200元，结清预借的款项，超过部分以现金支付。

(12) 本月发出材料200 000元，其中：生产甲产品耗用170 000元，车间一般耗用10 000元，厂部耗用20 000元。

(13) 分配本月职工工资80 000元，其中：生产甲产品生产工人工资60 000元，车间管理人员工资5 000元，企业管理人员工资15 000元。

(14) 以银行存款结算本月水电费35 000元，其中车间耗用水电费30 000元，管理部门耗用水电费5 000元。

(15) 按规定提取本月固定资产折旧7 000元，其中：车间固定资产应提折旧5 500元，厂部固定资产应提折旧1 500元。

(16) 将本月发生的制造费用51 300元结转到甲产品的生产成本。

(17) 结转本月完工甲产品的生产总成本281 300元。

(18) 销售甲产品100 000元，增值税率为17%，产品已发出，价款当即收到存入银行。

(19) 结转本月销售甲产品的生产成本20 000元。

(20) 以银行存款支付甲产品的销售费用7 000元。

(21) 以银行存款20 000元捐赠水灾地区。

(22) 取得罚款收入1 000元存入银行。

(23) 以银行存款支付短期借款利息6 000元。

(24) 计算结转本期应交的所得税，税率25%。

(25) 按规定提取法定盈余公积，提取比例为10%。

要求：根据以上经济业务编制会计分录。

第5章 成本计算

教学目的与要求

了解成本计算的含义和原则；
理解成本计算的内容、方法、程序；
掌握材料成本的计算；
理解人工成本的计算；
理解制造费用的计算；
掌握产品成本的计算；
掌握销售成本的处理。

本章主要内容

成本计算概述；
材料成本的计算；
人工成本的计算；
制造费用的计算；
产品成本的计算；
销售成本的处理。

本章考核重点

材料成本的计算；
产品成本的计算；
销售成本的处理。

导入语

吴实利用大一暑假来到一家玩具生产厂实习，刚接触会计实务的他对企业的情况充满了好奇，于是他开始观察企业日常经营活动。经过一段时间的观察，他果然发现了让他疑虑的现象：他发现这家玩具厂主要生产 A 和 B 两种玩具，这两种玩具虽然由不同的原材料制作而成，但是企业几乎每次都会同时采购两种玩具的原材料，原材料运回企业后，会由专门的人员卸货、搬运，然后投入生产，可是他发现这两种玩具的生产人员并不是完全独立的，有的生产人员会同时生产 A 和 B 玩具，有的则只负责生产其中的一种，更让他纳闷的是，这两种玩具在生产过程中居然还有共用的机器设备……这时候他脑子里浮现出了一连串的问号：

每次都是两种玩具的原材料一起采购，那运输费、装卸费、搬运费等这些费用怎么算，到底是归属于哪种玩具的生产成本呢？

那些同时生产两种玩具的生产人员，他们的工资成本到底归属于哪种玩具合适呢？

有些机器设备可以同时用于生产 A、B 两种玩具，那怎么去确认每种玩具应各确认多少机器设备的折旧呢？

生产玩具需要经过采购材料、人工加工、机器加工等过程，那每种玩具的最终成本又怎么核算呢？

……

一连串的问题让吴实陷入了思考，沉思后吴实按自己的理解列出了一个基本思路，并且把他的想法告知师父李会计，没想到李会计听过他的阐述之后大为赞赏。

同学们，你们想知道吴实的思路是怎样的吗？那就请大家认真学习第 5 章吧，在这章你会找到答案。

5.1 成本概述

5.1.1 成本计算的含义

成本计算在会计上是指采用一定的方法归集某一特定成本计算对象发生的全部费用，借以确定该计算对象的总成本和单位成本的一种专门方法，是成本管理的基础环节，为成本管理分析和管理控制提供信息基础。企业规模有大有小，经营性质和项目各不相同，因而如何组织成本的计算，如何确定成本计算对象，只能具体问题具体分析，依实际情况而定。

进行成本核算，首先需要审核生产经营管理费用，看其是否已经发生，是否应当发生，已发生费用的是否应当计入产品成本，实现对生产经营管理费用和产品成本直接的管理和控制。其次对已发生的费用按照用途进行分配和归集，计算各种产品的总成本和单位成本，为成本管理提供真实的成本资料。

5.1.2 成本计算的原则

在成本核算过程中应遵循以下原则。

(1) 合法性原则，指计入成本的费用都必须符合法律、法令、制度等的规定。不合规定的费用不能计入成本。

(2) 可靠性原则，包括真实性和可核实性。真实性就是所提供的成本信息与客观的经济事项相一致，不应掺假，或人为地提高、降低成本。可核实性指成本核算资料按一定的原则由不同的会计人员加以核算，都能得到相同的结果。真实性和可核实性是为了保证成本核算信息的正确可靠性。

(3) 相关性原则，包括成本信息的有用性和及时性。有用性是指成本核算要为管理当局提供对决策有用的信息，为成本管理、预测、决策服务；及时性是强调信息取得的时间，及时地反馈信息，可及时地采取措施，改进工作，而过时的信息往往成为徒劳无用的资料。

(4) 分期核算原则。企业为了取得一定期间所生产产品的成本，必须将持续不断的生产经营活动划分为相等的期间(如月、季、年)，分别计算各期产品的成本。成本核算的分期，必须与会计年度的分月、分季、分年相一致，这样可以便于利润的计算。

(5) 权责发生制原则。应由本期产品负担的成本费用，不论是否已经支付，都要计入本期成本；不应由本期产品负担的成本费用，即使在本期支付，也不应计入本期成本，以便正确提供各项成本的信息。

(6) 实际成本计价原则。生产所耗用的原材料、燃料、动力要按实际耗用数量的实际单位成本计算，完工产品成本的计算要按实际发生的成本计算。对于原材料、燃料、产成品等账户可按计划成本(或定额成本、标准成本)加、减成本差异，以调整到实际成本。

(7) 一致性原则。成本核算所采用的方法，前后各期必须一致，以使各期的成本资料有统一的口径，前后连贯，互相可比。

(8) 重要性原则。对于成本有重大影响的项目应作为重点，力求精确。而对于那些不太重要的琐碎项目，则可以从简处理。

企业的生产活动错综复杂，计算成本时，要全面考虑具体企业的生产特点和生产步骤，根据企业的规模和水平，科学合理地安排成本计算程序和方法，把各种成本计算方法结合运用，以计算出最真实准确的产品成本资料。

5.1.3 成本计算的内容

为了比较全面、系统地反映产品的成本耗费情况，使成本计算能提供比较丰富的信息，在计算产品成本时，不仅要计算产品的总成本和单位成本，而且要对总成本按用途分类，以反映产品成本的组成和结构。这样，便于我们对成本进行控制，也便于我们分析产品生产中的经济效益问题和对生产部门进行考核评价。

成本计算的主要内容包括材料成本、人工成本、制造费用等，其中材料成本的计算尤为重要，一般分为主要材料和辅助材料。人工成本和制造费用能确定产品成本归属的直接计入产品，不能明确划分成本归属的，根据实际生产工艺确定分配标准。

在计算产品成本时，一般把成本分成 3 个项目，即：①直接材料；②直接人工；③制造费用。有的企业规模比较大，生产过程比较复杂，成本项目分得比较细。如果单位的规模很小，生产过程也很简单，可以只划分为两个项目，即：材料费用和其他费用。

属于成本计算账户的主要有“生产成本”、“制造费用”等账户。这类账户除设置总分类账户以外，还进行明细分类核算，提供有关成本计算对象的货币指标和实物指标。成本计算账户的结构是：借方归集经营过程中某个阶段发生的、应计入成本的全部费用；贷方登记转出已完成某个阶段的成本计算对象的实际成本；成本类账户期末一般没有余额，如果期末有余额则在借方，表示尚未完成某个阶段成本计算对象的实际成本。

5.1.4 成本计算的方法

不同的企业，由于生产的工艺过程、生产组织，以及成本管理要求不同，成本计算的方法也不一样。不同成本计算方法的区别主要表现在 3 个方面：一是成本计算对象不同；二是成本计算期不同；三是生产费用在产成品和半成品之间的分配情况不同。常用的成本计算方法主要有品种法、分批法和分步法。

恰当地确定成本计算的对象，不是一件容易的事。因为企业的规模、生产组织形式和技术特点不同，成本计算的对象也会不一样。例如，有的企业只生产最终的产成品，而有的企业除生产最终的产成品外，还生产各种各样的半成品。有的企业是采用大批量生产，而有的企业是采用小批量生产，甚至是单件生产等。

如果企业的产品不是成批生产，且只有一个步骤，一般可以直接以产品品种为成本计算对象，这种方法称为品种法。如果产品生产是以按批生产为主，则以批次作为成本的计算对象，这种方法称为分批法。如果产品生产要分成若干个步骤，中间有半成品，并且产品是连续不断的大量生产或大批量的生产，则以每个步骤的半成品和最终产品为成本的计算对象，这种方法称为分步法。

企业区分不同成本计算方法的主要标志是成本计算对象，所谓的成本计算对象，就是费用归集的对象，或者说是成本归属的对象。生产费用承担的客体，也就是归集和分配生产费用所确定的各个具体对象。成本计算对象的确定，为正确进行产品成本的计算提供了前提。如果成本计算对象确定得不准确或不恰当，就会大大增加成本计算的难度，计算出来的成本不能满足企业管理的需要，甚至不能完成成本计算的任务。在成本计算中，必须根据成本计算对象来设置明细账和归集生产费用。

一般来说，成本计算的对象就是各种耗费的受益物，也就是耗费各种投入品后形成的产出物，是“制造”活动取得的直接成果，即“产品”。如工厂生产的工业品、农场生产的粮食、学校培养的学生、文艺组织摄制的电影、电视剧、演出的剧目等，都是一种“产品”，都是成本的计算对象。

生产的特点和管理的要求对于产品成本计算方法的影响，主要表现在成本计算对象上。例如，由于生产工艺过程不可间断，或不需要划分几个生产步骤，因而，没有必要分生产步骤来计算产品成本，这时就要求按产品品种来划分成本计算的对象。又如，大批量多步骤生产，产品成本计算不仅要求按照产品品种计算产品成本，而且还要求按照生产步骤计算成本，这时就要求按每种产品及其步骤的成本作为计算对象。又如，在单件、小批装配或复杂生产中，为了反映和监督各种或各批产品成本计划完成的情况，产品成本的计算，就要求以每件或每批产品作为产品成本计算的对象。成本计算对象的确定，除了应考虑生产的特点以外，还应考虑成本管理的要求。例如，对于主要产品，一般应按每一种产品作为成本计算对象，而对于那些生产工艺相同，所耗原料相同的产品，可以合并为一类，先按类别划分成本计算对象，分别计算每一类产品的总成本，然后再按一定的标准分别计算该类产品中的不同规格、不同等级的产品总成本以及单位成本。

5.1.5 成本计算的程序

成本核算程序是指从生产费用发生开始，到算出完工产品总成本和单位成本为止的整个成本计算的步骤。一般分为以下几个程序。

(1) 生产费用支出的审核。对发生的各项生产费用支出，应根据国家、上级主管部门和本企业的有关制度、规定进行严格审核，以便对不符合制度和规定的费用，以及各种浪费，损失等加以制止或追究经济责任。

(2) 确定成本计算对象和成本项目，开设产品成本明细账。企业的生产类型不同，对成本管理的要求不同，成本计算对象和成本项目也就有所不同，应根据企业生产类型的特点和对成本管理的要求，确定成本计算对象和成本项目，并根据确定的成本计算对象开设产品成本明细账。

(3) 进行要素费用的分配。对发生的各项要素费用进行汇总，编制各种要素费用分配表，按其用途分配计入有关的生产成本明细账。对能确认某一成本计算对象耗用的直接计入费用，如直接材料、直接工资，应直接记入“生产成本——基本生产成本”账户及其有关的产品成本明细账；对于不能直接确认某一成本计算对象耗用的费用，则应按其发生的地点或用途进行归集分配，分别记入“制造费用”、“生产成本——辅助生产成本”和“废品损失”等综合费用账户。

(4) 进行综合费用的分配。对记入“制造费用”、“生产成本——辅助生产成本”和“废品损失”等账户的综合费用，月终采用一定的分配方法进行分配，并记入“生产成本——基本生产成本”以及有关的产品成本明细账。

(5) 进行完工产品成本与在产品成本的划分。通过要素费用和综合费用的分配，所发生的各项生产费用均已归集在“生产成本——基本生产成本”账户及有关的产品成本明细账中。在没有在产品的情况下，产品成本明细账所归集的生产费用即为完工产品总成本；在有在产品的情况下，就需将产品成本明细账所归集的生产费用按一定的划分方法在完工产品和月末在产品之间进行划分，从而计算出完工产品成本和月末在产品成本。

(6) 计算产品的总成本和单位成本。在品种法、分批法下，产品成本明细账中计算出的完工产品成本即为产品的总成本；分步法下，则需根据各生产步骤成本明细账进行顺序逐步结转或平行汇总，才能计算出产品的总成本。以产品的总成本除以产品的数量，就可以计算出产品的单位成本。

5.2 材料成本计算

5.2.1 材料取得成本的计算

材料物资取得成本的计算，就是把企业在供应过程中发生的材料物资采购成本，按照材料的品种或类别加以归集，以便计算材料物资采购总成本和单位成本的方法。计算材料取得成本的关键在于材料的计价，所谓材料的计价，是指材料在核算时其入账价值的确定。材料根据其来源不同，其实际成本构成也不同。

(1) 外购材料的实际成本包括两部分，分别是买价和采购费用，其中，买价是指材料的购买价格，即购货发票上注明的材料交易价格，而采购费用是指企业在材料采购过程中支付的运费、装卸费、途中保险费、运输途中合理损耗、材料入库前的挑选整理费等。

确定材料成本计算的基本原则是直接费用直接计入各种材料的采购成本，间接费用分配计入各种材料的采购成本。直接费用是指在确定材料成本时，材料的买价、采购单一品种材料所发生的各种采购费用，或者只与某一种材料相关的采购费用，如某一材料的途中保险费等，这些“直接费用”应该直接计入该种材料的采购成本；对于采购几种材料共同发生的采购费用，如几种材料共同发生的运输费、装卸费、运输途中保险费等，属于材料采购的“间接费用”，需要按一定的标准(如金额、重量等)将其合理分配至各种材料。某种材料的直接采购费用和间接采购费用之和，即为该材料的总成本，某种材料的总成本除以该种材料的数量，即可算出该种材料的单位成本。

合理选取间接费用的分配标准对于分配间接费用很重要，常用的分配标准有产品金额、重量、体积、产量、材料定额耗用量比例或定额成本(定额费用)比例等，计算公式为

采购费用分配率=采购费用总额/各种材料物资的重量(或买价等分配标准)之和

某种材料应负担的采购费用=该种材料的重量(或买价等分配标准)×采购费用分配率

【例 5-1】青山公司 2013 年 8 月 8 日同时从白云公司购入甲、乙两种材料。其中，甲材料 2 000 公斤，单价 5 元；乙材料 4 000 公斤，单价 7.5 元。两种材料共计发生运杂费 1 200 元，并支付了甲种材料的运输保险费 200 元。两种材料已经验收入库。要求分别计算甲、乙两种材料的总成本和单位成本。

在本例中，甲材料的买价 10 000(2 000×5)元和运输费用 200 元为甲材料的直接费用，可以直接加入甲材料的采购成本；乙材料的买价 30 000(4 000×7.5)元属于乙材料的直接费用，可以直接计入乙材料的采购成本，；甲、乙两种材料共同发生运杂费 1 200 元是两种材料的共同性费用，对于甲、乙两种材料而言，属于间接的采购费用，因此需要在二者之间进行分摊。费用的分摊标准的选择至关重要，本题中选取重量作为间接费用的分配标准。运杂费的分摊过程及结果如下。

每公斤材料应当分摊的运杂费=1 200÷(2 000+4 000)= 0.2(元)

甲种材料应负担的运杂费=0.2×2 000 = 400(元)

乙种材料应负担的运杂费=0.2×4 000 = 800(元)

甲、乙材料的总成本和单位成本为

甲种材料实际总成本=10 000+(400+200)= 10 600(元)

甲种材料实际单位成本=10 600÷2 000 = 5.3(元)

乙种材料实际总成本=30 000+800 = 30 800(元)

乙种材料实际单位成本=30 800÷4 000 = 7.7(元)

(2) 自制材料一般就是自制半成品，自制半成品成本的计算类似于产成品成本的计算，其成本由生产半成品所耗用的直接材料费用、直接人工费用和应负担的制造费用构成。其中制造费用是指企业为生产半成品而发生的各种间接费用，是一种间接生产成本，包括企业生产部门(如生产车间)管理人员的薪酬、折旧费、办公费、水电费等。

5.2.2 材料发出成本的计算

材料属于存货，所以发出材料的计价方法与发出存货的计价方法一致，主要有个别计价法、先进先出法、加权平均法。

1. 先进先出法

先进先出法就是以先入库的存货先发出这样一种存货实物流转假设为前提，对发出材料进行计价的一种方法。

【例 5-2】某企业 2013 年 4 月 1 日结存 A 材料 100kg，实际成本 10 元/kg；4 月 10 日和 18 日分别购入该材料 300kg 和 200kg，实际成本分别为 12 元/kg 和 13 元/kg，4 月 13 日车间生产甲产品领用材料 180kg，4 月 27 日车间生产乙产品领用材料 270kg。

在本例中，可以将 A 材料的购买记录编制为表 5-1。

表 5-1 A 材料购买记录

2013		摘要	收入			发出			结存		
月	日		数量/kg	单价/元	金额/元	数量/kg	单价/元	金额/元	数量/kg	单价/元	金额/元
4	1	结存							100	10	1 000
	10	购入	300	12	3 600						
	13	发出				180					
	18	购入	200	13	2 600						
	27	发出				270					
	31	合计									

该企业按照先进先出法编制的 A 材料发出明细账见表 5-2。

表 5-2 先进先出法下的 A 材料发出明细账

2013		摘要	收入			发出			结存		
月	日		数量/kg	单价/元	金额/元	数量/kg	单价/元	金额/元	数量/kg	单价/元	金额/元
4	1	结存							100	10	1 000
	10	购入	300	12	3 600				100 300	10 12	4 600
	13	发出				100 80	10 12	1 960	220	12	2 640
	18	购入	200	13	2 600				220 200	12 13	5 240
	27	发出				220 50	12 13	3 290	150	13	1 950
	31	合计	500		6 200	450		5 250	150	13	1 950

市场经济环境下，各种商品的价格总是有所波动的，在物价上涨过快的前提下，由于物价快速上涨，先购进的存货其成本相对较低，而后购进的存货成本就偏高。这样在先进先出法下，发出存货的价值就低于市场价值，产品销售成本偏低，而期末存货成本偏高。但商品的售价是按近期市价计算，因而收入较多，销售收入和销售成本不符合配比原则，以此计算出来的利润就偏高，形成虚增利润，实质为“存货利润”。因为虚增了利润，就会加重企业所得税负担以及向投资人分红增加，从而导致企业现金流出量增加。

2. 加权平均法

月末一次加权平均法是指以本月全部收货数加月初材料数量作为权数，去除本月全部收料成本加上月初材料成本，计算出存货的加权平均成本，从而确定存货的发出和库存成本，其计算公式为

$$\text{加权平均成本}=\text{总成本}/\text{总数量}=\frac{\text{期初库存成本}+\text{本期购入成本}}{\text{期初库存量}+\text{本期购入量}}$$

【例 5-3】仍采用【例 5-2】的材料，假设按月末一次加权平均法对该企业的发出材料成本进行计价。

该企业按照月末一次加权平均法编制的 A 材料发出明细账见表 5-3。

表 5-3　月末一次加权平均法下的 A 材料发出明细账

2013		摘要	收入			发出			结存		
月	日		数量/kg	单价/元	金额/元	数量/kg	单价/元	金额/元	数量/kg	单价/元	金额/元
4	1	结存							100	10	1 000
	10	购入	300	12	3 600						
	13	发出				180					
	18	购入	200	13	2 600						
	27	发出				270					
	31	合计				450	12	5 400	150	12	1 800

A 材料平均单位成本=(月初结存金额+本月入库金额)÷(月初结存数量+本月入库数量)
=(1 000+3 600+2 600)÷(100+300+200)=12

所以，发出 4 月 13 日和 4 月 27 日的发出材料成本分别为 2 160(180×12)和 3 240(270×12)。

(2) 移动加权平均法是指本次收料的成本加原库存的成本，除以本次材料的数量加原有原材料的数量，据以计算加权单价，并对发出材料进行计价的一种方法，这种方法每次购入材料时都要重新计算加权平均单价，其计算公式为

$$\text{移动加权平均单价(动态)}=\text{总成本}/\text{总数量}=\frac{\text{本批购入前结存成本}+\text{本批购入成本}}{\text{本批购入前结存量}+\text{本批购入量}}$$

【例 5-4】仍采用【例 5-2】的材料，假设按移动加权平均法对该企业的发出材料成本进行计价。

该企业按照移动加权平均法编制的 A 材料发出明细账见表 5-4。

表 5-4 移动加权平均法的 A 材料发出明细账

2013		摘要	收入			发出			结存		
月	日		数量/kg	单价/元	金额/元	数量/kg	单价/元	金额/元	数量/kg	单价/元	金额/元
4	1	结存							100	10	1 000
	10	购入	300	12	3 600				400	11.5	4 600
	13	发出				180	11.5	2 070	220	11.5	2 530
	18	购入	200	13	2 600				420	12.21	5 130
	27	发出				270	12.21	3 297	150	12.21	1 833
	31	合计	500		6 200	450		5 367	150	12.21	1 833

3. 个别计价法

个别计价法也叫直接认定法，是指本期发出存货和期末结存存货的成本，完全按照该存货所购进批次或生产批次入账时的实际成本进行确定的一种方法。这种方法需要对每一存货的品种规格、入账时间、单位成本、存放地点等做详细记录，适用于不能替代使用的存货或为特定项目专门购入或者制造的存货的计价，以及品种数量不多，单价较高或体积较大，容易辨认的存货的价格。如房产、船舶、飞机、重型设备及珠宝字画等名贵物品。计算公式为

每次(批)发出存货成本=该次(批)存货发出数量×该次(批)存货实际收入的单位成本

【例 5-5】某企业月初有 1 000 千克原材料，单位成本 10 元；3 日购入 500 千克原材料，单位成本 11 元；5 日购入 700 千克原材料，单位成本 11.2 元；10 日出售 1 500 千克原材料，其中 1 000 千克是期初结存的，300 千克是 3 日购入的，200 千克是 5 日购入的，则销售成本为

$$1\ 000\times10+300\times11+200\times11.2=15\ 540(元)$$

由于选用不同的存货计价方法会对企业的资产和利润等信息造成影响，因此，为了保证会计信息的可比性，同时防止企业利用存货计价方法的选择来操纵利润，企业的存货计价方法一经确定，不得随意变更。

5.3 人工成本计算

5.3.1 人工成本的概念及构成

根据我国会计准则的规定，人工成本是指企业在一定时期内，在生产、经营和提供劳务活动中因使用劳动力而支付的所有直接费用和间接费用的总和。按我国劳动部颁发的(1997)261 号文件规定，人工成本范围包括：职工工资总额、社会保险费用、职工福利费用、职工教育经费、劳动保护费用、职工住房费用和其他人工成本支出。其中，职工工资总额是人工成本的主要组成部分。

(1) 职工工资总额。职工工资总额指各单位在一定时期内，以货币或实物形式直接支付给本单位全部职工的劳动报酬总额，包括计时工资、计件工资、奖金、津贴和补贴、加班加点工资、特殊情况下支付的工资。

(2) 社会保险费用。社会保险费用指国家通过各种方法对职工支付的各项社会保险费用，包括养老保险、医疗保险、失业保险、工伤保险、生育保险和企业建立的补充养老保险、补充医疗保险等费用。此项人工成本费用只计算用人单位缴纳的部分，不含个人缴纳的部分。因为个人缴费已计算在工资总额内。

(3) 职工福利费用。职工福利费用是在工资以外按照国家规定开支的职工福利费用。主要用于职工的医疗卫生费、职工因工负伤赴外地就医路费、职工生活困难补助费、宣传费、集体福利、事业补贴(包括集体、生活福利设施，如职工食堂、托儿所、幼儿园、浴室、理发室、妇女卫生室等，以及文化福利设施，如文化宫、俱乐部、青少年宫、图书室、体育场、游泳池、职工之家、老年人活动中心等)、物业管理费、上下班交通补贴等。

(4) 职工教育费。职工教育费指企业为职工学习先进技术和提高文化水平而支付的费用，包括就业前培训、在职提高培训、转岗培训、派外培训、职业道德等方面的培训费用和企业自办大中专、职业技术院校等培训场所所发生的费用以及职业技能鉴定费用。

(5) 劳动保护费用。劳动保护费用指企业购买职工实际使用的劳动保护用品的费用，如购买工作服、保健用品、清凉用品等的费用。

(6) 职工住房费用。职工住房费用指企业为改善职工居住条件而支付的费用，包括职工宿舍的折旧费(或为职工租用房屋的租金)、企业交纳的住房公积金、实际支付给职工的住房补贴和住房困难补助以及企业住房的维修费和管理费等。

(7) 其他人工成本费用。其他人工成本费用包括工会费经费、企业因招聘职工而实际花费的职工招聘费、咨询费、外聘人员劳务费，对职工的特殊奖励费(如创造发明奖、科技进步奖等)、支付实行租赁、承租经营企业的承租人，承包人的风险补偿费、解除劳动合同或终止劳动合同的补偿费用等。

5.3.2 人工成本的计算方法

1. 应付工资的计算与分配

1) 计时工资的计算方法

计时工资是指按计时工资标准和职工工作时间支付的劳动报酬。计算计时工资的方法有月薪制和日薪制两种。

(1) 月薪制也称“扣缺勤法”或者“倒扣法”，是指职工只要出全勤，就可以得到固定的月标准工资。如有缺勤，按规定标准扣薪。计算公式为

$$\text{应付计时工资}=\text{月标准工资}-\text{缺勤应扣工资}$$

$$\text{缺勤应扣工资}=\text{缺勤天数}\times\text{日工资}\times\text{应扣比例}$$

$$\text{日工资}=\frac{\text{月标准工资}}{\text{月工作天数}}$$

月工作天数确定方法如下。

① 按月平均日历天数计算，即每月 30 天。值得注意的是，对出勤期间的双休日和节假日均作出勤处理，而对缺勤期间的双休日和节假日均作缺勤处理。

② 按月平均实际工作日数计算，即每月20.92((365−104−10)/12)天。这种方法下，无论出勤或是缺勤均不考虑双休日与节假日的因素。缺勤包括旷工、事假、六个月以内的短期病假和超过六个月的长期病假。

【例 5-6】某工人月标准工资 6 000 元，月奖金 1 800 元，各种津贴补贴 2 200 元，本月事假 2 天，病假 8 天(含 2 个休息日)，该工人病假扣款率 20%。要求分别计算月薪制下按 30 日和按 20.92 日计算月应付工资。

① 如果按 30 日计算月应付工资，计算过程为

日工资率=6 000/30=200 元/天

月应付工资=6 000+1 800+2 200−2×200−8×200×20%=9 280(元)

② 如果按 20.92 日计算月应付工资，计算过程为

日工资率=6 000/20.92=286.81

月应付工资=6 000+1 800+2 200−2×286.81−6×286.81×20%=9 082.21(元)

(2) 日薪制也称出勤工资累计法或顺算法，是指按职工的出勤天数和日标准工资计算应付工资。如有病假，按病假期间应发工资比例加计应付工资。计算公式为

应付计时工资=出勤天数×日工资+病假应发工资

病假应发工资=病假天数×日工资×病假应发比例

【例 5-7】承【例 5-6】的资料，若当月日历天数为 31 天，含 8 个休息日和 1 个法定节日，则该工人当月实际出勤天数 14 天(31−8−2−7)。

① 按 30 日计算日工资率，公式为

月应付工资=(14+7)×200+1 800+2 200+8×200×80% =9 480(元)

② 按 20.92 日计算日工资率，公式为

月应付工资=14×286.81+1 800+2 200+6×286.81×80%=9 392.03(元)

对计时工资，虽采用不同计算方法结果可能不同，但就全年而言，最终结果是相同的。月度终了时，要计算出全体职工的应付工资，根据职工的工作岗位，在工资费用的受益对象中进行分配。直接从事产品生产的工人工资由各种产品负担；辅助生产车间人员的工资由各辅助车间的劳务或产品负担；各生产车间管理人员的工资计入制造费用；从事基本建设工作的人员工资计入在建工程；销售人员的工资计入销售费用；企业管理人员的工资计入管理费用。

在计时工资制的企业中，将基本生产车间生产工人工资计入产品成本有两种方法：只生产单一产品的车间，将生产工人工资直接计入该产品成本计算单中的“直接人工”成本项目；同时生产两种或两种以上产品的车间，将生产工人的工资分配后计入各个产品成本计算单中的“直接人工”成本项目。工资费用进行分配的分配标准有实际工时、定额工时两种。

分配工资费用的公式为

$$工资费用分配率=\frac{被分配的生产工人工资费用}{各种产品实际工时(或定额工时)之和}$$

某产品应负担工资费用=该产品实际(定额)工时×工资费用分配率

2) 计件工资的计算方法

计件工资是按照工人生产的产品数量、产品质量和单位计件工资标准计算的劳动报酬，

企业计算计件工资的依据是产量记录和单位计件工资标准。计件工资是由计时工资转化而来的，是变相的计时工资。例如，在实行计时工资时，工人的日工资额为 200 元，每日的产量为 10 件；而在实行计件工资时，计件单价是按照日工资额除以日产量来确定的，即 200 元÷10=20 元，表示工人生产一件产品的计件工资为 20 元。

计件工资的计算包括个人计件工资的计算和集体计件的计算。

(1) 个人计件工资的计算。

$$个人计件工资=\Sigma[(合格品数量+料废品数量)\times 单位计件工资]$$

(2) 集体计件工资的计算。

对需要两人以上共同生产产品的计件工资，要采用集体计件工资的计算方法进行计算。集体计件工资的计算程序及相关公式如下。

① 计算集体计件工资总额。其计算公式与个人计件工资计算公式相同。

② 计算集体计时工资总额，计时工资计算公式如前所述。

③ 计算计件工资分配率，公式为

$$计件工资分配率=\frac{集体计件工资}{集体计时工资总额}$$

④ 计算每人应得计件工资，公式为

$$某人应得计件工资=该人计时工资\times 计件工资分配率$$

计件工资分配与核算类同“计时工资”的处理。由于计件工资制只适用于产品生产工人的工资计算，因此，计件工资的分配只涉及基本生产车间生产工人的工资分配。

无论是个人计件工资还是集体计件工资，都能够分清受益产品，可以将计件工资直接计入各该产品成本计算单的“直接人工”成本项目。对生产工人的奖金、补贴、津贴及特殊情况下支付的工资，比照计时工资分配方法进行分配后，再计入各产品的成本之中。

3) 其他应付工资的计算

其他应付工资包括奖金、津贴与补贴、加班加点工资和特殊情况下支付的工资。其中，特殊情况下支付的工资是指对职工非劳动时间所支付工资，如：①职工享受国家规定的休假期间；②女职工的产假期间；④因公受伤治疗休养期；④职工外出学习、参观、进修，开会期间等所支付的工资等。

2. 社会保险费及住房公积金的计算方法

企业为职工交纳的医疗保险费、养老保险费、失业保险费、工伤保险费、生育保险等社会保险费和职工住房公积金，以及按规定计提的工会经费及职工教育费，均由企业按国家规定的比例进行计算提取。

社会保险费用和住房公积金要按规定交纳给社会劳动保障机构及住房公积金管理部门；工会经费及职工教育费按规定处理。

上述各项的计算比较简单，只要以工资总额乘以规定比例即可。

企业按规定标准计提的社会保险费用、住房公积金及工会经费等，计提后要由各个工资费用受益对象承担，计入相关的成本费用。

5.4 制造费用计算

5.4.1 制造费用的概念及构成

工业企业制造费用是指企业各个生产单位为生产产品或提供劳务而发生的车间费用，其经济内容包括3个组成部分。

(1) 间接用于产品生产的费用。例如，机物料消耗，生产车间用房屋、建筑物的折旧费、保险费或租赁费，车间生产用的照明费、取暖费、降温费、运输费、劳动保护费以及季节性停工损失及修理期间的停工损失等。

(2) 直接用于产品生产，但管理上不要求或核算上不便于单独核算，因而未专设成本项目的费用。例如，生产用机器设备的折旧费、保险费或租赁费，低值易耗品摊销，设计制图费和试验检验费等。

(3) 生产部门用于组织和管理生产而发生的费用。例如，生产部门管理人员的职工薪酬，生产部门管理用房屋及设备的折旧费、保险费或租赁费，生产部门管理用具摊销，以及生产管理部门的照明费、取暖费、差旅费和办公费等。

5.4.2 制造费用的分配和计算

制造费用一般是间接计入产品成本的。当制造费用发生时一般无法直接判定它所归属的成本计算对象，因而不能直接计入所生产的产品成本中去，而须按费用发生的地点先行归集，月终时再采用一定的方法在各成本计算对象间进行分配，计入各成本计算对象的成本中。

各生产车间和分厂为产品生产而发生的间接计入成本按单位分别归集后，月终就需按照一定的标准在各该生产单位所生产的产品或劳务成本间进行分配。制造费用的分配方法通常有以下方法:生产工人工时比例法、生产工人工资比例法、机器工时比例法、年度计划分配率分配法等。

生产工人工时比例法简称生产工时比例法，是按照各种产品所耗用生产工人工时的比例而进行分配制造费用的一种方法。生产工时一般是指实际工时，也可以用定额工时计算，计算公式为

制造费用分配率=制造费用总额÷各种产品实际生产工时总数或定额工时总数

某种产品应分配的制造费用=该种产品的实际生产工时总数或定额工时总数×制造费用分配率

生产工人工资比例法是按照计入各种产品生产成本的生产工人实际工资的比例而进行分配制造费用的一种方法。计算公式为

制造费用分配率=制造费用总额÷各种产品生产工人工资总额

某种产品分配的制造费用=该种产品的生产工人工资×制造费用分配率

机器工时比例分配法是按照各种产品生产所耗用机器设备的工作时间而进行分配制造费用的一种方法。计算公式为

制造费用分配率=制造费用总额÷各种产品机器设备生产工时总数

某种产品分配的制造费用=该种产品的机器设备生产工时数×制造费用分配率

工业企业制造费用的归集是通过设置“制造费用”账户进行的，该账户借方登记实际发生的各项制造费用，贷方登记期末分配计入各种产品成本的制造费用，除季节性的产品外，该账户期末一般无余额。“制造费用”账户按不同的生产单位设置明细账户，账户内部按照费用项目设立专栏。

制造费用明细项目一般包括：机物料消耗、职工薪酬、折旧费、租赁费、保险费、低值易耗品摊销、水电费、取暖费、劳动保护费、设计制图费、试验检验费、差旅费、办公费、在产品盘亏、毁损，以及季节性及修理期间停工损失等。

具体的账务处理表现为：生产车间发生的机物料消耗，借记本科目，贷记“原材料” 等科目；发生的生产车间管理人员的工资等职工薪酬，借记本科目，贷记“应付职工薪酬”科目；生产车间计提的固定资产折旧，借记本科目，贷记“累计折旧”科目；生产车间支付的办公费、修理费、水电费等，借记本科目，贷记“银行存款”等科目；发生季节性的停工损失，借记本科目，贷记“原材料”、“应付职工薪酬”、“银行存款”等科目；将制造费用分配计入有关的成本核算对象，借记“生产成本(基本生产成本、辅助生产成本)”、“劳务成本”科目，贷记本科目；季节性生产企业制造费用全年实际发生数与分配数的差额，除其中属于为下一年开工生产作准备的可留待下一年分配外，其余部分实际发生额大于分配额的差额，借记“生产成本——基本生产成本”科目，贷记本科目；实际发生额小于分配额的差额，做相反的会计分录。

【例 5-8】中兴企业生产甲、乙、丙三种产品，本月发生制造费用 56 000 元。根据资料统计，本月提供的生产工时为：甲产品生产工时 20 000 小时；乙产品生产工时 14 000 小时；丙产品生产工时 30 000 小时。请按生产工时比例分配制造费用并编制结转制造费用的会计分录(列出明细科目)。

本例中，首先应该按照生产工时分配制造费用。

制造费用分配率=56 000/(20 000+14 000+30 000)=0.875

所以，甲产品应分配制造费用=20 000×0.875=17 500(元)

乙品应分配制造费用=14 000×0.875=12 250(元)

丙品应分配制造费用=30 000×0.875=26 250(元)

会计分录如下：

借：基本生产成本——甲产品	17 500	
——乙产品	12 250	
——丙产品	26 250	
贷：制造费用		56 000

5.5 产品成本计算及销售成本处理

5.5.1 产品成本计算

产品成本是指企业为了生产产品而发生的各种耗费，可以指一定时期内为生产一定数量产品而发生的成本总额，也可以指一定时期生产产品单位成本。产品成本有狭义和广义之分，狭义的产品成本是指企业在生产单位内为生产和管理而支出的各种耗费，主要有原材料、燃料和动力，生产工人工资和各项制造费用。广义的产品成本除了生产发生的各项管理和销售费用等。我们通常所说的产品成本一般是狭义的产品成本，也即产品成本包括材料成本、人工成本和制造费用三部分。

产品成本是企业生产经营管理的一项综合指标，通过分析便能了解一个企业整体生产经营管理水平的高低。通过产品总成本、单位成本和具体成本项目等的分析，便能掌握成本变化的情况，找出影响成本升降的各种因素，促进企业综合成本管理水平的提高。

下面举例说明产品成本的计算。

【例 5-9】假设良师公司第一车间生产甲、乙两种产品，本期投产的产品全部完工。2013 年 8 月该车间共计生产甲、乙产品各 4 000 件。生产甲、乙产品分别投入原材料 20 000 公斤和 10 000 公斤，其中甲产品原材料价格为每公斤 1 元，乙产品原材料价格为每公斤 3 元，生产甲、乙产品耗用的人工工资分别为 30 000 元和 50 000 元。该车间当月发生的制造费用共计为 24 000 元(按直接工人费比例分摊)。要求计算甲、乙产品的总成本和单位成本。

在本例中，生产甲产品所耗用的原材料成本 20 000(20 000×1)元和人工费用 30 000 元属于甲产品的直接费用，应该直接计入甲产品的生产成本；生产乙产品所耗用的原材料成本 30 000(10 000×3)元和人工费用 50 000 元为直接费用，应该直接计入乙产品的生产成本；而该车间发生的制造费用 24 000 元属于甲、乙两种产品所发生的共同性的生产费用，需要按照一定的分配标准在甲、乙两种产品之间进行分配，根据题意要求，按照直接人工费用进行分摊。制造费用的分摊过程计算如下

$$\text{制造费用分配率} = 24\,000 \div (30\,000+50\,000) = 0.30$$

$$\text{甲产品应负担的制造费用} = 30\,000 \times 0.30 = 9\,000(\text{元})$$

$$\text{乙产品应负担的制造费用} = 50\,000 \times 0.15 = 7\,500(\text{元})$$

甲、乙两种产品的总成本和单位成本为

$$\text{甲产品生产总成本} = 20\,000+30\,000+9\,000 = 59\,000(\text{元})$$

$$\text{甲产品单位生产成本} = 59\,000 \div 4\,000 = 14.75(\text{元})$$

$$\text{乙产品生产总成本} = 30\,000+50\,000+15\,000 = 95\,000(\text{元})$$

$$\text{乙产品单位生产成本} = 95\,000 \div 4\,000 = 23.75(\text{元})$$

5.5.2 产品销售成本处理

产品销售成本是指企业所销售产成品的生产成本。企业生产产品的目的是为了最终出售，在产成品被销售后，由于库存产品减少了，就需要将该产成品的产品成本从库存成本中减少，而减少的这部分产品成本即成为了“产品销售成本”。

产品销售成本计算的对象是每一种已销售的产品。由于产品销售成本是已售产品的生产成本，因而，产品销售成本的计算，实质上是已售产品生产成本的结转。在通常情况下，各批完工产品的生产成本是不相同的，因而，计算结转产品销售成本的关键是如何确定已售产品的单位生产成本。在 5.2 节阐述了存货发出方法，这些方法对确定已售产品的销售成本依旧适用，主要有先进先出法、加权平均法、个别计价法，在此不再赘述。

联系工业企业经营活动的全过程，从最初的原材料的采购，到加工生产出产成品，到最后把产品卖出，实质上就是由围绕“原材料—生产成本—库存商品—主营业务成本”这

一主线进行的资金运动。其中，销售过程是工业企业生产经营活动的第三阶段，在这阶段中，企业通过产品的销售，收回货币资金，以保证企业再生产的进行。企业应通过计算结转产品的销售成本，并将其与当期实现的销售收入相配比，从而计算出企业在一定时期内实现的产品销售利润或发生的亏损。结转产品销售成本的会计分录应借记"主营业务成本"，贷记"库存商品"。

【例 5-10】新华工厂 2013 年 3 月份销售甲产品 650 台，乙产品 1 100 件。3 月初库存产品的情况如下：甲产品 200 台，单位成本 55.29 元；乙产品 400 件，单位成本 41.25 元。3 月份甲、乙产品完工数量及单位成本见表 5-5。要求采用加权平均法计算产品销售成本，并作出结转产品成本的会计分录。

表 5-5　3 月份甲、乙产品完工数量及单位成本

单位：元

成本项目	甲产品(800 台)		乙产品(1 000 件)	
	总成本	单位成本	总成本	单位成本
直接材料	32 000	40	35 000	35
直接人工	3 192	3.99	5 000	5
制造费用	8 000	10	6 500	6.50
合计	43 192	53.99	46 500	46.50

本例中，首先应该计算出甲、乙两种产品的单位产品成本，并进一步根据销售数量计算这两种产品的销售成本。

根据表 5-5 可以计算出如下成本

甲产品的加权平均单位成本=(55.29×200+53.99×800)÷(200+800)=54.25(元)

甲产品的销售成本=54.5×650=35 262.50(元)

乙产品的加权平均单位成本=(41.25×400+46.50×1 000)÷(400+1 000)=45(元)

乙产品的销售成本=45×1 100=49 500(元)

所以，结转产品销售成本时，应编制如下会计分录：

借：主营业务成本　　84 762.50

　　贷：库存商品——甲产品　　35 262.50

　　　　　　　　——乙产品　　49 500

本章小结

成本计算是在会计上采用一定的方法归集某一特定成本计算对象发生的全部费用，借以确定该计算对象的总成本和单位成本的一种专门方法，是成本管理的基础环节，为成本管理分析和管理控制提供信息基础。成本计算的主要内容包括材料成本、人工成本、制造费用等，其中材料成本的计算尤为重要，一般分为主要材料和辅助材料。人工成本和制造费用能确定产品成本归属的直接计入产品，不能明确划分成本归属的，根据实际生产工艺确定分配标准。常用的成本计算方法主要有品种法、分批法和分步法。

材料成本的确定是确定产品生产成本的关键，外购材料的实际成本包括两部分，分别是买价和采购费用；自制材料的实际成本的计算实际上就是计算产品的“生产成本”。产品的生产成本就是由生产产品所耗用的直接材料费用、直接人工费用和应负担的制造费用构成。

发出材料的计价方法与发出存货的计价方法一致，主要有个别计价法、先进先出法、加权平均法。

人工成本范围包括：职工工资总额、社会保险费用、职工福利费用、职工教育经费、劳动保护费用、职工住房费用和其他人工成本支出。其中，职工工资总额是人工成本的主要组成部分。

时工资是指按计时工资标准和职工工作时间支付的劳动报酬。计算计时工时的方法有月薪制和日薪制两种；计件工资是按照工人生产的产品数量、产品质量和单位计件工资标准计算的劳动报酬，企业计算计件工资的依据是产量记录和单位计件工资标准。

工业企业制造费用是指企业各个生产单位为生产产品或提供劳务而发生的车间费用，其经济内容包括间接用于产品生产、直接用于产品生产的费用，但管理上不要求或核算上不便于单独核算，因而未专设成本项目的费用、生产部门用于组织和管理生产而发生的费用。

直接材料成本、直接人工成本和制造费用的总和即为某种产品的总成本。

产品销售成本是指企业所销售产成品的生产成本。确定产品销售成本的方法有先进先出法、加权平均法、个别计价法等，结转产品销售成本的会计分录应借记“主营业务成本”，贷记“库存商品”。

习　题

一、单项选择题

1. 几种产品共同耗用的费用，应采取的处理方法是(　　)。

A. 直接记入某种产品的成本中

B. 采用适当的方法在几种产品中进行分配

C. 直接记入当期损益

D. 直接计入主要产品的成本

2. 企业生产车间一般消耗的材料费用，应记入的会计科目是(　　)。

A. 生产成本　　B. 制造费用　　C. 管理费用　　D. 营业费用

3. 某企业3月1日存货结存数量为200件，单价为4元；3月2日发出存货150件；3月5日购进存货200件，单价4.4元；3月7日发出存货100件。在对存货发出采用移动加权平均法的情况下，3月7日结存存货的实际成本为(　　)元。

A. 648　　B. 432　　C. 1 080　　D. 1 032

4. 下列内容不属于材料采购成本的构成项目的是(　　)。

A. 材料的买价　　B. 外地运杂费

C. 运输途中的合理损耗　　D. 采购机构经费

5. 产品制造成本的成本项目中不包括(　　)。

A. 直接材料　　B. 直接人工　　C. 制造费用　　D. 生产费用

6. 当材料费用的多少与产品的重量有直接联系时，材料费用的分配方法是(　　)。

A. 定额耗用量比例分配法　　B. 产品重量比例法

C. 产品产量比例分配法　　D. 产品材料定额成本比例法

7. 采用定额耗用量比例分配法分配材料费用时，材料费用分配率的分母是(　　)。

A. 材料费用总额　　B. 某种材料费用

C. 各种材料定额耗用量之和　　D. 某种材料定额耗用量

8．在企业经营过程中，当可以直接确定某种费用是为某项经营活动产生时，我们称这种费用为该成本计算对象的(　　)。

A．生产费用　　B．直接费用　　C．间接费用　　D．期间费用

二、多项选择题

1．下列内容构成材料采购成本的有(　　)。

A．材料的买价　　B．采购费用

C．增值税进项税额　　D．采购机构经费

2．可以用来作为分配材料采购费用标准的有(　　)。

A．材料的买价　　B．材料的重量

C．材料的种类　　D．材料的体积

3．要素费用的分配原则是(　　)。

A．所有费用全部直接记入　　B.所有费用全部分配记入

C．直接费用直接记入　　D.间接费用分配记入

4．下列属于计算发出材料计价方法的是(　　)。

A．先进先出法　　B．后进先出法　　C．加权平均法　　D．交互分配法

5．成本计算的主要程序包括(　　)。

A．确定成本计算期　　B．确定成本计算对象

C．确定成本项目　　D．归集和分配有关费用

6．下列可采用为制造费用分配方法的是(　　)。

A．生产工人工时比例法　　B．生产工人工资比例法

C．生产中直接材料费用的比例法　　D．机器工时比例法

三、判断题

1．分配材料费用时对于生产车间领用的材料，应全部记入“生产成本”科目中。　(　　)

2．对于生产多种产品的车间，其生产工人的工资，不能直接计入到该产品的成本计算单中，而应采用工时的比例在各种产品当中进行分配。　(　　)

3．企业购入原材料的采购成本中包括增值税进项税额。　(　　)

4．“制造费用”科目期末一定没有余额。　(　　)

5．成本计算对象可以是最终产品，也可以是加工到一定程度的半成品。　(　　)

四、计算题

1．某企业甲材料10月份的收发数额如下。

(1) 期初余额100件，单价10元。

(2) 10日收入50件，单价11元。

(3) 12日领用60件。

(4) 20日收入80件，单价8元。

(5) 26日领用120件。

要求：采用月末一次加权平均法计算该月份发出甲材料的单价及本月领用该材料的成本。(保留小数点后两位)

2．目的：掌握材料采购成本的计算方法。

(1) 资料

建道公司2013年10月6日一次购进A、B、C 3种材料。具体情况见下页表。

(2) 要求

如果按重量分摊共同性挑选整理费用和装卸费用，按买价分摊共同性保险费用，请分别计算A、B、

C 3 种材料的总成本和单位成本。

<table>
<tr><th>种类</th><th>重量(吨)</th><th>单位(元)</th><th>运费(元)</th><th>挑选(元)</th><th>装卸(元)</th><th>保险(元)</th></tr>
<tr><td>A</td><td>25</td><td>8 000</td><td>4 500</td><td></td><td rowspan="2">5 500</td><td rowspan="3">3 350</td></tr>
<tr><td>B</td><td>30</td><td>2 500</td><td>5 300</td><td></td></tr>
<tr><td>C</td><td>15</td><td>4 000</td><td>3 000</td><td>3 500</td><td>1 500</td></tr>
</table>

3. 某企业生产甲、乙两种产品，共同耗用 A 材料 30 400 千克，每千克 4.50 元。甲产品的重量为 12 000 千克，乙产品的重量为 26 000 千克，要求采用产品重量比例分配法分配材料费用。

4. 目的：练习制造费用的分配以及有关成本的计算。

资料：利和股份公司生产甲、乙两种产品，甲产品期初在产品成本为 72 550 元，本月发生材料费 146 000 元，生产工人工资 67 500 元，月末在产品成本 25 000 元，完工产品数量 200 件；乙产品没有期初在产品，本月发生的材料费 84 528 元，生产工人工资 44 800 元，月末没有在产品，完工产品数量 500 件，本月共发生制造费用 336 900 元。(制造费用按生产工人工资比例分配，职工福利费按 14%的比例提取)

要求：计算甲、乙完工产品总成本和单位成本，并编制结转完工产品成本的会计分录。

第6章 会计凭证

教学目的与要求

掌握原始凭证的填制和审核方法；
掌握记账凭证的填制和审核方法；
了解会计凭证的作用和种类；
熟悉会计凭证的传递和保管。

本章主要内容

原始凭证的填制和审核方法；
记账凭证的填制和审核方法；
会计凭证的传递和保管。

本章考核重点

会计凭证的概念、种类和作用；
原始凭证的种类、基本内容、填制要求、审核内容；
记账凭证的种类、基本内容、填制要求、审核内容；
会计凭证的传递和保管。

导入语

同学们！大家好！通过前面内容的学习，我们了解了一笔经济交易与事项发生后怎样进行账务处理，也就是掌握了如何分析一笔经济交易与事项，下面我们来看一下红星公司会计人员向宏对于发生的经济交易与事项的处理是否正确。

红星公司经理刘莉出差回来后，到财会部门报销差旅费。出差前，她曾预借差旅费6 000元，报销时她持有的差旅费单据金额为5 680元，同时她交回未用现金320元给出纳员谭进。

出纳员谭进收回现金320元后，将原预借差旅费的借款单交回刘莉，表示解除了刘莉与公司之间的债权债务关系。

会计人员向宏即根据刘莉报销时所交来的有关单据填制记账凭证，记账凭证上标明的会计分录为“借：管理费用5 680，贷：现金5 680”，随后又立即根据该记账凭证登记账簿。

后来，注册会计师审计时，发现该记账凭证及其所附的原始凭证均无审核人员签章，同时有一张金额为780元的飞机票与刘莉出差地点不符且飞机票上的名字为谈晓晓。

可能我们通过上面红星公司发生的经济交易与事项，会作一般的账务处理也隐隐约约感觉会计人员对于经济交易与事项的处理是有问题，但是搞不清楚问题到底怎么样才能说清楚。那么这就是我们本章所要学到的内容：会计核算的第三个方法——填制和审核凭证。

6.1 会计凭证概述及作用

6.1.1 会计凭证的概念

会计凭证简称凭证，是记录经济活动，明确经济责任的书面证明。会计凭证是登记账簿、进行会计监督的重要依据。正确填制和认真审核会计凭证是会计部门不可缺少的基础工作。任何企业、事业和行政单位在从事任何一项经济活动时，都必须办理会计凭证，也就是由有关人员根据有关规定和程序填制和取得会计凭证，对整个经济活动过程作出书面记录。有关部门和人员要在会计凭证上盖章签字，表示对会计凭证的真实性、正确性与合法性负责。会计人员必须对已取得的会计凭证进行严格审核，只有准确无误的会计凭证才能作为登记各种账簿的根据。

6.1.2 会计凭证的作用

会计凭证的填制和审核，对于完成会计工作的任务，发挥会计在经济管理中的作用，具有十分重要的意义，归纳起来，有以下3个方面。

1. 会计凭证是登记账簿的依据

每个会计主体在从事生产经营或财务收支活动中，都会发生大量的、各种各样的经济业务，会计部门要及时、正确地记录这些经济业务，必须依据会计凭证。每当发生交易或事项时，必须填制和取得相应的会计凭证。一般而言，经济业务发生在哪里，会计凭证就在哪里填制，这样可以正确、及时地反映各项经济业务的发生及完成情况。随着经济业务的执行和完成，记载经济业务执行和完成的会计凭证就按规定的流转程序最终汇集到财务会计部门，成为记账的基本依据。

2. 会计凭证是发挥会计监督的依据

通过会计凭证的审核，可以监督各项经济业务的合法性，检查经济业务是否符合国家有关法律、法规和制度；检查其是否符合企业发展目标和财物计划；检查经济业务有无违法乱纪，违反会计制度的现象。有无铺张浪费、贪污盗窃等损害公共财产的行为发生；可以及时发现经济管理中存在的问题和管理制度中存在的漏洞，及时加以制止和纠正，以便于改善经营管理，提高经济效益。

3. 会计凭证是强化经营管理责任的依据

任何一项经济业务活动，都要由经管人员填制凭证并签字盖章，这样便于明确职责，加强责任感，及时发现问题，查明责任，更有利于加强与改善经营管理，推行经济责任制。

6.1.3 会计凭证的种类

随着经济的发展，企业发生的经济业务内容日趋复杂，用以记录、监督经济业务的会计凭证也必然五花八门、名目繁多，为了具体地认识、掌握和运用会计凭证，要对会计凭证加以分类。会计凭证按照填制程序和用途不同，一般可以分为原始凭证和记账凭证。

6.2 原始凭证

6.2.1 原始凭证的基本内容

原始凭证是记录经济业务发生、执行或完成情况，用以明确经济责任，作为记账依据的最初的书面证明。如出差乘坐的车船票、采购材料的发货票、到仓库领料的领料单等，都是原始凭证。原始凭证是在经济业务发生的过程中直接产生的，是经济业务发生的最初证明，在法律上具有证明效力，也可称为证明凭证。

1. 原始凭证的种类

1) 按来源不同分类

原始凭证按其取得的来源不同，可以分为自制原始凭证和外来原始凭证两类。

(1) 自制原始凭证。自制原始凭证是指在经济业务发生、执行或完成时，由本单位的经办人员自行填制的原始凭证，如收料单、领料单、产品入库单、限额领料单、借款单、工资发放明细表、折旧计算表等。部分自制原始凭证格式见表 6-1～表 6-3。

表 6-1　领料单

领料部门：　　　　　　领料编号：
领料用途：　　　　　　发料仓库：

材料编号	材料名称及规格	计量单位	数量		单价	金额
			请领	实领		
备注					合计	

发料人：　　　　审批人：　　　　领料人：　　　　记账：

表 6-2　限额领料单

领料单位：　　　　　　　　　　　年　月　日　　　　　　　　　　领料编号：
领料用途：　　　　　　　　　　　　　　　　　　　　　　　　　　发料仓库：

材料类别	材料编号	材料名称及规格	计量单位	领用限额	实际领用	单价	金额	备注

供应部门负责人：　　　　　　　　　　生产计划部门负责人：

日期	领用				退料			
	请领数量	实发数量	发料人签章	领料人签章	退料数量	退料人签章	收料人签章	限额结余

表 6-3　固定资产折旧计算表

年　月　日　　　　　　　　金额单位：元

固定资产名称	使用部门	上月计提的折旧额	上月增加的固定资产应计提的折旧额	本月减少的固定资产应计提的折旧额	本月应计提折旧额
机器设备	一车间				
	二车间				
	辅助车间				
房屋	一车间				
	二车间				
	辅助车间				
	管理部门				
汽车	一车间				
	二车间				
	管理部门				
合计					

主管：　　　　　　　　　　　　　　　　　　　　制单：

自制原始凭证按其填制手续不同，又可分为一次性凭证、累计凭证、记账编制凭证和汇总原始凭证。

① 一次性凭证。在自制的原始凭证中，大部分凭证的填制手续是一次完成的，已填列的凭证不能再重复使用，这类自制原始凭证称为一次性凭证。如企业购进材料验收入库，

由仓库保管员填制的“收料单”；报销人员填制的、出纳人员据以付款的“报销凭单”等。

② 累计凭证。在一些特定单位，为了连续反映某一时间内不断重复发生而分次进行的特定业务，需要在一张凭证中连续、累计填制该项特定业务的具体情况，这种凭证称为累计凭证，如限额领料单。限额领料单中标明了某种材料在规定期限内的领用额度，用料单位每次领料及退料，都要由经办人员在限额领料单上逐笔记录、签章，并结出限额结余。使用这种凭证，既可以做到对领用材料的事前控制，又可减少凭证填制的手续。但因这种凭证要反复使用，必须严格凭证的保管制度和材料收发手续。

③ 记账编制凭证。在企业自制的各种原始凭证中，一般都是以实际发生或完成的经济业务为依据，由经办人员填制并签章，但有些自制原始凭证，则是由会计人员根据已经入账的结果，对某些特定事项进行归类、整理而编制的，这种根据账簿记录而填制的原始凭证，称为记账编制凭证，如月末确定已销商品成本时，根据库存商品账簿记录所编制的成本计算表；月末计算产品生产成本时，所编制的制造费用分配表以及月末所编制的利润分配计算表等。

④ 汇总原始凭证。实际工作中，为了集中反映某项经济业务的总括情况，并简化记账凭证的填制工作，往往将一定时间内若干记录同类性质经济业务的原始凭证汇总编制成一张原始凭证，这种凭证称为汇总原始凭证，如收货汇总表、商品销货汇总表、发出材料汇总表等。汇总原始凭证所汇总的内容，只能是同类经济业务，即：将反映同类经济业务的各原始凭证汇总编制一张汇总原始凭证，不能汇总两类或两类以上的经济业务。汇总原始凭证也属于原始凭证的范畴。

(2) 外来原始凭证。外来原始凭证，简称外来凭证，是指在经济业务发生或完成时从其他单位或个人直接取得的原始凭证，或是能证明物品来路的最初证明。外来原始凭证都是一次凭证。如企业采购时取得的发货票、出差人员报账时提供的车船票、住宿票、货物运单、银行的收账通知单等，均是外来原始凭证。部分外来原始凭证格式见表 6-4、表 6-5。

表 6-4　增值税专用发票

发票联　　　　No

开票日期：　　　　年　　月　　日

<table>
<tr><td rowspan="2">购货单位</td><td>名称</td><td colspan="3"></td><td colspan="2">纳税人登记号</td><td colspan="2"></td></tr>
<tr><td>地址、电话</td><td colspan="3"></td><td colspan="2">开户银行及账号</td><td colspan="2"></td></tr>
<tr><td colspan="2">商品或劳务名称</td><td>计量单位</td><td>数 量</td><td>单价</td><td colspan="2">金　额</td><td>税(%)</td><td>税　额</td></tr>
<tr><td colspan="2"></td><td></td><td></td><td></td><td colspan="2"></td><td></td><td></td></tr>
<tr><td colspan="2"></td><td></td><td></td><td></td><td colspan="2"></td><td></td><td></td></tr>
<tr><td colspan="2"></td><td></td><td></td><td></td><td colspan="2"></td><td></td><td></td></tr>
<tr><td colspan="2">合　计</td><td></td><td></td><td></td><td colspan="2"></td><td></td><td></td></tr>
<tr><td colspan="2">价税合计(大写)</td><td colspan="7">佰　拾　万　仟　佰　拾　元　角　分　¥</td></tr>
<tr><td rowspan="2">购货单位</td><td>名称</td><td colspan="3"></td><td colspan="2">纳税人登记号</td><td colspan="2"></td></tr>
<tr><td>地址、电话</td><td colspan="3"></td><td colspan="2">开户银行及账号</td><td colspan="2"></td></tr>
</table>

第二联　发票联　购货方记账

表 6-5　××统一银钱收据　　　　No

今收到________________________

交来________________________　　第二联

人民币(大写)________________￥

收款单位________________收款人

(公章)　　　　(签章)　　　　年　月　日

2) 按格式不同分类

原始凭证按照格式的不同分为通用凭证和专用凭证。

(1) 通用凭证。通用凭证是指由有关部门统一印制、在一定范围内使用的具有统一格式和使用方法的原始凭证。通用凭证的使用范围，因制作部门不同而异，可以是某一地区、某一行业，也可以是全国通用。如某省(市)印制的发货票、收据等，在该省(市)通用；由人民银行制作的银行转账结算凭证，在全国通用等。

(2) 专用凭证。专用凭证是指由单位自行印制、仅在本单位内部使用的原始凭证，如领料单、差旅费报销单、折旧计算单、工资费用分配表等。

2. *原始凭证的基本内容*

由于经济业务的种类和内容不同，经营管理的要求不同，原始凭证的格式和内容也千差万别。但无论何种原始凭证，都必须做到所载明的经济业务清晰，经济责任明确。原始凭证所包括的基本内容，通常称为凭证要素，一般应具备以下基本内容：①原始凭证名称；②填制凭证的日期和编号；③填制凭证单位名称或者填制人姓名；④对外凭证要有接受凭证单位的名称；⑤经济业务所涉及的数量、计量单位、单价和金额；⑥经济业务的内容；⑦经办业务部门或人员的签章。

除应当具备原始凭证的上述内容外，还应当有以下的附加条件。

(1) 从外单位取得的原始凭证，应使用统一发票，发票上应印有税务专用章；必须加盖填制单位的公章。

(2) 自制的原始凭证，必须要有经办单位负责人或者由单位负责人指定的人员签名或者盖章。

(3) 支付款项的原始凭证，必须要有收款单位和收款人的收款证明，不能仅以支付款项的有关凭证代替。

(4) 购买实物的原始凭证，必须有验收证明。

(5) 销售货物发生退回并退还货款时，必须以退货发票、退货验收证明和对方的收款收据作为原始凭证。

(6) 职工公出借款填制的借款凭证，必须附在记账凭证之后。

(7) 经上级有关部门批准的经济业务事项，应当将批准文件作为原始凭证的附件。

6.2.2 原始凭证的填制

原始凭证是编制记账凭证的依据，是会计核算最基础的原始凭证。要保证会计核算工作的质量，必须从保证原始凭证的质量做起，正确填制原始凭证。

1. 填制原始凭证的基本要求

由于原始凭证的种类不同，其具体填制方法和填制要求也不尽一致，但就原始凭证应反映经济业务、明确经济责任而言，原始凭证的填制有其一般要求。为了确保会计核算资料的真实、正确并及时反映，应按下列要求填制原始凭证。

(1) 记录要真实。原始凭证所填制的经济业务内容和数字，必须真实可靠，符合实际情况。

(2) 内容要完整。原始凭证所要求填列的项目必须逐项填列齐全，不得遗漏和省略。要注意的是，年、月、日要按照填制原始凭证的实际日期填写；名称要齐全，不能简化；品名或用途要填写明确，不能含糊不清，有关人员的签章必须齐全。

(3) 手续要完备。单位自制的原始凭证必须有经办单位领导人或者其他指定的人员签名盖章；对外开出的原始凭证必须加盖本单位公章；从外部取得的原始凭证，必须盖有填制单位的公章；从个人取得的原始凭证，必须有填制人员的签名盖章。

(4) 书写要清楚、规范。填制原始凭证时，文字要简明，字迹要清楚，易于辨认，应该按规定格式逐项认真填写，不得随意简化或省略。应注意以下几点。第一，除了用圆珠笔复写的一式几联的凭证外，单页凭证要用钢笔或签字笔填写。第二，一式几联的原始凭证，必须注明各联的用途；复写时要用双面复写纸，上下联要对齐，要写透，不要上面清楚、下面模糊。第三，填写凭证时，文字、数字要规范。具体要求如下：①不得使用未经国务院公布的简化字；②阿拉伯数字要逐个书写清楚，不得连笔写；③在阿拉伯金额数字前，应填写相应的货币符号，如人民币的符号“￥”，人民币符号“￥”与阿拉伯金额数字之间不得留有空白，阿拉伯数字写有人民币符号“￥”的，数字后面不再写“元”字；④所有以元为单位的阿拉伯数字，除表示单价等情况外，一律写到角、分，无角、分的，角位和分位应写“00”或符号“—”，有角无分的，分位应写“0”，不得用符号“—”表示；⑤汉字大写金额数字，一律用壹、贰、叁、肆、伍、陆、柒、捌、玖、拾、佰、仟、万、亿等；⑥大写金额数字到元或角为止的，在“元”或“角”之后应写“整”，大写金额数字有分的，“分”字后不再写“整”字；如小写金额为￥1 008.00，大写金额应写成“壹仟零捌元整”；⑦大写金额数字前应有“人民币”三字，“人民币”三字与金额数字之间不得留有空白。第四，填写凭证时不能随意省略。如年、月、日必须全部填齐，不得只填月、日，不填年份；填制凭证和接受凭证的单位名称必须写明省、市、县和单位的全称。

(5) 编号要连续。预先印有号码的原始凭证，要按顺序连接使用，不得跳号。写坏作废时应加盖“作废”戳记，连同存根一起保存，不得撕毁。

(6) 不得涂改、刮擦、挖补。原始凭证有错误的，应当由出具单位重开或者更正，更正处应当加盖出具单位印章。原始凭证金额有错误的应当由出具单位重开，不得在原始凭证上更正。

(7) 填制要及时。各种原始凭证一定要及时填写，并按规定的程序及时送交会计机构、会计人员进行审核。

2. 原始凭证的填制方法

(1) 领料单的填制方法。领料单是企业车间或部门从仓库领用材料时，由经办人员填制的一次性原始凭证。领料单的业务流程如图6.1所示。

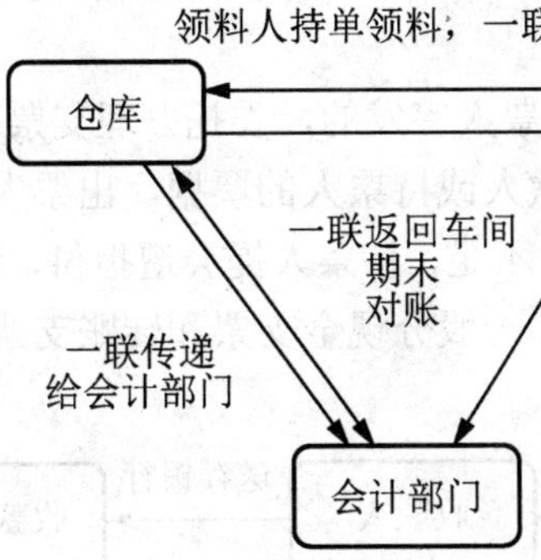

图6.1　领料业务流程图

领料单起始于领料部门，依据会计主体的会计制度，由经授权的领料部门负责人签字后即可前往仓库领材料。领料单可依据企业需要设置多联，在一般情况下至少设置三联，一联归仓库作为登记材料明细账和材料卡片的依据；一联归领料部门作为登记账簿的依据；一联归会计部门作为登记分类账的依据。填制过程中领料部门、领料用途、领料名称及数量等一定要填写清楚，其中，请领数由领料人填写，实发数由发料人填写，单价及金额由有关会计人员完成，领料单必须由领料部门负责人签字后方可生效。领料单由车间经办人员填制，车间负责人、领料人、仓库管理员和发料人均需在领料单上签字，无签章或签章不全的均无效，不能作为记账的依据。

(2) 限额领料单的填制方法。限额领料单是多次使用的累计领发料单凭证。即在1个月内，只要领发数量不超过限额就可以连续使用。限额领料单的业务流程如图6.2所示。

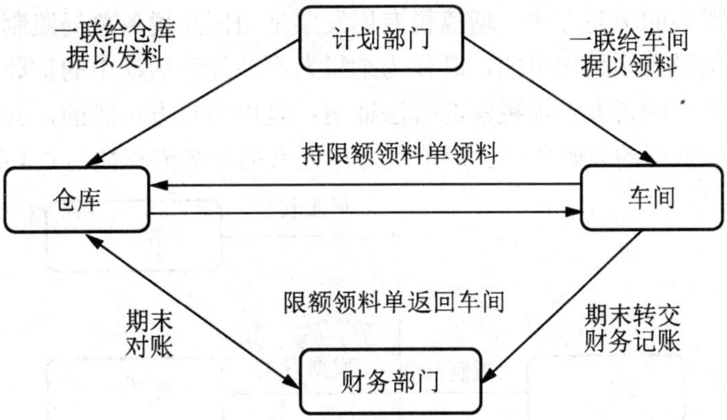

图6.2　限额领料业务流程

限额领料单是由生产部门根据下达的生产任务和材料消耗定额按每种材料用途分别开出，一料一单、一式两联，一联交仓库据以发料，另一联交领料部门据以领料。领料单位领料时，在该单内注明请领数量，经负责人签章批准后，前往仓库领料；仓库发料时，根据材料的品名、规格在限额内发料，同时将实发数量及限额余额填写在限额领料单内，领料、发料双方在单内签章。月末在此单内结出实发数量和金额转交财务部门，据以计算材料费用，并进行与材料有关的分类核算。

限额领料单是为了成本控制避免浪费而产生的，它同领料单的区别在于它多了一项“定额”。在领料时，仓库发料人员可以根据“定额”栏的数量来确定是否发料，如果要领的料累计已超过定额，仓库就不能发料。

(3) 支票的填制方法。支票是由出票人签发的，委托办理支票存款业务的银行在检查、核对后，无条件支付确定的金额给收款人或持票人的票据。出票人签发支票时，应在付款行存有不低于票面金额的存款。如存款不足，持票人提会遭拒付，这种支票称为空头支票。开出空头支票的出票人要负法律责任。一般分现金支票和转账支票两种。支票的业务流程如图 6.3 所示。

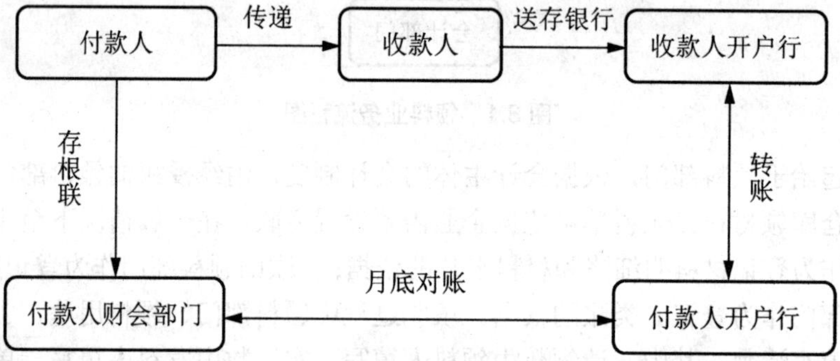

图 6.3 支票流程图

填制支票时，按规定的格式，用人民币大写填制支票正本的出票日期和金额；按要求加盖银行预留的单位财务专用章，并盖在合理的位置；加盖预留在银行的法定代表人的个人印章；支票正本中标注单位的金额栏和存根上的金额可使用小写的金额；其他项目严格按照有关支票填写要求填写，做到标准规范，字迹清楚。

增值税专用发票的填制方法。增值税专用发票是由国家税务总局监制设计印制的，只限于增值税一般纳税人领购使用的，既作为纳税人反映经济活动中的重要会计凭证又是兼记销货方纳税义务和购货方进项税额的合法证明；是由销货方填制的，其中发票联由购货方持有并作为记账依据的原始凭证。增值税专用发票的业务流程如图 6.4 所示。

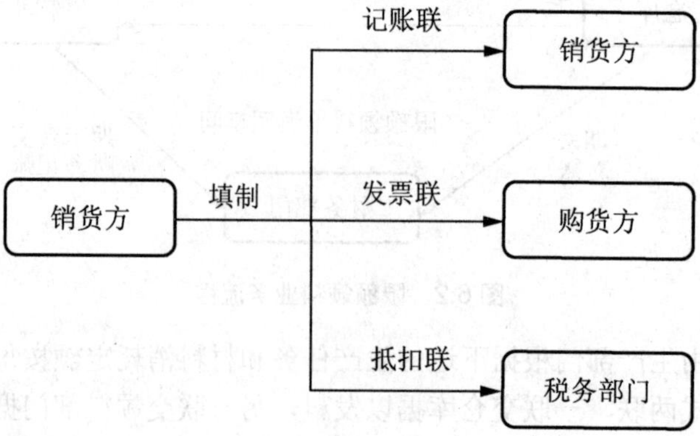

图 6.4 增值税专业发票流程图

增值税专业发票的基本联次分为三联：发票联、抵扣联和记账联。发票联作为购买方核算采购成本和增值税进项税的记账依据；抵扣联作为购买方报送主管税务机关抵销税款和留存备查的依据；记账联作为销售方核算销售收入和增值税销项税额的记账依据。目前，因手写增值税专业发票在使用和管理环节存在较大漏洞，税务部门已开始禁止企业使用手写的增值税专用发票，要求使用机打增值税专业发票。在具体填制时要求：项目齐全，与实际交易相符；字迹清楚，不得压线、错格；发票联和抵扣联加盖财务章或者发票专用章；按增值税纳税义务的发生时间开具发票。

6.2.3 原始凭证的更正

为了规范原始凭证的内容，明确相关人员的经济责任，防止利用原始凭证进行舞弊，修订后的《会计法》增加了对原始凭证错误更正的规定。

(1) 原始凭证记载的各项内容均不得涂改，随意涂改原始凭证即为无效凭证，不能作为填制记账凭证或登记会计账簿的依据。

(2) 原始凭证所记载的内容有错误的，应当由出具单位重开或者更正，更正工作必须由原始凭证出具单位进行，并在更正处加盖出具单位印章；重新开具原始凭证也应当由原始凭证出具单位进行。

(3) 原始凭证金额出现错误不得更正，只能由原始凭证开具单位重新开具。因为原始凭证上的金额是反映经济业务事项情况的最重要数据，如果允许随便更改，易产生舞弊，不利于保证原始凭证的质量。

(4) 原始凭证开具单位应当依法开具准确无误的原始凭证，对于填制有误的原始凭证，负有更正和重新开具的法律义务，不得拒绝。

6.2.4 原始凭证的审核

会计人员审核原始凭证应当按照国家统一会计制度的规定进行。

审核的主要内容有以下几个方面。

1. 审核原始凭证的真实性

对原始凭证的审核，从一般意义上来讲，主要是审核凭证所反映的内容是否符合所发生的实际情况，数字、文字有无伪造、涂改、重复使用和大头小尾、各联之间数字不符等情况。特别要注意的是：①内容记载是否清晰，有无掩盖事情真相的现象；②凭证抬头是不是本单位；③数量、单价与金额是否相符；④认真核对笔迹，有无模仿领导笔迹签字冒领现象；⑤有无涂改，有无添加内容和金额；⑥有无移花接木的凭证。

2. 审核原始凭证的合法性

审核所发生的经济业务是否符合国家有关规定的要求，是否有违反财经制度的现象。如在审核原始凭证中发现有多计或少计收入、费用，擅自扩大开支范围、提高开支标准、巧立名目、虚报冒领、滥发奖金、津贴等违反财经制度和财经纪律的情况，不仅不能作为合法真实的原始凭证，而且要按规定进行处理。

3. 审核原始凭证的合理性

审核所发生的经济业务是否符合厉行节约、反对浪费、有利于提高经济效益的原则，是否有违反该原则的现象。如经审核原始凭证后确定有突击使用预算结余购买不需要的物品，有对陈旧过时设备进行大修理等违反上述原则的情况，不能作为合理的原始凭证。

4. 审核原始凭证的完整性

审核原始凭证是否具备基本内容，是否有应填未填或填写不清楚的现象。如经审核原始凭证后确定有未填写接受凭证单位名称，无填证单位或制证人员签章，业务内容与附件不符等情况，不能作为内容完整的原始凭证。

5. 审核原始凭证的正确性

审核原始凭证在计算方面是否存在失误。如经审核凭证后确定有业务内容摘要与数量、金额不相对应，业务所涉及的数量与单价的乘积与金额不符，金额合计错误等情况，不能作为正确的原始凭证。对于审核后的原始凭证，如发现有不符合上述要求，有错误或不完整之处，应当按照有关规定进行处理；如符合有关规定，就一定根据审核无误的原始凭证来编制记账凭证。

6.3 记 账 凭 证

记账凭证又称记账凭单，或分录凭单，是会计人员根据审核无误的原始凭证按照经济业务事项的内容加以归类，并据以确定会计分录后所填制的会计凭证。它是登记账簿的直接依据。在实际工作中，为了便于登记账簿，需要将来自不同的单位、种类繁多、数量庞大、格式大小不一的原始凭证加以归类、整理，填制具有统一格式的记账凭证，确定会计分录并将相关的原始凭证附在记账凭证后面。

6.3.1 记账凭证的基本内容

1. 按照使用范围分类

记账凭证按其使用范围，分为专用记账凭证和通用记账凭证两类。

1) 专用记账凭证

专用记账凭证指专门用来反映某类经济业务的记账凭证，又可分为三种格式和五种格式两种类型。

三种格式的记账凭证按其所记录的经济业务与现金和银行存款的收付有无关系具体可分为收款凭证、付款凭证和转账凭证。

(1) 收款凭证是指用于记录库存现金和银行存款收款业务的会计凭证。它是根据有关现金和银行存款收入业务的原始凭证填制，是登记现金日记账、银行存款日记账以及有关明细账和总账等账簿的依据，也是出纳人员收讫款项的依据。收款凭证的格式见表 6-6。

表 6-6 收款凭证

借方科目：银行存款(或库存现金)　　　　年　　月　　日　　　　　　　　收字第　　号

摘要	贷方科目		金额										记账
	总账科目	明细科目	千	百	十	万	千	百	十	元	角	分	
附件　张	合计												

会计主管：(签章)　　记账：(签章)　　复核：(签章)　　出纳：(签章)　　制单：(签章)

(2) 付款凭证是指用于记录库存现金和银行存款付款业务的会计凭证。它是根据有关现金和银行存款支付业务的原始凭证填制，是登记现金日记账、银行存款日记账以及有关明细账和总账等账簿的依据，也是出纳人员付讫款项的依据。付款凭证的格式见表 6-7。

表 6-7 付款凭证

贷方科目：银行存款(或库存现金)　　　　年　　月　　日　　　　　　　　付字第　　号

摘要	借方科目		金额										记账
	总账科目	明细科目	千	百	十	万	千	百	十	元	角	分	
附件　张	合计												

会计主管：(签章)　　记账：(签章)　　复核：(签章)　　出纳：(签章)　　制单：(签章)

(3) 转账凭证是指用于记录不涉及库存现金和银行存款业务的会计凭证。它是根据有关转账业务的原始凭证填制。转账凭证是登记总分类账及有关明细分类账的依据。转账凭证的格式见表 6-8。

表 6-8 转账凭证

年　　月　　日　　　　　　　　转字第　　号

摘要	总账科目	明细科目	记账	借方金额									记账	贷方金额								
				百	十	万	千	百	十	元	角	分		百	十	万	千	百	十	元	角	分
附件张	合计																					

会计主管：(签章)　　记账：(签章)　　复核：(签章)　　出纳：(签章)　　制单：(签章)

收款凭证一般用红色，付款凭证一般用蓝色，转账凭证一般用黑色。

五种格式的记账凭证具体可分为库存现金收款凭证、库存现金付款凭证、银行存款收款凭证、银行存款付款凭证、转账凭证。它适用货币资金收付业务很多，而且收款与付款业务分设库存现金收入日记账、库存现金支出日记账、银行存款收入日记账、银行存款支出日记账的会计主体。

(2) 通用记账凭证是指反映各类经济业务共同使用的统一格式的记账凭证。在经济业务比较简单的经济单位，为了简化凭证可以使用通用记账凭证，记录所发生的各种经济业务。

2. 按照填列方式不同分类

记账凭证按其填列方式不同，分为复式凭证、单式凭证、汇总记账凭证。

(1) 复式记账凭证又叫多科目凭证，是指在每一张记账凭证上填列一笔会计分录的全部账户名称，按反映经济业务的全貌要求编制的一种记账凭证，也是将每一笔经济业务事项涉及的全部会计科目及其发生额均在同一张记账凭证中反映的一种凭证。它的优点是：可以集中反映一项经济业务的科目对应关系，便于了解有关经济业务的全貌，减少凭证数量，节约纸张，填写方便，附件集中，便于记账凭证的分析和审核等。它的缺点是：不便于分工记账，同时不便于汇总计算每一个会计科目的发生额。在实际工作，一般都采用复式记账凭证。

(2) 单式记账凭证又叫单科目记账凭证，是按一项经济业务所涉及的每个会计账户单独填制一张记账凭证，每一张记账凭证中只填写一个会计账户。每一张记账凭证只填列经济业务事项所涉及的一个会计科目及其金额的记账凭证。为单独反映每项经济业务涉及的会计账户及对应关系，单式记账凭证又分为借项记账凭证和贷项记账凭证。它的优点是：内容单一，便于汇总计算每一会计科目的发生额，便于分工记账，并可加速凭证的传递。它的缺点是：制证工作量大，且不能在一张凭证上反映经济业务的全貌，内容分散，也不便于查账，还易出差错。

(3) 汇总记账凭证是指对一定时期内反映经济业务内容相同的若干张原始凭证按照一定标准综合填制的记账凭证。

3. 记账凭证的基本内容

在实际工作中，记账凭证的种类和格式不尽相同，但是作为确定会计分录、登记账簿的依据，必须具备一些基本内容，也称为基本要素。这些基本要素包括以下内容：①记账凭证的名称；②填制记账凭证的日期；③记账凭证的编号；④经济业务事项的内容摘要；⑤经济业务事项所涉及的会计科目及其记账方向；⑥经济业务事项的金额；⑦记账标记；⑧所附原始凭证张数；⑨会计主管、记账、审核、出纳、制单等有关人员的签章。

6.3.2 记账凭证的填制

1. 记账凭证填制的基本要求

记账凭证的主要作用是将经济信息资料转化为会计信息。由于记账凭证是登记账簿的直接依据，它的填制是否正确直接关系到登记账簿的质量。因此，记账凭证的编制要按照有关规定进行，其基本要求如下。

(1) 记账凭证各项内容必须完整。

(2) 必须以审核无误的原始凭证为依据。

(3) 记账凭证应连续编号。一笔经济业务需要填制两张以上记账凭证的，可以采用分数编号法编号。

(4) 记账凭证的书写应清楚、规范。相关要求同原始凭证。

(5) 记账凭证可以根据每一张原始凭证填制，或根据若干张同类原始凭证汇总编制，也可以根据原始凭证汇总表填制。但不得将不同内容和类别的原始凭证汇总填制在一张记账凭证上。

(6) 记账凭证上，必须有填制人员、审核人员、记账人员和会计主管的签名或盖章。对于发生的收款和付款业务必须坚持先审核后办理的原则，出纳人员要在有关收款凭证和付款凭证上签章，以明确经济责任。对已办妥的收款凭证或付款凭证及所附的原始凭证，出纳要当即加盖“收讫”或“付讫”戳记，以避免重收重付或漏收漏付发生。

(7) 除结账和更正错误的记账凭证可以不附原始凭证外，其他记账凭证必须附有原始凭证。

注意：①所附原始凭证张数的计算，一般以所附原始凭证自然张数为准；②一张原始凭证如涉及几张记账凭证的，可以把原始凭证附在一张主要的记账凭证后面，并在其他记账凭证上注明附有该原始凭证的编号或附上该原始凭证的复印件；③一张原始凭证所列的支出需要由几个单位共同负担时，应当由保存该原始凭证的单位开具原始凭证分割单给其他应负担的单位，原始凭证分割单必须具备原始凭证的基本内容；④填制记账凭证时若发生错误应当重新填制，已登记入账的记账凭证在当年内发现填写错误时，可以用红字填写一张与原内容相同的记账凭证，在摘要栏注明“注销某月某日某号凭证”字样，同时再用蓝字重新填制一张正确的记账凭证，注明“订正某月某日某号凭证”字样，如果会计科目没有错误，只是金额错误，也可将正确数字与错误数字之间的差额，另编一张调整的记账凭证，调增金额用蓝字、调减金额用红字，发现以前年度记账凭证有错误的，应当用蓝字填制一张更正的记账凭证；⑤记账凭证填制完成经济业务事项后，如有空行，应当自金额栏最后一笔金额数字下的空行处至合计数上的空行处划线注销。

2. 记账凭证的编制方法

1) 收款凭证的编制要求

收款凭证左上角的“借方科目”按收款的性质填写“库存现金”或“银行存款”；右上角填写编制收款凭证的顺序号；“摘要”填写对所记录的经济业务的简要说明；“贷方科目”填写与收入库存现金或银行存款相对应的会计科目；“记账”是指该凭证已登记账簿的标记，防止经济业务事项重记或漏记；“金额”是指该项经济业务事项的发生额；该凭证右边“附件 XX 张”是指本记账凭证所附原始凭证的张数；最下边分别由有关人员签章，以明确经济责任。

【例 6-1】红星有限责任公司 2013 年 10 月 16 日销售 A 产品一批，价款 20 000 元，增值税销项税额 3 400 元，收到购买单位支票一张，款项 23 400 元存入银行。

会计人员根据审核无误的原始凭证填制银行存款的收款凭证。其内容与格式见表 6-9。

表 6-9 收款凭证

借方科目：银行存款　　　　2013 年 10 月 16 日　　　　银收字第 09 号

摘要	贷方科目		金额										记账
	总账科目	明细科目	千	百	十	万	千	百	十	元	角	分	
销售 A 产品	主营业务收入	A 产品				2	0	0	0	0	0	0	
	应交税费	应交增值税(销项税额)					3	4	0	0	0	0	
附件　张	合计				¥	2	3	4	0	0	0	0	

会计主管：(签章)　记账：(签章)　复核：(签章)　出纳：(签章)　制单：(签章)

2) 付款凭证的编制要求

付款凭证的编制方法与收款凭证基本相同，只是左上角由“借方科目”换为“贷方科目”，凭证中间的“贷方科目”换为“借方科目”。

对于涉及“现金”和“银行存款”之间的经济业务，为避免重复一般只编制付款凭证，不编收款凭证，如从银行存款中提取现金或以现金存入银行，只需要填制付款凭证，不再填制收款凭证，以免重复记账。

【例 6-2】红星有限责任公司 2013 年 10 月 26 日购入甲材料一批，买价 50 000 元，增值税进项税额 8 500 元，共计 58 500 元，材料已经验收入库，开出支票一张支付购料款。

会计人员根据审核无误的原始凭证填制银行存款付款凭证，其内容与格式见表 6-10。

表 6-10 付款凭证

贷方科目：银行存款　　　　2013 年 10 月 26 日　　　　银付字第 020 号

摘要	借方科目		金　额										记账
	总账科目	明细科目	千	百	十	万	千	百	十	元	角	分	
采购甲材料	原材料	甲材料				5	0	0	0	0	0	0	
	应交税费	应交增值税(进项税额)					8	5	0	0	0	0	
附件　张	合计				¥	5	8	5	0	0	0	0	

会计主管：(签章)　记账：(签章)　复核：(签章)　出纳：(签章)　制单：(签章)

3) 转账凭证的编制要求

转账凭证将经济业务事项中所涉及全部会计科目，按照先借后贷的顺序记入“会计科目”栏中的“总账科目”和“明细科目”，并按应借、应贷方向分别记入“借方金额”或“贷方金额”栏。其他项目的填列与收、付款凭证相同。

【例 6-3】红星有限责任公司 2013 年 10 月 31 日计提当月固定资产折旧 20 000 元，其中生产车间提取折旧 12 000 元，厂部管理部门提取折旧 8 000 元。

会计人员根据审核无误的原始凭证填制转账凭证，其内容与格式见表6-11。

表6-11 转账凭证

2013年10月31日　　　　　　　　　　转字第 026 号

摘要	总账科目	明细科目	记账	借方金额									记账	贷方金额								
				百	十	万	千	百	十	元	角	分		百	十	万	千	百	十	元	角	分
计提折旧	制造费用	折旧				1	2	0	0	0	0	0										
	管理费用	折旧					8	0	0	0	0	0										
	累计折旧															2	0	0	0	0	0	0
附件 张	合计				¥	2	0	0	0	0	0	0			¥	2	0	0	0	0	0	0

会计主管：(签章)　记账：(签章)　复核：(签章)　出纳：(签章)　制单：(签章)

3. 通用记账凭证的编制方法

采用通用记账凭证的经济单位，不再根据经济业务分别填制收款凭证、付款凭证和转账凭证，所以无论是货币资金收、付业务还是转账业务，都是由有关会计人员根据审核无误的原始凭证填制通用记账凭证。在借贷记账法下，将经济业务所涉及的会计科目全部填列在“借方余额”或“贷方余额”栏内。借贷方金额合计数应相等。制单人应在填制凭证完毕后签名盖章，并在凭证右侧填写所附原始凭证的张数。

【例6-4】沿用【例6-1】的资料，会计人员根据审核无误的原始凭证填制记账凭证，其内容与格式见表6-12。

表6-12 记账凭证

2013年10月16日　　　　　　　　　　记字第 09 号

摘要	总账科目	明细科目	记账	借方金额									记账	贷方金额								
				百	十	万	千	百	十	元	角	分		百	十	万	千	百	十	元	角	分
销售A产品	银行存款					2	3	4	0	0	0	0										
	主营业务收入	A产品														2	0	0	0	0	0	0
	应交税费	应交增值税(销项税额)															3	4	0	0	0	0
附件 张	合计				¥	2	3	4	0	0	0	0			¥	2	3	4	0	0	0	0

会计主管：(签章)　记账：(签章)　复核：(签章)　出纳：(签章)　制单：(签章)

6.3.3 记账凭证的审核

为了保证会计信息的质量，在记账之前应由有关稽核人员对记账凭证进行严格审核。

(1) 审核是否按已审核无误的原始凭证填制记账凭证。记录的内容与所附原始凭证是否一致，金额是否相等；所附原始凭证的张数是否与记账凭证所列附件张数相符。

(2) 审核记账凭证所列会计科目(包括一级科目、明细科目)、应借、应贷方向和金额是否正确；借贷双方的金额是否平衡；明细科目金额之和与相应的总账科目的金额是否相等。

(3) 审核记账凭证摘要是否填写清楚，日期、凭证编号、附件张数以及有关人员签章等各个项目填写是否齐全。若发现记账凭证的填制有差错或者填列不完整、签章不齐全，应查明原因，责令更正、补充或重填。只有经济审核无误的记账凭证，才能据以登记账簿。

为了正确登记账簿和监督经济业务，除了编制记账凭证的人员应当认真负责、正确填制、加强自审以外，同时还应建立专人审核制度。如前所述，记账凭证是根据审核后的合法的原始凭证填制的。因此，记账凭证的审核，除了要对原始凭证进行复审外，还应注意以下几点。

(1) 合规性审核。审核记账凭证是否附有原始凭证，原始凭证是否齐全，内容是否合法，记账凭证所记录的经济业务与所附原始凭证所反映的经济业务是否相符。

(2) 技术性审核。审核记账凭证的应借、应贷科目是否正确，账户对应关系是否清晰，所使用的会计科目及其核算内容是否符合会计制度的规定，金额计算是否准确，摘要是否填写清楚，项目填写是否齐全，如日期、凭证编号、二级和明细会计科目、附件张数以及有关人员签章等。在审核过程中，如果发现差错，应查明原因，按规定办法及时处理和更正。只有经过审核无误的记账凭证，才能据以登记账簿。

对会计凭证进行审核，是保证会计信息质量，发挥会计监督的重要手段。这是一项政策性很强的工作，要做好会计凭证的审核工作、正确发挥会计的监督作用，会计人员应当做到：既要熟悉和掌握国家政策、法令、规章制度和计划、预算的有关规定，又要熟悉和了解本单位的经营情况。这样，才能明辨是非，确定哪些经济业务是合理、合法的；哪些经济业务是不合理、不合法的。会计人员应自觉地执行政策，遵守制度，正确处理各种经济关系。

6.4 会计凭证的传递与保管

6.4.1 会计凭证的传递

会计凭证的传递是指各种会计凭证从填制、取得到归档保管为止的全部过程，即在企业、事业和行政单位内部有关人员和部门之间传送、交接的过程。要规定各种凭证的填写、传递单位与凭证份数，规定会计凭证传递的程序、移交的时间和接受与保管的有关部门。

为了能够利用会计凭证，及时反映各项经济业务，提供会计信息，发挥会计监督的作用，必须正确、及时地进行会计凭证的传递，不得积压。正确组织会计凭证的传递，对于及时处理和登记经济业务，明确经济责任，实行会计监督，具有重要作用。从一定意义上说，会计凭证的传递起着在单位内部经营管理各环节之间协调和组织的作用。会计凭证传递程序是企业管理规章制度重要的组成部分，传递程序的科学与否，说明该企业管理的科学程序。其作用如下：①有利于完善经济责任制度经济业务的发生或完成及记录，是由若干责任人共同负责，分工完成的。会计凭证作为记录经济业务、明确经济责任的书面证明，体现了经济责任制度的执行情况。单位会计制度可以通过会计凭证传递程序和传递时间的规定，进一步完善经济责任制度，使各项业务的处理顺利进行。②有利于及时进行会计记录从经济业务的发生到账簿登记有一定的时间间隔，通过会计凭证的传递，使会计部门尽早了解经济业务发生和完成情况，并通过会计部门内部的凭证传递，及时记录经济业务，进行会计核算，实行会计监督。

合理组织会计凭证的传递，是会计管理制度的重要组成部分，也是企业经济管理的重要组成部分。一般来说，会计凭证传递程序越简单，就越有利于提高会计工作效率，保证会计核算的及时性。但也会削弱内部控制的效力，容易产生错弊，应为也可能会限制会计凭证其他方面作业的发挥。因此，必须根据经济业务的性质、单位规模的大小和人员分工情况，以及经营管理的需要和成本效益原则，恰当地规定会计凭证的传递环节和顺序，并根据各个环节办理经济业务所需的时间，合理规定凭证在各个环节停留的时间，使会计凭证的传递既保证有必要的控制环节，又便于提高工作效率，节约费用；既能满足各方面的需要，又能确保会计信息的时效。

会计凭证传递的关键在于会计凭证传递和传递时间的设计，会计凭证的联次和格式的设计合理与否直接关系到会计凭证传递的质量。在对会计凭证的传递进行设计时，应考虑的以下几方面问题：①要根据经济业务的特点，企业机构的设置和人员分工的情况及经营管理上的需要，恰当地规定各种会计凭证的格式、份数、传递的程序。使会计凭证的传递，既能满足会计核算的要求，也能兼顾计划、统计、管理上的需要；既避免凭证上的不必要的传递环节，又不影响按规定手续进行处理和审核；②要根据有关部门和人员对经济业务办理必要手续(如计量、检验、审核、登记等)的需要，确定凭证在各个环节停留的时间，保证业务手续的完成。但又要防止不必要耽搁，从而使会计凭证以最快速度传递，以充分发挥它及时传递经济信息的作用；③建立凭证交接的签收制度。为了确保会计凭证的安全和完整，在各个环节中都应指定专人办理交接手续，做到责任明确，手续完备、严密、简便易行。

6.4.2 会计凭证的保管

会计凭证保管是指将办理完毕的会计凭证进行整理、归档和保存的整个工作。会计凭证保管是保证会计资料完整与安全的重要环节。会计凭证的保管内容主要包括以下几个方面。

(1) 在平时，应将装订成册的会计凭证交专人负责保管，年终决算后，则须将全年凭证移交档案室造册登记，归档集中保管。

(2) 查阅档案室保管的凭证，应履行一定的审批手续，详细登记调阅凭证的名称、调阅日期、调阅人员的姓名、工作单位及调阅理由等，一般就地查阅。原始凭证不得外借，其他单位如因特殊原因需要使用原始凭证时，经本单位会计机构负责人、会计主管人员批准，可以复制。向外单位提供的原始凭证复制件，应当在专设的登记簿上登记，并由提供人员和收取人员共同签名或者盖章。

(3) 会计凭证的保管期限，应按会计制度规定执行。会计凭证的保管期限分为永久和定期保管两种。除年度会计报表及某些涉外的会计凭证、会计账簿属于永久保管，其他属于定期保管，期限为 3 年、5 年、10 年、15 年和 25 年五种。

(4) 会计凭证保管期满销毁时，必须严格按制度规定执行，登记造册，报单位领导审批后，方可销毁。

本章小结

(1) 原始凭证按来源不同分类。

① 外来原始凭证包括：购买材料时取得的增值税专用发票，银行转来的各种结算凭证，对外支付款项时取得的收据，职工出差取得的飞机票、车船票、住宿发票等。②自制原始凭证包括：企业购进材料验收入库时，由仓库保管人员填制的收料单，车间或班组向仓库领用材料时填制的领料单，还有限额领料单、产品入库单、产品出库单、借款单、工资发放明细表、折旧计算表等。

(2) 原始凭证按填制手续及内容不同分类。

①一次凭证包括：外来的原始凭证一般都是一次凭证；在自制的原始凭证中，大部分都属于一次凭证，如材料、产品入库时，仓库保管人员填制的“领料单”；支付工资的填制的“工资单”；还有收据、销货发票、收料单、银行结算凭证等。②累计凭证最具有代表性的是“限额领料单”。③汇总凭证包括：收料凭证汇总表、发出材料汇总表、工资结算汇总表、差旅费报销单等。

值得注意的是，有些原始凭证单据不是原始凭证，由于它们不能证明经济业务已经发生或完成情况、不能作为编制记账凭证和登记账簿的依据，如：用工计划表、材料请购单、经济合同、银行存款余额调节表、派工单等。

(3) 原始凭证的基本内容、填制要求；尤其是书写、更正。如果原始凭证已预先印定编号，在写坏作废时，应加盖“作废戳记”，妥善保管，不得撕毁。原始凭证不得涂改、刮擦、挖补。原始凭证有错误的，应当由出具单位重开或更正，更正处应当加盖出具单位印章。原始凭证金额有错误的，应当由出具单位重开，不得在原始凭证上更正。

(4) 原始凭证的审核内容及其处理。

(5) 记账凭证编制的基本要求及审核内容。除结账和更正错误的记账凭证可以不附原始凭证外，其他记账凭证都必须附有原始凭证。发现以前年度记账凭证有误，应当用蓝字填制更正的记账凭证。

(6) 会计凭证的传递与保管。确定传递程序，确定传递时间，建立交接签收制度。装订成册的会计凭证按年分月顺序排列，指定专人负责保管。年度终了后，可暂由财会部门保管一年，期满后，应移交本单位的档案部门保管。

内部：本单位有关领导批准——“借阅”

外部：本单位会计机构负责人、会计主管人员批准——“复制”

习　　题

一、单选题

1．会计凭证按照编制程序和用途不同，可分为(　　)。

A．原始凭证和记账凭证　　B．外来凭证和自制凭证

C．一次凭证和累计凭证　　D．通用凭证和专用凭证

2．下列原始凭证中，属于汇总原始凭证的有(　　)。

A．限额领料单　　B．差旅费报销单

C．发料凭证汇总表　　D．科目汇表

3. 企业收到客户开具的用来偿还所欠售货款的支票一张，该业务的原始凭证应为(　　)。

A. 支票　　B. 支票存根

C. 银行进账单回单　　D. 销货发票

4. 销售商品尚未收到货款，该笔业务应编制的记账凭证是(　　)。

A. 付款凭证　　B. 收款凭证　　C. 转账凭证　　D. 以上均可

5. 为保证会计账簿记录的正确性，会计人员编制记账凭证时必须依据(　　)。

A. 金额计算正确的原始凭证　　B. 填写齐全的原始凭证

C. 盖有填制单位财务公章的原始凭证　　D. 审核无误的原始凭证

6. 原始凭证金额有错误的，应当(　　)。

A. 由出具单位重开

B. 由出具单位更正，并在更正处加盖出具单位公章

C. 可以用涂改液涂改后重新更正

D. 自行更正

7. 下列原始凭证中，具有代表性的累计凭证的是(　　)。

A. 领料单　　B. 限额领料单　　C. 入库单　　D. 发票

8. 从银行提取现金，只能编制(　　)。

A. 收款凭证　　B. 现金收款凭证　　C. 付款凭证　　D. 银行存款付款凭证

9. “限额领料单”，一料一单，一式(　　)联。

A. 一联　　B. 两联　　C. 三联　　D. 四联

10. 填制原始凭证时应做到大小写数字符合规范，填写正确。大写金额“肆仟零壹元伍角整”，其小写应为(　　)。

A. 4 001.50 元　　B. ￥4 001.50　　C. ￥4 001.50 元　　D. ￥4 001.5

二、多选题

1. 蓝某出差回来，报销差旅费 800 元，已预借 1 000 元，剩余 200 元交回现金，对于此业务需编制记账凭证(　　)。

A. 现金收款凭证　　B. 现金付款凭证

C. 转账凭证　　D. 差旅费报销单

2. 从外单位取得的原始凭证遗失时，以下处理方式正确的有(　　)。

A. 要求外单位重新开具

B. 本单位自行开具同类原始凭证，经会计机构负责人、会计主管人员和单位负责人批准后代作原始凭证

C. 外单位出具注明原始凭证相关内容并盖有公章的证明，经本单位会计机构负责人、会计主管人员和单位负责人批准后代作原始凭证

D. 火车票丢失可由当事人写明详细情况，经本单位会计机构负责人、会计主管人员和单位负责人批准后代作原始凭证

3. 下列业务中，需要编制付款凭证的有(　　)。

A. 从银行提取现金　　B. 将现金存入银行

C. 用现金购买办公用品　　D. 收回前欠款项

4. 会计凭证按其填制程序和用途，可分为(　　)。

A. 单式凭证　　B. 复式凭证　　C. 原始凭证　　D. 记账凭证

5. 记账凭证按其填列方式的不同，可分为(　　)。

A. 单式记账凭证　　B. 复式记账凭证

C. 专用记账凭证　　D. 通用记账凭证

6. 下列各项中，属于记账凭证审核内容的有(　　)。

A. 内容是否真实　　B. 项目是否齐全

C. 科目是否正确　　D. 金额是否正确

7. 在填制的付款凭证中借方科目可能涉及(　　)。

A. 现金　　B. 营业费用　　C. 应付账款　　D. 应收账款

8. 收款凭证的贷方科目可能是(　　)。

A. 现金　　B. 银行存款　　C. 短期借款　　D. 主营业务收入

9. (　　)属于原始凭证的审核内容。

A. 反映的经济业务是否真实　　B. 反映的经济业务是否合法

C. 凭证是否及时　　D. 会计科目是否正确

10. 下列凭证中，属于自制原始凭证的有(　　)。

A. 领料单　　B. 购货发票　　C. 折旧计算表　　D. 银行转来的结算凭证

三、判断题

1. 对于涉及“现金”和“银行存款”之间的经济业务，一般只编制收款凭证，不编制付款凭证。(　　)

2. ￥13 260.70 的大写为：人民币壹万叁仟两佰陆拾元柒角正。(　　)

3. 原始凭证金额有错误的，应当由出具单位重开或更正。(　　)

4. 合法地取得、正确地填制和审核会计凭证，是会计核算的基本方法之一，也是会计核算工作的起点。(　　)

5. 原始凭证中小写金额用阿拉伯数字逐个填写，金额数字一律填写到角、分，有角无分的用符号“—”。(　　)

6. 会计凭证的传递是指会计凭证从取得或填制时起至归档保管止，在单位内部会计部门和人员之间的传递手续。(　　)

7. 某企业一位办事员出差回来后，因车票丢失，他写了一份证明，说明了车票丢失情况，由其所在部门负责人、会计主管批准后，代做了原始凭证。(　　)

8. 对于不真实的原始凭证，会计机构和会计人员有权不予接受，并向单位负责人报告。(　　)

9. 所有记账凭证必须附有原始凭证。(　　)

10. 对于不真实、不合法的原始凭证予以退回，要求更正、补充。(　　)

四、业务题

某企业 6 月份发生以下经济业务，根据下列业务填制有关记账凭证。

(1) 5 日，将当月多余的现金 80 000 元存入银行。

(2) 6 日，采购设备一台，价值 600 000 元，签发给对方单位 6 个月期限的商业汇票一张。

(3) 8 日，购入原材料一批，价款 30 000 元(不含税价)，增值税税率为 17%，材料已验收入库，全部货款以银行存款支付。

(4) 10 日，以银行存款支付职工保险费 1 600 元。

(5) 16 日，企业销售商品，价款 200 000 元(不含税价)。增值税税率为 17%，其中之前预收对方 60 000 元，其余款项尚未收到，但已确认记入收入。

(6) 31 日，根据考勤记录和产量记录计算本月应付的职工工资，其中生产工人工资为 20 000 元，车间一般人员工资为 4 500 元，厂部行政管理部门人员工资为 6 000 元。

第7章 会计账簿

教学目的与要求

掌握总分类账、明细分类账、日记账的常见格式与其适用范围；
掌握错账的更正方法以及结账的含义和结账工作所包括的内容；
了解各种账簿的登记依据和登记方法。

本章主要内容

会计账簿的概念；
会计账簿的作用；
会计账簿的分类；
会计账簿的设置和登记方法；
错账更正方法；
对账和结账；
账簿的更换和保管。

本章考核重点

会计账簿的概念和分类；
会计账簿的设置和登记方法；
错账更正方法；
对账和结账。

导入语

邱真有一次请教老师，说："我怎么总是把账簿的"账"字写成蚊帐的"帐"呢？

老师开玩笑地说："大概你是从南北朝时期穿越过来的吧！"

老师接着给邱真讲了一则有趣的故事。

南北朝时达官贵人异地巡游作乐之风盛行，每次出游都会沿途搭起帷帐，因内部备有各种供享乐用的物品，故也称"供帐"。为保证供帐内财产安全，朝廷便指派专人掌管和算帐，久而久之，人们便把登记供帐内的经济事项称为"记帐"。"帐"字在会计核算上沿用了相当长时间，现在统一改为"账"字反映的是现代人对"贝"的认识和关心程度。

同学们，不管古人今人都设置账簿进行记账，古人因业务简单而账簿设置较少；今人面对现代机器大工业复杂的经济交易和事项应如何设账、记账、更正错账、对账和结账呢？

本章内容将帮你解决这一系列问题。

7.1 账簿概述

7.1.1 会计账簿的概念

会计账簿(简称"账簿")是指由一定格式账页组成的，以经过审核的会计凭证为依据，全面、系统、连续记录各项经济业务的簿籍。账簿从外表形式上看，是由具有专门格式而又相互联结在一起的若干账页组成的，从记录的内容看，是对所有的经济业务，按照账户进行归类并序时地进行记录的簿籍。各单位应当按照规定和业务需要设置会计账簿。

在会计核算工作中，通过填制和审核会计凭证，可以反映和监督每项经济业务的发生和完成情况，但由于会计凭证的数量多，又很分散，每张会计凭证一般只能反映个别经济业务的内容，它们所提供的核算资料是零散的，不能全面、连续、系统地反映一个单位在一定时期内某类经济业务和全部经济业务的变动情况，且不便于日后查阅，因而不能满足经营管理的需要。因此，为了把分散在会计凭证上的大量核算资料加以集中和归类整理，以便为经营管理提供系统、完整的核算资料，就必须运用设置和登记账簿这一会计核算的专门方法。

7.1.2 会计账簿的作用

设置账簿是会计工作的一个重要环节，登记账簿则是会计核算的一种专门方法。科学地设置账簿和正确地登记账簿对于全面完成会计核算工作具有重要意义。

1. 会计账簿是对凭证资料的系统总结

在会计核算中，通过会计凭证的填制和审核，可以反映和监督每项经济业务的完成情况。然而一张会计凭证只能反映一项或几项经济业务，所提供的信息是零星的、片断的、不连续的，不能把某一时期的全部经济活动完整地反映出来。账簿既能够提供总括的核算资料，又能够提供详细的明细分类资料，这对于企业、单位加强经济核算、提高管理水平、探索资金运动的规律具有重要作用。

2. 会计账簿是考核企业经营情况的重要依据

通过登记账簿，可以发现整个经济活动的运行情况，完整地反映企业的经营成果和财务状况，评价企业的总体经营情况；同时，可以监督和促进各企业、各单位遵纪守法、依法经营。

3. 会计账簿是会计报表资料的主要来源

企业定期编制的资产负债表、利润表、现金流量表等会计报表的各项数据均来源于账簿的记录。企业在编制财务情况说明书时，对于生产经营状况、利润实现和分配情况、税金缴纳情况、各种财产物资变动情况的说明，都必须以账簿记录的数据为依据。从这个意义上说，账簿的设置和登记是否准确、真实、齐全，直接影响到财务报告的质量。

7.1.3 会计账簿与账户的关系

账户存在于账簿之中，账簿中的每一账页就是账户的存在形式和载体，没有账簿，账户不能独立存在；账簿序时、分类地记载经济业务，是在账户中完成的。因此，账簿只是一个外在形式，账户才是其内在真实内容，两者间的关系是形式和内容的关系。

7.1.4 会计账簿的分类

账簿的种类繁多，不同的账簿，其用途、形式、内容和登记方法都各不相同。为了更好地了解和使用各种账簿，有必要对账簿进行分类。在实际工作中，人们使用最多的有以下 3 种分类方法。

1. 按账簿的用途分类

账簿按其用途不同，一般分为序时账簿、分类账簿和备查账簿 3 种。

(1) 序时账簿。序时账簿又称日记账，是按照经济业务发生或完成时间的先后顺序逐日逐笔进行登记的账簿。序时账簿可以用来记录全部经济业务的完成情况，也可以用来记录某一类经济业务的完成情况，前者为普通日记账，又称分录簿，通常把每天所发生的经济业务按照业务发生先后顺序，编成会计分录记入账簿中；后者为特种日记账，购货日记账、销货日记账、现金日记账和银行存款日记账等，通常把某一类比较重要的、重复大量发生的经济业务，按照业务发生的先后顺序记入账簿中。在我国，大多数单位一般只设现金日记账和银行存款日记账，以便加强对货币资金的日常监督和管理。设置日记账的作用，在于及时、系统、全面地反映资金的增减变动情况，保护财产物资和资金的安全完整，以及便于对账、查账，如图 7.1 所示。

(2) 分类账簿。分类账簿(简称“分类账”)是对全部经济业务事项按照会计要素的具体类别而设置的分类账户进行登记的账簿。分类账簿按其反映指标的详细程度分为总分类账簿和明细分类账簿。按照总分类账户分类登记经济业务事项的是总分类账簿(图 7.2)，简称总账，是根据总账科目(一级科目)开设账户，用来分类登记全部经济业务，提供各种资产、负债、所有者权益、收入、费用及利润等总括核算资料的分类账簿；按照明细分类账户分类登记经济业务事项的是明细分类账簿，简称明细账，是根据总账科目所属的二级或明细科目开设账户，用来分类登记某一类经济业务，提供比较详细的核算资料的分类账簿。分类账簿提供的核算信息是编制会计报表的主要依据。

图 7.1　现金日记账和银行存款日记账

图 7.2　总分类账

(3) 备查账簿。备查账簿(简称“备查账”或“备查簿”)是对某些在序时账簿和分类账簿等主要账簿中都不予登记或登记不够详细的经济业务事项进行补充登记时使用的账簿。它不是根据会计凭证登记的账簿，同时它也没有固定的格式，是用文字对某些在日记账和分类账中未能记录或记录不全的经济业务进行补充登记的账簿。它通常依据表外科目登记，可以对某些经济业务的内容提供必要的参考资料。例如，租入固定资产登记簿、委托加工材料登记簿等。备查账簿并非每个单位都应设置，只能根据各个单位的实际需要来设置和登记。

2. 按账簿的账页格式分类

(1) 两栏式账簿。两栏式账簿是指只有借方和贷方两个基本金额栏目的账簿。各种普通日记账和转账日记账一般采用两栏式账簿。

(2) 三栏式账簿。三栏式账簿是设有借方、贷方和余额 3 个基本栏目的账簿，如图 7.3 所示。各种日记账、总分类账以及资本、债权、债务明细账都可采用三栏式账簿。三栏式账簿又分为设对方科目和不设对方科目两种，区别是在摘要栏和借方科目栏之间是否有一栏“对方科目”。有“对方科目”栏的，称为设对方科目的三栏式账簿；不设“对方科目”栏的，称为不设对方科目的三栏式账簿。

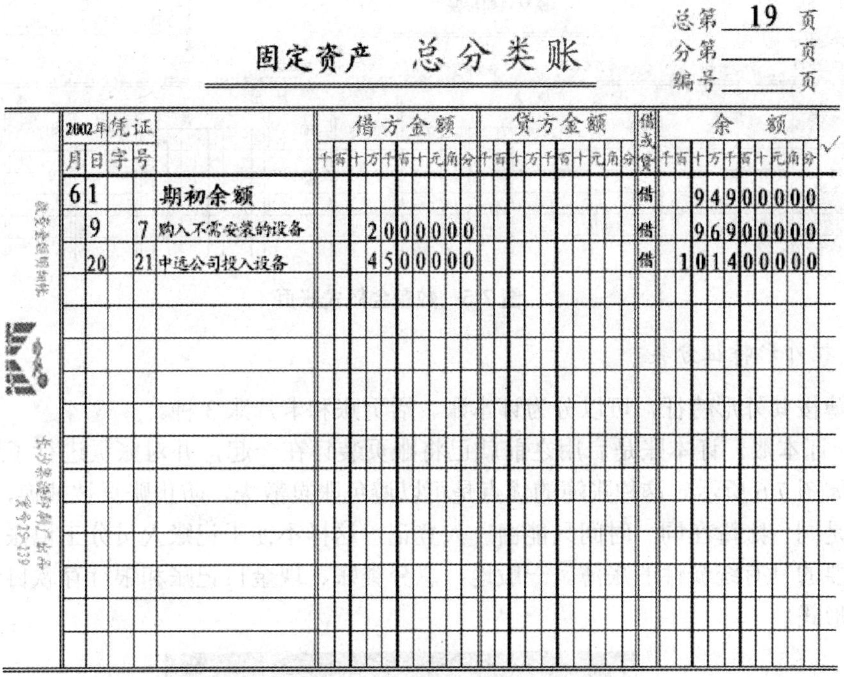
总第 19 页
分第____页
编号____页

固定资产 总分类账

2002年 月	日	凭证 字	号	摘要	借方金额	贷方金额	借或贷	余额
6	1			期初余额			借	94900000
	9		7	购入不需安装的设备	2000000		借	96900000
	20		21	中远公司投入设备	4500000		借	101400000

图 7.3 三栏式账页

(3) 多栏式账簿。多栏式账簿是在账簿的两个基本栏目借方和贷方按需要分设若干专栏的账簿，如图 7.4 所示。收入、费用、成本、利润明细账一般均采用这种格式的账簿。

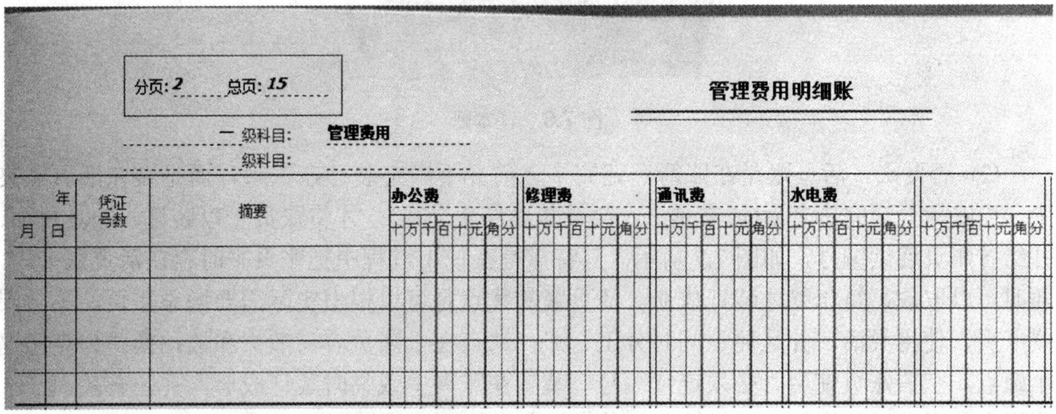
分页: 2 总页: 15

管理费用明细账

一级科目: 管理费用
级科目:

年 月	日	凭证号数	摘要	办公费	修理费	通讯费	水电费	
				十万千百十元角分	十万千百十元角分	十万千百十元角分	十万千百十元角分	十万千百十元角分

图 7.4 多栏式账页

(4) 数量金额式账簿。数量金额式账簿的借方、贷方和余额 3 个栏目内，都分设数量、单价和金额 3 小栏，借以反映财产物资的实物数量和价值量，如图 7.5 的所示。如原材料、库存商品、产成品等明细账一般都采用数量金额式账簿。

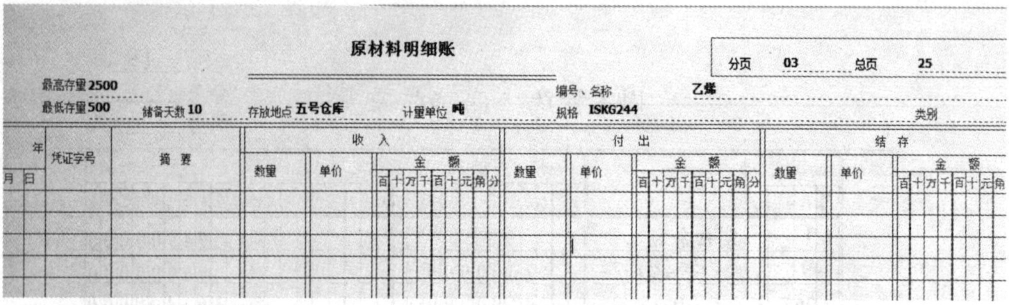
原材料明细账
分页 03 总页 25
最高存量2500
最低存量500 储备天数10 存放地点 五号仓库 计量单位 吨
编号、名称 乙煤
规格 ISKG244
类别

年		凭证字号	摘要	收入			付出			结存		
月	日			数量	单价	金额（百十万千百十元角分）	数量	单价	金额（百十万千百十元角分）	数量	单价	金额（百十万千百十元角）

图 7.5　数量金额式账页

3. 按外形特征分类

账簿按其外形特征，可以分为订本账、活页账和卡片账 3 种。

(1) 订本账。订本账是启用之前就已将账页装订在一起，并对账页进行了连续编号的账簿，如图 7.6 所示。这种账簿的优点是可以避免账页散失，防止账页被抽换，比较安全。其缺点是同一账簿在同一时间只能由一人登记，这样不便于记账人员分工记账。订本账适用于重要的具有统驭性的账簿。一般地，总分类账、现金日记账和银行存款日记账应采用订本账形式。

图 7.6　订本账

(2) 活页账。活页账是在账簿登记完毕之前并不固定装订在一起，而是装在活页账夹中。当账簿登记完毕之后(通常是一个会计年度结束之后)，才将账页予以装订，加具封面，并给各账页连续编号，如图 7.7 所示。其特点是在使用过程中把账页平时存在活页账夹内，随时可以取放，待年终才装订成册。活页账的优点是可以根据实际需要增添账页，不会浪费账页，使用灵活，并且便于同时分工记账；缺点在于账页容易散失和被抽换。为克服这个缺点，空白账页使用时必须连续编号，装置在账夹中或临时装订成册，并由有关人员在账页上盖章，以防舞弊。一般地，各种明细分类账可采用活页账形式。

图 7.7　活页账

(3) 卡片账。卡片账是将账户所需格式印刷在硬卡上，通常是由若干零散的、具有专门格式的硬纸卡片组成的账簿。严格而言，卡片账也是一种活页账，只不过它不是装在活页账夹中，而是保存在卡片箱内。使用时，应在卡片上连续编号、加盖有关人员的印章、置放在卡片箱内，以保证其安全并可以随时取出和放入，如图 7.8、图 7.9 所示。它的优缺点与活页账相同。在我国，一般只对固定资产明细账采用卡片账形式。

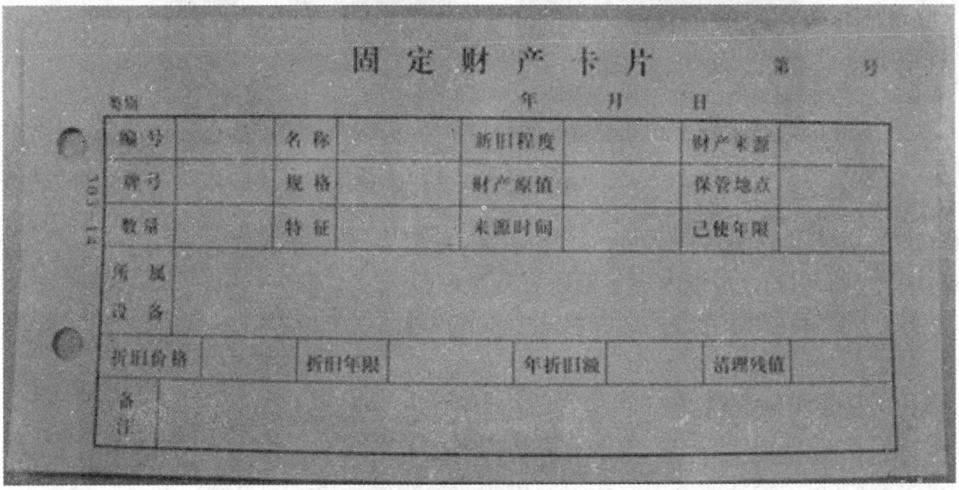

固定财产卡片　第　号

类别　年　月　日

编号		名称		新旧程度		财产来源	
牌号		规格		财产原值		保管地点	
数量		特征		来源时间		已使年限	
所属设备							
折旧价格		折旧年限		年折旧额		清理残值	
备注							

图 7.8　固定资产卡片账正面

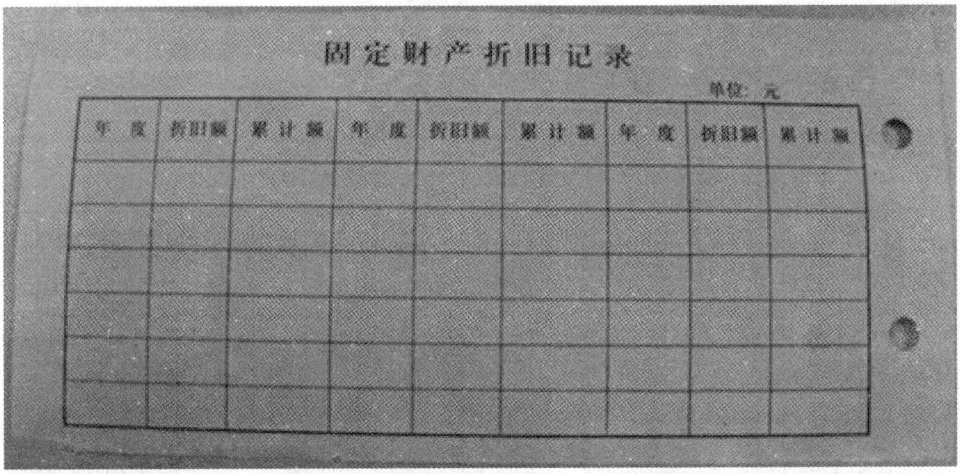

固定财产折旧记录

单位：元

年度	折旧额	累计额	年度	折旧额	累计额	年度	折旧额	累计额

图 7.9　固定资产卡片账背面

7.2　账簿的设置和登记

7.2.1　会计账簿的基本内容

(1) 封面，主要标明账簿的名称，如总分类账、各种明细账、现金日记账、银行存款日记账等，如图 7.10 所示。

图 7.10 账簿封面

(2) 扉页，主要列明科目索引、账簿启用和经管人员一览表。

(3) 账页(图 7.11)。基本内容包括以下几个方面。

① 账户的名称(总分类账户、二级账户或明细账户)。

② 登记账户的日期栏。

③ 凭证种类和号数栏。

④ 摘要栏(简要说明所记录经济业务的内容)。

⑤ 金额栏(记录经济业务引起账户发生额或余额增减变动的数额)。

⑥ 总页次和分户页次。

总第 19 页
分第____页
编号____页

固定资产 总分类账

2002年 月	日	凭证 字	号	摘要	借方金额（千百十万千百十元角分）	贷方金额（千百十万千百十元角分）	借或贷	余额（千百十万千百十元角分）
6	1			期初余额			借	94900000
	9		7	购入不需安装的设备	2000000		借	96900000
	20		21	中远公司投入设备	4500000		借	101400000

图 7.11 固定资产总分类账账页

7.2.2 会计账簿的启用与登记规则

1. 账簿的启用

启用会计账簿时，应当在账簿封面上写明单位名称和账簿名称，并在账簿扉页上附启用表。在账簿扉页上应当填列“账簿启用登记表”(活页账、卡片账应在装订成册时填列)，其内容包括：启用日期、账簿页数、记账人员和会计机构负责人、会计主管人员姓名，并加盖签名章和单位公章，如图 7.12 所示。记账人员或者会计机构负责人、会计主管人员调动工作时，应当注明交接日期、接办人员或者监交人员姓名，并由交接双方签名或者盖章。

启用订本式账簿应当从第一页到最后一页顺序编定页数，不得跳页、缺号。使用活页式账页应当按账户顺序编号，并须定期装订成册；装订后再按实际使用的账页顺序编定页码，另加目录，记明每个账户的名称和页次。

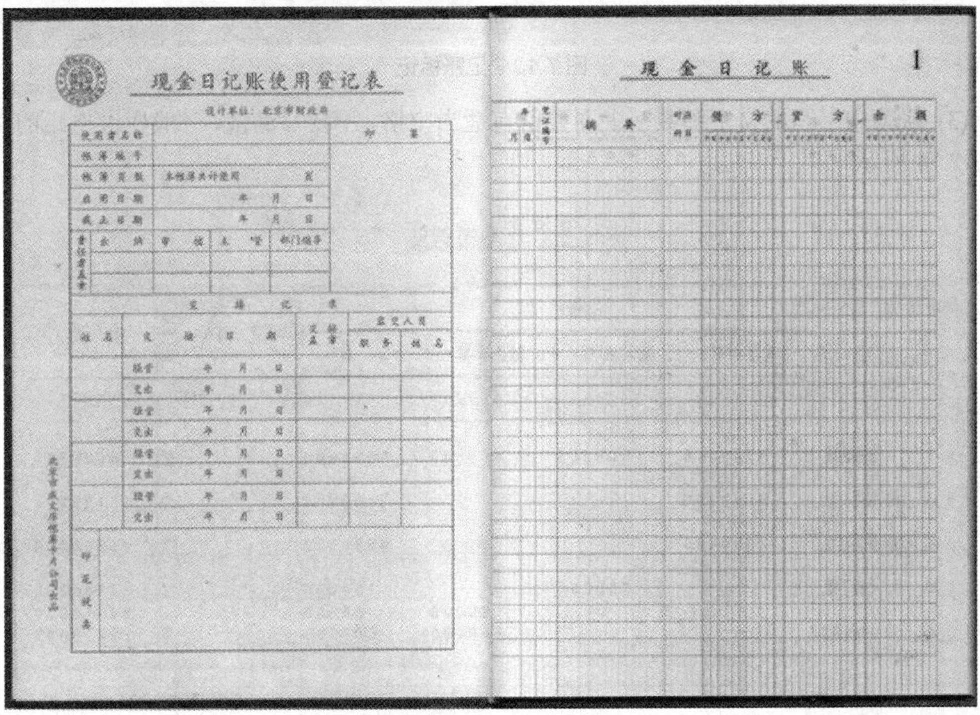

图 7.12 现金日记账使用登记表

在年度开始启用新账簿时，为了保证年度之间账簿记录的相互衔接，应把上年度的年末余额，记入新账的第一行，并在摘要栏中注明“上年结转”或“年初余额”字样。

2. 账簿的登记规则

(1) 登记会计账簿时，应当将会计凭证日期、编号、业务内容摘要、金额和其他有关资料逐项记入账内。

(2) 登记完毕后，要在记账凭证上签名或者盖章，并注明已经登账的符号(如注明“ √ ”)表示已经记账，如图 7.13 所示。

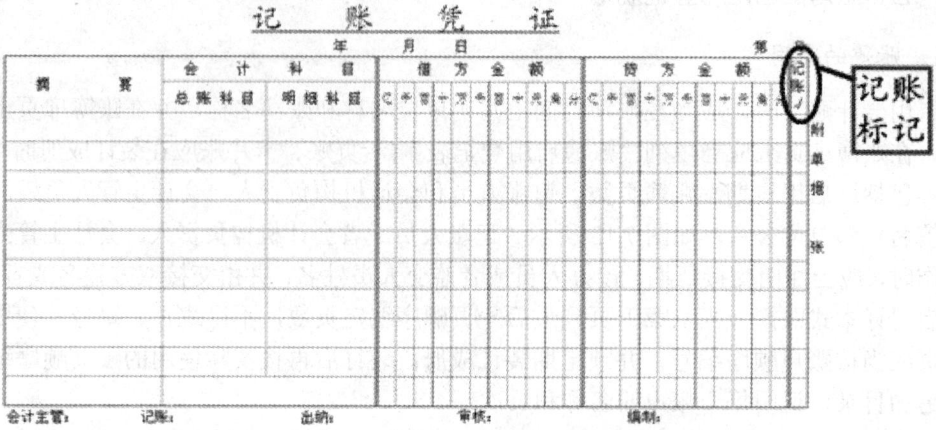

图 7.13　记账标记

(3) 账簿中书写的文字和数字上面要留有适当空格，不要写满格，一般应占格距的 1/2，如图 7.14 所示。

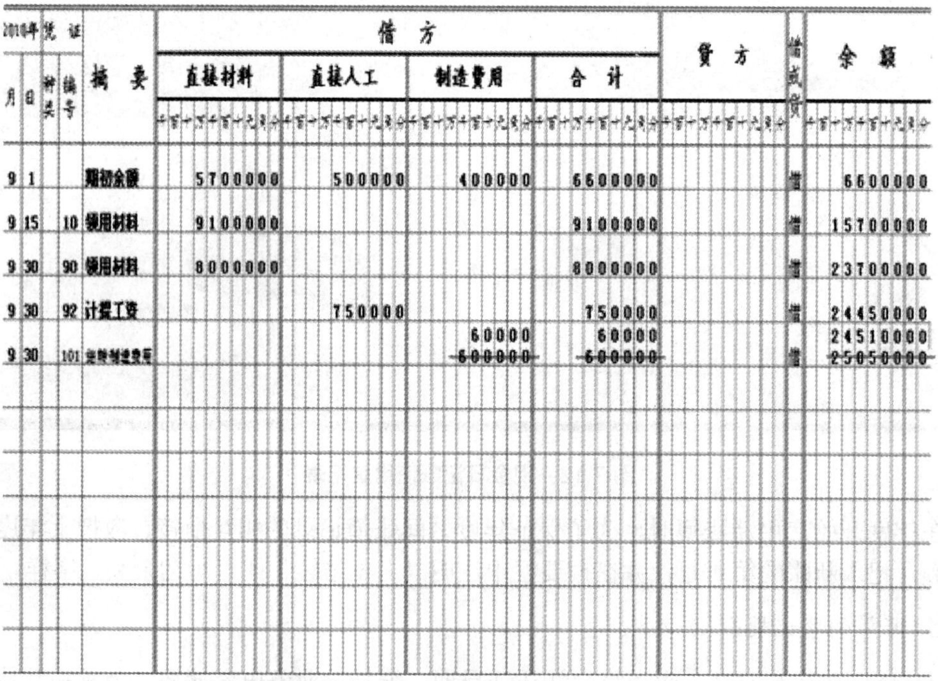

生产成本明细账

2010年 月	日	凭证 种类	凭证 编号	摘要	借方 直接材料	借方 直接人工	借方 制造费用	借方 合计	贷方	借或贷	余额
9	1			期初余额	5700000	500000	400000	6600000		借	6600000
9	15		10	领用材料	9100000			9100000		借	15700000
9	30		90	领用材料	8000000			8000000		借	23700000
9	30		92	计提工资		750000		750000		借	24450000
9	30		101	[illegible]			60000 / ~~600000~~	60000 / ~~600000~~		借	24510000 / ~~25050000~~

图 7.14　生产成本明细账

(4) 登记账簿要用蓝黑墨水或者碳素墨水书写，不得使用圆珠笔(银行的复写账簿除外)或者铅笔书写。

(5) 下列情况，可以用红色墨水记账。

① 按照红字冲账的记账凭证，冲销错误记录，如图 7.15 所示。

② 在不设借贷等栏的多栏式账页中，登记减少数，如图 7.16 所示。

③ 在三栏式账户的余额栏前，如未印明余额方向，在余额栏内登记负数余额。

④ 根据国家统一的会计准则的规定可以用红字登记的其他会计记录。

总第＿＿页 分第＿＿页　　**应付账款**

＿级科目编号及名称 红星材料厂

＿级科目编号及名称＿＿＿＿

2007年		凭证		摘要	日期	借方	贷方	借或贷	余额
月	日	种类	号数						
7	1			期初余额				贷	1000000
7	3	记	6	偿付前欠货款		1000000		平	θ
7	5	记	10	冲销7月3日多记金额		900000		贷	900000

图 7.15　应付账款

生产成本　**明细账**

户名：A产品　　第　号

2007年		凭证	摘要	成本项目						合计
月	日	字号		直接材料	直接人工	制造费用				
9	01		期初余额	24000.00	10000.00	6000.00				40000.00
	01	记06	领用材料	20000.00						20000.00
	30	记16	分配工资		19000.00					19000.00
	30	记17	结转制造费用			12900.00				12900.00
	30	记18	结转完工产品成本	36280.00	16000.00	10000.00				62280.00
9	30		月末余额	7720.00	13000.00	8900.00				29620.00

图 7.16　生产成本明细账

(6) 各种账簿应按页次顺序连续登记，不得跳行、隔页。如果发生跳行、隔页，应当将空行、空页划线注销，或者注明“此行空白”、“此页空白”字样，并由记账人员签名或者盖章，如图 7.17 所示。

(7) 凡需要结出余额的账户。结出金额后，应当在“借或贷”等栏内写明“借”或“贷”等字样，以示余额方向。没有余额的账户，应在“借或贷”栏内写“平”字，并在“余额”栏用“θ”表示。

(8) 每一账页登记完毕结转下页时，应当结出本页合计数及余额，写在本页最后一行和下页第一行有关栏内，并在摘要栏内注明“过次页”和“承前页”字样；也可以将本页合计数及金额只写在下页第一行有关栏内，并在摘要栏内注明“承前页”字样，以保持账簿记录的连续性，便于对账和结账。

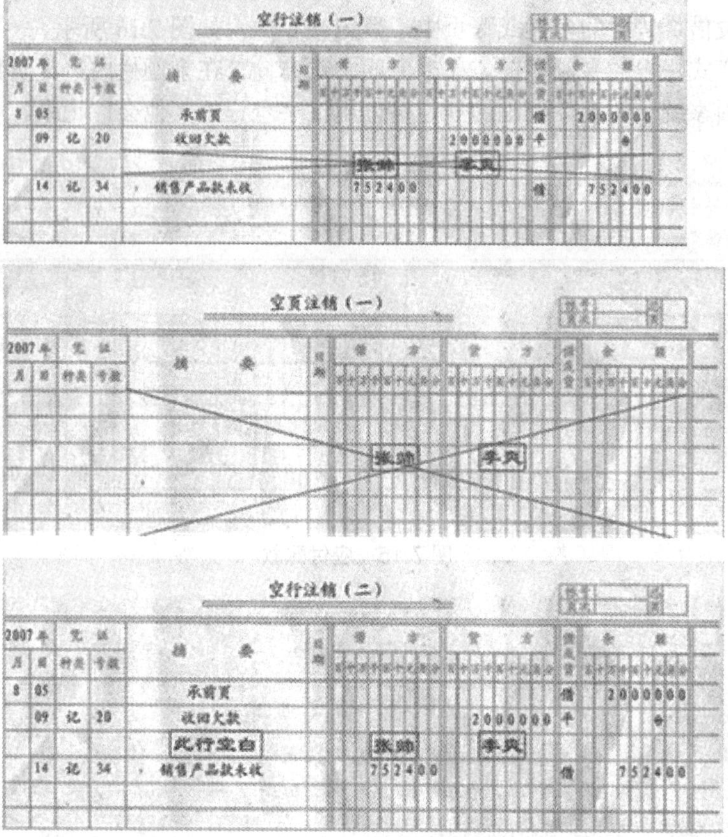

图 7.17　空行注销

对需要结计本月发生额的账户，结计“过次页”的本页合计数应当为本月初起至本页末止的发生额合计数；对需要结计本年累计发生额的账户，结计“过次页”的本页合计数应当为自年初起至本页末止的累计数；对既不需要结计本月发生额也不需要结计本年累计发生额的账户，可以只将每页末的金额结转次页，如图 7.18 所示。

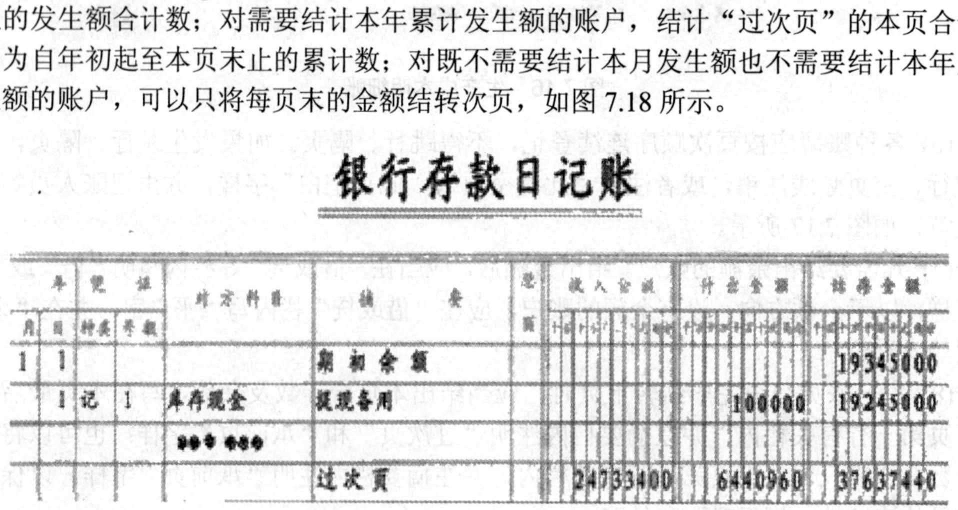

图 7.18　账页登记完毕结转下页

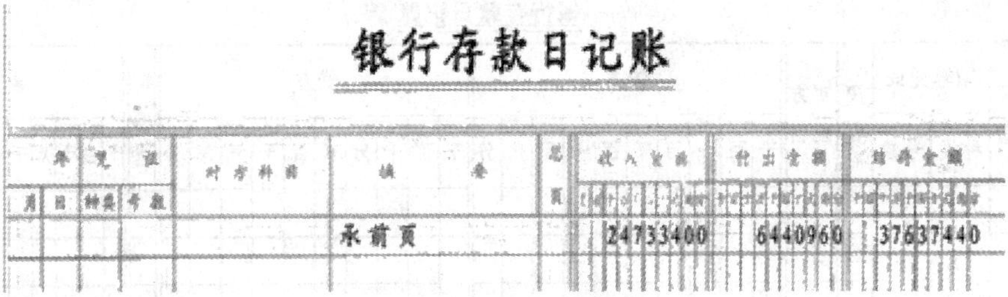

银行存款日记账

凭证				对方科目	摘要	总页	收入金额	付出金额	结存金额
月	日	种类	号数						
					承前页		24733400	6440960	37637440

图 7.18　账页登记完毕结转下页(续)

7.2.3　日记账的格式与登记

为了加强对货币资金的管理，各单位都应当设置现金日记账和银行存款日记账。

1. 日记账的格式

日记账又称序时账簿，是按照经济业务发生或完成时间的先后顺序逐日逐笔进行登记的账簿。设置日记账的目的，是为了使经济业务按时间顺序清晰地反映在账簿记录中。在我国，大多数单位一般只设现金日记账和银行存款日记账，以便加强对货币资金的日常监督和管理。这里以现金日记账和银行存款日记账为例介绍日记账的格式和登记方法。

现金日记账是用来核算和监督库存现金每天的收入、支出和结存情况的账簿，其格式有三栏式和多栏式两种。银行存款日记账是用来核算和监督银行存款每日的收入、支出和结余情况的账簿。银行存款日记账应按企业在银行开立的账户和币种分别设置，每个银行账户设置一本日记账。银行存款日记账的格式与现金日记账相同，可以采用三栏式，也可以采用多栏式。为了保证现金日记账和银行存款日记账的安全完整，防止账页散失和随意抽换，无论采用三栏式还是多栏式的现金日记账和银行存款日记账，都必须使用订本账，并为每一张账页顺序编号。

(1) 三栏式日记账(金额是三栏)。三栏式现金日记账和银行存款日记账设借方、贷方和余额 3 个基本的金额栏目，一般将其分别称为“收入”、“支出”和“结余”3 个基本栏目，如图 7.19、图 7.20 所示。

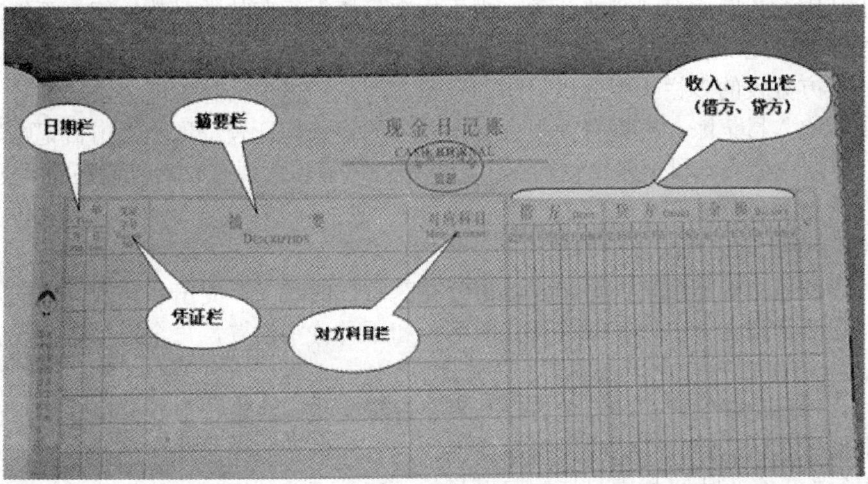

图 7.19　三栏式现金日记账

银行存款日记账

年		凭证号数	结算凭证		摘要	对方科目	借方										贷方										借或贷	余额									
月	日		种类	号数			千	百	十	万	千	百	十	元	角	分	千	百	十	万	千	百	十	元	角	分		千	百	十	万	千	百	十	元	角	分

图 7.20　三栏式银行存款日记账

(2) 多栏式日记账，即将收入栏和付出栏分别按照对方科目设置若干专栏，也就是将收入栏按贷方科目设专栏，付出栏按借方科目设专栏，也就是按收入的来源和支出的用途设专栏。

2. 日记账的登记方法

1) 现金日记账的登记方法

现金日记账由出纳人员根据同现金收付有关的记账凭证，按时间顺序逐日逐笔进行登记，并根据“上日余额+本日收入-本日支出=本日余额”的公式，逐日结出现金余额，与现金实存数核对，以检查每日现金收付是否有误。

(1) 记账日期栏，是指记账凭证的日期，应与现金实际收付的日期一致。

(2) 凭证号数栏，是指登记入账收付款凭证的种类和编号。

(3) 摘要栏，说明登记入账的经济业务的内容。

(4) 对方科目栏，是指现金收入的来源科目或支出的用途科目，如从银行提取现金，其来源科目(即对方科目)为“银行存款”。其作用在于了解经济业务的来龙去脉。

(5) 收入、支出栏，是指现金实际收付的金额。每日终了，应分别计算现金收入和付出的合计数，结出余额，同时将余额与出纳员的库存现金核对，即通常说的“日清”。如账款不符应查明原因，并记录备案。月终同样要计算现金收、付和结存的合计数，通常称为“月结”。

对于从银行提取库存现金的业务，由于规定只填银行存款的付款凭证，不填制库存现金收款凭证。因此，从银行提取库存现金的收入数，应根据银行存款付款凭证登记。

借、贷方分设的多栏式现金日记账的登记方法是：先根据有关现金收入业务的记账凭证登记现金收入日记账，根据有关现金支出业务的记账凭证登记现金支出日记账，每日营业终了，根据现金支出日记账结计的支出合计数，一笔转入现金收入日记账的“支出合计”栏中，并结出当日余额。

2) 银行存款日记账的登记方法

银行存款日记账是用来核算和监督银行存款每日的收入、支出和结余情况的账簿。银行存款日记账应按会计主体在银行开立的账户和币种分别设置，每个银行账户设置一本日记账。

银行存款日记账的格式和登记方法与现金日记账相同。银行存款日记账通常也是由出纳人员根据审核后的银行存款收、付款凭证，逐日逐笔按照先后顺序进行登记。对于将现金存入银行的业务，由于规定只填制现金付款凭证，不填制银行存款收款凭证，因而这种业务的存款收入数，应根据有关库存现金付款凭证登记。

7.2.4 分类账的格式与登记

1. 总分类账的格式与登记方法

1) 总分类账的格式

总分类账是按照总分类账户分类登记以提供总括会计信息的账簿。总账中的账页是按总账科目(一级科目)开设的总分类账户。为了全面、系统、综合地反映企业所有的经济活动情况和财务收支情况，并为编制会计报表提供所需的资料，每一个单位都要设置总分类账。

总分类账最常用的格式为三栏式，设置借方、贷方和余额 3 个基本金额栏目。总分类账必须采用订本式账簿。总分类账一般按照会计科目的编码顺序，并为各个账户预留账页。

2) 总分类账的登记方法

总分类账登记的依据和方法，主要取决于所采用的账务处理程序。它可以直接根据记账凭证逐笔登记，也可以通过一定的汇总方式，先把各种记账凭证汇总编制成科目汇总表或汇总记账凭证，再据以登记。月终，在全部经济业务登记入账后，结出各账户的本期发生额和期末余额，如图 7.21 所示。

库存现金

年		凭证		摘要	日期	借方	贷方	借或贷	余额
月	日	种类	号数						
				承前页		21744100	21711000	借	113000
11	20	记汇	32	11—20日发生额		1920000	2010000	借	23000
	30	记汇	33	21—30日发生额		101000		借	124000
12	10	记汇	34	1—10日发生额		108000	90000	借	142000
	20	记汇	35	11—20日发生额		1728000	1809000	借	61000
	31	记汇	36	21—31日发生额		90900		借	151900
				本年合计		25692000	25620000	借	151900
				结转下年					

图 7.21 库存现金分类账

2. 明细分类账的格式和登记方法

1) 明细分类账的格式

明细分类账是根据二级账户或明细账户开设账页，分类、连续地登记经济业务以提供明细核算资料的账簿。它所提供的有关经济活动的详细核算资料，是对总分类账所提供的总括核算资料的必要补充，同时也是编制会计报表的依据之一。因此，各个单位在设置总分类账的基础上，还应根据实际需要，按照总账科目设置必要的明细分类账。明细分类账一般采用活页式账簿，也有的采用卡片式账簿(如固定资产明细账)。根据管理的要求和各种明细分类账所反映的经济内容，明细分类账的格式主要有三栏式、多栏式、数量金额式。

(1) 三栏式明细分类账。三栏式明细分类账设有借方、贷方和余额 3 个栏目，用以分类核算各项经济业务，提供详细核算资料的账簿，其格式与三栏式总账格式相同，适用于只进行金额核算的账户。这种格式适合于那些只需要进行金额核算，不需要进行数量核算的债权、债务结算科目，如“应收账款”、“应付账款”等科目的明细分类核算，如图 7.22 所示。

分页:4 总页:15

应收账款明细账

一级科目: 应收账款　　二级科目: 大光公司

2011年 月	日	凭证 种类	号数	摘要	日页	借方（百十万千百十元角分）	贷方（百十万千百十元角分）	借或贷	余额（百十万千百十元角分）
04	01			承前页		100000000	90000000	借	7000000
04	12	转	12	销售二丙烯基醚产品		4720000		借	11720000
04	15	收	13	收到上月欠款			4000000	借	7720000
04	16	转	17	销售二丙烯基醚产品		2340000		借	10060000
04	30			本月合计		7060000	4000000	借	10060000

图 7.22　应收账款明细账

(2) 多栏式明细分类账。多栏式明细分类账是将属于同一个总账科目的各个明细科目合并在一张账页上进行登记，适用于成本费用类科目的明细核算，如“生产成本”、“管理费用”、“营业外收入”、“利润分配”等科目的明细分类核算，如图 7.23 所示。

分页: 2 总页: 15

管理费用明细账

一级科目: 管理费用
级科目:

2011年 月	日	凭证号数	摘要	办公费（十万千百十元角分）	修理费（十万千百十元角分）	通讯费（十万千百十元角分）	水电费（十万千百十元角分）	（十万千百十元角分）
04	01		承前页	137000	111500	348660	485000	
04	02	现付04号	报销办公用品费用	39000				
04	04	银付11号	支付维修费用		58500			
04	07	银付22号	报销上月座机通讯费			113050		
04	09	银付29号	支付上月水电费				157000	

图 7.23　管理费用明细账

(3) 数量金额式明细分类账。数量金额式明细分类账其借方(收入)、贷方(发出)和余额(结存)都分别设有数量、单价和金额 3 个专栏，适用于既要进行金额核算又要进行数量核算的账户，如“原材料”、“产成品”等科目的明细分类核算，如图 7.24 所示。

原材料明细账

分页 03 总页 25

最高存量 2500
最低存量 500　储备天数 10　存放地点 五号仓库　计量单位 吨　编号、名称 乙烯　规格 ISKG244　类别

2011年 月	日	凭证字号	摘要	收入 数量	收入 单价	收入 金额（百十万千百十元角分）	付出 数量	付出 单价	付出 金额（百十万千百十元角分）	结存 数量	结存 单价	结存 金额（百十万千百十元）
04	01		承前页	5500.00	200.00	110000000	5000.00	200.00	100000000	600.00	200.00	120000
04	02	付2	购进乙烯	200.00	200.00	4000000				800.00	200.00	160000
04	04	转4	购进乙烯	400.00	200.00	8000000				1200.00	200.00	240000
04	05	转6	购进乙烯	600.00	200.00	12000000				1800.00	200.00	360000
04	15	转16	领用乙烯				800.00	200.00	16000000	1000.00	200.00	200000
04	30		本月合计	1200.00		24000000	800.00		16000000	1000.00	200.00	200000

图 7.24　原材料明细账

2) 明细分类账的登记方法

(1) 根据原始凭证直接登记明细账。

(2) 根据汇总原始凭证登记明细账。

(3) 根据记账凭证登记明细账。

不同类型经济业务的明细分类账可根据管理需要，依据记账凭证、原始凭证或汇总原始凭证逐日逐笔或定期汇总登记。固定资产、债权、债务等明细账应逐日逐笔登记；原材料、库存商品收发明细账以及收入、费用明细账可逐笔登记，也可定期汇总登记。

7.3 错账更正方法

在记账过程中，如果账簿发生错误，产生错账，如重记、漏记、数字颠倒、数字错位、数字记错、科目记错、借贷方向记反等，不得刮擦、挖补、涂改或者用药水消除字迹，不准重新抄写，必须根据错账的具体情况，采用正确的方法予以更正。错账的更正方法一般有以下 3 种。

7.3.1 划线更正法

在结账前，如果发现账簿记录有错误，而记账凭证并无错误，只是过账时不慎，纯属账簿记录中的文字或数字的笔误，应采用划线更正法予以更正。划线更正法又叫做红线更正法。更正的方法是：先在错误的文字或数字上划一条红色横线，表示注销；然后将正确的文字或数字用蓝字或黑字写在被注销的文字或数字的上方，并由记账人员在更正处盖章，以明确责任。

这种方法值得注意的是：①文字错误可只划掉错误的字，数字错误则需划掉整笔数字，不能只划掉其中一个或几个写错的数字；②被划掉的文字或数字仍应清晰可辨，不得涂成模糊一片；③如发生结账后的记账凭证正确，而过账错误的，不可以采用划线更正法，而要根据实际情况采用红字更正法或补充登记法。

7.3.2 红字更正法

红字更正法可在两种情况下适用，第一种情况是记账后，发现记账凭证中的应借、应贷会计科目或金额有错误，致使账簿记录产生错误，此时应采用的更正方法是先用红字(用□表示红字)编制凭证冲销原错误分录记账，再用蓝字填制正确分录记账，并在摘要栏中填写“冲销某月某日第×号记账凭证的错账”的文字。

【例 7-1】某企业以库存现金 958 元购买办公用品，会计人员在填制记账凭证时发生错误并根据错误的记账凭证登记了账簿。

错误的会计分录为：

借：管理费用　　958

　　贷：银行存款　　958

更正：

第一步：应先编制一张与原错误记账凭证内容完全相同而金额为红字的记账凭证——记账。

借：管理费用　　$\boxed{958}$

　　贷：银行存款　　$\boxed{958}$

第二步：再用蓝字(或黑字)编制一张正确的记账凭证——记账。

借：管理费用　958

　　贷：库存现金　958

第二种情况是在记账后，发现记账凭证和账簿中所记金额大于应记金额，而应借、应贷的会计科目并无错误，也即金额要素的错误。此时，更正方法是用红字(金额用红字)填制一张与原记账凭证应借、应贷科目完全相同的记账凭证，以冲销多记的金额，并在摘要栏中填写“冲销某月某日第×号记账凭证多记金额”的文字。

【例 7-2】接**【例 7-1】**，如果会计人员填制记账凭证时所使用的会计科目及记账方向没有错误，只是将金额 958 元误记为 985 元，并登记入账。

错误的会计分录为：

借：管理费用　985

　　贷：库存现金　985

更正：

用红字(金额)编制一张更正错误的记账凭证——记账。

借：管理费用　[27]

　　贷：库存现金　[27]

7.3.3 补充登记法

(1) 适用范围：记账后，如果发现记账凭证和账簿中所记金额小于应记金额，而应借、应贷的会计科目并无错误(金额要素少记)，可采用补充登记法。

(2) 更正方法：按少计的金额用蓝字编制一张与原记账凭证应借、应贷科目完全相同的记账凭证，以补充少记的金额，并据以记账。并在摘要栏中填写“补记某月某日第×号记账凭证少记金额”的文字。

【例 7-3】仍接例**【7-2】**，如果会计人员填制记账凭证时所使用的会计科目及记账方向没有错误，只是将金额 958 元误记为 895 元，并登记入账。

错误的会计分录为：

借：管理费用　895

　　贷：库存现金　895

更正：

金额补记——记账。

借：管理费用　63

　　贷：库存现金　63

7.4 对账和结账

7.4.1 对账

1. 对账的含义

对账就是核对账目，即对账簿、账户记录的正确与否所进行的核对工作。对账工作是为了保证账证相符、账账相符和账实相符的一项检查性工作，其目的在于使期末用于编制会计报表的数据真实、可靠。

对账工作一般在月末进行，即在记账之后、结账之前进行。对账是把会计账簿记录的有关数字与库存实物、货币资金、有价证券等的相关资料和情况进行核对，包括与往来单位或者个人进行的相关核对。一些基础性工作，一般应在平时进行对账。若遇有特殊情况，比如有关人员因工作调动而办理移交手续之前，或者发生非常事件后，也应随时进行对账。

2. 对账的内容

对账工作的主要内容一般包括账证核对、账账核对和账实核对。

1) 账证核对

账证核对是指核对会计账簿记录与原始凭证、记账凭证的时间、凭证字号、内容、金额是否一致，记账方向是否相符。账证核对一般是在日常编制凭证和记账过程中进行，检查所记账目是否正确。

2) 账账核对

账账核对就是核对不同会计账簿之间的账簿记录是否相符。账账核对的内容包括以下几个方面。

(1) 总分类账簿有关账户的余额核对。总分类账各账户的借方期末余额合计数与贷方期末余额合计数应核对相等。

(2) 总分类账簿与所属明细分类账簿核对。总分类账的借、贷方本期发生额和期末余额与所属明细分类账的借、贷方本期发生额和期末余额之和应核对相等。

(3) 总分类账簿与序时账簿核对。现金日记账和银行存款日记账期末余额应与总分类账的库存现金、银行存款期末余额核对相符。

(4) 明细分类账簿之间的核对。会计部门财产物资明细分类账期末余额与财产物资保管和使用部门的有关财产物资明细分类账期末余额应核对相符。

3) 账实核对

账实核对就是各项财产物资、债权债务等账面余额与实有数额之间的核对。账实核对的内容包括以下几个方面。

(1) 现金日记账账面余额与库存现金数额是否相符。现金日记账账面余额应每天同库存现金实际库存数相核对。

(2) 银行存款日记账账面余额与银行对账单的余额是否相符。银行存款日记账的账面余额应同开户银行寄送企业的银行对账单相核对，一般至少一月核对一次。

(3) 各项财产物资明细账账面余额与财产物资的实有数额是否相符。

(4) 有关债权、债务明细账账面余额与对方单位的账面记录是否相符。

7.4.2 结账

1. 结账的含义

所谓结账就是在会计期末(月末、季末、年末)将本期内所有发生的经济业务全部登记入账以后，计算出本期发生额和期末余额。结账工作是建立在会计分期前提下的，由于企业的经济活动是连续不断地进行，会计记录也是连续不断地进行，为了了解某一会计期间(月份、季度、年度)的经济活动情况，考核经营成果，在每一会计期间终了时，必须进行结账，它是一项对账簿记录定期结算、了结账务的工作。同时，结账工作也是编制会计报表的先决条件，做好结账工作十分重要。结账的内容通常包括以下两个方面。

(1) 结清各种损益类账户，并据以计算确定本期利润。

(2) 结清各资产、负债和所有者权益账户，分别结出本期发生额合计和余额。

2. 结账步骤

(1) 将本期发生的经济业务全部登记入账，并保证其正确性。为了保证报表的真实性，必须正确划分会计期间，因此在结账前应将全部经济业务事项登记入账，不得为了赶编会计报表而提前结账，把本期发生的经济业务延至下期登账，也不得先编会计报表后结账。

(2) 期末账项调整。根据权责发生制的要求，调整有关账项，合理确定本期应计的收入和应计的费用。期末账项调整主要包括以下几个方面。

① 应计收入的调整。应计收入的调整是指本期已发生而且符合收入确认条件，应归属于本期的收入，但尚未收到的款项而未入账的产品销售收入或者劳务收入，应计入本期收入。

② 应计费用的调整。应计费用的调整是指本期已经发生而且符合收入确认条件，应归属本期的费用，但尚未实际支付款项而未入账的成本、费用，应计入本期的费用，如应计银行短期借款利息等。

③ 收入分摊的调整。收入分摊的调整是指前期已经收到款项，但由于尚未提供产品或劳务，因而在当时没有确认为收入入账的预收款项，本期按照提供产品或者劳务的情况进行分摊确认为本期收入。

④ 费用分摊的调整。费用分摊的调整是指原来预付的各项费用应确认为本期费用的调整，如各种待摊性质的费用。

⑤ 其他期末账项调整事项，如固定资产折旧、结转完工产品成本和已售产品成本等。

(3) 损益类账户结转。将损益类账户转入“本年利润”账户，结平所有损益类账户。

(4) 结出资产、负债和所有者权益账户的本期发生额和余额，并结转下期。

结账步骤如图 7.25 所示。

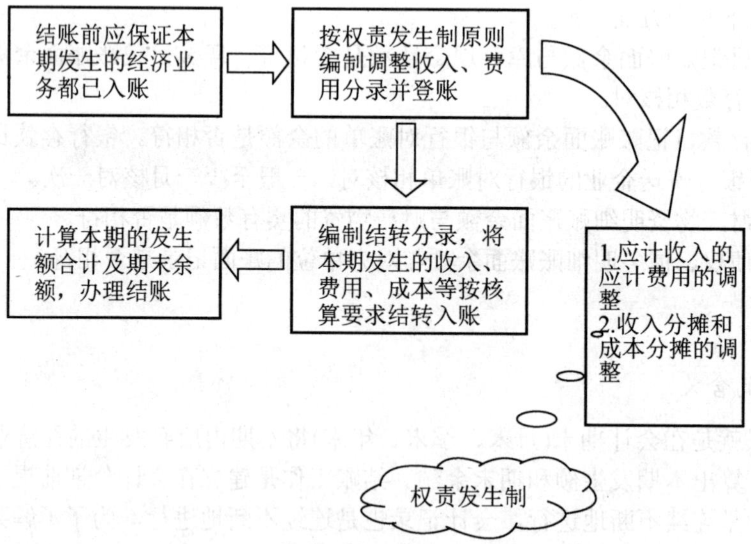

图 7.25 结账步骤

3. 结账的种类

根据结账时期的不同，可分为月结、季结和年结3种。

(1) 月结，即结清一个月的账簿记录。办理月结，可以在各账户本月份最后一笔记录下面划一道红线，在“摘要”栏写明“×月份发生额和余额”或“本月合计”字样，在红线下结算出本月发生额及余额(如无余额，应在“余额”栏内的“元”位写上“平”字或“分”符号)，然后在下面再划一条通栏单红线，以便与下月份发生额划分清楚。对于本月份未发生经济业务的账户，可以不进行月结，以节省手续。

(2) 季结，即结清一个季度的账簿记录。办理季结，应在“本月发生额和余额”的下行将3个月的借、贷方本期发生额加算合计数，并结出季度余额，写在月结数下一行内，在摘要栏内写明“第×季度发生额和余额”字样(也可以简写为“第×季度合计”)，然后在季结下面也划一通栏单红线，完成季结工作。

(3) 年结，即结清一个会计年度的账簿记录。办理年结，将本年度4个季度的借、贷方发生额加计全年发生额合计数，记入第四季度季结的下一行内，在摘要栏内写明“年度发生额和余额”或“本年合计”，最后，计算借贷两方总计数，再在总计数下再划两道红线，如不进行季结，年结就是在12月月结之后，结出本年发生额和余额，再划通栏双红线，表示年度封账、本年度记账工作全部结束。

对需要更换新账的，应同时在新账中有关账户的第一行“摘要”栏内注明“上年结转”或“年初余额”字样，并将上年余额记入“余额”栏内。新旧账有关账户之间转记余额，不必编制记账凭证。

4. 结账的方法

(1) 对不需按月结计本期发生额的账户，每次记账以后，都要随时结出余额，每月最后一笔余额即为月末余额。月末结账时，只需要在最后一笔经济业务事项记录之下通栏划单红线，不需要再结计一次余额，如图7.26所示。

应收账款—— 红星公司

年 月	年 日	凭证 种类	凭证 号数	摘要	借方	贷方	借或贷	余额
				承前页			借	400000
11	07	记	15	收到货款，存入银行		400000	平	θ
	08	记	23	销售产品，款未收	930150		借	930150
	14	记	43	收到货款，存入银行		930150	平	θ
	20	记	55	销售产品，款未收	2825550		借	2825550
	25	记	63	收到货款，存入银行		2825550	平	θ
12	08	记	21	销售产品，款未收	1053000		借	1053000
	26	记	65	销售产品，款未收	1942200		借	1942200

图7.26 应收账款

(2) 库存现金、银行存款日记账和需要按月结计发生额的收入、费用等明细账，每月结账时，要结出本月发生额和余额，在摘要栏内注明“本月合计”字样，并在下面通栏划单红线，如图 7.27 所示。

银行存款日记账

年		凭证		对方科目	摘要	总页	收入金额	付出金额	结存金额
月	日	种类	号数						
					承前页		35425330	25107760	29662570
11	24	记	61	库存现金	提现备用			100000	29562570
	25	记	62	营业外支出	对外捐款			200000	29362570
	25	记	63	应收账款	收到货款，存入银行		2825550		32188120
	26	记	64	应付账款	偿付前欠货款			2567200	29620920
	26	记	66	管理费用	支付水电费			290000	29330920
	27	记	67	原材料等	购进材料，验收入库，款已付			186520	29144400
	29	记	69	主营业务收入等	销售产品，货款收存银行		7651800		36796200
	31				本月合计		45902680	28451480	36796200

图 7.27　银行存款日记账

(3) 需要结计本年累计发生额的某些明细账户，每月结账时，应在“本月合计”行下结出自年初起至本月末止的累计发生额，登记在月份发生额下面，在摘要栏内注明“本年累计”字样，并在下面通栏划单红线。12 月末的“本年累计”就是全年累计发生额，全年累计发生额下通栏划双红线，如图 7.28 所示。

(4) 总账账户平时只需结出月末余额。年终结账时，将所有总账账户结出全年发生额和年末余额，在摘要栏内注明“本年合计”字样，并在合计数下通栏划双红线，如图 7.29 所示。

主营业务收入——甲产品

年		凭证		摘要		借方	贷方	借或贷	余额
月	日	种类	号数						
				承前页		35721000	37491000	贷	1770000
11	24	记	60	销售产品，收到部分货款			375000	贷	2145000
	26	记	65	销售产品，款未收			300000	贷	2445000
	29	记	69	销售产品，货款收存银行			1200000	贷	3645000
	30	记	81	结转本月收入		3645000		平	0
	30			本月合计		3645000	3645000	平	0
	30			本年累计		39366000	39366000	平	0
12	13	记	39	销售产品，货款收存银行			1584000	贷	1584000
	16	记	46	销售产品，款未收			540000	贷	2124000
	20	记	51	销售产品，款未收			540000	贷	2664000
	22	记	59	销售产品，收到部分货款			396000	贷	3060000
	26	记	65	销售产品，款未收			300000	贷	2445000
	28	记	72	销售产品，货款收存银行			1440000	贷	4860000
	31	记	81	结转本月收入		4860000		平	0
	31			本月合计		4860000	4860000	平	0
	31			本年累计		44226000	44226000	平	0

图 7.28　主营业务收入

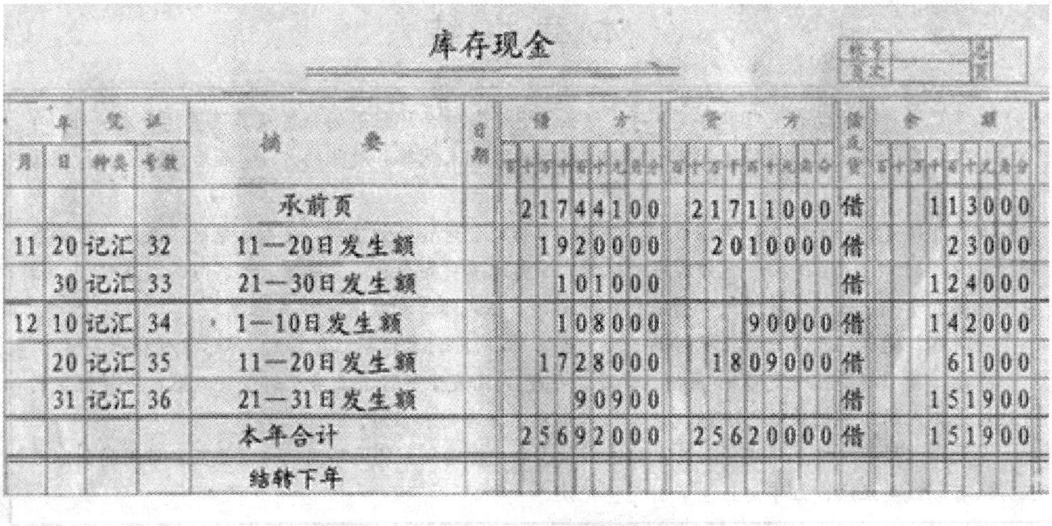

库存现金

年		凭证		摘要	日期	借方	贷方	借或贷	余额
月	日	种类	号数						
				承前页		21744100	21711000	借	113000
11	20	记汇	32	11—20日发生额		1920000	2010000	借	23000
	30	记汇	33	21—30日发生额		101000		借	124000
12	10	记汇	34	1—10日发生额		108000	90000	借	142000
	20	记汇	35	11—20日发生额		1728000	1809000	借	61000
	31	记汇	36	21—31日发生额		90900		借	151900
				本年合计		25692000	25620000	借	151900
				结转下年					

图 7.29　库存现金

(5) 年度终了结账时，有余额的账户，要将其余额结转下年，并在摘要栏注明“结转下年”字样；在下一会计年度新建有关会计账户的第一行余额栏内填写上年结转的余额，并在摘要栏注明“上年结转”字样。

7.5　账簿更换与保管

7.5.1　会计账簿的更换

会计账簿的更换通常在新会计年度建账时进行。一般来说，总账、日记账和多数明细账应每年更换一次，在年度终了时更换新账簿。在更换新账时，应将各账户的余额结转到新账簿第一行的余额栏内，并注明方向，同时在摘要栏内注明“上年结转”字样。新旧账簿有关账户之间的结转余额无须编制记账凭证。

对于变动较小的财产物资明细账和债权债务明细账，由于材料品种、规格和往来单位较多，若更换新账，重抄一遍工作量较大，因此，可以跨年度使用，不必每年度更换一次，如固定资产明细账。各种备查账簿也可以连续使用。

7.5.2　会计账簿的保管

各种账簿与会计凭证、会计报表一样，必须按照国家统一的会计制度的规定妥善保管，做到既安全完整，又可在需要时方便查找。

年度终了，各种账户在结转下年、建立新账后，一般都要把旧账送交总账会计集中统一管理。会计账簿暂由本单位财务会计部门保管 1 年，期满之后，由财务会计部门编造清册移交本单位的档案部门保管。保管期从会计年度终了后的第一天算起。会计档案的保管期限具体在 11.5 节中详细介绍。

本章小结

本章从会计账簿的含义及其分类入手，详细阐述了各种会计账簿的分类及其设置的基本原理，在此基础上介绍了会计账簿的登记规则和错账更正方法，期末结账和对账的方法，最后讲解了会计账簿的更换和保管。

会计账簿是由一定格式账页组成的，以经过审核的会计凭证为依据，全面、系统、连续地记录各项经济业务的簿记。账簿按用途分为序时账簿、分类账簿和备查账簿；按外表形式分为订本账簿、活页式账簿和卡片式账簿；按格式分为三栏式账簿、多栏式账簿和数量金额式账簿。

核对账目是保证账簿记录正确性的一项重要工作，对账内容包括账证核对、账账核对和账实核对。

结账时按照规定把一定时期(月份、季度、年度)内所发生的经济业务全部登记入账，并按规定的方法对该期内的账簿记录进行小结，结算出本期发生额合计和余额。

如果记账过程中发生错误，则应更具错误性质和发现时间，采用不同的方法更正。常用的错账更正方法有划线更正法、红字更正法和补充登记法。

习　题

一、单项选择题

1．关于账簿的使用，下列说法错误的是(　　)。

A．订本账预留太多则导致浪费，预留太少则影响连续登记

B．活页账登账方便，可以根据业务多少添加，因此收付款业务多的单位的现金日记账和银行存款日记账可以采用此种格式

C．固定资产明细账一般采用卡片账

D．总分类账一般使用订本账

2．会计账簿可按不同的标准进行分类，下列属于按用途划分的账簿类别是(　　)。

A．数量金额式明细账　　B．活页账

C．订本账　　D．序时账

3．对全部经济业务事项按照会计要素的具体类别而设置的分类进行登记的账簿称为(　　)。

A．备查账簿　　B．序时账簿

C．分类账簿　　D．三栏式账簿

4．账簿按其外形特征分为(　　)。

A．序时账、分类账和备查账　　B．三栏式、多栏式和数量金额式

C．订本式、活页式和卡片式　　D．分类账、三栏式和订本式

5．启用会计账簿时，应在账簿封面上写明单位名称和账簿名称，并在账簿扉页上附启用表。活页账和卡片账应在(　　)填列。

A．启用账簿时　　B．装订成册时

C．年初　　D．年末

6．下列关于账户及其基本结构的表述中，不正确的是(　　)。

A．账户是根据会计科目设置的，具有一定格式和结构

B．设置账户是会计核算的重要方法之一

C. 每一账户的核算内容具有独立性和排他性

D. 实际工作中，对会计科目和账户应严格区分，不能相互通用

7. 不需要在会计账簿扉页上的启用表中填列的内容是(　　)。

A. 账簿页数　　B. 记账人员　　C. 科目名称　　D. 启用日期

8. 下列关于会计账簿意义说法错误的是(　　)。

A. 账簿是积累会计核算资料的工具

B. 账簿记录是编制会计报表的主要依据

C. 账簿资料是会计分析和会计检查的直接依据

D. 账簿记录是登记原始凭证、记账凭证直接的依据

9. 会计账簿的更换通常在(　　)进行。

A. 更换会计人员时

B. 会计主体变更时

C. 年终结账时

D. 新会计年度建账时

10. 下列关于日记账的说法中，不正确的是(　　)。

A. 现金日记账和银行存款日记账由出纳人员负责登记

B. 现金日记账和银行存款日记账应该定期与会计人员登记的现金总账和银行存款总账核对

C. 银行存款日记账应该定期或者不定期与开户银行提供的对账单进行核对，每月至少核对3次

D. 现金日记账应逐日逐笔登记

11. 三栏式现金日记账为了清晰地反映与现金业务相关的账户对应关系，应在“摘要”栏后设(　　)栏。

A. 记账凭证的日期　　B. 记账凭证的编号

C. 对方科目　　D. 收入、支出和余额

12. 对总分类账格式和登记方法的错误要求是(　　)。

A. 总分类账最常用的格式是三栏式

B. 总分类账一般不采用订本账

C. 总分类账应该按照总分类账户分类登记

D. 总分类账的登记方法取决于单位、企业采用的账务处理程序

13. 银行存款日记账是根据(　　)逐日逐笔登记的。

A. 银行存款收、付款凭证

B. 转账凭证

C. 库存现金收款凭证

D. 银行对账单

14. 下列各项中，不属于账账核对内容的是(　　)。

A. 所有总账账户的借方发生额合计与所有总账账户的贷方发生额合计核对

B. 本单位的应收账款账面余额与对方单位的应付账款账面余额之间核对

C. 现金日记账和银行存款日记账的余额与其总账账户余额核对

D. 会计部门有关财产物资明细账余额与保管、使用部门的财产物资明细账余额之间核对

15. 下列项目中，不属于账实核对的内容是(　　)。

A. 库存现金日记账余额与库存现金数核对

B. 银行存款日记账余额与银行对账单余额核对

C. 账簿记录与原始凭证核对

D. 债权债务明细账余额与对方单位的账面记录核对

16. 下列关于对账的意义说法不正确的是(　　)。

A. 能够保证账簿记录的准确无误和编制会计报表数字的真实可靠

B. 能够发现会计工作中的薄弱环节，有利于会计核算质量的不断提高

C. 能够加强单位内部控制，建立健全经济责任制

D. 能够提高会计人员的工作效率

17. (　　)是追查会计记录正确与否的最终途径。

A. 账实核对　　B. 账表核对　　C. 账账核对　　D. 账证核对

18. 记账之后，发现记账凭证中将 20 000 元误写为 1 500 元，会计科目名称及应记方向无误，应采用的错账更正方法是(　　)。

A. 划线更正法　　B. 红字更正法　　C. 补充登记法　　D. 红字冲销法

19. 凡结账前发现记账凭证正确而登记账簿时发生的错误，可用(　　)更正。

A. 划线更正法　　B. 补充登记法　　C. 红字更正法　　D. 涂改法

20. 在登记账簿过程中，每一账页的最后一行及下一页第一行都要办理转页手续，是为了(　　)。

A. 便于查账　　B. 防止遗漏

C. 防止隔页　　D. 保持记录的衔接和连续性

二、多项选择题

1. 关于现金日记账的具体登记方法，表述正确的有(　　)。

A. 日期栏是指记账凭证的日期，应与现金实际收、付日期一致

B. 凭证栏是指登记入账的收、付款凭证种类和编号

C. 对方科目栏是指现金收入的来源科目或支出的用途科目

D. 收入、支出栏是指现金实际收、付的金额

2. 下列必须逐日逐笔登记明细账的有(　　)。

A. 固定资产　　B. 应收票据　　C. 应付账款　　D. 原材料

3. 下列(　　)明细账既可逐日逐笔登记，也可定期汇总登记。

A. 预收账款　　B. 原材料

C. 主营业务收入　　D. 管理费用

4. 下列关于明细分类账的账页格式表述正确的有(　　)。

A. 三栏式适用于只进行金额核算的资本、债权、债务明细账

B. 多栏式明细分类账适用于收入、成本、费用、利润和利润分配的明细账

C. 多栏式明细账是将属于同一个总账科目的多个明细科目合并在一张账页上进行登记

D. 数量金额式明细账适用于既要进行金额核算又要进行数量核算的存货明细账

5. 下列结账，该划通栏单红线的有(　　)。

A. 本月合计　　B. 12 月月末的本年累计

C. 1～11 月月末的本年累计　　D. 本年合计

6. 错账更正的方法一般有(　　)。

A. 平行登记法　　B. 划线更正法

C. 补充登记法　　D. 红字更正法

7. 对于划线更正法，下列说法正确的是(　　)。

A. 划红线注销时必须使原有字迹仍可辨认

B. 对于错误的数字，应当全部划红线更正，不得只更正其中的错误数字

C. 对于文字错误，可只划去错误的部分

D. 对于错误的数字，可以只更正其中的错误数字

8．下列账簿中，可以跨年度连续使用的有(　　)。

A．总分类账　　B．日记账

C．固定资产卡片账　　D．租入固定资产登记簿

9．下列说法中不正确的有(　　)。

A．三栏式账簿一般适用于费用、收入类明细账

B．应收账款总账应采用订本式账簿

C．固定资产明细账应采用数量金额式账簿

D．各单位都应设置备查账簿

10．以下关于订本账的表述正确的有(　　)。

A．订本账是指在账簿启用前，就将若干账页固定装订成册的账簿

B．同一账簿在同一时间能由多人记账，便于记账人员分工记账

C．订本账一般适用于总分类账、现金日记账和银行存款日记账

D．使用订本账的优点是可以防止账页被抽换，避免账页散失

11．下列账簿属于备查账簿的有(　　)。

A．租入的固定资产登记簿

B．出租的固定资产登记簿

C．委托加工材料登记簿

D．应收、应付票据登记簿

12．下列一般采用两栏式的有(　　)。

A．现金日记账　　B．普通日记账

C．银行存款日记账　　D．转账日记账

13．下列关于账簿与账户关系的表述，正确的有(　　)。

A．账户存在于账簿之中，没有账簿，账户就无法存在

B．账簿存在于账户之中，没有账户，账簿就无法存在

C．账户只是一个外在形式，账簿才是它的真实内容

D．账簿只是一个外在形式，账户才是它的真实内容

14．下列情况中，可以用红色墨水记账的有(　　)。

A．在不设借贷等栏的多栏式账页中，登记减少数

B．在三栏式账户的余额栏前，如未印明余额方向的，在余额栏内登记负数余额

C．按照红字冲账的记账凭证，冲销错误记录

D．根据国家统一的会计制度的规定可以用红字登记的其他会计记录

15．出纳人员可以登记和保管的账簿有(　　)。

A．现金日记账　　B．银行存款日记账

C．现金总账　　D．银行存款总账

三、判断题

1．在年度开始，启用新账簿时，应把上年度的年末累计发生额和余额记入新账的第一行，并在摘要栏注明“上年结转”字样。(　　)

2．现金日记账的日期栏是指记账凭证的日期，应与现金实际支付日期一致。(　　)

3．现金日记账和银行存款日记账不论在何种会计核算形式下，都是根据与收、付款有关的记账凭证逐日逐笔顺序登记的。(　　)

4．现金日记账是由出纳人员根据审核无误的现金收、付款凭证和转账凭证按照经济业务的发生顺序，逐日、逐笔序时登记。(　　)

5．总分类账登记的依据和方法，主要取决于企业的特点和管理需要。(　　)

6．总分类账最常用的格式为多栏式账簿。(　　)

7．对账工作必须在月末(包括季末、年末)进行，即在记账之后、结账之前进行。 (　　)

8．记账凭证上应借、应贷的会计科目并无错误时，只是金额填写错误，从而导致账簿记录错误时，可采用划线更正法予以更正。 (　　)

9．所有的账簿每年都要更换新账。 (　　)

10．在审查当年的记账凭证时，如果发现某记账凭证应借应贷的科目正确，但所记的金额小于实际金额，尚未入账，应用补充更正法更正。 (　　)

四、业务题

1．练习三栏式现金日记账和银行存款日记账的登记方法。

资料：广州华宇公司2013年8月“库存现金”借方余额3 000元，“银行存款”借方余额40 000元。8月份发生以下经济业务。

(1) 8月1日，向银行借入为期6个月的借款200 000元，存入银行。

(2) 8月2日，向本市华强公司购进甲材料80吨，单价500元，货款40 000元，货款已用支票支付，材料已验收入库。

(3) 8月5日，以银行存款15 800元偿还前欠红光公司货款。

(4) 8月6日，用现金支付2日所购材料的运杂费500元。

(5) 8月8日，职工李玲出差借差旅费3 000元，经审核开出现金支票。

(6) 8月10日，从银行提取现金16 000元，以备发放职工工资。

(7) 8月12日，以现金16 000元发放职工工资。

(8) 8月13日，以现金600元支付职工困难补助。

(9) 8月15日，销售商品50吨，单价800元，货款已收到。

(10) 8月20日，用银行存款支付销售商品所发生的费用600元。

(11) 8月22日，收到红星公司前欠货款28 000元，存入银行。

(12) 8月28日，职工李玲出差回来报销差旅费1 800元，余额退回。

(13) 8月30日，用银行存款28 000元交纳税金。

要求：

(1) 根据资料编制会计分录，并按经济业务的顺序编号。(为简化核算，不考虑增值税)

(2) 设置“现金日记账”和“银行存款日记账”，登记并结出发生额和余额。

2．练习错账的更正方法。

资料：兴华公司2013年10月发生以下错账。

(1) 6日，管理人员李明出差，预借差旅费2 000元，用现金支付，原编记账凭证的会计分录为：

借：管理费用　　2 000

　　贷：库存现金　　2 000

并已登记入账。

(2) 12日，用银行存款支付前欠W公司货款11 800元，原编记账凭证会计分录为：

借：应付账款——W公司　　11 800

　　贷：银行存款　　11 800

会计人员在登记“应付账款”账户时，将“11 800”误写为“1 180”。

(3) 30日，企业计算本月应交所得税17 000元，原编记账凭证会计分录为：

借：所得税费用　　1 700

　　贷：应交税费　　1700

并已登记入账。

要求：(1) 说明以下错账应采用的更正方法。

　　(2) 对错账进行更正。

第 8 章　账务处理程序

教学目的与要求

掌握记账凭证账务处理程序、科目汇总表账务处理程序和汇总记账凭证账务处理程序的概念、具体程序、优缺点；

掌握基本账务处理程序的内容；

了解账务处理程序的意义和种类及特点。

本章主要内容

账务处理程序概念、基本要求；

记账凭证账务处理程序的优缺点和使用范围；

汇总记账凭证账务处理程序的优缺点和使用范围；

科目汇总表账务处理程序的优缺点和使用范围。

本章考核重点

记账凭证处理程序一般步骤、记账凭证账务处理程序的特点、优缺点及适用范围；

汇总记账凭证的编制方法、一般编制步骤，汇总记账凭证账务处理程序的特点、优缺点与适用范围；

科目汇总表的编制方法、一般编制步骤、特点、优缺点和适用范围。

导入语

同学们好！我们通过前面内容的学习，已经掌握了一系列会计核算方法。其中从设置账户—复式记账—填制和审核凭证—登记账簿—成本核算—财产清查—编制会计报表，除了财产清查和编制会计报表没学，其他的方法都已经学过了，那么大家想一下这些会计核算的方法在会计实务当中到底是怎样联系在一起的。比如说：会计凭证、会计账簿、会计报表之间的结合的方式是怎样的？结合方式不同，形成的账务处理程序是不是又不同呢？是不是不同的会计主体账务处理程序又不同呢？

我们来看下面王英同学在实习中遇到的问题。

王英在大四的实习阶段，同时兼职两家公司的会计，一家是在开业初始，其规模比较小，业务也比较简单，另一家外贸公司，规模适中，业务量比较多，而两家公司的总账登记的方法有所不同。一家是根据记账凭证直接逐笔登记，而另一家是根据记账凭证定期编制科目汇总表，然后据此登记总账。王英就比较纳闷，心想：为什么两家公司的总账登记方法不同呢？

那么同学们想要知道王英同学遇到了怎样的问题，就来认真学习本章的内容吧！

8.1 概　　述

8.1.1 账务处理程序的含义

账务处理程序也叫会计核算组织程序或会计核算形式，它是指凭证组织、账簿组织与记账程序有机结合产生会计信息的步骤和方法。其基本内容包括填制会计凭证，登记各种账簿，根据账簿记录编制财务会计报表提供财务信息这一整个过程的步骤和方法。其中，凭证组织是指凭证的种类、格式和各种凭证之间的相互关系；账簿组织是指账簿的种类、格式和各种账簿之间的相互关系；记账程序是指运用一定的记账方法，从填制和审核会计凭证、登记账簿到编制财务会计报表进行反映的步骤与过程。如何将会计凭证、会计账簿和财务会计报表结合应用，与企业的记账程序有着直接关系。即使是对于同样的经济业务进行账务处理，如果采用的记账程序不同，所采用的会计凭证、会计账簿和财务会计报表的种类与格式也有所不同。不同种类与格式的会计凭证、会计账簿、财务会计报表与一定的记账程序相结合，就形成了在做法上有着一定区别的会计财务处理程序。

账务处理程序的基本模式可以概括为：原始凭证—记账凭证—会计账簿—会计报表。

8.1.2 账务处理程序的意义

对于不同的单位，科学、合理组织本单位的账务处理程序，是正确地组织会计核算工作的基础，也是会计主体进行会计制度设计的重要组成部分，对于加强会计核算具体方法之间的有效衔接，配合、规范会计核算组织工作，提高会计核算工作效率，保证会计核算工作质量，具有重要的意义：①有利于会计工作程序的规范化，确定合理的凭证、账簿与报表之间的联系方式，可以提高会计信息的质量；②有利于保证会计记录的完整性、正确性，通过凭证、账簿及报表之间的牵制作用，增强会计信息的可靠性；③有利于减少不必要的会计核算环节，通过有序的账务处理程序，提高会计工作效率，保证会计信息的及时性。

8.1.3 账务处理程序的设计要求

选择合理、适用满足会计主体需要的会计核算组织程序，应符合以下要求。

(1) 要与本单位的业务性质、规模大小、繁简程度、经营管理的要求和特点等相适应，有利于加强会计核算工作的分工协作，有利于实现会计控制和监督目标。

(2) 要能正确、及时、完整地提供会计信息使用者需要的会计核算资料。

(3) 要在保证会计核算工作质量的前提下，力求简化核算手续，节约人力和物力，降低会计信息成本，提高会计核算的工作效率。

8.1.4 账务处理程序的种类

会计凭证、会计账簿、会计报表等之间的结合方式不同，就形成了不同的账务处理程序，不同的账务处理程序又有不同的方法、特点和适用范围。各种会计核算组织程序的最大区别是登记总账的依据不同，其中记账凭证账务处理程序是最基本的，其他几种都是在此基础上发展而来的，常用的账务处理程序有以下几种：①记账凭证账务处理程序；②汇总记账凭证账务处理程序；③科目汇总表账务处理程序。

8.2 记账凭证账务处理程序

8.2.1 记账凭证账务处理程序的特点

记账凭证账务处理程序就是对会计主体所发生的全部经济业务依据原始凭证或原始凭证汇总编制记账凭证，再据以登记总分类账的一种账务处理程序。其主要特点是直接根据记账凭证逐笔登记总分类账。因此，它也是最基本的账务处理程序，其他各种账务处理程序基本上是在这种账务处理程序的基础上发展和演变而形成的。

8.2.2 记账凭证账务处理程序的基本步骤

记账凭证账务处理程序的基本步骤如下。

(1) 根据原始凭证编制汇总原始凭证。

(2) 根据审核无误的原始凭证或者汇总原始凭证，编制记账凭证(包括收款、付款和转账凭证三类)。

(3) 根据收、付款凭证逐日逐笔登记特种日记账(包括现金、银行存款日记账)。

(4) 根据原始凭证、汇总原始凭证和记账凭证编制有关的明细分类账。

(5) 根据记账凭证逐笔登记总分类账。

(6) 期末，将库存现金日记账、银行存款日记账和明细分类账的余额同有关总分类账的余额核对相符。

(7) 期末，根据总分类账和明细分类账编制会计报表。

记账凭证账务处理程序图如图 8.1 所示。

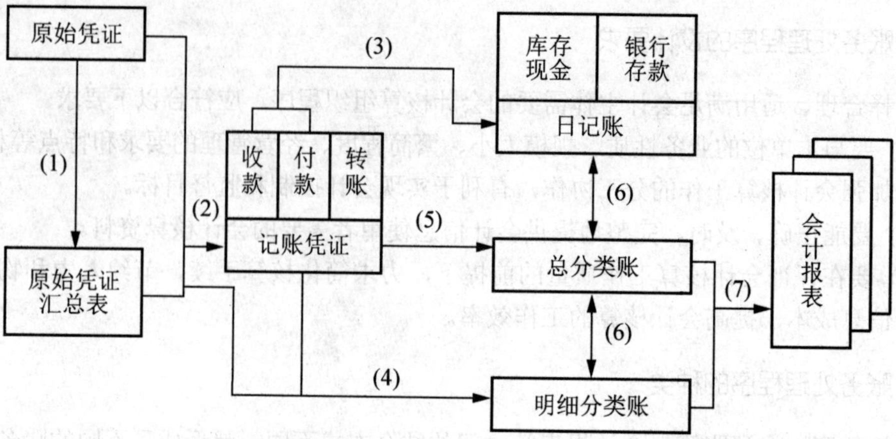

图 8.1　记账凭证账务处理程序

8.2.3　记账凭证账务处理程序优缺点及适用范围

记账凭证账务处理程序的优点：①简单明了，易于理解；②总分类账可以较详细地反映经济业务的发情况。

记账凭证账务处理程序的缺点：①总分类账登记工作量过大；②账页耗用多，预留账页多少难以把握。

记账凭证账务处理程序适用范围：一般只适用于规模较小、经济业务较少的单位。

8.3　汇总记账凭证账务处理程序

8.3.1　汇总记账凭证账务处理程序的特点

汇总记账凭证账务处理程序是根据原始凭证或原始凭证汇总表编制记账凭证，定期根据记账凭证分类编制汇总收款凭证、汇总付款凭证和汇总转账凭证，再根据汇总记账凭证登记总分类账的一种账务处理程序。

它的特点是先定期将记账凭证汇总编制成各种汇总记账凭证，然后根据各种汇总记账凭证登记总分类账。汇总记账凭证账务处理程序是在记账凭证账务处理程序的基础上发展起来的，它与记账凭证账务处理程序的主要区别是在记账凭证和总分类账之间增加了汇总记账凭证。

8.3.2　汇总记账凭证账务处理程序的基本步骤

汇总记账凭证账务处理程序的基本步骤如下。

(1) 根据原始凭证编制汇总原始凭证。

(2) 根据原始凭证或汇总原始凭证，编制收款凭证、付款凭证和转账凭证，也可采用通用的记账凭证。

(3) 根据收款凭证和付款凭证逐笔登记库存现金日记账和银行存款日记账。

(4) 根据原始凭证、汇总原始凭证和记账凭证登记各种明细分类账。

(5) 根据记账凭证编制有关汇总记账凭证，包括汇总收款凭证、汇总付款凭证和汇总转账凭证。对转账业务不多的企业，可不编制汇总转账凭证，直接根据转账凭证登记总分类账。

(6) 根据汇总记账凭证登记总分类账。

(7) 期末，将库存现金日记账、银行存款日记账和明细分类账的余额同有关总分类账的余额核对相符。

(8) 期末，根据总分类账和明细分类账编制会计报表。

汇总记账凭证账务处理程序如图 8.2 所示。

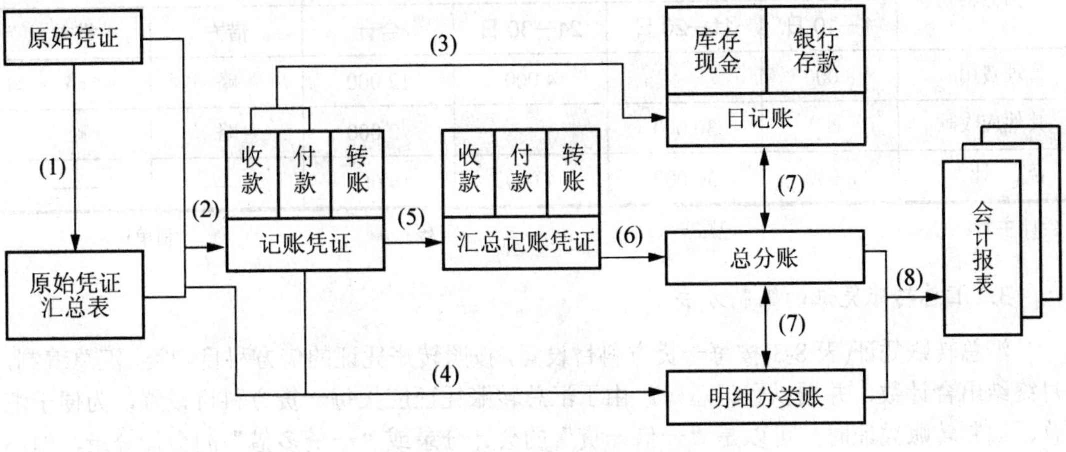

图 8.2　汇总记账凭证账务处理程序

8.3.3　汇总记账凭证的编制方法

汇总记账凭证按每个科目设置，并按科目借方或贷方的对应账户进行汇总。汇总记账凭证的编制方法是：先将各种记账凭证定期(一般为 5 天，最长不超过 10 天)在汇总记账凭证中汇总一次，月终计算出合计数，各种汇总记账凭证每月均编制一张。汇总记账凭证分为汇总收款凭证、汇总付款凭证和汇总转账凭证，现分别说明它们的编制方法。

1. 汇总收款凭证的编制方法

汇总收款凭证(表 8-1)应分别按“库存现金”和“银行存款”账户的借方设置，定期按贷方科目分别归类、汇总，每月编制一张，月终结出合计数，并据以登记总分类账。

表 8-1　汇总收款凭证

借方科目：银行存款　　　　201×年×月　　　　第　号

贷方科目	金额				总账页数	
	1—10 日	11—20 日	21—30 日	合计	借方	贷方
主营业务收入	48 000		50 000	98 000	略	略
营业外收入		2 000		2 000	略	略
合　计	48 000	2 000	50 000	100 000	——	——

会计主管：　　记账：　　审核：　　制单：

2. 汇总付款凭证的编制方法

汇总付款凭证(表 8-2)应分别按“库存现金”和“银行存款”账户的贷方设置，定期按借方科目归类、汇总，一个月编制一张，月终结出合计数，并据以登记总分类账。需要说明的是，现金与银行存款之间的划转业务，应以付款凭证为依据进行汇总。

表 8-2 汇总付款凭证

贷方科目：库存现金　　201×年×月　　第　号

借方科目	金额				总账页数	
	1—10 日	11—20 日	21—30 日	合计	借方	贷方
管理费用	8 000		4 000	12 000	略	略
其他应收款		30 000		2 000	略	略
合　计	8 000	30 000	4 000	14 000	——	——

会计主管：　　记账：　　审核：　　制单：

3. 汇总转账凭证的编制方法

汇总转账凭证(表 8-3)按每一贷方科目设置，按照转账凭证的借方科目归类、汇总编制，月终结出合计数，并据以登记总账。由于汇总转账凭证应按每一贷方科目设置，为便于汇总，编制转账凭证时，可以是“一借一贷”的会计分录或“一贷多借”的会计分录，但不得编制“一借多贷”或“多借多贷”的会计分录。若遇“一借多贷”或“多借多贷”的会计分录，需分解为简单会计分录编制转账凭证。

表 8-3 汇总转账凭证

贷方科目：原材料　　201×年×月　　第　号

借方科目	金额				总账页数	
	1—10 日	11—20 日	21—30 日	合计	借方	贷方
生产成本	2 000	1 400	2 600	6 000	略	略
制造费用	400	520	260	1 180	略	略
管理费用	200	300	600	1 100		
合　计	2 600	2 220	3 460	8 280	——	——

会计主管：　　记账：　　审核：　　制单：

8.3.4 汇总记账凭证账务处理程序优缺点及适用范围

汇总记账凭证账务处理程序的优点：①根据汇总记账凭证月终一次登记总分类账，可以克服记账凭证账务处理程序登记总分类账工作量过大的缺点，大大减少了登记总分类账的工作量；②由于汇总记账凭证是按照会计科目的对应关系进行归类、汇总编制的，在总分类账中也注明了对方科目，因此在汇总记账凭证和总分类账中，可以清晰地反映账户之间的对应关系，便于查对和分析账目。

汇总记账凭证账务处理程序的缺点：①汇总记账凭证账务处理程序按每一贷方账户汇总编制，不考虑经济业务的性质，不利于会计核算工作的分工；②当转账凭证较多时，编制汇总转账凭证的工作量较大。

汇总记账凭证账务处理程序适用范围：汇总记账凭证账务处理程序主要适合于规模较大，经济业务较多，特别是转账业务少而收、付款业务较多的单位。

8.4 科目汇总表账务处理程序

8.4.1 科目汇总表账务处理程序的特点

科目汇总表账务处理程序是根据记账凭证定期编制科目汇总表，并据以登记总分类账的一种账务处理程序。它的特点主要是先定期把全部记账凭证按科目汇总，编制科目汇总表，然后根据科目汇总表登记总分类账。

8.4.2 科目汇总表账务处理程序的基本步骤

科目汇总表账务处理程序的基本步骤如下。

(1) 根据原始凭证编制汇总原始凭证。

(2) 根据原始凭证或汇总原始凭证编制记账凭证。

(3) 根据收款凭证、付款凭证逐笔登记现金日记账和银行存款日记账。

(4) 根据原始凭证、汇总原始凭证和记账凭证登记各种明细分类账。

(5) 根据各种记账凭证编制科目汇总表。

(6) 根据科目汇总表登记总分类账。

(7) 期末，现金日记账、银行存款日记账和明细分类账的余额同有关总分类账的余额核对相符。

(8) 期末，根据总分类账和明细分类账的记录，编制会计报表。

科目汇总表账务处理程序图如图 8.3 所示。

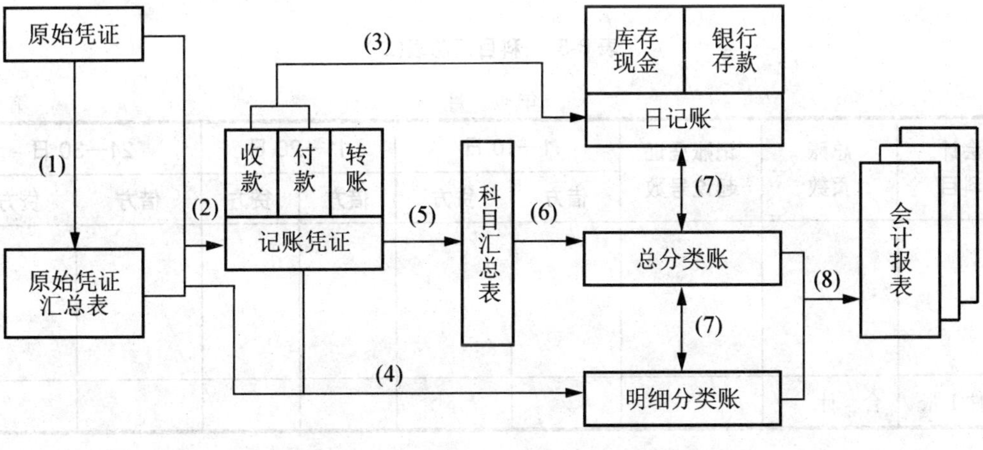

图 8.3　科目汇总表账务处理程序

8.4.3 科目汇总表账务处理程序的编制方法

首先将汇总期内各项交易或事项所涉及的总账科目填列在科目汇总表的“会计科目”栏内。然后根据汇总期内所有记账凭证，按会计科目分别加计借方发生额和贷方发生额，并将其汇总金额填在各相应会计科目的“借方”和“贷方”栏内。对于科目汇总表中“库存现金”、“银行存款”科目的借方本期发生额和贷方本期发生额也可以直接根据库存现金日记账和银行存款日记账的收入合计和支出合计填列，而不再根据收款凭证和付款凭证归类、汇总填列。最后还应分别加总全部会计科目“借方”和“贷方”发生额，进行发生额的试算平衡。具体汇总方式可分为以下两种。

(1) 全部汇总。就是将一定时期(10 天、半个月、一个月)的全部记账凭证汇总到一张科目汇总表内的汇总方式。

(2) 分类汇总。就是将一定时期(10 天、半个月、一个月)的全部记账凭证分别按库存现金、银行存款收、付款的记账凭证和转账记账凭证进行汇总。

在实际工作中，科目汇总表可以根据需要设计，采用不同的格式，但是，所有格式的科目汇总表只反映各个总账科目借、贷方本期发生额，不反映各个总账科目的对应关系。科目汇总表常用的格式见表 8-4、表 8-5。

表 8-4　科目汇总表(一)

年　月　日至　日　　　　　　第　号

会计科目	总账页数	本期发生额		记账凭证起讫号数
		借方	贷方	
附件　张	合　计			

会计主管：　　　记账：　　　复核：　　　制表：

表 8-5　科目汇总表(二)

年　月　　　　　　第　号

会计科目	总账页数	记账凭证起讫号数	1—10 日		11—20 日		21—30 日	
			借方	贷方	借方	贷方	借方	贷方
附件 1 张	合　计							

科目汇总表的编制方法可以采用 T 型账户结构的方式将有关会计科目的借、贷方发生额进行汇总，如图 8.4 所示。

借方	银行存款 贷方	借方	原材料 贷方	借方	生产成本 贷方
269 100	23 400	20 000	30 000	40 000	
	93 600	80 000	100 600	64 400	
269 100	117 000	100 000	130 000	104 000	

图 8.4　T 型账户汇总

然后按照总分账目录上会计科目排列的顺序，将有关会计科目的名称填制到科目汇总表上，再按照上述汇总的会计科目的借、贷方发生额登记到科目汇总表上。

8.4.4　科目汇总表账务处理程序优缺点及适用范围

科目汇总表账务处理程序优点：①科目汇总表的编制和使用较为简便，易学易做；②根据科目汇总表登记总分类账，大大减轻了登记总分类账的工作量；③科目汇总表还能起到试算平衡的作用，保证总分类账登记的正确性。

科目汇总表账务处理程序缺点：在科目汇总表和总分类账中，不能反映各科目的对应关系，不利于根据账簿记录检查、分析交易或事项的来龙去脉，不便于查对账目。

科目汇总表账务处理程序的适用范围：科目汇总账务处理程序一般适用于规模较大、经济业务较多的企业和单位。

8.4.5　科目汇总表账务处理程序应用举例

由于科目汇总表账务处理程序在实际工作中应用较为普遍，下面就举例说明这种核算形式下的账务处理程序。

1．资料

友好公司 2013 年 7 月初的账户资料，见表 8-6。

表 8-6　友好公司账户余额表　　单位：元

总账	借方余额	明细账	借方余额	总账	贷方余额	明细账	贷方余额
库存现金	60 000			短期借款	180 000		
银行存款	174 000			应付账款	100 000	太阳公司	60 000
应收账款	300 000	红星公司	100 000			宏伟公司	40 000
		汉阳公司	200 000	应付职工薪酬	130 000		
原材料	100 000	木材	90 000	其他应付款	24 000	蓝天公司	24 000
		油漆	10 000				
库存商品	400 000	桌子	300 000	实收资本	1 000 000	五羊公司	500 000
		椅子	100 000			飞跃公司	500 000
固定资产	1 100 000			资本公积	100 000		

续表

总账	借方余额	明细账	借方余额	总账	贷方余额	明细账	贷方余额
				盈余公积	100 000		
				本年利润	200 000		
				利润分配	100 000		
				累计折旧	200 000		

说明：原材料月初余额：木材，900 块，单价 100 元；油漆，1 000 公斤，单价 10 元。

友好公司 2013 年 7 月份发生了下列经济业务。

(1) 7 月 2 日，从银行提取现金 130 000 元，支付职工工资。

(2) 7 月 4 日，销售给华立公司 60 张桌子、60 把椅子，桌子每张售价 1 500 元，椅子每把售价 500 元，收到华立公司开出的转账支票 120 000 元，已交付银行，转入本公司。

(3) 7 月 5 日，办公室秘书成华出差回来，报销差旅费 1 200 元，以现金支付。

(4) 7 月 6 日，开出金额为 8 000 元的转账支票，支付本月电视广告费。

(5) 7 月 7 日，开出金额为 60 000 元的转账支票，支付所欠太阳公司的材料款。

(6) 7 月 9 日，收到一张 6 000 元的罚款单，以现金支付。

(7) 7 月 10 日，向向阳公司销售 90 张桌子、90 把椅子，桌子每张售价 1 500 元，椅子每把售价 500 元，货已发出，货款 180 000 元尚未收到。

(8) 7 月 18 日，以现金方式发放高温费 10 000 元，其中车间工人 5 000 元(桌子生产工人 3 000 元，椅子生产工人 2 000 元)，车间管理人员 1 000 元，公司行政管理人员 4 000 元。

(9) 7 月 30 日，收到开户行送来的扣款单，本月水电费 6 000 元已从本公司账户扣付(其中，车间水电费 4 000 元，行政管理部门水电费 2 000 元)。

(10) 7 月 31 日，计提本月固定资产折旧 50 000 元，其中，车间厂房及机器设备折旧 30 000 元，行政管理部门固定资产折旧 20 000 元。

(11) 7 月 31 日，计算确定本月工资及奖金，共计 120 000 元。其中：桌子生产工人工资及奖金 42 000 元，椅子生产工人工资及奖金 33 000 元，车间管理人员工资及奖金 5 000 元，行政管理人员工资及奖金 40 000 元。

(12) 7 月 31 日，根据领料单和原材料明细账计算并结转本月耗用材料的实际成本如下：生产桌子耗用木材 40 000 元，油漆 4 000 元；生产椅子耗用木材 18 000 元，油漆 2 000 元。

(13) 7 月 31 日，归集并分配本月制造费用(按生产工人工资比例进行分配：桌子分配制造费用为 22 500 元，椅子分配制造费用为 17 500 元。具体计算过程略)。

(14) 7 月 31 日，本月投产桌子 250 张，椅子 500 把，全部完工入库，计算结转其实际生产成本。桌子的实际成本为 111 500 元，椅子的实际成本为 72 500 元(具体计算过程略)。

(15) 7 月 31 日，根据出库单和产成品明细账计算结转本月所销售桌子和椅子的生产成本如下：本月所售 150 张桌子的实际成本为 66 900 元，本月所售 150 把椅子的实际成本为 21 750 元(具体计算过程略)。

(16) 7 月 31 日，按 25%的税率计算本月应交的所得税(经计算，本月应交所得税费用为：32 537.5 元)。

(17) 结转各种损益类账户的余额。

2. 要求

根据上述资料，采用科目汇总表账务处理程序对本月的经济业务进行核算。

1) 编制记账凭证

根据所给资料的原始凭证或原始凭证汇总表，填制收款凭证、付款凭证和转账凭证见表 8-7～表 8-25。

交易 1：

表 8-7 付款凭证

贷方科目：银行存款　　2013 年 7 月 2 日　　付字第 01 号

摘 要	借方科目		金 额	记账 √
	总账科目	明细科目		
取现	库存现金		130 000	
附件 1 张	合 计		￥130 000	

会计主管：　记账：　出纳：　审核：　制证：

表 8-8 付款凭证

贷方科目：库存现金　　2013 年 7 月 2 日　　付字第 02 号

摘 要	借方科目		金 额	记账 √
	总账科目	明细科目		
支付 6 月份工资	应付职工薪酬		130 000	
附件 1 张	合 计		￥130 000	

会计主管：　记账：　出纳：　审核：　制证：

交易 2：

表 8-9 收款凭证

借方科目：银行存款　　2013 年 7 月 4 日　　收字第 01 号

摘 要	贷方科目		金 额	记账 √
	总账科目	明细科目		
销售产品	主营业务收入		120 000	
附件 3 张	合 计		￥120 000	

会计主管：　记账：　出纳：　审核：　制证：

交易 3：

表 8-10　付款凭证

贷方科目：库存现金　　2013 年 7 月 5 日　　付字第 03 号

摘　要	借方科目		金　　额	记账 √
	总账科目	明细科目		
成华报销差旅费	管理费用		1 200	
附件 8 张	合　计		￥1 200	

会计主管：　记账：　出纳：　审核：　制证：

交易 4：

表 8-11　付款凭证

贷方科目：银行存款　　2013 年 7 月 6 日　　付字第 04 号

摘　要	借方科目		金　　额	记账 √
	总账科目	明细科目		
支付广告费	销售费用		8 000	
附件 2 张	合　计		￥8 000	

会计主管：　记账：　出纳：　审核：　制证：

交易 5：

表 8-12　付款凭证

贷方科目：银行存款　　2013 年 7 月 7 日　　付字第 05 号

摘　要	借方科目		金　　额	记账 √
	总账科目	明细科目		
支付以前货款	应付账款	太阳公司	60 000	
附件 2 张	合　计		￥60 000	

会计主管：　记账：　出纳：　审核：　制证：

交易 6：

表 8-13　付款凭证

贷方科目：库存现金　　2013 年 7 月 9 日　　付字第 06 号

摘　要	借方科目		金　　额	记账 √
	总账科目	明细科目		
支付罚款	营业外支出		6 000	
附件 2 张	合　计		￥6 000	

会计主管：　记账：　出纳：　审核：　制证：

交易 7：

表 8-14 转账凭证

2013 年 7 月 10 日					转字第 01 号
摘 要	会计科目		借方金额	贷方金额	记账
	总账科目	明细科目			√
销售货物	应收账款	向阳公司	180 000		
	主营业务收入			180 000	
附件 2 张	合 计		￥180 000	￥180 000	

会计主管： 记账： 出纳： 审核： 制证：

交易 8：

表 8-15 付款凭证

贷方科目：库存现金 2013 年 7 月 18 日 付字第 07 号

摘 要	借方科目		金 额	记账
	总账科目	明细科目		√
发放高温费	生产成本	桌子	3 000	
	生产成本	椅子	2 000	
	制造费用		1 000	
	管理费用		4 000	
附件 1 张	合 计		￥10 000	

会计主管： 记账： 出纳： 审核： 制证：

交易 9：

表 8-16 付款凭证

贷方科目：银行存款 2013 年 7 月 30 日 付字第 08 号

摘 要	借方科目		金 额	记账
	总账科目	明细科目		√
支付水电费	制造费用		4 000	
	管理费用		2 000	
附件 3 张	合 计		￥6 000	

会计主管： 记账： 出纳： 审核： 制证：

交易 10：

表 8-17 转账凭证

2013 年 7 月 31 日　　　　转字第 02 号

摘　要	会计科目		借方金额	贷方金额	记账√
	总账科目	明细科目			
计提折旧	制造费用		30 000		
	管理费用		20 000		
	累计折旧			50 000	
附件 1 张	合　计		￥50 000	￥50 000	

会计主管：　　记账：　　出纳：　　审核：　　制证：

交易 11：

表 8-18 转账凭证

2013 年 7 月 31 日　　　　转字第 03 号

摘　要	会计科目		借方金额	贷方金额	记账√
	总账科目	明细科目			
结算本月工资	生产成本	桌子	42 000		
	生产成本	椅子	33 000		
	制造费用		5 000		
	管理费用		40 000		
	应付职工薪酬			120 000	
附件 1 张	合　计		￥120 000	￥120 000	

会计主管：　　记账：　　出纳：　　审核：　　制证：

交易 12：

表 8-19 转账凭证

2013 年 7 月 31 日　　　　转字第 04 号

摘　要	会计科目		借方金额	贷方金额	记账√
	总账科目	明细科目			
结转领料成本	生产成本	桌子	44 000		
	生产成本	椅子	20 000		
	原材料	木材		58 000	
	原材料	油漆		6 000	
附件 1 张	合　计		￥64 000	￥64 000	

会计主管：　　记账：　　出纳：　　审核：　　制证：

交易 13：

表 8-20　转账凭证

2013 年 7 月 31 日　　　　转字第 05 号

摘　要	会计科目		借方金额	贷方金额	记账
	总账科目	明细科目			√
汇集与分配制造费用	生产成本	桌子	22 500		
	生产成本	椅子	17 500		
	制造费用			40 000	
附件 1 张	合　计		￥40 000	￥40 000	

会计主管：　记账：　出纳：　审核：　制证：

交易 14：

表 8-21　转账凭证

2013 年 7 月 31 日　　　　转字第 06 号

摘　要	会计科目		借方金额	贷方金额	记账
	总账科目	明细科目			√
结转完工产品成本	库存商品	桌子	111 500		
	库存商品	椅子	72 500		
	生产成本	桌子		111 500	
	生产成本	椅子		72 500	
附件 1 张			￥184 000	￥184 000	

会计主管：　记账：　出纳：　审核：　制证：

交易 15：

表 8-22　转账凭证

2010 年 7 月 31 日　　　　转字第 07 号

摘　要	会计科目		借方金额	贷方金额	记账
	总账科目	明细科目			√
结转销售产品成本	主营业务成本	桌子	66 900		
	主营业务成本	椅子	21 750		
	库存商品	桌子		66 900	
	库存商品	椅子		21 750	
附件 6 张			￥88 650	￥88 650	

会计主管：　记账：　出纳：　审核：　制证：

交易 16：

表 8-23　转账凭证

2013 年 7 月 31 日　　　　转字第 08 号

摘　要	会计科目		借方金额	贷方金额	记账
	总账科目	明细科目			√
确认所得税费用	所得税费用		32 537.50		
	应交税费	应交所得税		32 537.50	
附件 1 张			￥32 537.50	￥32 537.50	

会计主管：　记账：　出纳：　审核：　制证：

交易 17：

表 8-24　转账凭证

2013 年 7 月 31 日　　　　转字第 09 号

摘　要	会计科目		借方金额	贷方金额	记账
	总账科目	明细科目			√
结转收入	主营业务收入		300 000		
	本年利润			300 000	
附件　张			￥300 000	￥300 000	

会计主管：　记账：　出纳：　审核：　制证：

表 8-25　转账凭证

2013 年 7 月 31 日　　　　转字第 10 号

摘　要	会计科目		借方金额	贷方金额	记账
	总账科目	明细科目			√
结转成本、费用等	本年利润		202 387 .50		
	主营业务成本			88 650	
	管理费用			67 200	
	销售费用			8 000	
	营业外支出			6 000	
	所得税费用			32 537.50	
附件 6 张			￥202 387 .50	￥202 387 .50	

会计主管：　记账：　出纳：　审核：　制证：

2) 登记日记账

根据所编制的现金收款凭证、现金付款凭证、银行存款付款凭证、银行存款收款凭证，逐日逐笔分别登记现金日记账、银行存款日记账见表 8-26、表 8-27。

表 8-26 现金日记账

2013年		凭证		摘　要	对方科目	借方	贷方	借或贷	余额
月	日	字	号						
7	1			月初余额				借	60 000
7	2	付	01	银行提取现金	银行存款	130 000		借	190 000
7	2	付	02	发放本月职工工资	应付职工薪酬		130 000	借	60 000
7	5	付	03	成华报销差旅费	管理费用		1 200	借	58 800
7	9	付	06	支付罚款	营业外支出		6 000	借	52 800
7	18	付	07	发放高温费	生产成本、制造费用、管理费用		10 000	借	42 800
7	31			本月合计		130 000	147 200	借	42 800

表 8-27 银行存款日记账

2013年		凭证		摘　要	结算凭证		对方科目	借方	贷方	借或贷	余额
月	日	字	号		种类	号码					
7	1									借	174 000
7	2	付	01	银行提取现金	略	略	库存现金		130 000	借	44 000
7	4	收	01	销售货物	略	略	主营业务收入	120 000		借	164 000
7	6	付	04	支付广告费	略	略	销售费用		8 000	借	156 000
7	7	付	05	支付以前货款	略	略	应付账款		60 000	借	96 000
7	30	付	08	支付水电费	略	略	制造费用、管理费用		6 000	借	90 000
7	31			本月合计				120 000	204 000	借	90 000

3) 登记明细分类账

根据原始凭证和记账凭证，登记明细分类账，见表 8-28～表 8-41。

表 8-28　应收账款明细账

明细科目：红星公司

2013 年		凭证		摘　　要	借方	贷方	借或贷	余额
月	日	字	号					
7	1			期初余额			借	100 000
7	31			本月合计			借	100 000

表 8-29　应收账款明细账

明细科目：汉阳公司

2013 年		凭证		摘　　要	借方	贷方	借或贷	余额
月	日	字	号					
7	1			期初余额			借	200 000
7	31			本月合计			借	200 000

表 8-30　应收账款明细账

明细科目：向阳公司

2013 年		凭证		摘　　要	借方	贷方	借或贷	余额
月	日	字	号					
7	10	转	01	销售产品	180 000		借	180 000
7	31			本月合计	180 000		借	180 000

表 8-31　应付账款明细账

明细科目：太阳公司

2013 年		凭证		摘　　要	借方	贷方	借或贷	余额
月	日	字	号					
7	1			期初余额		60 000	贷	60 000
7	7	付	05	偿还货款	60 000		平	0
7	31			本月合计	60 000	60 000	平	0

表 8-32　应付账款明细账

明细科目：宏伟公司

2013 年		凭证		摘　要	借方	贷方	借或贷	余额
月	日	字	号					
7	1			期初余额			贷	40 000
7	31			本月合计			贷	40 000

表 8-33　其他应付款明细账

明细科目：蓝天公司

2013 年		凭证		摘　要	借方	贷方	借或贷	余额
月	日	字	号					
7	1			期初余额			贷	24 000
7	31			本月合计			贷	24 000

表 8-34　实收资本明细账

明细科目：五羊公司

2013 年		凭证		摘　要	借方	贷方	借或贷	余额
月	日	字	号					
7	1			期初余额			贷	500 000
7	31			本月合计			贷	500 000

表 8-35　实收资本明细账

明细科目：飞跃公司

2013 年		凭证		摘　要	借方	贷方	借或贷	余额
月	日	字	号					
7	1			期初余额			贷	500 000
7	31			本月合计			贷	500 000

表 8-36　原材料明细账

明细科目：木材　　　　计量单位：块

2013 年		凭证		摘要	收入			发出			结存		
月	日	字	号		数量	单价	金额	数量	单价	金额	数量	单价	金额
7	1			期初余额							900	100	90 000
7	31	转	04	领用材料				580	100	58 000	320	100	32 000
7	31			本月合计				580	100	58 000	320	100	32 000

表 8-37 原材料明细账

明细科目：油漆　　　　　　　　　　　　　　　　　　　　　　计量单位：公斤

2013年		凭证		摘要	收入			发出			结存		
月	日	字	号		数量	单价	金额	数量	单价	金额	数量	单价	金额
7	1			期初余额							1 000	10	10 000
7	31	转	04	领用材料				600	10	6 000	400	10	4 000
7	31			本月合计				600	10	6 000	400	10	4 000

表 8-38 生产成本明细账

明细科目：桌子

2013年		凭证		摘要	借方				贷方	借或贷	余额
月	日	字	号		直接材料	直接人工	制造费用	合计			
7	18	付	07	发放高温费		3 000		3 000		借	3 000
7	31	转	03	计提工资及奖金		42 000		42 000		借	45 000
7	31	转	04	领用材料	44 000			44 000		借	89 000
7	31	转	05	分配制造费用			22 500	22 500		借	111 500
7	31	转	06	完工产品入库					111 500	平	0
7	31			本月合计	44 000	45 000	22 500	111 500	111 500	平	0

表 8-39 生产成本明细账

明细科目：椅子

2013年		凭证		摘要	借方				贷方	借或贷	余额
月	日	字	号		直接材料	直接人工	制造费用	合计			
7	18	付	07	发放高温费		2 000		2 000		借	2 000
7	31	转	03	计提工资及奖金		33 000		33 000		借	35 000
7	31	转	04	领用材料	20 000			20 000		借	55 000
7	31	转	05	分配制造费用			17 500	17 500		借	72 500
7	31	转	06	完工产品入库					72 500	平	0
7	31			本月合计	20 000	35 000	17 500	72 500	72 500	平	0

表 8-40　库存商品明细账

明细科目：桌子　　　　计量单位：张

2013 年		凭证		摘要	收入			发出			结存		
月	日	字	号		数量	单价	金额	数量	单价	金额	数量	单价	金额
7	1			期初余额							1 200		300 000
7	31	转	06	完工入库	250		111 500				1 450		411 500
7	31	转	07	本月销售				150		66 900	1 300		411 350
7	31			本月合计	250		111 500	150		66 900	1 300		411 350

表 8-41　库存商品明细账

明细科目：椅子　　　　计量单位：把

2013 年		凭证		摘要	收入			发出			结存		
月	日	字	号		数量	单价	金额	数量	单价	金额	数量	单价	金额
7	1			期初余额							800		100 000
7	31	转	06	完工入库	500		72 500				1 300		172 500
7	31	转	07	本月销售				150		21 750	1 150		150 750
7	31			本月合计	500		72 500	150		21 750	1 150		150 750

4) 编制科目汇总表

该公司按月汇总记账凭证，编制科目汇总表。科目汇总表的编制方法可以采用 T 型账户结构的方式将有关会计科目的借、贷方发生额进行汇总，该公司 7 月份发生的 17 笔经济交易与事项登记的 T 型账户结构如下。

库存现金

借方	贷方
130 000(2)	130 000(1)
	1 200(3)
	6 000(6)
	10 000(8)
本期发生额 130 000	本期发生额 147 200

银行存款

借方	贷方
120 000(2)	130 000(1)
	8 000(4)
	60 000(5)
	6 000(9)
本期发生额 120 000	本期发生额 204 000

应付职工薪酬

借方	贷方
130 000(1)	120 000(11)
本期发生额 130 000	本期发生额 120 000

主营业务收入

借方	贷方
3000 000(17)	120 000(2)
	180 000(7)
本期发生额 300 000	本期发生额 3000 000

管理费用

借方	贷方
1 200(3) 4 000(8) 2 000(9) 20 000(10) 40 000(11)	67 200(17)
本期发生额 67 200	本期发生额 67 200

销售费用

借方	贷方
8 000(4)	8 000(17)
本期发生额 8 000	本期发生额 8 000

应付账款

借方	贷方
60 000(5)	
本期发生额 60 000	本期发生额 0

营业外支出

借方	贷方
6 000(6)	6 000(17)
本期发生额 60 000	本期发生额 60 000

累计折旧

借方	贷方
	50 000(10)
本期发生额 0	本期发生额 50 000

应收账款

借方	贷方
180 000(7)	
本期发生额 180 000	本期发生额 0

生产成本——桌子

借方	贷方
3 000(8) 42 000(11) 44 000(12) 22 500(13)	111 500(14)
本期发生额 111 500	本期发生额 111 500

生产成本——椅子

借方	贷方
2 000(8) 33 000(11) 20 000(12) 17 500(13)	72 500(14)
本期发生额 72 500	本期发生额 72 500

制造费用

借方	贷方
1 000(8) 4 000(9) 30 000(10) 5 000(11)	40 500(13)
本期发生额 40 000	本期发生额 40 000

原材料——木材

借方	贷方
	58 000(12)
本期发生额 0	本期发生额 58 000

原材料——油漆

借方	贷方
	6 000(12)
本期发生额 0	本期发生额 6 000

库存商品——桌子

借方	贷方
111 500(14)	66 900(15)
本期发生额 111 500	本期发生额 66 900

库存商品——椅子

借方	贷方
72 500(14)	21 750(15)
本期发生额 72 500	本期发生额 21 750

主营业务成本——桌子

借方	贷方
66 900(14)	66 900(17)
本期发生额 66 900	本期发生额 66 900

借方 主营业务成本——椅子	贷方
21 750(15)	21 750(17)
本期发生额 21 750	本期发生额 21 750

借方 所得税费用	贷方
32 537.50(16)	32 537.50(17)
本期发生额 32 537.50	本期发生额 32 537.50

借方 应交税费——应交所得税	贷方
	32 537.50(16)
本期发生额 0	本期发生额 32 537.50

借方 本年利润	贷方
202 387.50(17)	300 000(17)
本期发生额 202 387.50	本期发生额 300 000

根据以上 T 型账户的结果，将相关会计科目的借方、贷方发生额登记到科目汇总表见表 8-42。

表 8-42 科目汇总表

2013 年 7 月 1 日—31 日　　　　科汇字第 1 号

会计科目	总账页数	本期发生额		记账凭证起讫号数
		借方	贷方	略
库存现金	略	130 000	147 200	略
银行存款	略	120 000	204 000	略
应收账款	略	180 000		略
原材料	略		64 000	略
生产成本	略	184 000	184 000	略
库存商品	略	184 000	88 650	略
制造费用	略	40 000	40 000	略
累计折旧	略		50 000	略
应付账款	略	60 000		略
应付职工薪酬	略	130 000	120 000	略
应交税费	略		32 537.50	略
本年利润	略	202 387.50	300 000	略
主营业务收入	略	300 000	300 000	略
主营业务成本	略	88 650	88 650	略
销售费用	略	8 000	8 000	略
管理费用	略	672 000	672 000	略
营业外支出	略	6 000	6 000	略
所得税费用	略	32 537.50	32 537.50	略
合计		2 337 575	2 337 575	

会计主管：　　　　会计：　　　　复核：　　　　制表：

5) 登记总分类账

根据以上编制的科目汇总表(科汇字第 1 号)登记有关总分类账。登记的有关总分类账的情况见表 8-43～表 8-66。

表 8-43 总分类账

总账科目：库存现金

2013年		凭证		摘要	借方	贷方	借或贷	余额
月	日	字	号					
7	1			期初余额			借	60 000
7	31	科汇	01	1—31 日发生额	130 000	147 200	借	42 800
7	31			本月合计	130 000	147 200	借	42 800

表 8-44 总分类账

总账科目：银行存款

2013年		凭证		摘要	借方	贷方	借或贷	余额
月	日	字	号					
7	1			期初余额			借	174 000
7	31	科汇	01	1—31 日发生额	120 000	204 000	借	120 000
7	31			本月合计	120 000	204 000	借	120 000

表 8-45 总分类账

总账科目：应收账款

2013年		凭证		摘要	借方	贷方	借或贷	余额
月	日	字	号					
7	1			期初余额			借	300 000
7	31	科汇	01	1—31 日发生额	180 000	0	借	480 000
7	31			本月合计	180 000	0	借	480 000

表 8-46 总分类账

总账科目：原材料

2013年		凭证		摘要	借方	贷方	借或贷	余额
月	日	字	号					
7	1			期初余额			借	100 000
7	31	科汇	01	1—31 日发生额	0	64 000	借	36 000
7	31			本月合计	0	64 000	借	36 000

表 8-47　总分类账

总账科目：生产成本

2013 年		凭证		摘　　要	借方	贷方	借或贷	余额
月	日	字	号					
7	31	科汇	01	1—31 日发生额	184 000	184 000	平	0
7	31			本月合计	184 000	184 000	平	0

表 8-48　总分类账

总账科目：库存商品

2010 年		凭证		摘　　要	借方	贷方	借或贷	余额
月	日	字	号					
7	1			期初余额			借	400 000
7	31	科汇	01	1—31 日发生额	184 000	88 650	借	495 350
7	31			本月合计	184 000	88 650	借	465 350

表 8-49　总分类账

总账科目：固定资产

2013 年		凭证		摘　　要	借方	贷方	借或贷	余额
月	日	字	号					
7	1			期初余额			借	1 100 000
7	31			本月合计	0	0	借	1 100 000

表 8-50　总分类账

总账科目：累计折旧

2013 年		凭证		摘　　要	借方	贷方	借或贷	余额
月	日	字	号					
7	1			期初余额			贷	200 000
7	31	科汇	01	1—31 日发生额		50 000	贷	250 000
7	31			本月合计	0	50 000	贷	250 000

表 8-51　总分类账

总账科目：短期借款

2013 年		凭证		摘　　要	借方	贷方	借或贷	余额
月	日	字	号					
7	1			期初余额			贷	180 000
7	31			本月合计	0	0	贷	180 000

表 8-52　总分类账

总账科目：应付账款

2013 年		凭证		摘　　要	借方	贷方	借或贷	余额
月	日	字	号					
7	1			期初余额			贷	100 000
7	31	科汇	01	1—31 日发生额	60 000		贷	40 000
7	31			本月合计	60 000	0	贷	40 000

表 8-53　总分类账

总账科目：应付职工薪酬

2013 年		凭证		摘　　要	借方	贷方	借或贷	余额
月	日	字	号					
7	1			期初余额			贷	130 000
7	31	科汇	01	1—31 日发生额	130 000	120 000	贷	120 000
7	31			本月合计	130 000	120 000	贷	120 000

表 8-54　总分类账

总账科目：应交税费

2013 年		凭证		摘　　要	借方	贷方	借或贷	余额
月	日	字	号					
7	31	科汇	01	1—31 日发生额		32 537.50	贷	32 537.50
7	31			本月合计	0	32 537.50	贷	32 537.50

表 8-55　总分类账

总账科目：其他应付款

2013 年		凭证		摘　　要	借方	贷方	借或贷	余额
月	日	字	号					
7	1			期初余额			贷	24 000
7	31			本月合计	0	0	贷	24 000

表 8-56 总分类账

总账科目：实收资本

2013 年		凭证		摘要	借方	贷方	借或贷	余额
月	日	字	号					
7	1			期初余额			贷	1 000 000
7	31			本月合计	0	0	贷	1 000 000

表 8-57 总分类账

总账科目：资本公积

2013 年		凭证		摘要	借方	贷方	借或贷	余额
月	日	字	号					
7	1			期初余额			贷	100 000
7	31			本月合计	0	0	贷	100 000

表 8-58 总分类账

总账科目：盈余公积

2013 年		凭证		摘要	借方	贷方	借或贷	余额
月	日	字	号					
7	1			期初余额			贷	100 000
7	31			本月合计	0	0	贷	100 000

表 8-59 总分类账

总账科目：本年利润

2013 年		凭证		摘要	借方	贷方	借或贷	余额
月	日	字	号					
7	1			期初余额			贷	200 000
7	31	科汇	01	1—31 日发生额	202 387.50	300 000	贷	297 612.50
7	31			本月合计	202 387.50	300 000	贷	297 612.50

表 8-60 总分类账

总账科目：利润分配

2013 年		凭证		摘要	借方	贷方	借或贷	余额
月	日	字	号					
7	1			期初余额			贷	100 000
7	31			本月合计	0	0	贷	100 000

表 8-61 总分类账

总账科目：主营业务收入

2013 年		凭证		摘要	借方	贷方	借或贷	余额
月	日	字	号					
7	31	科汇	01	1—31 日发生额	300 000	300 000	平	0
7	31			本月合计	300 000	300 000	平	0

表 8-62 总分类账

总账科目：主营业务成本

2013 年		凭证		摘要	借方	贷方	借或贷	余额
月	日	字	号					
7	31	科汇	01	1—31 日发生额	88 650	88 650	平	0
7	31			本月合计	88 650	88 650	平	0

表 8-63 总分类账

总账科目：销售费用

2013 年		凭证		摘要	借方	贷方	借或贷	余额
月	日	字	号					
7	31	科汇	01	1—31 日发生额	8 000	80 000	平	0
7	31			本月合计	8 000	8 000	平	0

表 8-64 总分类账

总账科目：管理费用

2013 年		凭证		摘要	借方	贷方	借或贷	余额
月	日	字	号					
7	31	科汇	01	1—31 日发生额	672 000	672 000	平	0
7	31			本月合计	672 000	672 000	平	0

表 8-65 总分类账

总账科目：营业外支出

2013 年		凭证		摘要	借方	贷方	借或贷	余额
月	日	字	号					
7	31	科汇	01	1—31 日发生额	6 000	6 000	平	0
7	31			本月合计	6 000	6 000	平	0

表 8-66　总分类账

总账科目：所得税费用

2013 年		凭证		摘　　要	借方	贷方	借或贷	余额
月	日	字	号					
7	31	科汇	01	1—31 日发生额	32 537.50	32 537.50	平	0
7	31			本月合计	32 537.50	32 537.50	平	0

月末，将现金日记账、银行存款日记账的余额和各种明细分类账的余额合计数与总分类账有关账户的余额核对相符：一般是通过编制“总分类账户与明细分类账户和现金、银行存款日记账发生额及余额对照表”来完成的。

6) 试算平衡

月末，根据核对无误的总分类账和明细分类账的记录，编制“总分类科目本期发生额及余额试算平衡表”，其内容见表 8-67。

表 8-67　总分类科目本期发生额及余额试算平衡表

会计科目	期初余额		本期发生额		期末余额	
	借方	贷方	借方	贷方	借方	贷方
库存现金	60 000		130 000	147 200	42 800	
银行存款	174 000		120 000	204 000	90 000	
应收账款	300 000		180 000		480 000	
原材料	100 000			64 000	36 000	
生产成本			184 000	184 000		
库存商品	400 000		184 000	88 650	495 350	
制造费用			40 000	40 000		
固定资产	1 100 000				1 100 000	
累计折旧		200 000		50 000		250 000
短期借款		180 000				180 000
应付账款		100 000	60 000			40 000
应付职工薪酬		130 000	130 000	120 000		120 000
其他应付款		24 000				24 000
应交税费				32 537.50		32 537.50
实收资本		1 000 000				1 000 000
资本公积		100 000				100 000
盈余公积		100 000				100 000

续表

会计科目	期初余额		本期发生额		期末余额	
	借方	贷方	借方	贷方	借方	贷方
本年利润		200 000	202 387.50	300 000		297 612.50
利润分配		100 000				100 000
主营业务收入			300 000	300 000		
主营业务成本			88 650	88 650		
销售费用			8 000	8 000		
管理费用			672 000	672 000		
营业外支出			6 000	6 000		
所得税费用			32 537.50	32 537.50		
合计	2 134 000	2 134 000	2 337 575	2 337 575	2 244 150	2 244 150

7) 编制会计报表

月末，根据编制的“总分类科目本期发生额及余额试算平衡表”，就可以编制资产负债表和利润表。报表的基本格式和内容见有关章节。

本章小结

1. 记账凭证账务处理程序

1) 一般步骤

记账凭证账务处理程序是指对发生的经济业务事项，都要根据原始凭证或汇总原始凭证编制记账凭证，然后直接根据记账凭证逐笔登记总分类账的一种账务处理程序。它是基本的账务处理程序，其一般程序如下。

①根据原始凭证编制汇总原始凭证；②根据原始凭证或汇总原始凭证编制收款凭证、付款凭证和转账凭证(也可采用通用的记账凭证)；③根据收款凭证、付款凭证逐笔登记现金日记账和银行存款日记账；④根据原始凭证、汇总原始凭证和记账凭证，登记各种明细分类账；⑤根据记账凭证逐笔登记总分类账；⑥期末，现金日记账、银行存款日记账和明细分类账的余额同有关总分类账的余额核对相符；⑦期末，根据总分类账和明细分类账的记录，编制会计报表。

2) 记账凭证账务处理程序的特点、优缺点及适用范围

(1) 特点。直接根据记账凭证逐笔登记总分类账。

(2) 优缺点。记账凭证账务处理程序的优点是直接根据记账凭证记账，简单明了，易于理解，总分类账可以较详细地反映经济业务的发生情况。其缺点是登记总分类账的工作量大。

(3) 适用范围。适用于经济业务量较少、经营规模较小的企业。

2. 汇总记账凭证账务处理程序

1) 汇总记账凭证的编制方法

汇总记账凭证分为汇总收款凭证、汇总付款凭证和汇总转账凭证3种格式。

(1) 汇总收款凭证的编制，定期根据收款凭证编制汇总收款凭证。

(2) 汇总付款凭证的编制，定期根据付款凭证编制汇总付款凭证。

(3) 汇总转账凭证的编制，定期根据转账凭证编制汇总转账凭证。

2) 一般编制步骤

①根据原始凭证编制汇总原始凭证；②根据原始凭证或汇总原始凭证，编制收款凭证、付款凭证和转账凭证，也可采用通用的记账凭证；③根据收款凭证、付款凭证逐笔登记现金日记账和银行存款日记账；④根据原始凭证、汇总原始凭证和记账凭证登记各种明细分类账；⑤根据各种记账凭证编制有关汇总记账凭证；⑥根据各种汇总记账凭证登记总分类账；⑦期末，现金日记账、银行存款日记账和明细分类账的余额同有关总分类账的余额核对相符；⑧根据总分类账和明细分类账的记录，编制会计报表。

3) 汇总记账凭证账务处理程序的特点、优缺点与适用范围

(1) 特点。定期根据记账凭证分类编制汇总收款凭证、汇总付款凭证和汇总转账凭证，再根据汇总记账凭证登记总分类账。

(2) 优缺点。优点是减轻了等级分类账的工作量，便于了解账户之间的对应关系。缺点是按每一贷方科目编制汇总转账凭证，不利于会计核算的日常分工，当转账凭证较多时，编制汇总转账凭证的工作量较大。

(3) 适用范围。适用于规模较大、经济业务量较多的企业。

3. 科目汇总表账务处理程序

1) 科目汇总表的编制方法

科目汇总表是根据一定时期内的全部记账凭证，按科目进行归类编制的。在科目汇总表中，分别填入每个总分类科目本期发生额，然后分别计算出科目汇总表的借方发生额合计数、贷方发生额合计数。科目汇总表可以每月汇总一次，编制一张，也可以5天或10天汇总一次，每月编制几张。根据记账规则，在编制的科目汇总表内，全部总账科目的借方发生额合计数，与贷方发生额合计数相等。会计实践中，一般采用传统的科目汇总表，还有另外一种编制科目汇总表的方法，我们称之为三段式平衡的科目汇总表。

2) 一般编制步骤

①根据原始凭证编制汇总原始凭证；②根据原始凭证或汇总原始凭证，编制记账凭证；③根据收款凭证、付款凭证逐笔登记现金日记账和银行存款日记账；④根据原始凭证、汇总原始凭证和记账凭证，登记各种明细分类账；⑤根据各种记账凭证编制科目汇总表；⑥根据科目汇总表登记总分类账；⑦期末，现金日记账、银行存款日记账和明细分类账的余额同有关总分类账的余额核对相符。

3) 科目汇总表账务处理程序的特点、优缺点和适用范围

(1) 特点。编制科目汇总表并据以登记总分类账。

(2) 优缺点。优点是可以简化总分类账的登记工作，减轻了等级总分类账的工作量，并可以做到试算平衡，简单易懂，方便易学。缺点是科目汇总表不能反映账户对应关系，不便于查对账目。

(3) 适用范围。适用于经济业务较多的企业。

习　题

一、单项选择题

1. 汇总记账凭证账务处理程序的主要缺点是(　　)。

A. 不便于对经济业务进行分析和检查　　B. 不能反映会计账户的对应关系

C．不利于会计核算的日常分工　　D．不能简化总分类账的登记工作

2．采用记账凭证账务处理程序的企业，下列哪种做法是错误的？(　　)

A．根据原始凭证编制汇总原始凭证

B．根据原始凭证或汇总原始凭证，编制记账凭证

C．根据原始凭证、汇总原始凭证和记账凭证，登记各种明细分类账

D．记账凭证或各种汇总记账凭证登记总分类账

3．科目汇总表账务处理程序的主要缺点是(　　)。

A．不能反映经济业务的全貌　　B．不能反映会计账户的对应关系

C．不利于会计分工　　D．不能简化总分类账的登记工作

4．汇总收款凭证应按库存现金和银行存款账户的借方分别编制，并按对应的(　　)汇总。

A．贷方科目　　B．借方科目

C．借方和贷方科目　　D．借方或贷方科目

5．记账凭证账务处理程序是(　　)。

A．根据各种记账凭证编制有关汇总记账凭证

B．根据记账凭证逐笔登记总分类账

C．根据各种记账凭证编制科目汇总表

D．根据汇总记账凭证登记总分类账

6．汇总转账凭证一般按每一个(　　)账户分别设置。

A．借方　　B．借方或贷方　　C．借方和贷方　　D．贷方

7．采用科目汇总表账务处理程序，根据(　　)登记总分类账。

A．科目汇总表　　B．原始凭证　　C．记账凭证　　D．汇总记账凭证

8．(　　)账务处理程序适用于生产规模小、经济业务量较少的单位。

A．汇总记账凭证　　B．记账凭证　　C．科目汇总表　　D．多栏式日记账

9．下列各项属于最基本的账务处理程序的是(　　)。

A．记账凭证账务处理程序　　B．汇总记账凭证账务处理程序

C．科目汇总表账务处理程序　　D．日记总账账务处理程序

10．科目汇总表账务处理程序和汇总记账凭证账务处理程序的主要相同点是(　　)。

A．登记总账的依据相同　　B．汇总凭证的格式相同

C．记账凭证都需汇总并且记账步骤相同　　D．记账凭证的汇总方向相同

二、多项选择题

1．汇总记账凭证账务处理程序的一般步骤有(　　)。

A．根据原始凭证或汇总原始凭证，编制记账凭证

B．根据收款凭证、付款凭证逐步登记现金和银行存款日记账

C．根据各种记账凭证编制有关汇总记账凭证

D．根据各种汇总记账凭证登记总分类账

2．以下对汇总记账凭证账务处理程序中的汇总记账凭证编制方法的描述正确的有(　　)。

A．汇总收款凭证按库存现金、银行存款科目的借方设置，按与其对应的贷方科目汇总

B．汇总付款凭证按库存现金、银行存款账户的贷方设置，按与其对应的借方科目汇总

C．汇总转账凭证按每一科目的借方账户分别设置，按与其对应的贷方科目汇总

D．汇总转账凭证按每一科目的贷方账户分别设置，按与其对应的借方科目汇总

3. 在记账凭证账务程序处理下，作为登记总分类账的依据的是(　　)。

A. 收款凭证　　B. 付款凭证　　C. 转账凭证　　D. 日记账

4. (　　)可以减轻登记总账的工作量。

A. 记账凭证账务处理程序　　B. 汇总记账凭证账务处理程序

C. 科目汇总表账务处理程序　　D. 以上都可以

5. 经济业务量较多的单位，可选择以下哪些账务处理程序？(　　)

A. 记账凭证账务处理程序　　B. 汇总记账凭证账务处理程序

C. 科目汇总表账务处理程序　　D. 以上都可以

6. 在按贷方账户设置汇总转账凭证时，日常编制转账凭证只能是(　　)。

A. 一贷一借　　B. 一贷多借　　C. 一借多贷　　D. 多借多贷

7. 根据总账的登记依据不同账务处理程序可分为(　　)。

A. 记账凭证账务处理程序　　B. 汇总记账凭证账务处理程序

C. 科目汇总表账务处理程序　　D. 记账凭证汇总表账务处理程序

8. 采用记账凭证账务处理程序一般设置(　　)账簿。

A. 现金日记账　　B. 银行存款日记账

C. 明细分类账　　D. 总分类账

9. 记账凭证账务处理程序、汇总记账凭证账务处理程序和科目汇总表账务处理程序应共同遵循的程序有(　　)。

A. 根据原始凭证、汇总原始凭证和记账凭证，登记各种明细分类账

B. 根据记账凭证逐笔登记总分类账

C. 期末，现金日记账、银行存款日记账和明细分类账的余额与有关总分类账的余额核对相符

D. 根据总分类账和明细分类账的记录，编制会计报表

10. 以记账凭证为依据，按有关账户的贷方设置，按借方账户归类的有(　　)。

A. 汇总收款凭证　　B. 汇总转账凭证

C. 汇总付款凭证　　D. 科目汇总表

三、判断题

1. 不同账务处理程序的最大差别在于登记明细账的依据不同。(　　)

2. 在科目汇总表账务处理程序中，科目汇总表即可以按月汇总编制，也可以按旬汇总编制。(　　)

3. 汇总转账凭证通常是根据每一科目的贷方账户分别设置，并按与其对应的借方科目定期进行汇总归类。(　　)

4. 记账凭证汇总表又称为汇总记账凭证。(　　)

5. 在记账凭证账务处理程序下的单位也可以采用一种通用的记账凭证。(　　)

6. 在汇总记账凭证账务处理程序下，企业根据原始凭证编制记账凭证，根据记账凭证编制汇总记账凭证，然后根据汇总记账凭证登记总分类账、日记账和明细分类账。(　　)

7. 采用科目汇总表账务处理程序进行账务处理时，通常以贷方为主进行汇总。(　　)

8. 汇总记账凭证账务处理程序保持了科目之间的对应关系。(　　)

9. 科目汇总表账务处理程序的缺点主要是编制科目汇总表比较麻烦。(　　)

10. 记账凭证账务处理程序根据原始凭证登记总分类账。(　　)

四、业务题

假定某企业9月份发生的部分经济业务的账户记录如下(如简化，用T型账户表示)。

要求：根据以下T型账户编制科目汇总表，借方发生额合计为(　　)元，贷方发生额合计为(　　)元。

银行存款

期初：250 000	
(1) 25 000	(2) 50 000
(4) 300 000	
期末：	

生产成本

期初：58 000	
(3) 20 000	
期末：	

原材料

期初：70 000	(3) 20 000
期末：	

应收账款

期初：55 000	
	(1) 25 000
期末：	

应收账款

	期初：85 000
(2) 50 000	
期末：	

短期借款

	期初：60 000
	(4) 300 000
期末：	

第9章 财产清查

教学目的与要求

了解财产清查的意义和种类；
了解财产清查的范围；
了解财产清查的准备工作和财产物资盘存制度；
掌握各项财产物资和往来账项清查方法；
掌握财产清查的结果处理。

本章主要内容

财产清查的概念；
财产清查的意义；
财产清查的种类；
财产清查的方法；
财产清查的结果处理。

本章考核重点

货币资金清查的方法；
银行存款余额调节表的编制。

导入语

吴实上月来到一家化工厂搞调研，正巧碰上该厂进行财产清查，百忙之中会计科王科长带吴实先在厂里转了一圈，也听了王科长的一些介绍。吴实结合所见所闻提出了一系列未知的问题。

1. 出纳员管钱，现金怎么进行清算呢？

2. 银行存款在银行里，企业怎么清查这些存款呢？

3. 仓库出入管理制度那么严格，执行的也很到位，难道各种物资还会飞了不成？

4. 仓库里放了上百种商品，袋装的、罐装的、打包的……都怎样进行清查呀？特别是原料厂里堆放的那堆煤像座不规则的山似的，怎么知道它有多少啊？

5. 清理的实物同账上的记录对不上怎么办？

……

求知欲促使吴实向王科长提出了在厂里多调研几天的申请。

同学们，若你和吴实同学有共同的疑问的话，就请来认真学习第9章吧，它会让你茅塞顿开的。

9.1 财产清查概述

9.1.1 财产清查的概念

财产清查是根据账簿记录，通过对各项财产、物资进行实地盘点和核对，查明财产物资、货币资金和结算款项的实有数额，确定其账面结存数额和实际结存数额是否一致，以保证账实相符的一种会计专门方法。这是保证会计核算正常进行和会计核算质量的重要措施。

保证会计信息的客观性，是对会计信息真实可靠的质量要求。只有客观反映企业的会计信息，才能发挥会计核算应有的作用。每一个会计主体对于日常发生的各项经济业务，应严格按照会计规范体系规定的程序和方法进行核算。比如，可以通过审核原始凭证、填制记账凭证、登记账簿、试算平衡以及对账等一系列严密的会计处理方法，保证账簿记录能够正确反映各项财产的增减变动情况。但账簿记录的正确性并不能保证账簿记录的客观真实性，因为，在实际工作中，由于种种客观原因，会导致企业财产的账面数与实际结存数不一致。一般来说，造成账实不符的主要原因有以下几个方面。

(1) 收发财产物资时，由于计量或检验不准而造成的差错。

(2) 登记财产物资时，发生的漏记、重记或计算错误。

(3) 财产物资保管过程中发生的自然损耗或升溢。

(4) 由于管理不善或工作人员失误而造成的财产物资损坏、变质或缺失。

(5) 发生自然灾害和意外损失。

(6) 营私舞弊、贪污盗窃而发生的短缺和损失等。

另外，未达账项(由于有关结算凭证未到造成一方记账而另一方未记账)也会造成企业银行存款账实不符。造成账实不符的原因不同，其会计处理也不同，这部分将在9.3节清查结果处理部分介绍。

9.1.2 财产清查的意义

为了保证会计账簿记录的真实和准确，进一步建立健全财产物资的管理制度，确保企业财产的完整无损，就必须运用财产清查这一行之有效的会计核算方法，对各项财产进行清查，做到账实相符。加强财产清查工作，对于改善企业管理，充分发挥会计的监督作用具有重要意义。

1. 财产清查是检查会计信息系统运行正常与否的有效保证

会计以凭证形式输入资金运动发出的初始信息，经过确认、分类、记录、整理和汇总，最后以财务报表为载体输出供决策用的真实可靠的财务信息。在对会计信息质量的要求中，财务报表信息的可靠性最为重要。

为避免信息在传输过程中受主客观因素干扰而失真，复式簿记系统本身就有一定的内部控制机制发挥前馈控制作用。为了进一步核实日常核算信息(主要是簿记信息)是否如实反映情况，在编制财务报表前还要进行财产清查。

通过财产清查，可查明各项财产物资的实际结存数，并与账簿记录相核对，以发现记账中的错误，确定账实是否相符。若不相符，要查明原因，分清责任，并按规定的手续及时调整账面数字，直至账实相符。只有这样，才能保证根据账簿信息编制的财务报表真实可靠，从而提高会计信息质量。

2. 财产清查是检查内部会计监督制度是否有效的控制措施

建立合适的内部会计监督制度，特别是其中的内部牵制制度的目的之一是健全财产物资的管理制度，保护财产物资的安全与完整，提高经营效率。

内部会计监督制度是否执行、有效与否，又可通过财产清查这一方法来检查。通过财产清查，可以查明各项财产物资的保管情况，如是否完整，有无毁损、变质、被非法挪用、贪污、盗窃等；还可以查明各项财产物资的储备和利用情况，如有无储备不足，有无超储、积压、呆滞现象等；以便及时采取措施，堵塞漏洞，加强管理，建立健全有关内部牵制制度。

3. 财产清查可促进资金加速周转

通过财产清查，特别是对债权债务的清查，可以促进其及时结算，及时发现坏账并予以处理。同时，可以及时发现企业财产物资超储积压、占用不合理等情况，以尽早采取措施利用或处理，促进企业合理占用资金，加速资金周转。

9.1.3 财产清查的作用

(1) 确定各项财产物资、债权债务的实有数，查明账存额与实存额之间的差异以及产生差异的原因和责任，以便及时调整账面记录使账存额与实有额一致，保证会计核算资料的真实和可靠。

(2) 查明各项财产物资的储备和利用情况，以便采取措施，充分挖掘财产物资的潜力，促进财产物资的有效使用。

(3) 查明各项财产物资有无挪用、贪污、盗窃以及有无毁损、变质和浪费等情况，以主时采取措施，加强管理，保护各项财产物资的安全和完整。

(4) 检查会计主体对财经纪律的遵守情况，查明各种往来结算款项的结算是否正常，及早发现长期欠的债权、债务，避免坏账损失的发生，并自觉遵守结算纪律和制度。

(5) 查明财产物资的验收、保管、调拨、报废以及现金出纳、账款结算等手续制度的贯彻和落实情况，发现问题及时采取措施，建立健全有关规章制度，提高管理水平。

9.1.4 财产清查的种类

财产清查是内部牵制制度的一个部分，其目的在于定期确定内部牵制制度执行是否有效。在企业日常工作中，在考虑成本、效益的前提下，可选择范围大小适宜、时机恰当的财产清查。也就是说，可按照财产清查实施的范围、时间间隔等把财产清查适当地进行分类。

1. 按财产清查的范围，分为全面清查和局部清查

1) 全面清查

全面清查，又称整体清查，是指对企业所有财产进行全面的清查、盘点和核对。在年终决算之前，应进行一次全面清查，以明确经济责任，摸清家底，保证生产的正常需要。全面清查是对属于本企业所有或存放在本企业的所有财产物资进行全面的清点和核对。

全面清查的对象主要包括以下几个方面。

(1) 固定资产、存货——所有固定资产、原材料、在产品、自制半成品、库存商品、低值易耗品和其他物资等。

(2) 货币资金——库存现金、银行存款和各种有价证券等。

(3) 尚未验收入库——各项在途材料、在途商品和在途物资等。

(4) 各项往来款项、缴拨款项。

(5) 各项投资，包括长短期投资等。

(6) 委托其他单位加工和保管的材料、物资和商品等。

(7) 非企业自有——各项租赁使用、受托保管、代购代销的财产物资。

全面清查涉及的内容多，工作量大，范围广，清查费用相应较高，一般只在以下几种情况下进行。

(1) 年终决算之前。

(2) 单位撤销、合并或改变隶属关系前。

(3) 中外合资、国内合资前。

(4) 企业股份制改制前。

(5) 开展全面的资产评估、清产核资前。

(6) 单位主要领导调离工作前等。

清查的内容全面，清查的范围广泛，能够全面核实会计主体所有的财产物资、货币资金和债权债务的情况；但全面清查需要投入的人力多，花费的时间长。

2) 局部清查

局部清查，也叫重点清查，是根据需要对部分财产物资进行盘点与核对。主要是对货币资金、存货等流动性较大的财产的清查。局部清查，依《企业财务会计条例》有重点抽查、轮流清查与定期清查，就是会计年度中间企业根据工作需要，只针对企业一部分物质或财产进行盘点和核对。企业能作好局部清查，则能增进全部清查的盘点作业质量。

局部清查一般包括下列清查内容。

(1) 现金，应由出纳每日清点一次。

(2) 银行存款，应由出纳每月至少同银行核对一次。

(3) 各项存货年内应有计划、有重点地抽查，贵重物品每月至少清查一次。

(4) 债权债务，每年至少核对一至两次。

一般情况下，对流动性较大的财产物资，如材料、在产品、产成品、商品等，除年度清查外，年内还要进行轮流盘点或重点抽查；对于各种贵重物资每月都应盘点一次；对于现金，出纳人员应每日清点核对；对于银行存款和银行借款，每月都要同银行核对；对于各种债权、债务，每年至少要同对方核对一至二次等。

相对于全面清查，局部清查的特点是所需人力、物力少，范围窄，针对性强，专业性较强，一般是对流动性较大的财产和贵重财产进行清查。

2. 按财产清查的时间，分为定期清查和不定期清查

1) 定期清查

定期清查就是按照预先的安排，在会计年度内的某些固定时间，依照会计程序的要求在正常情况下对财产所进行的清查。

定期清查一般适应于结账前进行的清查，如月末、季末、年末结账前进行的清查。定期清查可以是局部清查，也可以是全面清查。一般情况下，月末、季末进行局部清查，主要是对材料、商品、产成品、在产品、现金、银行存款、银行借款、债权债务等进行清查；年末进行全面清查，主要是对各项财产物资、货币资金、债权债务进行清查。例如，出纳人员每日对现金的清点核对，年末、季末、月末结账前所进行的财产清查，均届于定期清查。

2) 不定期清查

不定期清查就是事先并未规定清查时间，而是根据实际需要所进行的临时性清查。

不定期清查主要是在以下几种情况下进行。

(1) 更换出纳员时对现金、银行存款所进行的清查。

(2) 更换财产物资保管人员对其所保管的有关财产物资进行的清查。

(3) 发生非常损失(自然灾害损失和意外损失)时，为了查明损失情况，要对受损财产进行清查。

(4) 有关部门(如上级主管、财政、审计、银行等部门)对本单位进行会计检查时，为了验证会计资料的可靠性，应按检查的要求和范围对财产进行清查。

(5) 进行临时性清产核资时，为了摸清家底，要对本单位的财产进行清查。

不定期清查的对象和范围，应根据实际需要进行确定，可以是全面清查，也可以是局

部清查。企业在编制年度财务会计报告前，应当全面清查财产、核实债务(全面、定期)。各单位应当定期将会计账簿记录与实物、款项及有关资料相互核对，保证会计账簿记录与实物及款项的实有数额相符。

9.2 财产清查方法

9.2.1 财产清查前的准备工作

1. 组织准备

为了有领导、有组织、有步骤地进行财产清查工作，首先，在本单位负责人(如厂长、经理等)的领导下，由会计、业务、仓库等有关部门的人员组成财产清查的专门班子，具体负责财产清查的领导工作。它的主要任务有以下几个方面。

(1) 在清查前，根据上级和有关部门的要求，研究制订财产清查的详细计划。例如，确定财产清查的对象和范围、安排清查工作的进度、确定清查工作的方式方法、配备清查人员、确定清查的具体要求等。

(2) 在清查过程中，做好具体组织、检查和督促工作，及时研究和处理清查中出现的问题。

(3) 在清查结束后，及时进行总结，将清查的结果和处理意见上报领导和有关部门审批。

2. 业务准备

为了做好财产清查工作，各业务部门，特别是财产物资管理部门和会计部门，应积极配合，认真做好各方面的准备工作。

(1) 会计部门相应会计人员，应在财产清查前，将有关账目登记齐全，结出余额，核对清楚，做到账簿记录完整，计算正确，账证相符，账账相符，为清查提供可靠的依据。

(2) 财产物资管理部门和保管人员应将截至清查日止的所有经济业务，办理好凭证手续，全部登记入账，并结出余额；所保管的各项财产物资，应整理清楚、排列整齐、标明品种、规格和结存数量，以便盘点查对。

(3) 要准备好各种必要的度量衡器具，并仔细进行检查证计量准确。

(4) 银行存款、银行借款和结算款项的清查，还应取得对账单，以便查对。

(5) 准备好有关清查用的登记表册。如“盘存单”、“实存账存对比表”等。

9.2.2 财产清查的一般程序

财产清查是一项涉及面较广、工作量较大，既复杂又细致的工作。因此，必须有计划、有组织地进行。财产清查前的一般程序如下。

(1) 建立财产清查组织。清查组织应由单位领导和财务会计、业务、仓库等有关部门的人员组成，一般应由管理层研究制订财产清查计划，确定工作进度和方式方法。

(2) 组织清查人员学习有关政策规定，掌握有关法律、法规和相关业务知识，以提高财产清查工作的质量。

(3) 确定清查对象、范围，明确清查任务。

(4) 制定清查方案，具体安排清查内容、时间、步骤、方法，以及必要的清查前准备。

(5) 清查时本着先清查数量、核对有关账簿记录等，后认定质量的原则进行。

(6) 填制盘存清单。清查人员要做好盘点记录，填制盘存清单，列明所查财产物资的实存数量和款项及债权债务的实有数额。

(7) 根据盘存清单填制实物、往来账项清查结果报告表。

9.2.3 货币资金的清查方法

1. 现金的清查

现金的清查，是采用实地盘点的方法(即通过点票数)来确定现金的实存数，然后将实存数与现金日记账的账面余额进行核对，以查明账款是否相符及盈亏情况。包括出纳人员每日终了前进行的现金账款核对和清查小组进行的定期或不定期的现金盘点、核对。现金清查一般采用实地盘点法。清查小组清查时，出纳人员必须在场，清查的内容主要是检查是否有挪用现金、白条抵库、超限额留存现金，以及账款是否相符等。对于现金清查的结果，应编制现金盘点报告单，注明现金溢缺的金额，并由出纳人员和盘点人员签字盖章。如果有挪用现金、白条抵库情况，应及时予以纠正；对于超限额留存的现金要及时送存银行；如果账款不符，应及时查明原因，如为现金短缺，应查明归属于责任人赔偿的部分。

现金的清查分为日常清查和专门清查。日常清查是指在日常工作中，出纳人员每天都要对现金进行的经常性清查。专门清查是指由清查小组(专门清查人员)对库存现金进行定期或不定期的清查。现金清查时，出纳人员必须在场。同时，清查人员还应认真审核现金收付款凭证和账簿记录，检查财务处理是否合理合法。此外，清查人员还应检查企业是否以“白条”或“借据”抵充库存现金。

现金清查结束后应填写“现金盘点报告表”，并据以调整现金日记账的账面记录。另外，盘点人员和出纳员(即保管人员)在“现金盘点报告表”上共同签章。现金盘点报告表兼有盘存单和实存账存对比表的作用，是反映现金实有数和调整账簿记录的重要原始凭证。其一般格式见表9-1。

表9-1 库存现金盘点报告表

单位：　　　　　　　　　　××年×月×日

实存金额	账存金额	对比结果		备注
		盘盈	盘亏	

盘点人(签章)：　　　　　　　　　　出纳员(签章)：

2. 银行存款的清查

银行存款的清查，是采用与银行核对账目的方法来进行的。也就是在银行存款清查时，应将本单位的银行存款日记账与从银行取得的对账单逐笔进行核对。核对的内容包括收、付的金额，结算凭证的种类和收入的来源，支出的用途，发生的时间，某日止的存款余额等。

1) 银行存款日记账与银行对账单不一致的原因

从理论上看，企业的每一笔银行存款收支，企业的出纳人员要登记银行存款日记账，银行的记账人员要登记对账单，二者应该是相符的。但实际上，本单位的银行存款日记账上的月末余额与银行转来的银行对账单上的月末余额常常会出现不一致的情况，除可能是记账错误外，往往是因为双方收到有关原始凭证及记账的时间难以绝对同步，即出现了未达账项所导致的。

所谓未达账项是指由于企业和银行双方收付款项的记账时间不一致而发生的一方已入账，而另一方未入账的款项。以企业为例，未达账项通常有以下 4 种。

(1) 企业已记收，银行未记收的账项。即企业存入银行的款项，企业已入账，作为本企业的银行存款增加，但银行尚未办理存款手续，有关款项还未记入企业的银行存款户头。

(2) 企业已记付，银行未记付的款项。即企业开支票或其他付款凭证后，企业已入账，作为本企业的银行存款减少，但银行尚未实际划出款项，有关款项还未记，本企业的银行存款减少。

(3) 银行已记收，企业未记收的款项。即银行付给企业的利息或代企业收到的款项，银行已登记入账，作为企业的存款增加，但企业未收到收款通知，因而还未登记入账。

(4) 银行已记付，企业未记付的款项。即银行代企业支付的款项(如水电费、电话费等)，银行已记账，作为企业的存款减少，但企业未接到付款通知，因而还未登记入账。

上述 4 种未达账项，前两种属于银行的未达账项，后两种则属于企业的未达账项。为了减少未达账项，月底应从开户银行将本单位的各种银行结算凭证及时取回，并及时入账。

上述任何一种未达账项的出现，都会引起企业的银行存款账面余额与对账单不符。其中(1)、(4)两种情况下，会使企业账面的存款余额大于银行对账单的余额；而在(2)、(3)两种情况下，又会使企业账面的存款余额小于银行对账单的余额。

2) 银行存款清查的步骤

银行存款的清查按以下 4 个步骤进行。

(1) 将本单位银行存款日记账与银行对账单，以结算凭证的种类、号码和金额为依据，逐日逐笔核对。凡双方都有记录的，用铅笔在金额旁打上记号“√”。

(2) 找出未达账项(即银行存款日记账和银行对账单中没有打“√”的款项)。

(3) 将日记账和对账单的月末余额及找出的未达账项填入“银行存款余额调节表”，并计算出调整后的余额。

(4) 将调整平衡的“银行存款余额调节表”，经主管会计签章后，呈报开户银行。凡有几个银行户头以及开设有外币存款户头的单位，应分别按存款户头开设“银行存款日记账”。

每月月底，应分别将各户头的“银行存款日记账”与各户头的“银行对账单”核对，并分别编制各户头的“银行存款余额调节表”。

现举例说明“银行存款余额调节表”的编制方法。

【例9-1】彭浪公司××年6月月30日银行存款日记账余额为23 500元，银行对账单的余额为42 500元。经逐笔核对发现如下未达账项：

(1) 企业送存转账支票20 000元，并已登记银行存款增加，但银行尚未记账。

(2) 企业开出转账支票15 000元，但持票单位尚未到银行办理转账，银行尚未记账。

(3) 企业委托银行代收某企业购货款25 000元，银行已收妥并登记入账，但企业尚未收到收款通知单，尚未记账。

(4) 银行代企业支付电话费1 000元，银行已登记入账，但公司未收到银行付款通知单，尚未记账。

要求：编制银行存款余额调节表。(格式如表9-4所示)

该调节表左右两方分别采用计算公式为：

调节后的存款余额=企业银行存款账面余额+银行已收、企业未收的未达账项—银行已付、企业未付的未达账项

调节后的存款余额=银行对款账单余额+企业已收、银行未收的未达账项—企业已付、银行未付的未达账项

银行存款余额调节表

表9-4　xx年6月30日　单位：元

项　目	金　额	项　目	金　额
银行存款日记账余额	23 500	银行对账单余额	42 500
加：银行已收、企业未收款	25 000	加：企业已收、银行未收款	20 000
减：银行已付、企业未付款	1 000	减：企业已付、银行未付款	15 000
调节后的存款余额	47 500	调节后的存款余额	47 500

表中，左、右两方调节后的金额相等，说明该公司的银行存款日记账记账过程基本正确(但这不是绝对的，如两个差错正好相等，抵消为零等)。如果调节后的余额仍然不等，则说明有错误存在，应进一步查明原因，采取相应的方法进行更正。

3)“银行存款余额调节表”的意义

(1)“银行存款余额调节表”是一种对账记录或对账工具，并不是会计凭证，不能作为调整账面记录的依据，即不能根据银行存款余额调节表中的未达账项来调整银行存款账面记录，未达账项只有在收到有关凭证后才能进行有关账务处理。

(2) 若“银行存款余额调节表”中调节后的余额相等，则调节后相等的余额为企业可以动用的银行存款实有数，且说明企业和银行的账面记录一般没有错误，企业与银行的账面存款余额不一致，只是由于未达账项造成的。

(3) 若“银行存款余额调节表”中调节后的余额不相等，则说明一方或双方记账有误，

需进一步追查，查明原因后予以更正和处理。

9.2.4 实物的清查方法

实物的清查，是指对材料、在产品、半成品、产成品等各种存货、固定资产等各种具有实物形态的财产物资的盘点和核对。

1. *存货盘存制度*

财产清查的重要环节是通过盘点确认财产物资的实存数量，在实物的清查中，存货的清查较为复杂，为使存货的盘点工作顺利进行，应建立一定的存货盘存制度。存货的盘存制度一般有两种："永续盘存制"和"实地盘存制"两种。

1) 永续盘存制

永续盘存制亦称账面盘存制，是对存货的增加和减少，平时都要根据会计凭证在有关明细账中连续加以记录，并随时结出账面结存数的一种存货盘存制度。在永续盘存制下，存货的期末结存数的计算公式为

期末结存数=期初结存数+本期增加数-本期减少数

这种盘存制度要求财产的收入和发出都要有严密的手续，对财产的收入和发出都要在有关账簿中进行连续的登记，且随时结出账面结存数。采用这种盘存制度时，仍需定期或不定期地对财产进行实地盘点，且至少每年实地盘点一次，以验证账实是否相符。

2) 实地盘存制

实地盘存制是指平时只在明细账中登记存货的增加数，不登记减少数，月末，对存货进行实地盘点，将盘点的实存数作为账面结存数，然后再倒推出本期减少数，据以登记账簿的一种存货盘存制度。在实地盘存制下，存货的本期减少数的计算公式为

本期减少数=期初结存数+本期增加数-期末实地盘点数

这种盘存制度要求每月末要根据实地盘点的实物数量，倒轧出本期减少数，再登记到有关账簿中。因此，每月末对各项财产进行实地盘点的结果，就是计算、确定本月财产减少数的依据。

3) 永续盘存制和实地盘存制的比较

确认存货有关指标数量做法上的比较见表 9-5。

表 9-5 确认存货有关指标数量做法上的比较

存货的有关指标	永续盘存制的确认方法	实地盘存制的确认方法	比较结果
期初结存数量	上一会计期末结转过来	上一会计期末结转过来	相同
本期增加数量	根据收货凭证及时登记账簿	根据收货凭证及时登记账簿	相同
本期减少数量	根据发货凭证及时登记账簿	根据期初结存数量、本期增加数量和期末结存数量计算确定	不同
期末结存数量	根据账面记录计算	通过清查盘点确认	不同

(1) 永续盘存制的优点及缺点。这种盘存制度的最大优点是能够加强库存财产的管理，便于随时掌握各项财产的占用情况及其动态，有利于施行会计监督。其主要缺点是存货的明细分类核算工作量较大，需要较多的人力和费用。但同实地盘存制相比，它在控制和保护财产物资安全完整方面具有明显的优越性。所以，在存货的增减变动记录上，除少数特殊情况外，一般都采用永续盘存制。

(2) 实地盘存制的优点及缺点。这种盘存制度的优点是方法简单，会计核算工作量小。其缺点是：各项财产的减少数没有严密的手续，倒轧出的各项财产的减少数中成分复杂，除了正常耗用外，可能存在很多非正常因素，因而不便于施行会计监督。所以它的适用范围很小，例如商业企业的品种多、价值低、交易频繁的商品，数量不稳定、损耗大且难以控制的鲜活商品等，制造业企业的财产中，很少采用这种盘存制度。

2. 实物的清查方法

实物清查主要是对各种存货及固定资产等财产物资的清查。对这些物资的清查，不仅要从数量上核对账面数与实物数是否相符，而且要查明是否有损坏、变质等情况。由于实物的形态、体积、重量、堆放方式等不尽相同，因而所采用的清查方法也不尽相同。比较常用的实物清查方法主要有以下4种。

(1) 实地盘点法。实地盘点法是通过逐一清点或用计量器来确定实物的实存数量的方法。其适用范围较广，得出的数字准确可靠，但工作量较大。大多数财产物资的盘点都可以采用这种方法。

(2) 技术推算盘点法。技术推算盘点法是通过量方、计尺等技术来推算实物实存数量的方法，这种方法只适用于大量成堆，难以逐一清点、计量或不能清点、计量的财产物资的盘点。如露天堆放的煤、油罐中的油等，可以用这种方法进行盘点。

(3) 抽样盘存法。抽样盘存法是指对于数量多、重量均匀的实物财产，可以采用抽样盘点的方法，确定财产的实有数额。

(4) 函证核对法。函证核对法是指对于委托外单位加工或保管的物资，可以采用向对方单位发函调查，并与本单位的账存数相核对的方法。

对实物资产的数量进行清查的同时，还要对实物的质量进行鉴定。

为了明确经济责任，盘点时，实物保管人员必须在场，并参加盘点。对于盘点结果，应将数量和质量情况，如实登记在“盘存单”上，并由盘点人员和实物保管人员签章。

“盘存单”，是记录盘点结果的书面证明，也是反映财产物资实存数的原始凭证，见表9-6。

表9-6 盘存单

单位名称　　　　盘点时间：　　　　单位：
财产类别：　　　　存货地点：

编号	名称	计量单位	数量	单价	金额	备注

为了查明实存数与账存数是否一致，确定盘盈或盘亏情况，应根据“盘存单”和有关账簿的记录，编制“实存账存对比表”，见表 9-7。

“实存账存对比表”是用以调整账簿记录的重要原始凭证，也是分析产生差异的原因，明确经济责任的依据。在实际工作中，为了简化编表工作，“实存账存对比表”通常只填列账实不符的财产物资。对于账实完全相符的财产物资并不列入。这样的“实存账存对比表”，主要是反映盘盈、盘亏情况，所以也称为“盘盈盘亏报告表”。

表 9-7　实存账存对比表

编制单位：　　　　××年×月×日　　　　第×页

编号	类别及名称	计量单位	单价	实存		账存		对比结果				备注
								盘盈		盘亏		
				数量	金额	数量	金额	数量	金额	数量	金额	

对于清查出来的残存变质物资、伪劣产品，应另行编制盘存情况表，写明损失程度、损失金额。经盘点小组研究决定后提出处理意见，凡情节比较严重的应作专案说明。“残存变质物资、伪劣产品情况表”格式见表 9-8。

表 9-8　残存变质物资、伪劣产品情况表

单位名称：　　　　××年×月×日

名称规格	单价	原价	账面记录		报废		报损		残劣伪劣		处理意见
			数量	金额	数量	金额	数量	金额	数量	金额	
合计											

主管人员：　　　　会计：　　　　制表人：

对于委托外单位加工或保管的材料、商品、物资以及在途的材料、商品、物资等，可以采用询证的方法与有关单位进行核对，以查明账实是否相符，必要时还应派人专门核对。

9.3　财产清查的结果处理

9.3.1　财产清查结果

《会计法》第十七条规定：“各单位应当定期将会计账簿记录与实物、款项及有关资料相互核对，保证会计账簿记录与实物及款项的实有数额相符、会计账簿记录与会计凭证的有关内容相符、会计账簿之间相对应的记录相符、会计账簿记录与会计报表的有关内容相符。”财产清查的结果，必须按国家有关财务制度的规定，严肃认真地予以处理。

财产清查的结果有以下3种情况。

(1) 实存数大于账存数，即盘盈。

(2) 实存数小于账存数，即盘亏。

(3) 实存数等于账存数，账实相符。

进行财产清查时，如果各种财产的账存数与实存数一致相符，则不必进行账务处理；

财产清查结果的处理一般指的是对账实不符——盘盈、盘亏情况的处理，但账实相符时发生的财产物资变质、霉烂及毁损等，也是其处理的对象。

9.3.2 财产清查结果处理的要求

(1) 分析产生差异的原因和性质，提出处理建议。一般来说，个人造成的损失，应由个人赔偿；因管理不善造成的损失，应作为企业“管理费用”入账;因自然灾害造成的非常损失，应由保险公司赔偿的，先列入“其他应收款”，不能索赔部分列入企业的“营业外支出”。

(2) 积极处理多余积压财产，清理往来款项。在财产清查中，会明确企业存在的积压财产和长期挂账的往来款项。积压财产和被拖欠的款项都是企业资金的占用形态，意味着企业的资金有相应的部分没有有效地运转并给企业带来效益，会在一定程度上降低企业资金利润率。因此，在财产清查后，应及时处理积极处理多余积压财产、清理往来款项，以减少资金不必要的占用，提高资金使用效率。

(3) 总结经验教训，建立健全各项管理制度。在财产清查中，会发现企业在管理中存在的种种问题，这些问题大多数是由于企业的各项管理制度不完善或管理制度没有得到严格执行，因此，在总结了财产清查发现的问题后，企业的管理部门应及时建立健全各项规章制度，以防止相同的问题再次发生。因此，财产清查对建立健全管理制度有促进作用。

(4) 及时调整账簿记录，保证账实相符。要根据清查中取得的原始凭证编制记账凭证，登记有关账簿，使各种财产物资的账存数与实存数相一致。财产清查是为了检查企业的财产物资是否账实相符。在发现财产物资的盘盈和盘亏后，应按照一定的程序报请企业领导部门的批准，在得到批准的情况下调整账簿记录，以保证账实相符，使会计资料符合实际情况。

9.3.3 财产清查结果处理的步骤

财产清查结束后，清查人员应向有关方面报告清查结果，对盘盈和盘亏的财产物资，应查明资产差异原因，落实经济责任，将相关情况报股东大会或董事会，或经理(厂长)会议或类似机构批准。

在处理建议得到批准之前，会计人员和财产管理人员应根据“实存账存对比表”、“库存现金盘点报告表”等资料，据实调账，编制记账凭证，调整有关财产的账面价值，使账簿记录与实际盘存数相符。

为了反映财产清查的盘盈和盘亏情况，企业会计应设置“待处理财产损溢”账户核算，该科目下设置“待处理固定资产损溢”和“待处理流动资产损溢”两个明细科目，分别核算固定资产和流动资产的待处理的损溢。该账户借方登记待处理的盘亏、毁损数，及经批准后待处理财产盘盈的转销数；贷方登记待处理的盘盈数，及经批准后的待处理财产盘亏、毁损的转销数。若余额在借方，表示尚待批准处理的财产盘亏和毁损数；若余额在贷方，表示尚待批准处理的财产盘盈数。

对盘盈的除固定资产以外的财产物资，应该记入“待处理财产损溢”，借“库存现金”、“原材料”、“库存商品”等科目，贷“待处理财产损溢”科目。对盘盈的固定资产，会计上作为前期差错处理，记入“以前年度损益调整”科目。对于盘亏的财产物资，均通过“待处理财产损溢”科目核算，借方记入“待处理财产损溢”，贷方记相应的盘亏财产。

处理意见经审批后，会计人员应根据审批意见进行账务处理，结平“待处理财产损溢”。对于财产清查中发现的盘盈、盘亏，在报经有关领导审批之前，应基于客观性原则，根据“清查结果报告表”、“盘点报告表”已经查实的数据资料，编制记账凭证，记入有关账簿，使账簿记录与实际盘存数相符，同时根据企业的管理权限，将处理建议报股东大会或董事会，或经理(厂长)会议或类似机构批准。

9.3.4 财产清查结果的账务处理

1. 财产物资盘盈的核算

在各项财产物资、货币资金的保管过程中，由于管理制度不健全、计量不准确等原因发生实物数字大于账面数字的情况为盘盈。

1) 现金盘盈的核算

当发生现金的盘盈时，借记“库存现金”，贷记“待处理财产损溢”。待查明原因时，结平“待处理财产损溢”，即借记“待处理财产损溢”，贷方视情况作以下处理。

(1) 一般情况下，现金盘盈是由于企业管理制度的疏失和收款人员的工作失误造成的，不存在恶意作弊的问题，此时的现金盘盈应贷记“管理费用——其他”科目。

(2) 属于应支付给有关人员或单位的，应贷记“其他应付款”科目。

(3) 属于无法查明原因的现金溢余，经批准后，应贷记“营业外收入”账户。

【例 9-2】现金清查中发现多余现金 50 元。经核查，原因不明，经批准转作营业外收入。

在批准前，根据“现金盘点报告表”所确定现金的盘盈数字，编制如下会计分录：

借：库存现金　　50

　　贷：待处理财产损溢　　50

在批准后，根据查明的原因予以转账，编制如下会计分录：

借：待处理财产损溢　　50

　　贷：营业外收入　　50

2) 存货盘盈的核算

存货盘盈是指单位清查出无账面记载或反映的库存材料、材料和产成品等。根据存货盘点表、经济鉴证报告或证明、其他材料(保管人对于盘盈的情况说明、价值确定依据等)进行认定。

企业发生存货盘盈时，借记“原材料”、“库存商品”等科目，贷记“待处理财产损溢”科目。盘盈的存货，通常是由企业日常收发计量或计算上的差错所造成的，其盘盈的存货，可冲减管理费用，按规定手续报经批准后，借记“待处理财产损溢”科目，贷记“管理费用”科目。

【例 9-3】某企业在财产清查中，盘盈钢材 4 吨，价值 14000 元。经核查，该项盘盈系计量仪器不准所致，经批准作冲减管理费用处理。

在批准前，根据“实存账存对比表”所确定的材料盘盈数字，编制如下会计分录：

借：原材料　　14 000

　　贷：待处理财产损溢　　14 000

在批准后，根据批准意见予以转账，应编制如下会计分录：

借：待处理财产损溢——待处理流动资产损溢　　14 000

　　贷：管理费用　　14 000

3) 固定资产盘盈的核算

固定资产盘盈是指企业在进行财产清查盘点中发生的固定资产的实存数量超过账面数量而出现的盈余。

根据《企业会计准则第 4 号——固定资产》及其应用指南的有关规定，固定资产盘盈应作为前期差错记入“以前年度损益调整”科目。前期差错，是指由于没有运用或错误运用下列两种信息，而对前期财务报表造成漏报或错报：编报前期财务报表时预期能够取得并加以考虑的可靠信息；前期财务报告批准报出时能够取得的可靠信息。前期差错通常包括计算错误、应用会计政策错误、疏忽或曲解事实、舞弊产生的影响以及存货、固定资产盘盈等。

固定资产盘盈不再计入当期损益，而是作为前期差错，并根据相关规定进行更正。会计处理如下：①确定盘盈固定资产的原值、累计折旧和固定资产净值，根据确定的固定资产原值借记“固定资产”，贷记“累计折旧”，将两者的差额贷记“以前年度损益调整”；②计算应纳的所得税，借记“以前年度损益调整”科目，贷记“应交税费——应交所得税”；③最后调整利润分配，借记“以前年度损益调整”，贷记“盈余公积”，两者的差额贷记“利润分配——未分配利润”。

【例 9-4】ABC 公司于 2013 年 6 月 30 日对该公司全部固定资产进行清查，发现盘盈一台六成新机器设备，该设备市场同类产品价格为 160 000 元。该公司企业所得税税率为 25%，并按净利润的 10%计提法定盈余公积。该公司的会计处理如下：

(1) 批准处理前。

借：固定资产　　160 000

　　贷：累计折旧　　64 000

以前年度损益调整　　96 000(160 000×60%)

(2) 批准处理后。

借：以前年度损益调整　　24 000

　　贷：应交税费——应交所得税　　24 000(96 000×25%)

借：以前年度损益调整　　72 000(96 000−24 000)

　　贷：盈余公积——法定盈余公积　　7 200(72 000×10%)

　　　　利润分配——未分配利润　　64 800

2. 财产物资盘亏或毁损的账务处理

在财产清查中发现，财产物资由于管理不善、非常损失等原因造成的实物数字小于账面数字的情况为盘亏或毁损。

1) 现金盘亏的核算

现金盘亏是指现金实存数比正确的账存数少的情况，造成这种情况的原因有管理不善、非常损失等。发现现金盘亏借记“待处理财产损益”科目，贷记“库存现金”科目，然后通过查明原因再来作相应的会计处理。批准处理后属于应由责任人赔偿或保险公司赔偿的部分，计入“其他应收款”科目；属于无法查明原因的，计入“管理费用”科目。

【例 9-5】现金清查中发现现金短缺 80 元。经核查，应由出纳人员负责赔偿。在批准前，根据“现金盘点报告表”所确定现金的盘亏数字，编制如下会计分录：

借：待处理财产损溢　　80

　　贷：库存现金　　80

在批准后，根据查明的原因转账，编制如下会计分录：

借：其他应收款　　80

　　贷：待处理财产损溢　　80

2) 存货盘亏或毁损的核算

存货盘亏是盘点后材料的账面结存数大于实际结存数的情况，造成存货盘亏或毁损的原因主要有自然损耗、自然灾害、管理不善等。对于盘亏的存货，还涉及增值税的问题，即对盘亏的存货应将其进项税额自“应交税费”账户贷方转出，但为了简化起见，本书不考虑增值税转出问题。

存货盘亏或毁损的处理，在批准以前应先结转到“待处理财产损溢”科目，借记“待处理财产损溢”科目，贷记“原材料”、“库存商品”等科目。批准以后，再根据造成亏损的原因，分以下情况进行账务处理。①属于自然损耗产生的定额内亏损，经批准可列作管理费用。②属于超定额短缺和亏损，能确定过失人的，应由过失人负责赔偿；属于保险责任范围的，应向保险公司索赔，应由过失人或保险公司赔偿的部分记入“其他应收款”。③属于自然灾害造成的非常损失，扣除保险赔款和残值后计入营业外支出。

【例 9-6】某企业在财产清查中，盘亏材料 15 000 元。经查明，该项盘亏的材料中，有 5 000 元为定额内的自然损耗，另外 10 000 元属于过失人造成的损失。

在批准前，根据“实存账存对比表”所确定的材料盘亏数字，编制如下会计分录：

借：待处理财产损溢　　15 000

贷：原材料　15 000

在批准后，分不同情况处理，5 000元定额内的自然损耗记入“管理费用”科目，10 000元属于过失人造成的损失记入“其他应收款”科目，编制如下会计分录：

借：管理费用　5 000
　　其他应收款　10 000
　贷：待处理财产损溢　15 000

3) 固定资产盘亏的核算

固定资产盘亏是指固定资产清查时发现的，固定资产的盘点实物数少于账面应有数的情况。对盘亏固定资产，必须查明原因，并填制“固定资产盘亏报告单”，在报告单内填列固定资产编号、名称、型号、数量、原值、已提折旧、短缺毁损原因等，按照规定程序上报。

企业在固定资产清查中盘亏的固定资产，应及时办理固定资产注销手续，在按规定程序批准处理之前，应将该固定资产卡片从原来的归类中抽出，单独保管，并通过“待处理财产损溢——待处理固定资产损溢”科目进行核算。批准处理时再转入有关科目。

固定资产盘亏造成的损失，应当计入当期损益。企业在财产清查中盘亏的固定资产，按盘亏固定资产的账面价值借记“待处理财产损溢——待处理固定资产损溢”科目，按已计提的累计折旧，借记“累计折旧”科目，按已计提的减值准备，借记“固定资产减值准备”科目，按固定资产原价，贷记“固定资产”科目。按管理权限报经批准后处理时，按可收回的保险赔偿或过失人赔偿，借记“其他应收款”科目，按应计入营业外支出的金额，借记“营业外支出——盘亏损失”科目，贷记“待处理财产损溢”科目。

【例9-7】乙公司在固定资产清查过程中，发现正在使用中的生产设备少了一台钻床，其账面原值为100 000元，已提折旧为65 000元。经批准，该盘亏固定资产作为营业外支出入账。

本例中，乙公司盘亏的固定资产账面价值为35 000元(即：100 000−65 000=35 000元)。具体账务处理如下：

(1) 盘亏固定资产时。

借：待处理财产损溢　35 000
　　累计折旧　65 000
　贷：固定资产　100 000

(2) 报经批准处理后。

借：营业外支出　35 000
　贷：待处理财产损溢　35 000

本章小结

本章主要阐述了财产清查的概念、意义和种类，明确各种财产清查的方法的基础上，掌握财产清查结果的账务处理。

为了保证会计资料的真实性，企业必须定期或不定期地对其所拥有的财产物资进行清查，将账存数与实存数相互核对，以便在账实发生差异时及时寻找原因、分清责任，并按规定的程序和方法调整账面记录，做到账实一致。

财产清查按其清查范围分为全部清查和局部清查，按其清查时间可分为定期清查和不定期清查。

对材料、产成品、固定资产等实物的清查主要采用实地盘点的方法来进行。对现金的清查要采用不通知突击盘点的方法。对银行存款的清查要采取与银行核对账目的方法来进行，如不相符，就需要编制银行存款余额调节表。对应收和应付的清查主要通过询证核对的方法来进行。

为了正确反映财产物资的盘盈、盘亏、毁损及其处理情况，企业应该设置“待处理财产损溢”账户。财产清查的会计处理须在报请批准以前和批准以后分两个阶段进行。

习　　题

一、单项选择题

1．某企业在遭受洪灾时后，对其受损的财产物资进行的清查，属于(　　)。

A．局部清查和定期清查　　B．全面清查和定期清查

C．局部清查和不定期清查　　D．全面清查和不定期清查

2．财产清查是通过实地盘点和核对账目来查明(　　)是否相符的一种方法。

A．账证　　B．账账

C．账实　　D．账表

3．单位在年末、季末或月末结账前所进行的财产清查属于(　　)。

A．财产临时清查　　B．财产定期清查

C．现金清查　　D．财产抽查

4．单位进行资产重组时，一般应进行(　　)。

A．局部清查　　B．全面清查

C．重点清查　　D．抽查

5．对贵重物资一般要经常进行(　　)清查，至少每月清查盘点一次。

A．局部　　B．全面

C．不定期　　D．非重点

6．在没有差错的情况下，导致银行对账单和银行存款日记账余额不一致的原因是(　　)。

A．其他应收款造成的　　B．应收账款造成的

C．未达账项造成的　　D．短期借款造成的

7．“未达账项”是指企业与银行双方，由于凭证传递和入账时间不一致，而发生的(　　)。

A．一方已入账，另一方未入账的款项　　B．双方登账出现的款项

C．一方重复入账和款项　　D．双方均未入账的款项

8．对银行存款所采用的清查方法一般是(　　)。

A．技术推算法　　B．测量计算法

C．实地盘点法　　D．对账单法

9．期末企业银行存款的记账余额为26万元，银行对账单为29万元，经对未达账项调节后余额为28万元，则企业在银行的实有存款是(　　)。

A．26万元　　B．29万元

C．28万元　　D．27万元

10．在各种实物的清点过程中，(　　)必须在场，参加盘点，便不宜单独承担财产清查工作。

A．单位行政领导人　　B．会计主管人员

C．出纳人员　　D．实物保管员

11．财产物资的盘亏是指(　　)。

A．实存数大于账存数　　B．实存数小于账存数

C．实存数等于账存数　　D．由于记账差错少记的金额

12．永续盘存制下，平时在财产物资账簿中(　　)。

A．只登记财产物资增加数　　B．只登记财产物资减少数

C．既登记财产物资增加数，又登记减少数　　D．只登记财产物资盘存数

13．对现金和实物进行清查应采用的方法是(　　)。

A．永续盘存　　B．实地盘点

C．核对账目　　D．定期清查

14．盘亏的固定资产，批准后应转入(　　)账户。

A．其他业务收入　　B．投资收益

C．营业外支出　　D．本年利润

15．对应收账款进行清查时应采用的方法是(　　)。

A．与记账凭证核对　　B．实地盘点法

C．函证法　　D．技术推算法

16．因管理不善而导致的盘亏，应计入(　　)。

A．其他应收款　　B．管理费用

C．营业外支出　　D．财务费用

17．原材料盘盈最终应计入(　　)会计科目。

A．营业费用　　B．管理费用

C．营业外收入　　D．其他业务收入

18．财产清查中盘盈存货一批，价值200元，批准备处理后应转入(　　)。

A．营业外收入　　B．其他业务收入

C．管理费用　　D．主营业务收入

19．为了记录、反映财产物资的盘盈、盘亏和毁损情况，应当设置(　　)科目。

A．固定资产清理　　B．待处理财产损溢

C．长期待摊费用　　D．营业外支出

二、多项选择题

1．财产清查是指通过对(　　)的盘点或核对，确定其实存数，查明账存数与实存数是否相符的一种专门方法。

A．货币资金　　B．实物资产　　C．往来款项　　D．所有者权益

2．全面清查一般在年终进行，但在单位(　　)时，也要进行全面清查。

A．撤销、合并　　B．更换保管人员

C．清产核资或资产重组　　D．改变隶属关系

3．财产清查的对象包括(　　)。

A．货币资金　　B．实物资产　　C．债权　　D．债务

4．财产清查按其清查的范围可以分为(　　)。

A．全面清查　　B．定期清查　　C．局部清查　　D．随机抽样清查

5．财产清查按清查时间可以分为(　　)。

A．全面清查　　B．定期清查　　C．局部清查　　D．不定期清查

6．下列情形中，需要进行全面清查的是(　　)。

A．单位进行撤并时　　B．对外投资时

C．开展清产核资时　　D．单位负责人调离时

7．下列清查事项中，属于不定期清查的有(　　)。

A．单位更换财产保管人员时的清查　　B．发生非常损失时的清查

C．年终结算时的全面清查　　D．月末银行存款的清查

8．全面清查有(　　)特点。

A．清查的范围大　　B．清查的内容多

C．清查的时间长　　D．清查的花费大以及参与人员多

9．在财产清查中，采用实地盘点方法清查的资产主要有(　　)。

A．库存商品　　B．固定资产　　C．现金　　D．银行存款

10．对银行存款的清查，是通过核对账目进行的。编制“银行存款余额调节表”时，对企业银行存款日记账余额进行调节，应(　　)。

A．加企业已收，银行未收的款项　　B．加银行已收，企业未收的款项

C．减企业已付，银行未付的款项　　D．减银行已付，企业未付的款项

三、判断题

1．不定期清查的对象和范围可以是全面清查，也可以是局部清查。　　(　　)

2．为了明确经济责任，现金盘点时出纳员不应在场。　　(　　)

3．全面清查的内容应包括房屋建筑物、机器设备等固定资产及在建工程、库存材料、在产品、库存商品、库存现金、银行存款、其他货币资金、各种有价证券、各种结算款项、预算缴拨款，在途材料物资和租人使用、委托加工或代销财产物资等。　　(　　)

4．调换保管人员进行的有关财产物资的清查和发生意外灾害或事故等非常损失时进行损失情况的清查属于局部清查。　　(　　)

5．年终结算前，为了确保年终结算会计资料的真实正确，所进行的财产清查既要全面清查又要定期清查。　　(　　)

6．“现金盘点报告表”应由盘点人员和会计机构负责人共同签章方能生效。　　(　　)

7．实际工作中，银行存款日记账与银行对账单即使都计算记录准确，也可能出现二者余额不一致的情况。　　(　　)

8．银行存款日记账账面余额与银行对账单余额不一致，则说明单位与银行之间必定有一方存在账面录错误。　　(　　)

9．对于银行已记账而企业尚未记账的未达账项，企业应根据银行对账单编制记账凭证并登记入账。　　(　　)

10．在进行财产物资盘点时，实物保管员必须在场，并参加清查工作。　　(　　)

四、业务题

1．某企业2013年8月31日的银行存款日记账账面余额为1 383 200元，而银行对账单上企业存款余额为1 363 200元，经逐笔核对，发现8月份有以下未达账项。

(1) 8月26日企业开出转账支票6 000元，持票人尚未到银行办理转账，银行尚未登账。

(2) 8月28日企业委托银行代收款项8 000元，银行已收款入账，但企业未接到银行的收款通知，因而未登记入账。

(3) 8月29日，企业送存购货单位签发的转账支票30 000元，企业已经登记入账，银行尚未登记入账。

(4) 8月30日，银行代企业支付的水电费4 000元，企业尚未接到银行的付款通知，故未登记入账。

要求：根据以上有关内容，编制“银行存款余额调节表”，并分析调节后是否需要编制有关会计分录。

2．红星公司经财产清查，发现盘盈A材料1 600吨。经查明是由于计量上的错误所造成的，市场价格为每吨4元。

要求：进行批准前后的会计处理。

3．红星公司经财产清查，发现盘亏B材料100吨，每吨单价200元。经查明，属于定额内合理的损耗有5吨，计1 000元；属于过失人造成的由责任人赔偿40吨，计8 000元；属于自然灾害造成的损失为55吨，计11 000元，其中保险公司赔偿6 000元。

要求：进行批准前后的会计处理。

第10章 财务会计报告

教学目的与要求

掌握财务会计报告的内容;
掌握资产负债表的结构与基本编制方法;
掌握利润表的结构与基本编制方法;
理解财务会计报告的含义;
理解资产负债表和利润表的信息含量;
了解现金流量表的结构与内容。

本章主要内容

财务会计报告的含义和内容;
资产负债表的结构与基本编制方法;
利润表的结构与基本编制方法;
资产负债表和利润表的信息含量;
现金流量表的结构与内容;
财务会计报告的内容。

本章考核重点

资产负债表的结构与基本编制方法;
利润表的结构与基本编制方法。

导入语

小王和小张供职于A公司的会计部门，两人在编制A公司4月份的利润表时出现了分歧，该公司4月份发生如下业务。

(1) 销售产品60 000元，其中40 000元已收到并存入银行，20 000元尚未收到。

(该产品成本为25 000元)

(2) 收到上月为外单位提供的劳务收入1 500元。

(3) 支付本月的水电费用600元。

(4) 预付第3季度房租1 200元。

(5) 销售原材料30 000元，其中20 000元已收到并存入银行，尚有10 000元未收到。

(该批材料成本为18 000元)

(6) 支付2月份借款利息260元。

(7) 预收B产品销售货款16 000元。

(8) 本月应计劳务收入900元尚未收到。

(9) 本月应承担年初已支付的保险费200元。

小王认为4月份利润表应按如下内容编制：

4月份的收入=40 000+1 500+20 000+16 000=77 500(元)

4月份的费用=600+1 200+260=2 060(元)

4月份成本=25 000+18 000=43 000(元)

4月份的利润=77 500−2 060−43 000=32 440(元)

小张有不同观点，认为4月份利润表应按如下内容编制：

4月份的收入=60 000+30 000+900=90 900(元)

4月份的费用=600+200=800(元)

4月份成本=25 000+18 000=43 000(元)

4月份的利润=90 900−800−43 000=47 100(元)

对于相同的业务，小王和小张计算出的4月份利润为何会不同？如果让你来编制4月份利润表，你会怎么做呢？

10.1 财务会计报告概述

10.1.1 财务会计报告的含义

1. 财务会计报告的含义

在企业日常的会计核算中，企业所发生的各项经济业务都按照一定的会计程序，在有关账簿中进行了全面、连续、分类、汇总的计算和记录。但这些日常核算资料数量繁多且过于分散，不能集中、概括地反映企业的财务状况、经营成果和现金流量。企业的信息使用者(如投资者、债权人、政府部门以及其他与企业有利害关系的单位和个人)，不能直接使用这些分散的会计记录来分析评价企业的财务状况、经营成果和现金流量，并据以做出正确的决策。为此，有必要定期将日常会计核算资料进行分类汇总，通过一定的方式来总括、综合地反映企业经济活动的过程和结果，向有关方面提供决策和管理所需的信息。财务会计报告就是企业会计核算的最终成果。

财务会计报告，也称为财务报告，是指企业对外提供的反映企业在某一特定日期财务状况和某一会计期间经营成果、现金流量等会计信息的文件。由于财务会计报告信息直接影响会计信息使用者的利益，因此财务会计报告必须对其自身的财务状况、经营成果和现金流量等相关信息予以全面、充分披露，尽可能地提高会计信息的透明度。

2. 财务会计报告的作用

作为全面披露企业财务状况和经济活动的重要文件，财务会计报告为信息使用者进行经济决策、会计检查和监督及分析提供了重要的依据。对于不同的利益相关者而言，财务会计报告的具体作用也不尽相同，主要表现在以下几个方面。

(1) 财务会计报告对企业投资者和债权人的作用。从投资行为的角度看，投资者主要关心其投资风险与投资报酬。因此，需要通过了解企业的获利能力、股利支付能力、未来现金流量等情况来判断投资风险与投资报酬。企业债权人主要关心其债权本金及利息能否按期得到偿还和支付，需要通过了解企业的偿债能力、利息支付能力等来判断其债权的受偿程度。财务会计报告正是可以向投资者和债权人提供他们所关心的信息，进而帮助其做出正确的决策。

(2) 财务会计报告对政府及其经济监管机构的作用。政府要基于整个社会经济资源优化配置的需要对企业经济活动实施有效的调节、控制和监督。因此，财政、税务和审计等有关机构可以通过财务会计报告所提供的信息，检查企业的资金运动情况以及财务状况和经营成果，并督促企业合理使用资金，遵守财经纪律。

(3) 财务会计报告对企业自身加强管理的作用。财务会计报告通过提供全面的会计信息，可以帮助企业内部管理者及企业职工了解企业的财务状况、经营成果和现金流量情况，掌握企业经济活动的进程，及时总结经验教训，以便采取措施加强经营管理。此外，财务会计报告所提供的信息也为企业进行预测、决策和编制财务计划提供了重要的参考依据。

10.1.2 财务会计报告的内容

财务会计报告是全面披露企业财务活动信息的对外报告，是一个较完整的体系。我国《企业会计准则——基本准则》规定：财务会计报告包括会计报表及其附注和其他应当在财务报告中披露的相关信息资料(又称“财务情况说明书”)。一套完整的财务会计报告至少应包括“四表一注”，即资产负债表、利润表、现金流量表、所有者权益变动表及附注。中期财务会计报告至少应当包括资产负债表、利润表、现金流量表和附注。

1. 会计报表

1) 会计报表的含义

会计报表是企业在日常核算的基础上，向会计信息使用者提供的关于企业财务状况、经营成果和现金流量信息的表式报告文件。会计报表是财务会计报告的主体和核心，财务会计最有用的信息就集中于会计报表之中。其中，财务状况是指企业在特定日期的资产规模与结构、产权关系及权益构成的基本状况；经营成果是指企业在一定会计期间所发生的费用、取得的收入以及实现的利润或亏损，反映企业的盈利情况；现金流量则是指企业在经营活动、投资活动和筹资活动等经济活动中形成的现金流入与现金流出及现金流量净额情况，反映企业的资金周转情况及理财能力。

企业会计报表至少应包括资产负债表、利润表、现金流量表及所有者权益变动表等，它们从不同角度说明企业的财务状况、经营成果和现金流量情况。资产负债表主要反映企业特定日期资产、负债和所有者权益的情况；利润表主要提供企业在一定期间的经营成果，即盈利或亏损情况；现金流量表则反映企业现金及现金等价物的来源、运用以及增减变动的原因等；所有者权益(或股东权益)变动表是反映构成所有者权益各组成部分当期增减变动情况的报表。通过对这些报表的阅读、分析，可以使会计信息使用者了解其所需的会计信息。

2) 会计报表的分类

会计报表根据不同的标准可以进行不同的分类，主要分类标准有如下几种。

(1) 按照会计报表反映的经济内容，可以分为财务状况报表(静态要素报表)和经营成果报表(动态要素报表)。财务状况报表是反映企业在某一特定日期财务状况的报表，如资产负债表。经营成果报表是反映企业在一定时期收入的实现、费用、成本的耗费和利润形成情况的报表，如利润表。其他报表如利润分配表、股东权益增减变动表及其他相关附表等。

(2) 按照会计报表报送的对象，可以分为内部报表和外送报表。内部报表是企业根据内部管理的需要而编制的供本单位内部使用的会计报表，如管理费用明细表、产品生产成本表等。内部报表的种类、格式、内容和报送时间由企业自行决定。外送报表是企业按照国家统一会计制度的规定，编制和向外报送给外部会计信息使用者的报表，如资产负债表、利润表、现金流量表等。外送报表的种类、格式、内容和报送时间由国家有关会计制度统一规定。

(3) 按照编制报表的会计主体不同，可以分为个别报表和合并报表。个别报表是指企业编报的独立的，仅反映企业本身的财务状况、经营成果和现金流量的报表。合并报表是指以母公司与子公司组成的企业集团为会计主体，由母公司编制的综合反映整个企业集团财务状况、经营成果和现金流量的报表。

(4) 按照会计报表编制的时间，可以分为中期报表(月度、季度、半年度)和年度报表。中期报表是指以中期为基础编制的财务报表，中期是指短于一个完整的会计年度的报告期间，半年度、季度和月度报表统称为中期报表。月度报表是月份终了后利用月度内有关资料所编制的会计报表，如资产负债表和利润表均应按月编制；季度报表是在每季结束时，利用季度内各月份资料所编制的会计报表；半年度报表是企业在每个会计年度的前 6 个月结束后所编制的会计报表。年度报表是年度终了以后编制的，全面反映企业财务状况、经营成果及其分配、现金流量等方面的报表。

2. 会计报表附注

会计报表是表式报告文件，提供的会计信息主要以量化的数字为主，为了提供更详尽的会计信息，依据“充分披露”的原则，企业往往需要在会计报表附注中对会计报表的某些项目作进一步的补充说明。会计报表附注(notes)是对资产负债表、利润表、现金流量表和所有者权益变动表等报表中列示项目的文字描述或详细资料，以及未能在这些报表中列示项目的说明。通俗地说，就是对会计报表的编制基础、编制依据、编制原则和编制方法及主要项目等进行的解释和补充说明。会计报表附注是会计报表不可或缺的组成部分，相对于会计报表而言，附注的重要性同样不可忽略。

会计报表附注应当包括所有在会计报表正文中未提供，但与企业财务状况、经营成果和现金流量密切相关，有助于会计信息使用者更好地理解企业的会计报表且可以公开的重要信息。我国财政部 2006 年 2 月发布的《企业会计准则第 30 号——财务报表列报》中，规定会计报表附注的至少应包括以下内容。

(1) 企业基本情况的说明。主要帮助信息使用者了解企业基本信息，其内容主要包括企业注册地、组织形式和总部地址；企业的业务性质和主要经营活动；母公司以及集团最终母公司的名称；财务报告的批准报出者和财务报告批准报出日。

(2) 财务报表的编制基础。企业需要在财务报表附注中披露会计年度；记账本位币；会计计量所运用的会计基础；现金和现金等价物的构成。

(3) 遵循企业会计准则的声明。企业应当明确说明编制的财务报表符合企业会计准则体系的要求，真实、公允地反映企业财务状况、经营成果和现金流量等有关信息。

(4) 重要会计政策和会计估计的说明。会计政策是指企业在会计核算时所遵循的具体准则以及企业所采纳的具体会计处理方法，如发出存货的计价方法、会计计量属性的采用等。会计估计是指企业对其结果不确定的交易事项以最近可利用的信息为基础所作的判断，如固定资产、无形资产使用寿命的估计等。

(5) 会计政策和会计估计变更以及差错更正的说明。会计政策变更是指企业对相同的交易或事项，由原来的会计政策改用另一会计政策的行为；会计估计变更是指由于情况发生变化，或者掌握了新信息，积累了更多的经验，为更好地反映企业的财务状况和经营成果，对原先的估计所作的变更；会计差错是指会计核算时，在确认、计量、记录等方面出现的差错。企业应当按照会计准则的规定，披露会计政策和会计估计变更以及差错更正的有关情况。

(6) 报表重要项目的说明。对已在资产负债表、利润表、现金流量表和所有者权益变动表中列示的重要项目的进一步说明，如对资产负债表中货币资金、存货等项目的构成及增减变动情况的说明。

(7) 其他需要说明的重要事项，主要包括或有和承诺事项、资产负债表日后非调整事项、关联方关系及其交易等。

3. 财务情况说明书

财务情况说明书是对企业一定会计期间内财务、成本等情况进行分析总结的书面文字报告，也是财务会计报告的重要组成部分。财务报告说明书全面提供公司、企业和其他单位生产经营、业务活动情况；分析总结经营业绩和存在问题及不足，财务情况说明书的内容一般包括：公司、企业生产经营、利润实现和分配情况；资金增减和周转情况；税金缴纳情况；各种财产物资变动情况；其他需要说明的事项等。

10.1.3 财务会计报告的编制要求

为了切实发挥财务会计报告的作用，保证财务会计报告的质量，企业编制和对外提供财务会计报告应符合下列基本要求。

1. 真实可靠

如果财务会计报告所提供的资料不真实或者可靠性很差，则会致使报表使用者做出错误的决策。要使财务会计报告所提供的信息对决策有用，它必须是真实可靠的。即财务会计报告反映的数据，必须以实际发生的经济业务及其审核无误的账簿记录为依据，真实反映企业的财务状况、经营成果和现金流量。对于其中的数字，计算必须准确，严禁弄虚作假、歪曲和篡改有关内容，以保证财务会计报告的真实性。

2. 全面完整

企业财务会计报告应当全面地披露企业的财务状况、经营成果和现金流量情况，完整地反映企业财务活动的过程和结果，以满足有关方面对财务会计信息资料的需要。对于在不同会计期间应报送的各种财务报告，必须编制齐全，按照国家统一会计制度规定的财务报表种类、格式和内容等填报齐全，不得漏报或任意改变项目内容或增减项目，以确保财务会计报告的完整性。

3. 相关可比

企业财务会计报告所提供的会计信息必须与报表使用者的决策需要相关，满足报表使用者的需要，在编制基础、编制依据和编制方法上，应保持前后会计期间的一致性，便于报表使用者在不同企业之间及同一企业前后各期之间进行比较。

4. 编报及时

企业财务会计报告所提供的信息资料，具有很强的时效性。只有及时编制并对外提供财务会计报告，才能使会计信息的使用者充分利用财务会计报告中的会计信息，做出经济决策。企业应当按照会计制度规定的编报时间及时编制和报送财务报告。根据我国的相关规定，月度财务会计报告应于月份终了后 6 日内报出；季度财务会计报告应于季度终了后 15 天内对外报出；半年度财务会计报告应于年度中期结束后 60 天内对外报出；年度财务会计报告应于年度结了后 4 个月内对外报出。

5. 便于理解

企业通过对外提供财务会计报告的方式向会计信息使用者展示企业过去、现在和未来的有关会计信息资料，以便企业会计信息使用者据以进行决策。如果企业提供的财务会计报告晦涩难懂，不可理解，那么信息使用者就无法做出正确的判断。所以，便于理解也是企业编制财务会计报告的一项基本要求。当然，这一要求也应是建立在财务会计报告定的财务报告使用者具有一定的财务报告阅读能力基础上。

我国《企业财务会计报告条例》规定，企业对外提供的财务会计报告应当依次编定页数，加具封面，装订成册，加盖公章。封面上应当注明企业名称、企业统一代码、组织形式、地址、报表所属年度或者月份、报出日期，并由企业负责人和主管会计工作的负责人、会计机构负责人(会计主管人员)签名并盖章；设置总会计师的企业，还应当由总会计师签名并盖章。

10.2 资产负债表

10.2.1 资产负债表的含义

资产负债表(Balance Sheet)是反映企业某一特定日期(如月末、季末、年末等)财务状况的会计报表，也称为“财务状况表”。资产负债表的建立是以“资产=负债+所有者权益”会计等式为基础的，按照一定的分类标准和一定的顺序，将企业一定日期的全部资产、负债和所有者权益项目进行适当分类、汇总、排列后编制而成的。

资产负债表属静态报表，通过编制资产负债表可以反映企业资产的构成及其状况，分析企业在某一日期所拥有的经济资源及其分布情况；可以反映企业某一日期的负债总额及其结构，分析企业目前与未来需要支付的债务数额；可以反映企业所有者权益的情况，了解企业现有的投资者在企业资产总额中所占的份额。通过对资产负债表项目金额及其相关比率的分析，可以帮助报表使用者全面了解企业的资产状况、盈利能力，分析企业的债务偿还能力，从而为未来的经济决策提供参考信息。例如，通过资产负债表可以计算流动比率、速动比率，以了解企业的短期偿债能力。

10.2.2 资产负债表的结构与内容

1. 资产负债表的结构

资产负债表由表头、表体和表尾 3 个部分组成。表头部分列明报表名称、编制单位名称、编制日期和金额计量单位等；表体部分反映资产、负债和所有者权益各项目的名称及金额；表尾部分则主要是各项补充附注资料。其中，表体部分是资产负债表的主体与核心。资产负债表的格式主要有“账户式”和“报告式”两种。我国资产负债表采用的是账户式结构。

2. 资产负债表的内容

资产负债表的内容主要包括以下 3 个方面。

(1) 资产。资产负债表中的资产反映企业由过去交易、事项形成并由企业在某一特定日期所拥有或控制的、预期会给企业带来经济利益的资源。资产一般按照流动资产、非流动资产分类并进一步分项列示。

(2) 负债。资产负债表中的负债反映企业在某一特定日期所承担的、预期会导致经济利益流出企业的现时义务。负债一般分为流动负债和非流动负债。

(3) 所有者权益。资产负债表中的所有者权益反映企业在某一特定日期股东(或投资者)拥有的净资产的总额，它一般按照实收资本(或股本)、资本公积、盈余公积和未分配利润分项列示。

从会计要素具体项目的排列来看，资产要素的具体项目按其流动性强弱顺序依次排列，流动性强的资产项目排列在资产负债表中“资产”内容的前面(如货币资金、交易性金融资产等)，流动性弱的资产项目排列在资产负债表中“资产”内容的后面(如固定资产、无形资产等)。负债要素按其求偿权的先后排列，需要在较短时间内偿还的负债项目排在资产负债表中“负债”内容的前面(如短期借款、应付票据等)，需要在较长时间内偿还的负债项目排在资产负债表中“负债”内容的后面(如长期借款、应付债券等)。所有者权益要素按存续时间长短(也称“永久性程度”)排列，存续时间较长的所有者权益项目排在资产负债表中“所有者权益”内容的前面(如实收资本)，存续时间较短的所有者权益项目排在资产负债表中“所有者权益”内容的后面(如未分配利润)。资产负债表的基本格式见表 10-1。

表 10-1　资产负债表

编制单位：　　　　　　　　　　　　年　月　日　　　　　　　　　　　　单位：元

资　产	期末余额	年初余额	负债和所有者权益(或股东权益)	期末余额	年初余额
流动资产：			流动负债：		
货币资金			短期借款		
交易性金融资产			交易性金融负债		
应收票据			应付票据		
应收账款			应付账款		
预付款项			预收款项		
应收利息			应付职工薪酬		
应收股利			应交税费		
其他应收款			应付利息		
存货			应付股利		
一年内到期的非流动资产			其他应付款		
其他流动资产			一年内到期的非流动负债		
流动资产合计			其他流动负债		
非流动资产：			流动负债合计		
可供出售金融资产			非流动负债：		
持有至到期投资			长期借款		
长期应收款			应付债券		
长期股权投资			长期应付款		
投资性房地产			专项应付款		
固定资产			预计负债		
在建工程			递延所得税负债		

续表

资　产	期末余额	年初余额	负债和所有者权益(或股东权益)	期末余额	年初余额
工程物资			其他非流动负债		
固定资产清理			非流动负债合计		
生产性生物资产			负债合计		
油气资产			所有者权益(或股东权益)：		
无形资产			实收资本(或股本)		
开发支出			资本公积		
商誉			减：库存股		
长期待摊费用			盈余公积		
递延所得税资产			未分配利润		
其他非流动资产			所有者权益(或股东权益)合计		
非流动资产合计					
资产总计			负债和所有者权益(或股东权益)总计		

注：资产负债表反映的是特定日期的财务状况，因此日期按某一会计期间的最后一天填写。

10.2.3　资产负债表的编制

1. 资产负债表的资料来源

资产负债表反映的是企业特定日期的财务状况，因此其具体项目的列示是“余额”的信息。从提高会计信息可比性的角度考虑，我国会计准则要求企业至少提供上一年度的比较会计信息。实务中，我国企业在编制资产负债表时，是以“期末余额”和“期初余额”的基本形式列示的。其中，“期初余额”栏内各项数字，应根据上年末资产负债表的“期末余额”栏内所列数字填列。如果本年度资产负债表规定的各项目的名称和数字与上年度不一致，则应对上年年末资产负债表各项目的名称和数字按照本年度的规定进行调整，填入资产负债表“期初余额”栏内。对于资产负债表中的“期末余额”，其填列方法如下。

1) 根据总账科目期末余额直接填列

资产负债表中的有些项目，可以根据有关总账科目的期末余额直接填列，如“交易性金融资产”项目，根据“交易性金融资产”总账科目的期末余额直接填列；“应收票据”项目，根据“应收票据”总账科目的期末余额直接填列；“短期借款” 项目，根据“短期借款”总账科目的期末余额直接填列；“实收资本”项目，根据“实收资本”总账科目的期末余额直接填列等。

2) 根据几个总账科目余额计算填列

资产负债表中的有些项目，需要根据几个总账科目的期末余额计算填列，如“货币资金”项目，需根据“库存现金”、“银行存款”、“其他货币资金”3 个总账科目的期末余额的合计数填列。

3) 根据明细账科目余额计算填列

资产负债表中的有些项目，不能根据总账科目的期末余额，或几个总账科目的期末余额计算填列，需要根据有关科目所属的相关明细账科目的期末余额来计算填列。如“应收账款”项目，需要根据“应收账款” 和“预收账款”两个科目分别所属的相关明细科目的期末借方余额减去“坏账准备”后的余额填列；“应付账款”项目，需要根据“应付账款”和“预付账款”两个科目分别所属的相关明细科目的期末贷方余额计算填列。

4) 根据总账科目和明细科目余额分析计算填列

资产负债表中的有些项目，不能根据总账科目的期末余额直接或计算填列，也不能根据有关科目所属明细科目的期末余额计算填列，需要依据总账科目和明细科目两者的余额分析计算填列。如“长期借款”项目，需要根据“长期借款”总账科目余额扣除“长期借款”科目所属的明细科目中将在一年内到期的长期借款金额分析计算填列。

5) 根据科目余额减去其备抵项目后的净额填列

如“应收账款”项目，需要根据“应收账款”和“预收账款”两个科目分别所属的相关明细科目的期末借方余额减去“坏账准备”后的余额填列；“固定资产”项目，需根据“固定资产”总账科目的期末余额，减去“累计折旧”、“固定资产减值准备”科目期末余额后以净额填列；“无形资产”项目，需根据“无形资产” 总账科目的期末余额，减去“累计摊销”、“无形资产减值准备”科目期末余额后以净额填列。我国企业会计准则规定，需要计提资产减值准备的包括坏账准备、存货跌价准备、长期股权投资减值准备、固定资产减值准备、无形资产减值准备、在建工程减值准备、投资性房地产减值准备、商誉减值准备等。

6) 综合运用上述方法分析填列

如“存货”项目，需根据“在途物资”、“原材料”、“材料采购”、“材料成本差异”、“库存商品”、“低值易耗品”、“自制半成品”、“委托加工物资”、“委托代销商品”、“生产成本”、“劳务成本”等总账科目的期末余额的合计数填列，再减去“存货跌价准备”科目余额后的净额填列。

2. 资产负债表各项目的填列方法

资产负债表中主要项目的填列方法如下。

1) 资产项目的填列方法

(1) “货币资金”项目，反映企业库存现金、银行存款、外埠存款、银行汇票存款、银行本票存款、信用卡存款、信用证保证金存款等的合计数。本项目应根据“库存现金”、“银行存款”、“其他货币资金”科目的期末余额合计填列。

(2) “交易性金融资产”项目，反映企业持有的以公允价值计量且其变动计入当期损益、以交易为目的所持有的股票投资、债券投资、基金投资、权证投资等金融资产。本项目应根据“交易性金融资产”科目的期末余额填列。

(3) “应收票据”项目，反映企业因销售商品、提供劳务等所收到的商业汇票，包括商业承兑汇票和银行承兑汇票。本项目应根据“应收票据”科目的期末余额填列。

(4) “应收账款”项目，反映企业因销售商品、提供劳务等经营活动应收取的款项。本项目应根据“应收账款”和“预收账款”科目所属各明细科目的期末借方余额合计，减去“坏账准备”科目中有关应收账款计提的坏账准备期末余额后的金额填列。如果“应收账款”科目所属明细科目期末有贷方余额，应在资产负债表“预收账款”项目内填列。

(5) “预付款项”项目，反映企业按照购货合同规定预付给供应单位的款项。本项目应根据“预付账款”和“应付账款”科目所属各明细科目的期末借方余额合计数，减去“坏账准备”科目中有关预付账款计提的坏账准备期末余额后的金额填列。如果“预付账款”科目所属有关明细科目期末有贷方余额，应在资产负债表“应付账款”项目内填列。

(6) “应收利息”项目，反映企业因债权投资等应收取的利息。本项目应根据“应收利息”科目的期末余额填列。企业购入到期还本付息债券应收的利息，不包括在本项目内。

(7) “应收股利”项目，反映企业因股权投资应收取的现金股利和应收其他单位分配的利润。本项目应根据“应收股利”科目的期末余额填列。

(8) “其他应收款”项目，反映企业除应收票据、应收账款、预付账款、应收股利等经营活动以外的其他各种应收、暂付的款项。本项目应根据“其他应收款”科目的期末余额，减去“坏账准备”科目中有关其他应收款计提的坏账准备期末余额后的金额填列。

(9) “存货”项目，反映企业期末在库、在途和在加工中的各项存货的可变现净值，包括各种材料、在产品、半成品、包装物、低值易耗品、分期收款发出商品、委托代销商品、受托代销商品等。本项目应根据“材料采购”、“原材料”、“低值易耗品”、“库存商品”、“包装物”、“分期收款发出商品”、“委托加工物资”、“委托代销商品”、“生产成本”等科目的期末余额合计，减去“受托代销商品款”、“存货跌价准备”科目期末余额后的金额填列。材料采用计划成本核算，以及库存商品采用计划成本或售价核算的企业，还应加或减材料成本差异、商品进销差价后的金额填列。

(10) “一年内到期的非流动资产”项目，反映企业将于一年内到期的非流动资产项目金额。本项目根据有关科目的期末余额填列。

(11) “长期股权投资”项目，反映企业不准备在一年内(含一年)变现的各种股权性质的投资。本项目应根据“长期股权投资”科目的期末余额，减去“长期股权投资减值准备”科目的期末余额后的金额填列。

(12) “投资性房地产”项目，反映企业投资性房地产的成本，根据“投资性房地产”科目借方余额填列。

(13) “固定资产”项目，反映企业的各种固定资产原值减去累计折旧和固定资产减值准备后的净额。本项目应根据“固定资产”科目期末余额，减去“累计折旧”和“固定资产减值准备”科目的期末余额后的金额填列。

(14) “在建工程”项目，反映企业期末各项未完工程的实际支出，包括交付安装的设备价值，未完工建筑安装工程已经耗用的材料、工资和费用支出，预付出包工程的价款，已经建筑安装完毕但尚未交付使用的工程等的可收回金额。本项目应根据“在建工程”科目的期末余额，减去“在建工程减值准备”科目期末余额后的金额填列。

(15) “工程物资”项目，反映企业各项工程尚未使用的工程物资的实际成本。本项目应根据“工程物资”科目的期末余额填列。

(16) “固定资产清理”项目，反映企业因出售、毁损、报废等原因转入清理但尚未清理完毕的固定资产的账面价值，以及固定资产清理过程中所发生的清理费用和变价收入等各项金额的差额。本项目应根据“固定资产清理”科目的期末借方余额填列。如“固定资产清理”科目期末是贷方余额，以“—”号填列。

(17) “无形资产”项目，反映企业持有的各项无形资产，包括专利权、非专利技术、商标权、著作权等。本项目应根据“无形资产”科目的期末余额减去“无形资产减值准备”和“累计摊销”科目期末余额后的金额填列。

(18) “开发支出”项目，反映企业开发过程中各项实际支出的期末余额。本项目应根据“研发支出”科目中所属的“资本化支出”明细科目期末余额填列。

(19) “长期待摊费用”项目，反映企业尚未摊销的摊销期限在一年以上(不含一年)的各种费用，如租入固定资产改良支出等。长期待摊费用中在一年内(含一年)摊销的部分，在资产负债表“一年内到期的非流动资产”项目填列。本项目应根据“长期待摊费用”科目的期末余额减去一年内(含一年)摊销的数额后的金额填列。

(20) “其他非流动资产”项目，反映企业除长期股权投资、固定资产、在建工程、工程物资、无形资产等以外的其他非流动资产。本项目应根据有关科目的期末余额填列。

2) 负债项目的填列方法

(1) “短期借款”项目，反映企业向银行或其他金融机构等借入的期限在一年以下(含一年)的各种借款。本项目应根据“短期借款”科目的期末余额填列。

(2) “交易性金融负债”项目，反映企业期末承担的交易性金融负债的公允价值。本项目应根据“交易性金融负债”科目的期末贷方余额填列。

(3) “应付票据”项目，反映企业因购货或接受劳务而签发的尚未到期付款的应付票据，包括银行承兑汇票和商业承兑汇票。本项目应根据“应付票据”科目的期末余额填列。

(4) “应付账款”项目，反映企业购买原材料、商品和接受劳务供应等经营活动应支付的款项。本项目应根据“应付账款”和“预付账款”科目所属各明细科目的期末贷方余额合计数填列；如“应付账款”科目所属各明细科目期末有借方余额，应在资产负债表“预付账款”项目内填列。

(5) “预收款项”项目，反映企业按照购货合同预收购买单位的账款。本项目应根据“预收账款”和“应收账款”科目所属各有关明细科目的期末贷方余额合计数填列。如“预收账款”科目所属有关明细科目期末有借方余额的，应在资产负债表“应收账款”项目内填列。

(6) “应付职工薪酬”项目，反映企业根据有关规定应付给职工工资、福利、社会保险费、住房公积金、工会经费、职工教育经费等。本项目应根据“应付职工薪酬”科目期末贷方余额填列。外商投资企业按规定从净利润提取的职工奖励及福利基金，也在本项目列示。

(7) “应交税费”项目，反映企业应交未交的各种税费。本项目应根据“应交税费”

科目的期末贷方余额填列。如“应交税费”科目期末为借方余额，以“－”号填列。

(8) “应付利息”项目，反映企业按照规定应当支付的利息，包括分期付息到期还本的长期借款应支付的利息、企业发行的企业债券应支付的利息等。本项目根据“应付利息”科目的期末余额填列。

(9) “应付股利”项目，反映企业尚未支付的现金股利或利润。本项目应根据“应付股利”科目的期末余额填列。

(10) “其他应付款”项目，反映企业除应付票据、应付账款、预收账款、应付职工薪酬、应付股利、应付利息等经营活动以外的其他各项应付、暂收的款项。本项目应根据“其他应付款”科目的期末余额填列。

(11) “一年内到期的非流动负债”项目，反映企业非流动负债中将于资产负债表日后一年内到期部分的金额，如将于一年内偿还的长期借款。本项目应根据有关科目的期末余额填列。

(12) “长期借款”项目，反映企业向银行或其他金融机构借入的期限在一年期以上(不含一年)的各种借款。本项目应根据“长期借款”科目的期末余额填列。

(13) “应付债券”项目，反映企业为筹集长期资金而发行的债券本金和利息。本项目应根据“应付债券”科目的期末余额填列。

(14) “其他非流动负债”项目，反映企业除长期借款、应付债券等项目以外的其他非流动负债。“其他非流动负债”项目应根据有关科目期末余额减去将于一年内(含一年)到期偿还后的余额填列。非流动负债各项目中将于一年内(含一年)到期的非流动负债，应在“一年内到期的非流动负债”项目单独反映。

3) 所有者权益项目的内容和填列方法

(1) “实收资本(或股本)”项目，反映企业各投资者实际投入的资本(或股本)总额。本项目应根据“实收资本(或股本)”科目的期末余额填列。

(2) “资本公积”项目，反映企业资本公积的期末余额。本项目应根据“资本公积”科目的期末余额填列。

(3) “盈余公积”项目，反映企业盈余公积的期末余额。本项目应根据“盈余公积”科目的期末余额填列。

(4) “未分配利润”项目，反映企业尚未分配的利润。本项目应根据“本年利润”科目和“利润分配”科目的余额计算填列。未弥补的亏损在本项目内以“—”号填列。

需要说明的是，由于“本年利润”账户在年度内存在余额(各月末结转损益类账户产生余额，反映当年自年初至某日所累计实现的净利润)，因此，在年度内编制资产负债表时，企业资产负债表中的所有者权益项目“未分配利润”根据“本年利润”账户和“利润分配”账户的余额相加填列；在年末编制资产负债表时，由于“本年利润”账户的余额被结转至“利润分配”账户，“本年利润”账户没有余额，则反映企业未分配利润的账户只有“利润分配”账户存在余额，因此，年末资产负债表中所有者权益项目“未分配利润”根据“利润分配”账户的余额直接填列即可。

【例 10-1】长江公司 2013 年 6 月 30 日，各账户期末余额见表 10-2。

表 10-2　长江公司账户余额表

2013 年 6 月 30 日　　　　单位：元

账户名称	账户余额	
	借方	贷方
库存现金	5 000	
银行存款	2 053 000	
交易性金融资产	13 000	
应收票据	129 000	
应收账款—红光公司	1 860 000	
坏账准备		3 300
预付账款—青青公司	270 000	
其他应收款	13 000	
原材料	3 500 000	
库存商品	3 989 700	
长期股权投资	874 400	
固定资产	3 083 000	
累计折旧		608 000
在建工程	3 934 000	
无形资产	2 540 000	
短期借款		150 000
应付票据		300 000
应付账款—海星公司		860 980
其他应付款		650 000
应付职工薪酬		540 000
应交税费		839 099
长期借款		1 480 000
实收资本		15 500 000
盈余公积		475 084
本年利润		509 637
利润分配		348 000
合计	22 264 100	22 264 100

根据表 10-2 的账户余额信息，编制长江公司 2013 年 6 月 30 日的资产负债表，见表 10-3(年初余额略)。

表 10-3 长江公司资产负债表

编制单位：长江公司 2013 年 6 月 30 日 单位：元

资产	期末余额	负债和所有者权益(或股东权益)	期末余额
流动资产：		流动负债：	
货币资金	2 058 000	短期借款	150 000
交易性金融资产	13 000	应付票据	300 000
应收票据	129 000	应付账款	860 980
应收账款	1 856 700	其他应付款	650 000
预付账款	270 000	应付职工薪酬	540 000
其他应收款	13 000	应交税费	839 099
存货	7 489 700	一年内到期的非流动负债	
流动资产合计	11 829 400	流动负债合计	3 340 079
非流动资产：		非流动负债：	
长期股权投资	874 400	长期借款	1 480 000
固定资产	2 475 000	非流动负债合计	1 480 000
在建工程	3 934 000	负债合计	4 820 079
无形资产	2 540 000	所有者权益(或股东权益)：	
非流动资产合计	9 823 400	实收资本(或股本)	15 500 000
		盈余公积	475 084
		未分配利润	857 637
		所有者权益(或股东权益)合计	16 832 721
资产总计	21 652 800	负债和所有者权益(或股东权益)总计	21 652 800

10.2.4 资产负债表的信息含量

资产负债表反映了企业某一特定日期财务状况，包括企业的资产、负债和所有者权益情况。通过阅读资产负债表，可以获得企业以下几个方面的基本信息。

1. 资产方面的信息

企业资产方面的信息主要指资产的构成及其状况。资产数额的高低反映了企业规模的大小，预示了企业赚取利润的能力。一般来说，企业资产规模越大，赚取利润的能力则越强。企业流动资产与非流动资产之间的比例也会影响信息使用者，流动资产所占的比例越高，意味着企业有较多的资产可以较快地转化为现金。流动资产比重较高的话，会占用大量资金，降低流动资产周转率，从而影响企业的资金利用效率，过高的流动资产可能意味着企业的盈利能力较差。因此，流动资产和非流动资产之间的比例并无绝对的标准，不同特点的企业会有所不同。再者，流动资产和非流动资产之间的构成也是会计信息使用者所关注的，如企业流动资产中应收账款的比例是否过高等。

2. 负债方面的信息

企业负债方面的信息主要指负债数额的高低与结构。负债数额的高低反映了企业的债务融资能力，负债越高，反映企业通过举债方式获得资金的能力越强。对于债权人来说，企业是否有足够的资金偿还到期的债务是相对重要的。企业负债与资产的相对比例反映其总体风险。企业的债务又分为两类——流动负债和非流动负债。企业流动负债和非流动负债的比例也会影响信息使用者，流动负债比例越高，企业在短期内有较大的偿债压力，非流动负债比例越高，意味着企业短期偿债压力较小，但也可能意味着企业要承担较高的债务成本。因此，流动负债和非流动负债之间的比例，并无绝对的标准。

3. 企业所有者权益的信息

企业所有者权益的信息主要指企业(所有者)自有资金的数量与构成。企业所有者权益的金额越大，说明企业进行股权融资能力越强。从企业所有者权益的构成来看，实收资本(股本)和资本公积的金额反映了企业的投资者投入企业资金的多少，盈余公积和未分配利润(也称“留存收益”)反映了企业通过经营活动赚取资金的数额。

4. 企业偿债能力和权益结构的信息

根据资产负债表提供的信息，可以分析判断企业的偿债能力。企业的偿债能力包括长期偿债能力、短期偿债能力和债务支付能力。资产负债表中揭示的负债总额与总资产的比例，反映企业的实力，负债比例越低，表明企业实力越强，债务支付能力越强，财务风险越小。企业流动资产与流动负债的比例，反映企业的短期偿债能力，该比例越大，说明企业的短期偿债能力越强。权益是债权人权益和所有者权益的合称，代表了企业资金的来源。权益结构也称融资结构，通过比较分析资产负债表中负债与所有者权益的比例，可以分析、判断企业融资结构与融资风险。由于负债是需要偿还的，因此，负债比例越高，企业风险越大。但是，负债和所有者权益之间的比例并无绝对的标准，不同风险偏好的企业会有所不同。

10.3 利 润 表

10.3.1 利润表的含义

利润表(Income Statement)也称为损益表或收益表，是反映企业在一定会计期间经营成果的会计报表。利润表的编制是根据“收入-费用=利润”的基本关系来编制的，其内容取决于收入、费用、利润等会计要素及其内容。

利润表揭示了企业在某一特定时期实现的各种收入、发生的各种费用，以及企业实现的利润或发生的亏损情况；同时，通过利润表提供的不同时期的比较数字(本期金额、上期金额)，可以分析企业的获利能力及利润的未来发展趋势，了解投资者投入资本的情况。由于利润表既是企业经营业绩的综合体现，又是企业进行利润分配的主要依据，因此，利润表是会计报表中的一张基本报表。

10.3.2 利润表的结构与内容

利润表由表头、表体和表尾等部分组成。表头部分列明报表名称、编制单位名称、编制期间、计量单位等；表体部分反映利润的构成内容；表尾部分为补充说明。其中，表体部分为利润表的主体和核心。

利润表的基本形式有两种：单步式利润表和多步式利润表。单步式利润表是指将当期计入利润的各种“收入”项目和各种“费用”项目分别汇总，用收入总额减去费用总额从而得出利润数额的一种利润表格式。多步式利润表是指根据利润的构成项目，分步骤地逐步计算各项利润构成项目，从而得出各项利润数额的利润表格式。就两种方式比较而言，单步式利润表得出的利润信息较为单一，而多步式利润表反映了构成营业利润、利润总额和净利润的各项要素的情况，有助于会计信息使用者从不同利润类别中了解企业经营成果的不同来源。按照我国企业会计准则的规定，我国企业的利润表多采用多步式，即通过分别计算列示营业收入、营业利润、利润总额、净利润等的方式来进行利润表的编制。也可以用公式表示为

营业利润=营业收入-营业成本-营业税金及附加-销售费用-管理费用-财务费用-资产减值损失+公允价值变动收益(或：-公允价值变动损失)+投资收益(或：-投资损失)

其中，营业收入由主营业务收入和其他业务收入组成。

利润总额=营业利润+营业外收入-营业外支出

净利润=利润总额-所得税费用

我国利润表的基本格式见表 10-4。

表 10-4 利润表

编制单位： ____年 单位：元

项目	行次	本期金额	上期金额
一、营业收入			
减：营业成本			
营业税金及附加			
销售费用			
管理费用			
财务费用			
资产减值损失			
加：公允价值变动收益(损失以“－”号填列)			
投资收益(损失以“－”号填列)			

续表

项目	行次	本期金额	上期金额
其中：对联营企业和合营企业的投资收益			
二、营业利润(亏损以“－”号填列)			
加：营业外收入			
减：营业外支出			
其中：非流动资产处置损失			
三、利润总额(亏损总额以“－”号填列)			
减：所得税费用			
四、净利润(净亏损以“－”号填列)			
五、每股收益			
(一)基本每股收益			
(二)稀释每股收益			

注：利润表反映一定时期的经营业绩，因此日期按某一会计期间填写。

10.3.3 利润表的编制

1. 利润表的资料来源

利润表是一个动态性报表，它反映的是企业一定时期的经营业绩。为了提供比较会计信息，企业在编制利润表时，不仅需要列示本期的利润信息，还需要列示之前年度的利润信息。实务中，我国企业在编制利润表时，是以“本期金额”和“上期金额”的基本形式来列示的。

1) 上期金额的列报方法

利润表“上期金额”栏内的各项数字，应根据上年度利润表“本期金额”栏内所列数字填列。如果上年度利润表规定的各个项目的名称和内容同本年度不相一致，应对上年度利润表各项目的名称和数字按本年度的规定进行调整，填入利润表“上期金额”栏内。

2) 本期金额的列报方法

利润表“本期金额”栏内各数字一般应根据损益类科目的发生额分析填列。

(1) 根据相关损益类账户发生额直接填列。利润表中有些项目反映的内容和计算口径与总分类账户完全相同，这些项目可以根据相应的总分类账户的发生额直接填列，如“管理费用”、“销售费用”、“财务费用”、“营业外收入”、“营业外支出”等。

(2) 根据几个相关损益类账户计算填列。利润表中有些项目反映的内容是需要根据几个总分类账户的发生额加减计算填列。如“营业收入”项目是根据“主营业务收入”加上“其他业务收入”账户的本期发生额汇总填列的；“营业成本”项目是根据“主营业务成本”加上“其他业务成本”账户的本期发生额汇总填列的。

(3) 根据表内其他项目数字计算填列。我国利润表是采用多步式利润表的形式，因此利润表中的相关项目需要利用利润表中的数字进行计算填列，如“营业利润”、“利润总额”、“净利润”等。

2. 利润表各项目的填列方法

利润表中具体项目的填列方法如下。

(1) “营业收入”项目，反映企业经营主要业务和其他业务所确认的收入总额。本项目应根据“主营业务收入”和“其他业务收入”科目的发生额分析填列。

(2) “营业成本”项目，反映企业经营主要业务和其他业务所发生的成本总额。本项目应根据“主营业务成本”和“其他业务成本”科目的发生额分析填列。

(3) “营业税金及附加”项目，反映企业经营业务应负担的消费税、营业税、城市建设维护税、资源税、土地增值税和教育费附加等。本项目应根据“营业税金及附加”科目的发生额分析填列。

(4) “销售费用”项目，反映企业在销售商品过程中发生的包装费、广告费等费用和为销售本企业商品而专设的销售机构的职工薪酬、业务费等经营费用。本项目应根据“销售费用”科目的发生额分析填列。

(5) “管理费用”项目，反映企业为组织和管理生产经营发生的管理费用。本项目应根据“管理费用”的发生额分析填列。

(6) “财务费用”项目，反映企业筹集生产经营所需资金等而发生的筹资费用。本项目应根据“财务费用”科目的发生额分析填列。

(7) “资产减值损失”项目，反映企业各项资产发生的减值损失。本项目应根据“资产减值损失”科目的发生额分析填列。

(8) “公允价值变动收益”项目，反映企业应当计入当期损益的资产或负债公允价值变动收益。本项目应根据“公允价值变动损益”科目的发生额分析填列，如为净损失，本项目以“—”号填列。

(9) “投资收益”项目，反映企业以各种方式对外投资所取得的收益。本项目应根据“投资收益”科目的发生额分析填列。如为投资损失，本项目以“—”号填列。

(10) “营业利润”项目，反映企业实现的营业利润。如为亏损，本项目以“—”号填列。

(11) “营业外收入”项目，反映企业发生的与经营业务无直接关系的各项收入。本项目应根据“营业外收入”科目的发生额分析填列。

(12) “营业外支出”项目，反映企业发生的与经营业务无直接关系的各项支出。本项目应根据“营业外支出”科目的发生额分析填列。

(13) “利润总额”项目，反映企业实现的利润。如为亏损，本项目以“—”号填列。

(14) “所得税费用”项目，反映企业应从当期利润总额中扣除的所得税费用。本项目应根据“所得税费用”科目的发生额分析填列。

(15) “净利润”项目，反映企业实现的净利润。如为亏损，本项目以“—”号填列。

(16) “基本每股收益”和“稀释每股收益”项目，反映普通股股东每持有一股所能享有的企业利润或需承担的企业亏损。不存在稀释性潜在普通股的企业应当单独列示基本每股收益；存在稀释性潜在普通股的企业应当单独列示基本每股收益和稀释每股收益。

【例 10-2】长江公司 2013 年 6 月份各账户的本月发生额见表 10-5。

表 10-5　长江公司损益类账户本期发生额表

2010 年 6 月　　单位：元

账户名称	账户发生额	
	借　方	贷　方
主营业务收入		2 100 000
其他业务收入		900 000
主营业务成本	1 500 000	
其他业务成本	550 000	
营业税金及附加	23 000	
销售费用	75 000	
管理费用	82 000	
财务费用	19 000	
营业外收入		15 000
营业外支出	21 000	
所得税费用	186 250	

根据上述资料，编制该公司 2013 年 6 月份的利润表(企业所得税率为 25%)，见表 10-6。

表 10-6　长江公司利润表

编制单位：长江公司　　2013 年 6 月　　单位：元

项目	本期金额	上期金额(略)
一、营业收入	3 000 000	
减：营业成本	2 050 000	
营业税金及附加	23 000	
销售费用	75 000	
管理费用	82 000	
财务费用	19 000	
二、营业利润	751 000	
加：营业外收入	15 000	
减：营业外支出	21 000	
三、利润总额	745 000	
减：所得税费用	186 250	
四、净利润	558 750	

10.3.4 利润表的信息含量

利润表反映企业一定会计期间的收入、费用及利润的形成情况，通过阅读利润表，可以获得企业以下几个方面的基本信息。

1. 收入方面的信息

利润表中“营业收入”项目的金额，反映企业生产经营所取得的主营业务收入和其他收入的水平，其中主营业务收入的数额表明企业的销售规模与市场占有份额，根据主营业务收入的增长幅度可以判断企业的发展趋势；“投资收益”项目的金额，表明企业对外投资所取得的收益水平；“营业外收入”项目的金额，表明企业发生的与其经营活动无直接关系的各项收入水平。

2. 费用方面的信息

利润表提供了企业在一定会计期间的营业成本、管理费用、销售费用、财务费用等期间费用情况，信息使用者可以据此确定企业的费用水平和费用构成，比较费用的增长幅度，并以此来判断企业对费用的控制能力。

3. 企业利润的信息

利润表反映企业在一定会计期间所实现的营业利润、利润总额以及净利润等信息。营业利润是企业的主要利润来源，通过营业利润的数额及其增减变动情况，可以判断企业的获利能力；利润总额和净利润是衡量企业经营业绩的重要标志。会计信息使用者可以据此来评价企业的利润水平和利润的构成。

4. 预测企业未来期间的盈利趋势

利润表提供的收入、费用等信息能够反映企业的经营成果，通过比较不同时期的利润表所提供的信息，可以比较企业前后各期利润的变化情况，了解投资者投入资本的完整性，分析企业利润的发展趋势及获利能力，并预测企业未来期间的盈利情况。

10.4 现金流量表

在现实经济活动中，企业优异的经营业绩并不一定能够带来足够的现金流入，投资者并不一定能够享受现实的回报，债权人的债权也不一定能够得到充足的保障。原因是，利润表提供的利润金额是权责发生制下确认的收入和费用，所以无法从利润表上直接获得从营业活动取得现金流量的信息。资产负债表中也很难从期初和期末金额的比较中直接了解企业的具体投资和筹资活动，因此，现金流量表作为第三张主要报表也就应运而生。我国财政部于2006年2月颁布的《企业会计准则第31号——现金流量表》，对企业编制现金流量表起到了一定的规范作用。

10.4.1 现金流量表的含义

现金流量表(Statement of Cash Flows)，是指企业在一定会计期间现金和现金等价物流入和流出的报表。现金流量表中“现金”是指企业的货币资金，包括库存现金、银行存款和其他货币资金；“现金等价物”是指企业持有的期限短、流动性强、易于转化为已知金额现金、价值变动风险很小的有价证券。企业应当根据具体情况，确定现金等价物的范围，一经确定不得随意变更。从编制原则上看，现金流量表按照收付实现制为原则编制，将权责发生制下的盈利信息调整为收付实现制下的现金流量信息，便于信息使用者了解企业净利润的质量。从内容上看，现金流量表划分为经营活动、投资活动和筹资活动 3 个部分，每类活动又分各具体项目，这些项目从不同角度反映企业经济活动的现金流入与流出，从一定程度上弥补了资产负债表和利润表提供信息的不足。

10.4.2 现金流量表的结构与内容

现金流量表的基本结构包括表头、表体和补充资料三部分。其中，表头包括报表名称、编制单位名称、编制时间和货币计量单位 4 个要素。由于现金流量表反映的是企业在某一会计期间的现金及现金等价物的流入流出，编制报表的时间应为时期数，一般为某年度。表体是现金流量表的主体部分，包括经营活动产生的现金流量、投资活动产生的现金流量和筹资活动产生的现金流量，最后汇总反映企业现金及现金等价物的净增加额。补充资料主要包括将净利润调整为经营活动的现金流量、不涉及现金收支的重大投资和筹资活动、现金及现金等价物净变动情况。现金流量表的基本结构见表 10-7。

表 10-7 现金流量表

编制单位： ____年 单位：元

项 目	本期金额	上期金额
一、经营活动产生的现金流量：		
销售商品、提供劳务收到的现金		
收到的税费返还		
收到的其他与经营活动有关的现金		
经营活动现金流入小计		
购买商品、接受劳务支付的现金		
支付给职工以及为职工支付的现金		
支付的各项税费		
支付的其他与经营活动有关的现金		
经营活动现金流出小计		
经营活动产生的现金流量净额		
二、投资活动产生的现金流量：		
收回投资收到的现金		
取得投资收益收到的现金		
处置固定资产、无形资产和其他长期资产收回的现金净额		

续表

项　目	本期金额	上期金额
处置子公司及其他营业单位收到的现金净额		
收到的其他与投资活动有关的现金		
投资活动现金流入小计		
购建固定资产、无形资产和其他长期资产支付的现金		
投资支付的现金		
取得子公司及其他营业单位支付的现金净额		
支付的其他与投资活动有关的现金		
投资活动现金流出小计		
投资活动产生的现金流量净额		
三、筹资活动产生的现金流量:		
吸收投资收到的现金		
取得借款收到的现金		
收到的其他与筹资活动有关的现金		
筹资活动现金流入小计		
偿还债务支付的现金		
分配股利、利润或偿付利息支付现金		
支付的其他与筹资活动有关的现金		
筹资活动现金流出小计		
筹资活动产生的现金流量净额		
四、汇率变动对现金及现金等价物的影响:		
五、现金及现金等价物净增加额:		
加：期初现金及现金等价物余额		
六：期末现金及现金等价物余额		
补充资料	本期金额	上期金额
1．将净利润调节为经营活动现金流量:		
净利润		
加：资产减值准备		
固定资产折旧		
无形资产摊销		
长期待摊费用摊销		
处置固定资产、无形资产和其他长期资产的损失(收益以“—”填列)		

续表

项　目	本期金额	上期金额
固定资产报废损失(收益以“－”填列)		
公允价值变动损失(收益以“－”填列)		
财务费用(收益以“－”填列)		
投资损失(收益以“－”填列)		
递延所得税资产减少(增加以“－”填列)		
递延所得税负债增加(减少以“－”填列)		
存货的减少(增加以“－”填列)		
经营性应收项目的减少(增加以“－”填列)		
经营性应付项目的增加(减少以“－”填列)		
其他		
经营活动产生的现金流量净额		
2．不涉及现金收支的重大投资和筹资活动：		
债务转为资本		
一年内到期的可转换公司债券		
融资租入固定资产		
3．现金及现金等价物净变动情况		
现金的期末余额		
减：现金的期初余额		
加：现金等价物的期末余额		
减：现金等价物的期初余额		
现金及现金等价物净增加额		

10.4.3　现金流量表的编制

现金流量表的编制与资产负债表和利润表的编制不同，它是在比较资产负债表、利润表和有关账户信息的基础上确定现金的变化而编制的。

现金流量表 10-7 中的“上期金额”栏，可以直接根据上一年度的现金流量表中的“本期金额”栏分项对应填列。下面对现金流量表中“本期金额”栏的基本编制方法作简要介绍。

1．“经营活动产生的现金流量”的基本填列方法

经营活动产生的现金流量是一项重要的指标，它可以反映企业在不动用外部筹集资金的情况下，通过经营活动产生的现金流量是否足以偿还负债、支付股利和进行投资。在现金流量表中，根据列报经营活动编制现金流量的方式不同，可以分为直接法和间接法两种。

根据现行会计规范的规定，现金流量表表体中经营活动产生的现金流量采用直接法列报，补充资料中经营活动产生的现金流量则采用间接法列报。

(1) 直接法是通过现金收入和现金支出的主要类别，反映企业经营活动的现金流量。利润表是按照权责发生制的要求来列报收入、费用和利润，其收入和费用是在发生时确认计量的，而确认时可能尚未实际收到或支付现金；现金流量表则是按收付实现制编制的。为了计算经营活动的现金流量，必须把在权责发生制基础上编制的营业收入转化为收付实现制基础上编制的经营活动的现金流量。采用直接法编制经营活动的现金流量时，一般以利润表中的本期营业收入为起算点，调整与经营活动有关项目的增减变动，然后分别计算出经营活动的现金流量。采用直接法报告现金流量，可以揭示企业经营活动现金流量的来源和用途，有助于预测企业未来的现金流量。

(2) 间接法是以“净利润”为出发点，将以权责发生制为基础的净利润调整为以收付实现制为基础的经营活动现金流量，调整项目包括不涉及现金的收入、费用和营业外收支等有关项目的增减变动。采用间接法报告现金流量，可以揭示净收益与净现金流量的差别，有利于分析收益的质量和企业的营运资金管理状况。

2. “投资活动产生的现金流量”的基本填列方法

投资活动是指企业长期资产的购建和不包括在现金等价物范围的投资及其处置活动。现金流量表中的投资活动包括企业对外投资和对内的长期资产投资。对外投资具体包括长期股权投资、长期债权投资、其他长期投资等；对内长期资产投资包括企业固定资产、无形资产和其他长期资产的购建与处置。一般情况下，企业投资活动的业务相对于经营活动的业务而言较少。投资活动产生的现金流量的各项目数据来源包括资产负债表、利润表以及相关账户信息，可以根据相关账户记录和资料分析后直接填列。

3. “筹资活动产生的现金流量”的基本填列方法

筹资活动是指导致企业资本及债务规模和构成发生变化的活动，包括所有与长期负债、股东权益以及其他筹资项目有关的活动。现金流量表中的筹资活动包括权益性投资的增加与减少、银行等金融机构借款的借入与偿还、债券的发行与偿还等。一般来说，企业筹资活动的业务也相对较少。筹资活动产生的现金流量的填列方法与投资活动产生的现金流量的填列方法类似，各项目根据相关账户记录和资料分析后直接填列即可。

10.4.4 现金流量表的信息含量

企业现金流量表由经营活动产生的现金流量、投资活动产生的现金流量和筹资活动产生的现金流量3部分构成，分析企业的现金流量表，可以获得以下信息。

1. 经营活动产生的现金流量分析

将销售商品、提供劳务收到的现金与购进商品、接受劳务付出的现金进行比较，该比率越大，说明企业的销售利润大；将销售商品、提供劳务收到的现金与经营活动流入的现金总额比较，可基本说明企业产品销售占经营活动流入现金的比重有多少；将本期经营活动现金净流量与上期金额进行比较，增长率越高，说明企业成长性越好。

2. 投资活动产生的现金流量分析

当企业扩大规模或准备开发新的利润增长点时，往往需要大量的现金投入，此时投资活动产生的现金流入量补偿不了现金流出量，投资活动现金净流量为负数。但如果企业投资行为有效，将会在未来产生现金净流入，用于偿还前期债务，从而创造收益。因此，分析投资活动现金流量，应结合企业的投资项目进行，不能简单地以现金净流入还是净流出来确认。

3. 筹资活动产生的现金流量分析

一般来说，筹资活动产生的现金净流量越大，企业面临的偿债压力也越大。但如果现金净流入量主要来自于企业吸收的权益性资本(所有者权益)，则不仅不会面临偿债压力，资金实力反而增强。在分析筹资活动产生的现金流量时，可将吸收权益性资本收到的现金与筹资活动现金总流入比较，所占比重越大，说明企业资金实力增强，财务风险降低。

4. 现金流量表结构分析

现金流量表结构分析就是在现金流量表有关数据的基础上，进一步明确现金流入的构成、现金支出的构成及现金余额是如何形成的。其中，现金流入构成是反映企业的各项业务活动现金流入，如经营活动现金流入、投资活动现金流入、筹资活动现金流入等在全部现金流入中的比重以及各项业务活动现金流入中具体项目的构成情况，明确企业的现金究竟来自何方。一般来说，经营活动现金流入占现金总流入比重大的企业，经营状况较好，财务风险较低，现金流入结构较为合理。现金支出结构分析是指企业的各项现金支出占企业当期全部现金支出的百分比。它具体地反映企业的现金用于哪些方面。一般来说，经营活动现金支出比重大的企业，其生产经营状况正常，现金支出结构较为合理。

5. 企业盈余质量的信息

在会计实务中，通常根据企业的现金与利润的匹配程度来衡量企业利润的质量(称为“盈余质量”)。在利润表中，企业利润是依据权责发生制来计算的，在现金流量表中，现金流量是以现金收付制为基础计算的。一般来说，利润增加，现金流量也会增加，但企业获得利润与其所获得的现金数量并不一定同步。会计信息使用者通过分析利润表中利润数量和现金流量表中现金流量净额，可以评价企业的盈余质量。一般可以用净利润现金比率来表示，该指标是经营活动产生的现金流量净额与净利润之比。现金流量高，净利润很低，说明企业经营保守，没有更好地把握投资机会，企业现金流量品质较差；如果净利润高，而经营活动产生的现金流量很低，反映企业的现金不足，可能会面临困境。

本章小结

财务会计报告是指企业对外提供的反映企业在某一特定日期财务状况和某一会计期间经营成果、现金流量等会计信息的文件。财务会计报告包括会计报表及其附注和其他应当在财务报告中披露的相关信息资料。其中，会计报表及其附注又统称为财务报表。会计报表至少应当包括资产负债表、利润表、现金流量表等。资产负债表是反映企业某一特定日期财务状况的会计报表，我国的资产负债表一般采用“账户式”结构；利润表是反映企业在一定会计期间经营成果的会计报表，我国的利润表一般是多步式利润表；现金流量表是指企业在一定会计期间现金和现金等价物流入和流出的报表，具体可分为经营活动产生的现金流量、投资活动产生的现金流量和筹资活动产生的现金流量3个部分。财务报表需要根据会计准则的规定，采用规定的格式进行编制。会计报表附注是对资产负债表、利润表、现金流量表等报表中列示项目的文字描述或明细资料，以及对未能在这些报表中列示项目的说明。会计报表附注是财务报表的重要组成部分，有助于会计信息使用者更好地理解企业的会计报表。

习　题

一、名称解释

1. 财务会计报告
2. 资产负债表
3. 利润表
4. 现金流量表
5. 个别报表
6. 合并报表

二、单项选择题

1. 按照财务报表编制的会计主体不同，可以分为个别报表和(　　)。
   A. 企业财务报表　　B. 合并财务报表
   C. 单位财务报表　　D. 外送财务报表
2. 反映企业某一特定日期财务状况的会计报表是(　　)。
   A. 利润表　　B. 资产负债表
   C. 现金流量表　　D. 所以者权益变动表
3. “应收账款”明细账户若有贷方余额，应将其列入资产负债表中的(　　)项目。
   A. 应收账款　　B. 应付账款　　C. 预收账款　　D. 其他应付款
4. 我国会计准则规定的多步式损益表通常把利润计算分解为(　　)几步进行。
   A. 主营业务利润、营业利润、利润总额、净利润
   B. 营业利润、利润总额、净利润
   C. 营业收入、营业利润、可供分配利润
   D. 毛利、营业利润、利润总额、净利润
5. 下列资产中，不属于流动资产的有(　　)。
   A. 交易性金融资产　　B. 一年内到期的非流动资产
   C. 货币资金　　D. 开发支出
6. 某企业2013年6月“应付账款”科目月末贷方余额40 000元，其中：“应付甲公司账款”明细科目贷方余额35 000元，“应付乙公司账款” 明细科目贷方余额5 000元。“预付账款”科目月末贷方余额30 000元，其中：“预付A工厂账款”明细科目贷方余额50 000元，“预付B工厂账款”明细科目借方余额20 000元。该企业月末资产负债表中“应付账款”项目的金额为(　　)元。
   A. 90 000　　B. 30 000　　C. 40 000　　D. 70 000
7. 某企业2013年12月31日固定资产账户余额为2 000万元，累计折旧账户余额为800万元，固定资产减值准备账户余额为100万元，在建工程账户余额为200万元。该企业2013年12月31日资产负债表中固定资产项目的金额为(　　)万元。
   A. 1 200　　B. 90　　C. 1 100　　D. 2 200

8．资产负债表中，资产要素具体项目是按(　　)依次排列的。

A．重要性　B．流动性　C．相关性　D．可比性

9．甲公司2013年营业收入为1 000万元，营业成本为600万元，销售费用为20万元，管理费用为50万元，财务费用为10万元，投资收益为40万元，资产减值损失为70万元(损失)，公允价值变动损益为80万元(收益)，营业外收入为25万元，营业外支出为15万元。该企业2013年度的营业利润为(　　)万元。

A．370　B．330　C．320　D．390

10．某企业2012年营业收入为6 000万元，营业成本为4 000万元，营业税金及附加60万元，销售费用为200万元，管理费用为300万元，财务费用为70万元，投资收益为40万元，资产减值损失为20万元，公允价值变动收益为10万元，营业外收入为5万元，营业外支出为3万元，所得税费用为350.5万元。该企业2013年度的利润总额为(　　)万元。

A．1 051.5　B．1 752.5　C.1 402　D．1 400

三、多项选择题

1．资产负债表列示的，属于企业流动负债的有(　　)。

A．短期借款　B．应付票据　C．预付账款　D．预收账款

2．资产负债表中，企业流动资产包括的项目有(　　)。

A．应收账款　B．预付账款　C．存货　D．无形资产

3．在编制资产负债表时，下列项目中应根据总账科目余额直接填列的是(　　)。

A．短期借款　B．固定资产

C．交易性金融资产　D．应收账款

4．按会计准则规定，企业的财务会计报告的内容包括(　　)。

A．资产负债表　B．.利润表　C．现金流量表　D．会计报表附注

5．下列各项中，应计入资产负债表“应收账款”项目的有(　　)。

A．“应收账款”科目所属明细科目的借方余额

B．“应收账款”科目所属明细科目的贷方余额

C．“预收账款”科目所属明细科目的借方余额

D．“预收账款”科目所属明细科目的贷方余额

6．下列属于资产负债表“存货”项目的有(　　)。

A．材料采购　B．生产成本　C．受托代销商品　D．工程物资

7．利润表中“营业税金及附加”项目反映的主要内容有(　　)。

A．营业税　B．教育费附加　C．资源税　D．消费税

8．下列信息应当在财务报表附注中披露的有(　　)。

A．重要会计政策的说明　B．重要会计估计的说明

C．有关事项的说明　D．会计政策和会计估计变更以及差错更正的说明

9．企业编制和对外提供财务会计报告应符合下列(　　)要求。

A．数字真实　B．内容完整　C．口径一致　D．编报及时

10．资产负债表中，“应付职工薪酬”项目包括的内容有(　　)。

A．应付给职工的工资　B．应付给职工的福利

C．应付给职工的社会保险费　D．应付给职工的住房公积金

四、判断题

1．资产负债表中，“货币资金”项目可以根据库存现金、银行存款和其他货币资金科目的期末余额合计数填列。　(　　)

2．营业利润以营业收入为基础，减去营业成本、营业税金及附加、销售费用、管理费用、财务费用，加上营业外收入，减去营业外支出计算得出。　(　　)

3．资产负债表是时期报表，利润表是时点报表，前者主要反映一个企业的财务状况，后者主要反映企业的经营成果。（ ）

4．按照会计报表反映的经济内容，可以分为财务状况报表和经营成果报表。（ ）

5．资产负债表中，所有者权益要素按其偿还时间的长短排列。（ ）

6．我国会计准则要求，企业在编制资产负债表时，至少要提供上一个年度的会计信息。（ ）

7．对外报表的种类、格式、内容和报送时间是由国家有关会计制度统一规定的。（ ）

8．从编制原则看，现金流量表是按照权责发生制为原则进行编制的。（ ）

9．编制现金流量表时，在直接法下，一般是以利润表中的营业收入为起点的。（ ）

10．在实际经济活动中，企业优异的经营业绩一定能够给投资者带来现实的回报。（ ）

五、业务题

业务一：

中天有限公司2013年10月31日有关总账和明细账的余额见下表。

单位：元

账户	借或贷	余额	负债和所有者权益账户	借或贷	余额
库存现金	借	1 500	短期借款	贷	250 000
银行存款	借	800 000	应付票据	贷	25 500
其他货币资金	借	90 000	应付账款	贷	71 000
交易性金融资产	借	115 000	——丙企业	贷	91 000
应收票据	借	20 000	——丁企业	借	20 000
应收账款	借	75 000	预收账款	贷	14 700
——甲公司	借	80 000	——C公司	贷	14 700
——乙公司	贷	5 000	其他应付款	贷	12 000
坏账准备	贷	2 000	应交税费	贷	28 000
预付账款	借	36 100	长期借款	贷	506 000
——A公司	借	31 000	应付债券	贷	563 700
——B公司	借	5 100	其中一年内到期的应付债券	贷	23 000
其他应收款	借	8 500	实收资本	贷	4 040 000
原材料	借	816 600	盈余公积	贷	158 100
生产成本	借	265 400	利润分配	贷	1 900
库存商品	借	193 200	未分配利润	贷	1 900
材料成本差异	贷	42 200	本年利润	贷	36 700
固定资产	借	2 888 000			
累计折旧	贷	4 900			
在建工程	借	447 400			
资产合计		5 707 600	负债和所有者权益合计		5 707 600

要求：请完成中天公司2013年10月31日资产负债表的编制。

业务二：

长江公司所得税税率是25%，该公司2013年1月至11月各损益类账户的累计发生额和12月底转账前各损益类账户的发生额如下。

单位：元

账户名称	12月份发生数		1月至11月累计发生数	
	借方	贷方	借方	贷方
主营业务收入		318 000		5 000 000
主营业务成本	252 500		2 800 000	
销售费用	2 600		10 000	
营业税金及附加	1 000		29 000	
其他业务成本	7 500		32 500	
营业外支出	2 000		11 000	
财务费用	3 000		30 000	
管理费用	4 400		50 000	
其他业务收入		9 500		45 000
营业外收入		3 000		
投资收益		20 000		

则长江公司2013年度利润表的下列报表项目金额为

1．营业收入(　　)元

2．营业成本(　　)元

3．营业利润(　　)元

4．利润总额(　　)元

5．所得税费用(　　)元

6．净利润(　　)元

第11章 会计工作组织

教学目的与要求

了解会计工作组织的意义和组织会计工作的要求；
了解会计机构的设置要求和组织形式；
了解会计人员的专业技术资格及职业道德；
了解我国的会计法律制度的构成；
掌握会计档案的归档、保管以及销毁的具体要求。

本章主要内容

会计工作组织的意义及要求；
会计机构的设置；
会计工作的组织形式和岗位责任制；
会计人员的从业资格；
会计人员的专业职务与专业技术资格；
会计机构负责人的任职资格；
会计人员的工作交接和回避制度；
会计人员的职业道德；
会计法律制度的构成；
会计档案。

本章考核重点

会计工作的岗位责任制；
会计人员的从业资格、专业职务与专业技术资格；
会计人员回避制度和职业道德；
会计档案。

导入语

资料：兴华电子公司的会计李丽因工作努力，钻研业务，积极提出合理化建议，多次被公司评为先进会计工作者。李丽的丈夫在一家私有电子企业任总经理，在其丈夫的多次请求下，李丽将在工作中接触到的公司新产品研发计划及相关会计资料复印件提供给其丈夫，给公司带来一定的损失。公司认为李丽不宜继续担任会计工作。

请同学们思考：

(1) 李丽违反了哪些会计职业道德要求？

(2) 哪些单位或部门可以对李丽违反会计职业道德行为进行处理？并说明理由。

11.1 会计工作组织概述

会计工作组织，是指如何安排、协调和管理好企业的会计工作。会计机构和会计人员是会计工作系统运行的必要条件，而会计法规是保证会计工作系统正常运行的必要的约束机制。会计工作组织的内容主要包括：会计机构的设置、会计人员的配备、会计人员的职责权限、会计工作的规范、会计法规制度的制定、会计档案的保管等。

11.1.1 会计工作组织的意义

科学地组织会计工作对于完成会计职能，实现会计的目标，发挥会计在经济管理中的作用具有十分重要的意义，具体表现在以下 3 个方面。

1. 有利于提高会计工作的质量和效率

会计工作是一项系统工程，它负责收集、记录、分类、汇总和分析企业发生的全部经济业务，从凭证到账簿，从账簿到报表，各环节紧密联系，某一个数字的差错、某一个手续的遗漏或某一环节的脱节，都会造成会计信息的不正确、不及时，进而影响整个会计工作的质量。所以，科学地组织会计工作，使其按照预先设定的程序有条不紊地进行，有利于规范会计行为，保证会计工作质量，提高会计工作效率。

2. 有利于协调与其他经济管理工作的关系

会计工作既独立于其他经济管理工作，又同它们保持着密切联系：它一方面能够促进其他经济管理工作的展开，另一方面也需要其他经济管理工作的配合。只有科学地组织会计工作，使会计工作同其他经济管理工作在强化科学管理、提高经济效益的目标下相互协调、相互补充、相互配合、相互促进，才能保证企业整体水平的提高。

3. 有利于加强经济责任制

会计工作与内部经济责任制有着密切的联系。科学合理地组织会计工作，可以更好地加强企业内部各部门的经济责任制，促使有关部门和人员各司其职、各负其责，力争少花钱、多办事，提高经济效益。

11.1.2 会计工作组织的要求

科学地组织会计工作，应遵循以下几项要求。

1. 要符合国家对会计工作的统一要求

国家统一规定的会计法律、法规、制度，是各企事业单位组织和进行会计工作的主要依据。只有按照国家对会计工作的统一要求来组织会计工作，才能正确进行会计核算，实施会计监督，使会计信息既能满足国家宏观调控管理的需要，又能满足企业内部管理人员和内外部各利害关系主体的需要。

2. 要根据各单位生产经营特点组织会计工作

各单位在组织会计工作时，除符合国家统一要求外，还必须考虑本单位的业务经营特点、经营规模大小、内部管理机制以及人员素质等具体情况，才能做出切合实际的安排。

3. 既要保证核算工作的质量，又要节约费用，提高工作效率

科学地组织会计工作，应在保证会计工作质量的前提下，尽量节约人力、财力和物力，讲究工作效率，减少重复劳动和不必要的工作环节。会计工作十分复杂，如果组织不好，就会造成重复劳动，花费较多的人力和物力。因此，对会计管理的规定，会计凭证、账簿、报表的设计、会计机构的设置和会计人员的配备等，都应避免繁琐，力求精简，引入会计电算化，从工艺上改进会计操作技术，提高工作效率。应防止机构过于庞大、重叠，人浮于事和形式主义，影响会计工作的效率和质量。

11.2 会计机构

会计机构是各单位办理会计事务的职能机构，会计人员是直接从事会计工作的人员。各单位应建立健全会计机构，配备数量和素质都相当的、具备从业资格的会计人员，这是各单位做好会计工作，充分发挥会计职能作用的重要保证。因此，《会计法》对会计机构的设置和会计人员的配备做出了具体的规定。

11.2.1 会计机构的设置

“各单位应当根据会计业务的需要，设置会计机构，或者在有关机构中设置会计人员并指定会计主管人员；不具备设置条件的，应当委托经批准设立从事会计代理记账业务的中介机构代理记账。”这是《中华人民共和国会计法》对设置会计机构问题作出的规定。

(1) 根据业务需要设置会计机构。各单位是否设置会计机构，应当根据会计业务的需要来决定，即各单位可以根据本单位会计业务的繁简情况决定是否设置会计机构。一个单位是否需要设置会计机构，一般取决于以下几个方面的因素。

① 单位规模的大小。从有效发挥会计职能作用的角度看，实行企业化管理的事业单位，大、中型企业应当设置会计机构；业务较多的行政单位、社会团体和其他组织也应设置会计机构。而对那些规模很小的企业、业务和人员都不多的行政单位等，可以不单独设置会计机构，将会计业务并入其他职能部门，或者委托代理记账。

② 经济业务和财务收支的繁简。大、中型单位的经济业务复杂多样，在会计机构和会计人员的设置上应考虑全面、合理、有效的原则，但是也不能忽视单位经济业务的性质和财务收支的繁简问题。有些单位的规模相对较小，但其经济业务复杂多样，财务收支频繁，也要设置相应的会计机构和会计人员。

③ 经营管理的要求。经营管理上对会计机构和会计人员的设置要求是最基本的。如果没有经营管理上对会计机构和会计人员的要求，也就不存在单位对会计的要求了。单位设置会计机构和会计人员的目的，就是为了适应单位在经营管理上的需要。随着科学技术的进步，单位会计机构和会计人员的要求与手工会计核算相比有了很大的不同。数据的及时性、数据的准确性、数据的全面性比任何其他时候对会计机构和会计人员的要求都高。因此，如何设置会计机构和会计人员是单位会计设置中的重要课题。

(2) 不设置会计机构的单位应设置会计人员并指定会计主管人员。会计主管人员是负责组织管理会计事务、行使会计机构负责人职权的负责人。他不同于通常所说的“会计主管”、“主管会计”、“主办会计”。一个单位如何配备会计机构负责人，主要应考虑单位的实际需要，不能使用“一刀切”的做法，要求完全统一标准。实际上，凡是设置了会计机构的单位，都配备了会计机构负责人。《中华人民共和国会计法》规定应在会计人员中指定会计主管人员，目的是强化责任制度，防止出现会计工作无人负责的局面。《会计基础工作规范》中，对会计人员配备、会计岗位设置的原则作了规定，如规定“会计工作岗位，可以一人一岗、一人多岗或者一岗多人”；会计岗位可以包括：会计机构负责人或者会计主管人员、出纳、财产物资核算、工资核算、成本费用核算、财务成果核算、资金核算、往来核算、总账报表、稽核、档案管理等。

11.2.2 会计工作的组织形式

会计工作组织形式一般可分为集中核算和非集中核算。

(1) 集中核算。所谓集中核算是指一个单位的主要会计工作均集中在该单位设置的会计机构中进行。单位内部各层部门不再设置会计核算工作机构，不进行独立核算，不设置账簿，只对本部门发生的经济业务进行原始记录，办理原始凭证手续，定期将原始凭证整理汇总交单位会计部门，进行总分类核算和明细分类核算。

集中核算形式便于会计人员之间的分工合作，便于采用计算机处理会计业务。由于集中核算减少了工作环节，简化和加快了核算工作，有利于全面、及时地掌握本单位的会计核算信息，有利于节约核算的费用，提高工作效率。其不足之处是单位内部各基层部门缺乏核算资料，不便于实行责任会计管理。

(2) 非集中核算。所谓非集中核算，是指除了在单位的会计机构中进行会计工作外，单位内部各基层部门也设置会计机构，设置账簿进行明细核算。非集中核算也称分散核算，内部各部门会计机构要在单位会计机构的指导下处理本部门的会计业务，包括填制凭证、登记账簿、成本计算等，单位会计部门主要进行总分类核算和部门明细分类核算以及编制会计报表。

非集中核算的优点是便于单位内部各部门及时利用核算资料，加强内部管理和监督，便于实行责任会计制度。其缺点是不利于会计人员的合理分工，核算工作量较大，核算成本较高。

在会计工作组织过程中，可以单独采用集中核算形式或非集中核算形式，也可以将两种核算组织形式结合起来运用。

11.2.3 会计工作的岗位责任制

会计工作的岗位责任制又称会计人员岗位责任制，是指在会计机构内部按照会计工作的内容和会计人员的配备情况，将会计机构的工作划分为若干个岗位，按岗位规定职责并进行考核的责任制度。建立会计机构的岗位责任制，使每一项会计工作都有专人负责，每一位会计人员都有明确的职责，做到以责定权、权责明确、严格考核、有奖有惩。建立健全会计工作的岗位责任制，对于加强会计管理，提高工作质量与工作效率，保证会计工作的有序进行，具有重要的意义。

实行定岗定编，是建立会计机构岗位责任制的基础。会计人员的工作岗位一般可分为：会计主管、稽核、总账报表、资金核算、财产物资核算、往来核算、工资核算、收入利润核算、成本费用核算、出纳、会计档案保管等。这些岗位可以一人一岗、一人多岗或一岗多人，各单位可以根据各岗位业务量的情况来确定。但出纳人员不得兼任稽核、会计档案保管和收入、支出、费用、债权债务账目的登记工作。对于规模较大、业务量较多的单位，会计机构内部可以按经济业务的类别设置若干职能组，并为每组配备会计人员，分别主管会计工作的一个方面，如综合财务组、财务结算组、资金会计组、成本会计组、收入利润组、资产会计组等。

11.3 会 计 人 员

11.3.1 会计人员的从业资格

1. 会计从业资格的概念

会计从业资格是指进入会计职业、从事会计工作的一种法定资质，是进入会计职业的“门槛”。从事会计工作必须持证上岗，这是我国会计管理工作的一项创新。

2. 会计从业资格证书的适用范围

在国家机关、社会团体、公司、企业、事业单位和其他组织从事下列会计工作的人员(包括香港特别行政区、澳门特别行政区、台湾地区人员，以及外籍人员在中国大陆境内从事会计工作的人员)，必须取得会计从业资格，持有会计从业资格证书，会计从业资格证书适用以下会计工作：①会计机构负责人(会计主管人员)；②出纳；③稽核；④资本、基金核算；⑤收入、支出、债权债务核算；⑥工资、成本费用、财务成果核算；⑦财产物资的收发、增减核算；⑧总账；⑨财务会计报告编制；⑩会计机构内会计档案管理。

3. 会计从业资格的取得

(1) 会计从业资格的取得实行考试制度。考试科目为：财经法规与会计职业道德、会计基础、初级会计电算化(或者珠算五级)。会计从业资格考试大纲由财政部统一制定并公布。

省、自治区、直辖市、计划单列市财政厅(局)，新疆生产建设兵团财务局，中共中央直属机关事务管理局、国务院机关事务管理局、铁道部、中国人民武装警察部队后勤部和中国人民解放军总后勤部负责组织实施会计从业资格考试有关工作。

(2) 会计从业资格报名条件。申请参加会计从业资格考试的人员，应当符合下列基本条件：遵守会计和其他财经法律、法规；具备良好的道德品质；具备会计专业基本知识和技能。

(3) 会计从业资格免试条件的取消。2012 年 12 月 5 日财政部正式发布了《会计从业资格管理办法》(财政部令第 73 号，以下简称新《办法》)，根据新《办法》第二章的相关规定，取消了“中专以上会计类专业学历免试会计基础和初级会计电算化的规定”。旧的《会计从业资格管理办法》规定允许“具备国家教育行政主管部门认可的中专以上会计类专业学历(或学位)的，自毕业之日起 2 年内(含 2 年)，免试会计基础、初级会计电算化(或者珠算五级)”。新办法取消了这一规定，即所有考生，不论是否为财经类专业毕业，是否在毕业后两年以内，都不再免考，一律要考 3 门，即：财经法规与会计职业道德、会计基础、会计电算化。

另外，根据财政部在 2013 年 3 月 11 日发布的《关于印发新旧<会计从业资格管理办法>有关衔接规定的通知》(财会[2013]3 号)文件规定，凡在 2013 年 7 月 1 日前，实行会计从业资格考试单科成绩合格有效期或长期有效政策的地区(部门、系统)，可根据自身实际制定相应的过渡政策，允许已取得单科合格成绩的考生有不超过 1 次机会只报考未通过的考试科目，但过渡政策的截止日期不应晚于 2014 年 12 月 31 日。

4. 会计从业资格证书管理

(1) 上岗注册登记。持证人员从事会计工作，应当自从事会计工作之日起 90 日内，填写注册登记表，并持会计从业资格证书和所在单位出具的从事会计工作的证明，向单位所在地或所属部门、系统的会计从业资格管理机构办理注册登记。

(2) 离岗备案。持证人员离开会计工作岗位超过 6 个月的，应当填写注册登记表，并持会计从业资格证书，向原注册登记的会计从业资格管理机构备案。

(3) 调转登记。持证人员调转工作单位，且继续从事会计工作的，应当按规定要求办理调转登记。

(4) 变更登记。持证人员的学历或学位、会计专业技术职务资格等发生变更的，应向所属会计从业资格管理机构办理从业档案信息变更登记。

5. 会计人员继续教育

(1) 会计人员继续教育的概念和特点。会计人员继续教育是指取得会计从业资格的人员持续接受一定形式的、有组织的理论知识、专业技能和职业道德的教育和培训活动，不断提高和保持其专业胜任能力和职业道德水平。

会计人员继续教育的特点：一是针对性，即针对不同对象确定不同的教育内容，采取不同的教育方式，解决实际问题；二是适应性，即联系实际工作需要，学以致用；三是灵活性，即继续教育在培训内容、方法、形式等方面具有灵活性。

(2) 会计人员继续教育的内容。会计人员继续教育的内容主要包括：会计理论与实务；财务、会计法规制度；会计职业道德规范；其他相关的知识与法规。

(3) 会计人员继续教育的形式和学时要求。会计人员继续教育的形式包括授受培训和自学两种。会计人员应当接受继续教育，每年参加继续教育不得少于24小时。

11.3.2 会计人员的专业职务与专业技术资格

1. 会计专业职务

会计专业职务是区分会计人员从事业务工作的技术等级。

1986年4月中央职称改革工作领导小组转发财政部制定的《会计专业职务试行条例》规定：会计专业职务分为高级会计师(高级职务)、会计师(中级职务)、助理会计师、会计员(初级职务)。

2. 会计专业技术资格

会计专业技术资格分为初级资格、中级资格和高级资格3个级别。初级、中级会计资格的取得实行全国统一考试制度；高级会计师资格实行考试与评审相结合制度。

初级、中级会计资格是一种通过考试确认担任会计专业职务任职资格的制度。1992年以前，我国对会计专业技术职务一直采用的是评审制度。1992年3月，财政部、人事部制定发布了《会计专业技术资格考试暂行规定》和《〈会计专业技术资格考试暂行规定〉)实施办法》，规定会计专业技术资格实行全国统一考试。1995年、1997年、2001年、2005年，财政部、人事部又陆续调整了考试级别和考试科目，分别为初级会计资格和中级会计资格两个档次：初级资格考试科目包括初级会计实务和经济法基础；中级资格考试科目包括中级会计实务、财务管理和经济法。

为促进会计专业技术人才队伍建设，积极探索科学、客观、公正的高级会计师资格评价办法，从2003年开始，我国确定了高级会计师资格实行考试与评审相结合的评价办法。凡申请参加高级会计师资格评审的人员，须经考试合格后，方可参加评审。考试科目为高级会计实务。参加考试并达到国家合格标准的人员，由全国会计专业技术资格考试办公室核发高级会计师资格考试成绩合格证，该证在全国范围内3年有效。

11.3.3 会计机构负责人(会计主管人员)的任职资格

1. 会计机构负责人(会计主管人员)的概念

在一个单位内部，不论是设置会计机构或者在有关机构中设置会计人员，总要有一位负责人。在设置会计机构的情况下，该负责人为会计机构负责人；而在有关机构中设置会计人员的情况下，被指定为会计主管人员的人就是负责人。会计机构负责人(会计主管人员)是在一个单位内具体负责会计工作的中层领导人员，在单位会计工作中承担着重要角色。在单位负责人的领导下，会计机构负责人(会计主管人员)负有组织、管理本单位所有会计工作的责任，其工作水平的高低直接关系到整个单位会计工作的水平和质量。

2. 会计机构负责人(会计主管人员)的任职资格

会计机构负责人(会计主管人员)是在一个单位内部具体负责会计工作的中层领导人员，在单位负责人的领导下，负责组织、管理本单位所有会计工作，其工作水平的高低、质量的好坏，直接关系到整个单位会计工作的水平和质量。因此，其任职资格除要求具备一般会计人员应具备的条件外，还应具备专业技术资格、工作经历等条件。鉴于我国幅员辽阔，各类经济组织众多，不同单位的情况千差万别，《中华人民共和国会计法》对会计机构负责人的任职条件采取了灵活务实的做法，《中华人民共和国会计法》规定：“担任单位会计机构负责人(会计主管人员)的，除取得会计从业资格证书外，还应当具备会计师以上专业技术职务资格或者从事会计工作 3 年以上经历。”这是对单位会计机构负责人(会计主管人员)任职资格作出的特别规定。

11.3.4 会计人员回避制度

回避制度是指为了保证执法或者执业的公正性，对可能影响其公正性的执法或者执业的人员实行职务回避和业务回避的一种制度。回避制度已成为我国人事管理的一项重要制度。在会计工作中，由于亲情关系而通同作弊和违法违纪的案件时有发生，因此，在会计人员中实行回避制度十分必要。《会计基础工作规范》从会计工作的特殊性出发，对会计人员的回避问题作出了规定，即国家机关、国有企业、事业单位任用会计人员应当实行回避制度；单位负责人的直系亲属不得担任本单位的会计机构负责人、会计主管人员，会计机构负责人、会计主管人员的直系亲属不得在本单位会计机构中担任出纳工作。直系亲属包括夫妻关系、直系血亲关系、三代以内旁系血亲以及近姻亲关系。

11.3.5 会计人员的工作交接

会计人员工作交接是会计工作中的一项重要内容。由于会计工作的特殊性，会计人员调动工作或者离职时，需要与接管人员办清交接手续，这是会计人员应尽的职责，也是做好会计工作的要求。

会计工作人员调动工作和离职是正常的现象，但是单位的生产经营活动是一项连续的组织活动，不能因会计人员的工作调动或离职使会计工作中断。做好会计交接工作，可以使会计工作前后衔接，保证会计工作连续进行。同时，做好会计交接工作，还可以防止因会计人员的更换出现账目不清、财务混乱等现象。做好会计交接工作也是落实岗位责任的有效措施。

1. 交接的范围

下列情况需要办理会计工作交接。

(1) 会计人员临时离职或因病不能工作、需要接替或代理的，会计机构负责人(会计主管人员)或单位负责人必须指定专人接替或者代理，并办理会计工作交接手续。

(2) 临时离职或因病不能工作的会计人员恢复工作时，应当与接替或代理人员办理交接手续。

(3) 移交人员因病或其他特殊原因不能亲自办理移交手续的，经单位负责人批准，可由移交人委托他人代办交接，但委托人应当对所移交的会计凭证、会计账簿、财务会计报告和其他有关资料的真实性、完整性承担法律责任。

2. 交接的程序

1) 交接前的准备工作

会计人员在办理会计工作交接前，必须做好以下准备工作。

(1) 已经受理的经济业务尚未填制会计凭证的应当填制完毕。

(2) 尚未登记的账目应当登记完毕，结出余额，并在最后一笔余额后加盖经办人印章。

(3) 整理好应该移交的各项资料，对未了事项和遗留问题要写出书面说明材料。

(4) 编制移交清册，列明应该移交的会计凭证、会计账簿、财务会计报告、公章、现金、有价证券、支票簿、发票、文件、其他会计资料和物品等内容；实行会计电算化的单位，从事该项工作的移交人员应在移交清册上列明会计软件及密码、数据盘、磁带等内容。

(5) 会计机构负责人(会计主管人员)移交时，应将财务会计工作、重大财务收支问题和会计人员等情况向接替人员介绍清楚。

2) 移交点收

移交人员离职前，必须将本人经管的会计工作在规定的期限内全部向接管人员移交清楚。接管人员应认真按照移交清册逐项点收。具体要求包括以下几个方面。

(1) 现金要根据会计账簿记录余额进行当面点交，不得短缺，接替人员发现不一致或“白条抵库”现象时，移交人员在规定期限内负责查清处理。

(2) 有价证券的数量要与会计账簿记录一致，有价证券面额与发行价不一致时，按照会计账簿余额交接。

(3) 会计凭证、会计账簿、财务会计报告和其他会计资料必须完整无缺，不得遗漏。如有短缺，必须查清原因，并在移交清册中加以说明，由移交人负责。

(4) 银行存款账户余额要与银行对账单核对相符，如有未达账项，应编制银行存款余额调节表调节相符；各种财产物资和债权债务的明细账户余额要与总账有关账户的余额核对相符；对重要实物要实地盘点，对余额较大的往来账户要与往来单位、个人核对。

(5) 公章、收据、空白支票、发票、科目印章以及其他物品等必须交接清楚。

(6) 实行会计电算化的单位，交接双方应在电子计算机上对有关数据进行实际操作，确认有关数字正确无误后，方可交接。

3) 专人负责监交

为了明确责任，会计人员办理工作交接，必须有专人负责监交。通过监交，保证双方都按照国家有关规定认真办理交接手续，防止流于形式，保证会计工作不因人员变动而受影响；保证交接双方处在平等的法律地位上享有权利和承担义务，不允许任何一方以大压小，以强凌弱，或采取非法手段进行威胁。移交清册应当经过监交人员审查和签名、盖章，作为交接双方明确责任的证件。对监交的具体要求如下。

(1) 一般会计人员办理交接手续，由会计机构负责人(会计主管人员)监交。

(2) 会计机构负责人(会计主管人员)办理交接手续，由单位负责人监交，必要时主管单位可以派人会同监交。所谓必要时主管部门派人会同监交，是指有些交接需要主管单位监交或者主管单位认为需要参与监交。通常有如下 3 种情况。①所属单位负责人不能监交，需要由主管单位派人代表主管单位监交，如因单位撤并而办理交接手续等。②所属单位负责人不能尽快监交，需要由主管单位派人督促监交，如主管单位责成所属单位撤换不合格的会计机构负责人(会计主管人员)，所属单位负责人却以种种借口拖延不办交接手续时，主管单位就应派人督促会同监交等。③不宜由所属单位负责人单独监交，而需要主管单位会同监交，如所属单位负责人与办理交接手续的会计机构负责人(会计主管人员)有矛盾，交接时需要主管单位派人会同监交，以防可能发生的单位负责人借机刁难等情况。此外，主管单位认为交接中存在某种问题需要派人监交时，也可派人会同监交。

4) 交接后的有关事宜

(1) 会计工作交接完毕后，交接双方和监交人在移交清册上签名或盖章，并应在移交清册上注明：单位名称，交接日期，交接双方和监交人的职务、姓名，移交清册页数以及需要说明的问题和意见等。

(2) 接管人员应继续使用移交前的账簿，不得擅自另立账簿，以保证会计记录前后衔接，内容完整。

(3) 移交清册一般应填制一式三份，交接双方各执一份，存档一份。

3. 交接人员的责任

会计工作交接中，合理、公正地区分移交人和接替者的责任是非常必要的。交接工作完成后，移交人员所移交的会计凭证、会计账簿、财务会计报告和其他会计资料是在其经办会计工作期间内发生的，应当对这些会计资料的真实性、完整性负责，即便接替人员在交接时因疏忽没有发现所接会计资料在真实性、完整性方面的问题，如事后发现仍应由原移交人员负责，原移交人员不应以会计资料已移交而推脱责任。

4. 会计人员的职业道德

职业道德的概念有广义和狭义之分。广义的职业道德是指从业人员在职业活动中应该遵循的行为准则，涵盖了从业人员与服务对象、职业与职工、职业与职业之间的关系。狭义的职业道德是指在一定职业活动中应遵循的、体现一定职业特征的、调整一定职业关系的职业行为准则和规范。不同职业的人员在特定的职业活动中形成了特殊的职业关系，包括职业主体与职业服务对象之间的关系、职业团体之间的关系、同一职业团体内部人与人之间的关系，以及职业劳动者、职业团体与国家之间的关系，等等。为了协调这些复杂的、特殊的社会关系，除了需要政治的、行政的、法律的、经济的规范和手段之外，还需要一种适应职业生活特点的调节职业社会关系的规范和手段，由此形成了不同职业人员的道德规范，即职业道德。如医生的职业道德是救死扶伤、治病救人、实行人道主义；法官的职业道德是清正廉明、刚直不阿；商人的职业道德是买卖公平、童叟无欺；注册会计师的职业道德是独立、客观、公正；军人的职业道德是服从命令、不怕牺牲。这些职业道德规范用来指导和约束职业行为，以保证职业活动的正常进行。

会计人员职业道德是指在会计职业活动中应当遵循的，体现会计职业特征的，调整会计职业关系的职业行为准则和规范。其含义包括以下几个方面。

(1) 会计职业道德是调整会计职业活动中各种利益关系的手段。会计工作的性质决定了在会计职业活动中要处理方方面面的经济关系，包括单位与单位、单位与国家、单位与投资者、单位与债权人、单位与职工、单位内部各部门之间及单位与社会公众之间的经济关系，这些经济关系的实质是经济利益关系。在我国社会主义市场经济建设中，当各经济主体的利益与国家利益、社会公众利益发生冲突的时候，会计职业道德不允许通过损害国家和社会公众利益而获取违法利益，但允许个人和各经济主体获取合法的自身利益。会计职业道德可以配合国家法律制度，调整职业关系中的经济利益关系，维护正常的经济秩序。

(2) 会计职业道德具有相对稳定性。会计是一种专业技术性很强的职业。在其对单位经济事项进行确认、计量、记录和报告中，会计标准的设计、会计政策的制定、会计方法的选择，都必须遵循其内在的客观经济规律和要求。由于人们面对的是共同的客观经济规律，因此会计职业道德在社会经济关系不断的变迁中，始终保持自己的相对稳定性。在会计职业活动中，诚实守信、客观公正等是对会计人员的普遍要求。没有任何一个社会制度能够容忍虚假会计信息，也没有任何一个经济主体会允许会计人员私自向外界提供或者泄露单位的商业秘密。

(3) 会计职业道德具有广泛的社会性。会计职业道德的社会性是由会计职业活动所生成的产品决定的。特别是在所有权和经营权分离的情况下，会计不仅要为政府机构、企业管理层、金融机构等提供符合质量要求的会计信息，而且要为投资者、债权人及社会公众服务，因其服务对象涉及面很广，提供的会计信息是公共产品，所以会计职业道德的优劣将影响国家和社会公众利益。像银广夏、郑百文、蓝田股份等会计造假丑闻就是典型例子，由于会计造假致使广大股东遭受了巨大的损失，严重干扰了社会经济的正常秩序。可见，会计信息质量直接影响着社会经济的发展和社会经济秩序的健康运行，会计职业道德必然受社会关注，具有广泛的社会性。

会计职业道德规范的主要内容有以下几个方面。

(1) 爱岗敬业。爱岗敬业指的是忠于职守的事业精神，这是会计职业道德的基础。爱岗就是会计人员应该热爱自己的本职工作，安心于本职岗位，稳定、持久地在会计天地中耕耘，恪尽职守地做好本职工作。敬业就是会计人员应该充分认识本职工作在社会经济活动中的地位和作用，认识本职工作的社会意义和道德价值，具有会计职业的荣誉感和自豪感，在职业活动中具有高度的劳动热情和创造性，以强烈的事业心、责任感从事会计工作。爱岗敬业的基本要求如下。

① 正确认识会计职业，树立职业荣誉感。爱岗敬业精神自始至终都是以人们对职业的认识程度以及所采取的态度作为行动的指导并体现在实际工作中的。如果会计人员对所从事的会计职业缺乏正确的认识，认为会计不过是简单的“写写算算”、“收收支支”的琐碎工作，或者有“会计难当，职权难用，成绩难见，违纪难免”的想法，就必然会自觉不自觉地把这些意识反映到其工作行动之中，就会表现出“懒”、“惰”、“拖”的不良行为，给会计职业及其声誉造成不良影响。

会计人员只有正确地认识会计本质，明确会计在经济管理工作中的地位和重要性，树立职业荣誉感，才有可能爱岗敬业。这是做到爱岗敬业的前提，也是首要要求。

② 热爱会计工作，敬重会计职业。热爱一项工作，首先就意味着对这项工作有一种职业的荣誉感，有自信心和自尊心；其次是对这项工作抱有浓厚的兴趣，把职业生活看成是一种乐趣。于是平凡的、甚至是琐碎的日常工作，就成为生活中不可缺少的内容，并且能在工作中时时感受到它的乐趣。只要人们是根据自己的爱好、兴趣和特长来选择职业的，通常都对所选职业充满情感，喜爱这一职业。但是，任何社会、任何时候都难以绝对保证人们所选择的职业是自己满意的。因而，在所从事的职业与自己的兴趣、爱好不一致时，要求人们对其所从事的职业有一个正确的认识态度。如果做了会计，就应该热爱会计工作，敬重会计职业，即使对会计职业并不感兴趣。

我国各行各业的无数职业道德标兵的先进事迹告诉我们，热爱自己的工作，敬重自己的岗位，是做好本职工作的前提。会计人员只要树立了“干一行爱一行”的思想，就会发现会计职业中的乐趣；只有树立“干一行爱一行”的思想，才会刻苦钻研会计业务技能，才会努力学习会计业务知识，才会发现在会计核算、企业理财领域有许多值得人们去研究、探索的东西。有了对本职工作的热爱，就会激发出一种敬业精神，自觉自愿地执行职业道德的各种规范，不断改进自己的工作，在平凡的岗位上作出不平凡的业绩。

③ 安心工作，任劳任怨。安心本职工作，就是以从事会计工作为“乐”，而不是“这山望着那山高”。只有安心本职工作，才能潜下心来“勤学多思，勤问多练”，才能对会计工作中不断出现的新问题去探索和研究，也才能真正做到敬业。任劳任怨，要求会计人员具有不怕吃苦的精神和不计较个人得失的思想境界。会计人员在会计事项的处理中，有时会出现两难的境地，当集体利益与职工个人利益或国家利益与单位利益发生冲突时，会计人员如果维护了国家利益或集体利益，就可能不被人们理解甚至抱怨；反之，则会有道德危机。会计职业道德要求会计人员既任劳也任怨。

④ 严肃认真、一丝不苟。从业者对自己本职工作的热爱，必定会体现在对工作所必需的职业技能的态度上，体现在对自己工作成果的追求上，这就是对工作严肃认真、一丝不苟，对技术精益求精。会计工作是一项严肃细致的工作，没有严肃认真的工作态度和一丝不苟的工作作风，就容易出现偏差。对一些损失浪费、违法乱纪的行为和一切不合法、不合理的业务开支，要严肃认真地对待，把好费用支出关。将严肃认真、一丝不苟的职业作风贯穿于会计工作的始终，不仅要求数字计算准确，手续清楚完备，而且绝不能有“都是熟人不会错”的麻痹思想和“马马虎虎”的工作作风。

⑤ 忠于职守，尽职尽责。忠于职守，不仅要求会计人员认真地执行岗位规范，而且要求会计人员在各种复杂的情况下，能够抵制各种诱惑，忠实地履行岗位职责。尽职尽责具体表现为会计人员对自己应承担责任和义务所表现出的一种责任感和义务感，这种责任感和义务感包含两方面的内容：一是社会或他人对会计人员规定的责任；二是会计人员对社会或他人所负的道义责任。

(2) 诚实守信。诚实是指言行跟内心思想一致，不弄虚作假、不欺上瞒下，做老实人，说老实话，办老实事。守信就是遵守自己所作出的承诺，讲信用，重信用，信守诺言，保守秘密。诚实守信是做人的基本准则，是人们在古往今来的交往中产生出的最根本的道德规范，也是会计职业道德的精髓。诚实守信的基本要求有以下几个方面。

① 做老实人，说老实话，办老实事，不搞虚假。做老实人，要求会计人员言行一致，表里如一，光明正大。说老实话，要求会计人员说话诚实：是一说一，是二说二，不夸大，不缩小，不隐瞒，如实反映和披露单位经济业务事项。办老实事，要求会计人员工作踏踏实实，不弄虚作假，不欺上瞒下。总之，会计人员应言行一致，实事求是，如实反映单位经济业务活动情况，不为个人和小集团利益伪造账目，弄虚作假，损害国家和社会公众利益。

近年来，在财政部进行的会计信息质量抽查中，假凭证、假账簿、假报表比较普遍。而虚假信息均是出自单位管理层和会计人员之手，而且一些注册会计师也扮演了不光彩的角色，严重影响了会计职业的社会信誉。会计人员要树立良好的职业形象，就必须恪守诚实守信的基本道德准则。

② 保密守信，不为利益所诱惑。所谓保守秘密就是指会计人员在履行自己的职责时，应树立保密观念，做到保守商业秘密，对机密资料不外传、不外泄，守口如瓶。在市场经济中，秘密可以带来经济利益，严守单位的商业秘密是极其重要的，它往往关系到单位的生死存亡。而会计人员因职业特点经常接触到单位和客户的一些秘密，如单位的财务状况、

经营情况、成本资料及重要单据、经济合同等。因而，会计人员应依法保守单位秘密，这是会计人员应尽的义务，也是诚实守信的具体体现。泄密不仅是一种不道德的行为，也是违法行为，是会计职业的大忌。会计人员在没有得到法律规定或经单位规定程序批准外，不能以任何借口或方式把单位商业秘密泄露出去。我国有关法律制度对会计人员保守秘密作了相关的规定。如《中华人民共和国注册会计师法》第十九条规定："注册会计师对执行业务中知悉的商业秘密，负有保密义务"；财政部印发的《会计基础工作规范》第二十三条规定："会计人员应当保守本单位的商业秘密。除法律规定和单位领导人同意外，不能私自向外界提供或者泄露单位的会计信息。"

会计人员如果泄露本单位的商业秘密，不仅会对单位的利益产生威胁，同时也将会损害会计人员自身的形象和利益。一是会计人员是单位里的一分子，泄露单位的商业秘密后会使单位利益受损，单位的损失最终将不同程度地反映到每位员工身上，会计人员因此也会身受其害。二是泄露商业秘密属于违法行为，一旦查出，泄露秘密的会计人员将承担法律责任。三是会计人员泄露商业秘密将对整个会计职业的社会声誉产生负面影响，使会计职业信誉"受到怀疑"，整个行业的利益将会蒙受损失。在这一点上，注册会计师的影响尤为显著。

会计人员要做到保密守信，就要注意不在工作岗位以外的场所谈论、评价企业的经营状况和财务数据，此外，在日常生活中会计人员也应保持必要的警惕，防止无意泄密。俗话说，说者无意，听者有心。人们在日常交流中经常会对熟知的事情脱口而出，而没有想到后果。为了防止这种情况的发生，会计人员要了解自己所知的信息中哪些是商业秘密，哪些是无关紧要的事项，以防止无意泄密的情况发生。而且要抵制住各种各样的利益诱惑，绝对不能用商业秘密作为谋利的手段。

(3) 廉洁自律。廉洁就是不贪污钱财，不收受贿赂，保持清白。自律是指自律主体按照一定的标准，自己约束自己、自己控制自己的言行和思想的过程。廉洁自律是会计职业道德的前提，也是会计职业道德的内在要求，这是会计工作的特点决定的。廉洁自律的基本要求有以下几个方面。

① 树立正确的人生观和价值观。廉洁自律，首先要求会计人员必须加强世界观的改造，树立正确的人生观和价值观。人生观是人们对人生的目的和意义的总的观点和看法。价值观是指人们对于价值的根本观点和看法，它是世界观的一个重要组成部分，包括对价值的本质、功能、创造、认识、实现等有关价值的一系列问题的基本观点和看法。会计人员应以马克思主义、毛泽东思想、邓小平理论、"三个代表"重要思想为指导，树立科学的人生观和价值观，自觉抵制享乐主义、个人主义、拜金主义等错误的思想，这是在会计工作中做到廉洁自律的思想基础。

② 公私分明，不贪不占。公私分明就是指严格划分公与私的界线，公是公，私是私。如果公私分明，就能够廉洁奉公，一尘不染，做到"常在河边走，就是不湿鞋"。如果公私不分，就会出现以权谋私的腐败现象，甚至出现违法违纪行为。

廉洁自律的天敌就是"贪"、"欲"。在会计工作中，由于大量的钱财要经过会计人员之手，因此，很容易诱发会计人员的"贪"、"欲"。一些会计人员贪图金钱和物质上的享受，利用职务之便，自觉或不自觉地行"贪"。有的被动受贿，有的主动索贿，有的贪污、挪用公款，有的监守自盗，有的集体贪污。究其根本原因是这些会计人员忽视了世界观的自我改造，放松了道德的自我修养，弱化了职业道德的自律。

③ 遵纪守法，尽职尽责。遵纪守法，正确处理会计职业权利与职业义务的关系，增强抵制行业不正之风的能力，是会计人员廉洁自律的又一个基本要求。会计人员的权利和义务在《中华人民共和国会计法》中作出了明确规定。会计人员不仅要遵纪守法，不违法乱纪、以权谋私，做到廉洁自律；而且要敢于、善于运用法律所赋予的权利，尽职尽责，勇于承担职业责任，履行职业义务，保证廉洁自律。

(4) 客观公正。客观是指按事物的本来面目去反映，不掺杂个人的主观意愿，也不为他人意见所左右。公正就是平等、公平、正直，没有偏失。但公正是相对的，世上没有绝对的公正。客观公正是会计职业道德所追求的理想目标。客观公正的基本要求有以下几个方面。

① 端正态度。坚持客观公正原则的基础是会计人员的态度、专业知识和专业技能。没有客观公正的态度，就不可能尊重事实。有了正确的态度之后，没有扎实的理论功底和较高的专业技能，工作也会出现失误，感到力不从心。

② 依法办事。依法办事，认真遵守法律法规，是会计工作保证客观公正的前提。当会计人员有了端正的态度和专业知识技能之后，必须依据《中华人民共和国会计法》、《企业会计准则》、《企业会计制度》等法律、法规和制度的规定进行会计业务处理，并对复杂疑难的经济业务作出客观的会计职业判断。总之，只有熟练掌握并严格遵守会计法律法规，才能客观公正地处理会计业务。

③ 实事求是，不偏不倚。社会经济是复杂多变的，会计法律制度不可能对所有的经济事项作出规范，那么会计人员对经济事项的职业判断就可能会出现偏差。因此，客观公正是会计工作和会计人员追求的目标，通过不断提高专业技能，正确理解、把握并严格执行会计准则、制度，不断消除非客观、非公正因素的影响，做到最大限度的客观公正。

注册会计师的职业特征是维护国家和社会公众利益。注册会计师在进行职业判断时，将会涉及多方的利益，在处理这些复杂的利益关系时，绝不能采取折中的态度和方法。注册会计师应始终站在第三者的独立立场上，不偏不倚地对待有关利益各方，不以牺牲一方利益为条件而使另一方受益，超然独立地对企业遵守会计准则、制度的具体情况进行客观公正的评价并作出恰当的审计意见。只有这样，财务报告的使用者才能确定企业财务报告的可信度，并作出适当的投资决策或信贷决策。

④ 保持独立性。客观公正是会计职业者的一种工作态度。它要求会计人员对会计业务的处理，对会计政策和会计方法的选择，以及对财务会计报告的编制、披露和评价，必须独立进行职业判断，做到客观、公平、理智、诚实。

保持独立性对于注册会计师行业尤为重要。工作关系和经济利益等问题决定了单位会计人员在形式上和实质上都难以保证绝对的独立性。所以这里所说的独立性主要是指注册会计师在执行审计业务的过程中，与相关利益当事人应保持独立。独立是客观、公正的基础，也是注册会计师行业存在的基础。根据《中国注册会计师职业道德规范指导意见》，注册会计师保持其独立性应当做到以下两点。

一是注册会计师应当回避可能影响独立性的审计事项，实现形式上的独立。注册会计师在履行其职责时，保持独立性固然十分重要，但财务报表的使用者对这种独立性的信任也很重要。如果审计人员在执业过程中实质上是独立的，但报表的使用者认为他们是客户的辩护人，则审计职业的大部分价值将随之丧失。

二是注册会计师应当恪守职业良心，保持实质上的独立。形式上独立是实质上独立的必要条件，形式上不独立，就不能保证实质上独立，而形式上独立也不一定能够保持实质上独立。注册会计师更重要的是保持实质上的独立。

(5) 坚持准则。坚持准则是指会计人员在处理业务过程中，要严格按照会计法律制度办事，不为主观或他人意志左右。这里所说的“准则”不仅指会计准则，而且包括会计法律、法规、国家统一的会计制度以及与会计工作相关的法律制度。坚持准则是会计职业道德的核心。坚持准则的基本要求有以下几个方面。

① 熟悉准则。熟悉准则是指会计人员应了解和掌握《中华人民共和国会计法》和国家统一的会计制度及与会计相关的法律制度，这是遵循准则、坚持准则的前提。只有熟悉准则，才能按准则办事，才能遵纪守法，才能保证会计信息的真实性、完整性。

② 遵循准则。遵循准则即执行准则。准则是会计人员开展会计工作的外在标准和参照物。会计人员在会计核算和监督时要自觉地严格遵守各项准则，将单位具体的经济业务事项与准则相对照，先作出是否合法合规的判断，对不合法的经济业务不予受理。在实际工作中，由于经济的发展和社会环境的变化，会计业务日趋复杂，因而准则规范的内容也会不断变化和完善。这就要求会计人员不仅要经常学习、掌握准则的最新变化，了解本部门、本单位的实际情况，准确地理解和执行准则，还要在面对经济活动中出现的新情况、新问题以及准则未涉及的经济业务或事项时，通过运用所掌握的会计专业理论和技能，作出客观的职业判断，予以妥善处理。

③ 坚持准则。市场经济是利益经济。在会计工作中，常常由于各种利益的交织，引起会计人员道德上的冲突。如果会计人员为了自己的个人利益不受影响，放弃原则，做“老好人”，就会使会计工作严重偏离准则，会计信息的真实性、完整性就无法保证，作为会计人员，也应当承担相应责任。如果会计人员坚持准则，往往会受到单位负责人和其他方面的阻挠、刁难甚至打击报复。

为了切实维护会计人员的合法权益，《中华人民共和国会计法》强化了单位负责人对单位会计工作的法律责任，赋予了会计人员相应的权利，发送了会计人员的执法环境。会计人员应认真执行国家统一的会计制度，依法发行会计监督职责，发生冲突时，应坚持准则，对法律负责，对国家和社会公众负责，敢于同违反会计法律法规和财务制度的现象作斗争，确保会计信息的真实性和完整性。

(6) 提高技能。会计人员是会计工作的主体。会计工作质量的好坏，一方面受会计人员职业技能水平的影响，另一方面受会计人员道德品行的影响。会计人员的道德品行是会计职业道德的根本和核心，会计人员的职业技能水平是会计人员职业道德水平的保证。会计工作是一门专业性和技术性很强的工作，从业人员必须“具备一定的会计专业知识和技能”，才能胜任会计工作。作为一名会计工作者必须不断地提高其职业技能，这既是会计人员的义务，也是在职业活动中做到客观公正、坚持准则的基础，是参与管理的前提。提高技能的基本要求有以下几个方面。

① 具有不断提高会计专业技能的意识和愿望。随着市场经济的发展、全球经济一体化以及科学技术日新月异，会计在经济发展中的作用越来越明显，对会计的要求也越来越高，会计人才的竞争也越来越激烈。会计人员要想生存和发展，就必须具有不断提高会计专业

技能的意识和愿望，才能不断进取，才会主动地求知、求学，刻苦钻研，使自身的专业技能不断提高，使自己的知识不断更新，从而掌握过硬的本领，在会计人才的竞争中立于不败之地。

② 具有勤学苦练的精神和科学的学习方法。专业技能的提高和学习不可能是一劳永逸之事，必须持之以恒，不间断地学习、充实和提高，“活到老学到老”。只有锲而不舍地“勤学”，同时掌握科学的学习方法，在学中思，在思中学，在实践中不断锤炼，才能不断地提高自己的业务水平，才能推动会计工作和会计职业的发展，以适应不断变化的新形势和新情况的需要。

谦虚好学、刻苦钻研、锲而不舍，是练就高超的专业技术和过硬本领的唯一途径，也是衡量会计人员职业道德水准高低的重要标志之一。

(7) 参与管理。参与管理简单地讲就是参加管理活动，为管理者当参谋，为管理活动服务。会计管理是企业管理的重要组成部分，在企业管理中具有十分重要的作用。但会计工作的性质决定了会计在企业管理活动中，更多的是从事间接管理活动。参与管理就是要求会计人员积极主动地向单位领导反映本单位的财务、经营状况及存在的问题，主动提出合理化建议，积极地参与市场调研和预测，参与决策方案的制订和选择，参与决策的执行、检查和监督，为领导的经营管理和决策活动当好助手和参谋。如果没有会计人员的积极参与，企业的经营管理就会出现问题，决策就可能出现失误。会计人员特别是会计部门的负责人必须强化自己参与管理、当好参谋的角色意识和责任意识。参与管理的基本要求有以下几个方面。

① 努力钻研业务，熟悉财经法规和相关制度，提高业务技能，为参与管理打下坚实的基础。

娴熟的业务、精湛的技能，是会计人员参与管理的前提。会计人员只有努力钻研业务，不断提高业务技能，深刻领会财经法规和相关制度，才能有效地参与管理，为改善经营管理，提高经济效益服务。钻研业务、提高技能，首先要求会计人员有扎实的基本功，掌握会计的基本理论、基本方法和基本技能，做好会计核算的各项基础性工作，确保会计信息真实、完整。其次，要充分利用掌握的大量会计信息，运用各种管理分析方法对单位的经营管理活动进行分析、预测，找出经营管理中的问题和薄弱环节，提出改进意见和措施，把管理结合在日常工作之中，从而使会计的事后反映变为事前的预测和事中的控制，真正起到当家理财的作用，成为决策层的参谋助手。

② 熟悉服务对象的经营活动和业务流程，使管理活动更具针对性和有效性。会计人员应当了解本单位的整体情况，特别是要熟悉本单位的生产经营、业务流程和管理情况，掌握单位的生产经营能力、技术设备条件、产品市场及资源状况等情况。只有如此，才能充分利用会计工作的优势，更好地满足经营管理的需要，才能在参与管理的活动中有针对性地拟定可行性方案，从而提高经营决策的合理性和科学性，更有效地服务于单位的总体发展目标。

(8) 强化服务。强化服务就是要求会计人员具有文明的服务态度、强烈的服务意识和优良的服务质量。服务态度是服务者的行为表现，“文明服务，以礼待人”，不仅仅是对服务行业提出的道德要求，而是对所有职业活动提出的道德要求。在我们的社会生活中，各岗位上的就业者都处于服务他人和接受他人服务的地位。在服务他人的过程中，人们承担对他人的责任和义务的同时，也接受着他人的服务。强化服务的基本要求有以下几个方面。

① 强化服务意识。会计人员要树立强烈的服务意识，为管理者服务、为所有者服务、为社会公众服务、为人民服务。不论服务对象的地位高低，都要摆正自己的工作位置，管钱管账是自己的工作职责，参与管理是自己的义务。只有树立了强烈的服务意识，才能做好会计工作，履行会计职能，为单位和社会经济的发展做出应有的贡献。

② 提高服务质量。强化服务的关键是提高服务质量。单位会计人员的服务质量表现在是否真实地记录单位的经济活动，向有关方面提供可靠的会计信息，是否积极主动地向单位领导反映经营活动情况和存在的问题，提出合理化建议，协助领导决策，参与经营管理活动。注册会计师的服务质量表现在是否以客观、公正的态度正确评价委托单位的财务状况、经营成果，出具恰当的审计报告，更好地为社会公众及信息使用者服务。

需要注意的是，在会计工作中提供上乘的服务质量，并不是无原则地满足服务主体的需要，而是在坚持原则、坚持准则的基础上尽量满足用户或服务主体的需要。

11.4 会计法律制度的构成

11.4.1 会计法律制度的概念

会计法律制度是指国家权力机关和行政机关制定的各种会计规范性文件的总称，包括会计法律、会计行政法规、会计规章等。它是调整会计关系的法律规范。

任何一个经济组织的活动都不是独立存在的。作为经济管理工作的会计，首先表现为单位内部的一项经济管理活动，即对本单位的经济活动进行核算和监督。在处理经济业务事项时，必然会涉及、影响有关方面的经济利益。例如，供销关系、债权债务关系、信贷关系、分配关系、税款征纳关系、管理与被管理关系，等等。会计机构和会计人员在办理会计事务过程中以及国家在管理会计工作过程中发生的经济关系称为会计关系。处理上述各种经济关系，就需要用会计法律制度来规范。

11.4.2 会计法律制度的构成

我国会计法律制度的基本构成如下。

1. 会计法律

会计法律是指由全国人民代表大会及其常委会经过一定立法程序制定的有关会计工作的法律。例如 1999 年 10 月 31 日九届全国人大常委会第十二次会议修订通过的《中华人民共和国会计法》，它是会计法律制度中层次最高的法律规范，是制定其他会计法规的依据，也是指导会计工作的最高准则。

2. 会计行政法规

会计行政法规是指由国务院制定并发布或者国务院有关部门拟订并经国务院批准发布，调整经济生活中某些方面会计关系的法律规范。会计行政法规的制定依据是《中华人民共和国会计法》。例如，国务院发布的《企业财务会计报告条例》、《总会计师条例》等。

3. 国家统一的会计制度

国家统一的会计制度指国务院财政部门根据《中华人民共和国会计法》制定的关于会计核算、会计监督、会计机构和会计人员以及会计工作管理的制度，包括会计部门规章和会计规范性文件。会计部门规章是根据《中华人民共和国立法法》规定的程序，由财政部制定，并由部门首长签署命令予以公布的制度办法。例如，2000 年 5 月以财政部第 26 号部长令签发的《会计从业资格管理办法》、2001 年 2 月 20 日以财政部第 10 号部长令签发的《财政部门实施会计监督办法》和 2006 年 2 月 15 日以财政部第 33 号部长令签发的《企业会计准则——基本准则》等。会计规范性文件是指主管全国会计工作的行政部门即国务院财政部门以文件形式印发的制度办法。例如，2006 年 2 月 15 日财政部印发的《企业会计准则第 1 号——存货》等 38 项具体准则及 2006 年 10 月 30 日印发的《企业会计准则——应用指南》《企业会计制度》《金融企业会计制度》《小企业会计制度》《会计基础工作规范》《会计从业资格管理办法》，以及财政部与国家档案局联合发布的《会计档案管理办法》等。会计规范性文件的制定依据是会计法律、会计行政法规和会计规章。

4. 地方性会计法规

地方性会计法规指省、自治区、直辖市人民代表大会及其常委会在与会计法律、会计行政法规不相抵触的前提下制定的地方性会计法规，也是我国会计法律制度的重要组成部分。

11.4.3 会计法律制度的制定权限

《中华人民共和国会计法》第八条规定，“国家实行统一的会计制度，由国务院财政部门根据本法制定并公布。国务院有关部门可以依照本法和国家统一的会计制度制定对会计核算和会计监督有特殊要求的行业实施国家统一会计制度的具体办法或者补充规定，报国务院财政部门审核批准。中国人民解放军总后勤部可以依照本法和国家统一的会计制度制定军队实施国家统一的会计制度的具体办法，报国务院财政部门备案。”其中明确规定了制定会计制度的权限。规定会计制度制定的权限，是会计工作实行统一领导、分级管理原则的一个重要方面。当前，在我国实行社会主义市场经济的条件下，还必须从宏观上对国民经济进行计划和管理，为使各地区、各部门、各单位在办理会计事务中有统一的制度作依据，使会计核算正确地体现财政、财务制度有关规定的要求，保证会计这一信息系统及时、正确地为国民经济计划和管理提供分类科学、口径统一的会计资料，由国务院财政部门制定国家统一的会计制度是完全必要的。这些国家统一的会计制度是在全国范围内实施的会计工作管理方面的规范性文件，主要包括 3 个方面：一是国家统一的会计核算制度，如《企业会计准则——基本准则》和各具体准则及其应用指南、《事业单位会计准则》、《企业会计制度》《金融企业会计制度》《小企业会计制度》等；二是国家统一的会计机构和会计人员管理制度，如《总会计师条例》《会计从业资格管理办法》《会计专业技术资格考试暂行规定》等；三是国家统一的会计工作管理制度，如《会计档案管理办法》《会计人员工作规则》等。但是，由于各地区、各部门的具体情况千差万别，由国务院财政部门制定所有的、包罗万象的会计制度，实际上也不可能。

因此，在国务院财政部门制定国家统一的会计制度的基础上，还需要由各地区、各部门制定符合《中华人民共和国会计法》要求的、符合实际情况的会计制度或者补充规定，报国务院财政部门审核批准或者备案后实行。

11.5 会计档案

11.5.1 会计档案的概念

会计档案是会计凭证、会计账簿和财务报告等会计核算的专业材料，是记录和反映单位经济业务的重要史料和证据。

11.5.2 会计档案的分类

(1) 会计凭证类：包括原始凭证、记账凭证、汇总凭证和其他会计凭证。

(2) 会计账簿类：包括总账、明细账、日记账、固定资产卡片、辅助账簿和其他会计账簿。

(3) 财务会计报告类：包括中期财务报告；年度财务会计报告，财务会计报告包括会计报表、附表、报表附注及相关文字说明、其他财务报告。

(4) 其他类：包括银行存款余额调节表、银行对账单、其他应当保存的会计核算专业资料、会计档案移交清册、会计档案保管清册、会计档案销毁清册。实行会计电算化的单位存储在磁性介质上的会计数据、程序文件及其他会计核算资料均应视同会计档案一并管理。

11.5.3 会计档案的管理

1. 会计档案的归档和保管要求

根据财政部国家档案局联合发布的《会计档案管理办法》各单位对会计档案的归档和保管应做到以下几点。

(1) 各单位每年形成的会计档案都应由财务会计部门按照归档的要求，负责整理立卷或装订成册，编制会计档案保管清册。

(2) 当年形成的会计档案在会计年度终了后，可暂由本单位会计机构保管 1 年。期满之后，应由会计机构编制移交清册，移交本单位的档案机构统一保管。

(3) 移交本单位档案机构保管的会计档案原则上应当保持原卷册的封装，不得随意拆封。个别需要拆封重新整理的，档案机构应当会同会计机构和经办人员共同拆封整理，以分清责任。

各单位对会计档案应当科学管理，做到妥善保管、存放有序、查找方便。同时，严格执行安全和保密制度，不得随意堆放，严防毁损、散失和泄密。

2. 会计档案的保管期限

会计档案的保管期限分为永久和定期两类。

定期保管期限分为 3 年、5 年、10 年、15 年、25 年五类。会计档案的保管期限从会计年度终了后的第一天算起。各类会计档案的具体保管期限按照《会计档案管理办法》的规定执行。《会计档案管理办法》规定的会计档案的保管期限包括企业和其他组织会计档案保管期限表和财政总预算、行政单位、事业单位和税收会计档案保管期限表。企业和其他组织会计档案保管期限见表11-1。

表11-1 会计档案的保管期限

序号	档案名称	保管期限	备注
一、	会计凭证类		
1.	原始凭证	15年	
2.	记账凭证	15年	
3.	汇总凭证	15年	
二、	会计账簿类		
4.	总账	15年	包括日记总账
5.	明细账	15年	
6.	日记账	15年	现金日记账和银行存款日记账保管25年
7.	固定资产卡片		固定资产报废清理后保管5年
8.	辅助账簿	15年	
三、	财务报告类		包括各级主管部门汇总财务报告
9.	月、季度财务报告	3年	包括文字分析
10.	年度财务报告(决算)	永久	包括文字分析
四、	其他类		
11.	会计移交清册	15年	
12.	会计档案保管清册	永久	
13.	会计档案销毁清册	永久	
14.	银行存款余额调节表	5年	
15.	银行对账单	5年	

3. 会计档案的查阅和复制

(1) 各单位保存的会计档案不得借出，如有特殊需要，经本单位负责人批准，可以提供查阅或者复制，并办理登记手续。

(2) 外部人员查阅会计档案时，应持有单位正式介绍信，经本单位负责人批准后，方可办理查阅手续；单位内部人员查阅会计档案时，应经会计主管人员或单位负责人批准后，办理查阅手续。查阅人应认真填写档案查阅登记簿，将查阅人姓名、单位、日期、数量、内容、归档等情况登记清楚。

(3) 查阅或者复制会计档案的人员，不得在案卷中涂画、标记、拆散原卷册，也不得抽换。

4. 会计档案的销毁

(1) 保管期满销毁的程序和办法。

① 由保管会计档案的机构或人员提出销毁意见，编制《会计档案销毁清册》，列明要销毁档案的名称、卷号、册数、起止年度和档案编号、应保管期限、已保管期限、销毁时间等内容。

② 将已编制好的销毁清册及销毁意见报本单位负责人。单位负责人在会计档案销毁清册上签署意见。

③ 监销人在销毁会计档案前，应当按照会计档案销毁清册所列内容清点核对所要销毁的会计档案。

④ 销毁会计档案时，应按规定指派人员监销。一般企事业单位销毁会计档案时，由单位档案机构和会计机构共同派员监销。国家机关销毁会计档案时，应当由同级财政部门、审计部门派员参加监销。财政部门销毁会计档案时，应当由同级审计部门派员参加监销。

⑤ 会计档案销毁后，监销人员应当在销毁清册上签名或盖章，并及时将监销情况向本单位负责人报告。

(2) 对于保管期满但未结清的债权债务以及涉及其他未了事项的原始凭证不得销毁，应单独抽出，另行立卷，由档案部门保管到未了事项完结时为止。对于单独抽出立卷的会计档案，应当在会计档案销毁清册和会计档案保管清册中列明。

(3) 正在项目建设期间的建设单位，其保管期满的会计档案不得销毁。

(4) 会计档案销毁清册应由单位档案部门永久保存。

本 章 小 结

科学地组织会计工作对全面完成会计任务，充分发挥会计在经济管理中的作用具有重要意义。组织会计工作必须符合会计法规的要求，我国已经基本形成了以《中华人民共和国会计法》为中心的相对完整的会计法规体系。会计法规按照制定机关和法律效力可以分为4个层次：会计法律、会计行政法规、会计制度和地方性会计法规。企业、行政事业单位会计机构的设置必须符合社会经济对会计工作的要求，并与国家的会计管理体制相适应。任何单位的会计机构都应配备适当数量的具有专业知识和技能的会计人员。相关法规规定了会计人员的职责，并赋予了会计人员相应的权限，对符合规定条件的还授予专业技术职称。会计人员应遵守会计职业道德规范的要求，违反相关法律应承担相应的法律责任。此外，各单位必须加强对会计档案管理工作的领导，建立会计档案的立卷、归档、保管、查阅和销毁等管理制度，保证会计档案妥善保管、有序存放、方便查阅，严防毁损、散失和泄密。

习 题

一、单项选择题

1. 我国从事会计工作人员的基本任职条件是(　　)。

A. 取得会计专业技术资格　　B. 取得会计从业资格证书

C. 取得中专以上专业学历　　D. 担任会计专业职务

2．会计人员对于工作中知悉的商业秘密应依法保守，不得泄露，这是会计职业道德中(　　)的具体体现。

A．爱岗敬业　　B．诚实守信　　C．办事公道　　D．奉献社会

3．会计人员公私分明、不贪不占、遵纪守法、清正廉洁，并成为一种自觉的行为。这是会计职业道德(　　)的要求。

A．诚实守信　　B．客观公正　　C．坚持准则　　D．廉洁自律

4．我国会计行政法规不包括(　　)。

A．《企业财务会计报告条例》　　B．《总会计师条例》

C．《会计基础工作规范》　　D．《企业会计准则》

5．会计人员继续教育的内容不包括(　　)。

A．会计理论与实务　　B．财务、会计法规制度

C．会计职业道德规范　　D．财政、金融知识

6．持证人员从事会计工作，应当自从事会计工作之日起的一定期间内填写注册登记表，并持会计从业资格证书和所在单位出具的从事会计工作的证明，到向其颁发会计从业资格证书的会计从业资格管理机构办理注册会计登记。该期限为(　　)。

A．20日　　B．30日　　C．60日　　D．90日

7．下列不属于会计岗位的是(　　)。

A．出纳岗位　　B．总账岗位　　C．药房收费员　　D．会计电算化岗位

8．持有会计从业资格证书的人员，离开会计工作岗位超过一定期限的，应当填写注册登记表，并持会计从业资格证书，向原注册登记的会计从业资格管理机构备案。该期限为(　　)。

A．6个月　　B．2个月　　C．3个月　　D．1个月

9．会计人员应当接受继续教育，持证人员每年接受培训(面授)的时间累计不得少于(　　)小时。

A．96　　B．48　　C．24　　D．32

10．现行《会计法》于(　　)由第九届人大常委会第十二次会议修订通过。

A．1985年1月21日　　B．1993年12月29日

C．1999年10月31日　　D．2000年3月10日

11．我国的会计法律制度包括(　　)。

A．会计法律、会计规章

B．会计法律、会计行政法规

C．会计法律、会计行政法规、会计规章

D．会计法律、会计行政法规、国家统一的会计制度、地方性会计法规

12．以下会计资料中不属于会计档案的是(　　)。

A．现金日记账　　B．总账

C．购销合同　　D．购货发票

13．按照规定，(　　)任用会计人员应当实行回避制度。

A．国家机关、国有企业、事业单位

B．国家机关、国有企业、企事业单位

C．国有企业、企事业单位、外资企业

D．国有企业、事业单位、外资企业

14．根据财政部、国家档案局《会计档案管理办法》的规定，企业的银行存款日记账的保管期限为(　　)。

A．3年　　B．15年　　C．25年　　D．永久

15．会计从业资格证书是具备会计从业资格的证明文件，该证书一经取得，在(　　)范围内有效。

A．全县　　B．全市　　C．全省　　D．全国

二、多项选择题

1．下列各项中属于会计档案中的会计账簿类的有(　　)。

A．记账凭证　　B．报表附注　　C．明细账　　D．固定资产卡片

2．下列各项属于企业会计档案的有(　　)。

A．企业管理制度　　B．现金日记账　　C．银行对账单　　D．企业采购计划

3．下列各项中，属于回避制度中所指的直系亲属的是(　　)。

A．夫妻关系　　B．直系血亲关系

C．三代以内旁系血亲关系　　D．配偶亲关系

4．一个单位是否单独设置会计机构，主要由(　　)等因素决定。

A．单位经营管理的要求　　B．单位规模的大小

C．上级主管部门的相关规定　　D．经济业务和财务收支的繁简

5．从事下列工作的人员中，必须取得会计从业资格的有(　　)。

A．出纳岗位

B．稽核岗位

C．财产物资的收发、增减核算岗位

D．工资、成本费用、财务成果核算岗位

6．会计档案的保管期限分为(　　)。

A．永久　　B．定期　　C．临时　　D．短期

7．申请参加会计从业资格考试的人员应当符合的基本条件包括(　　)。

A．必须具备教育部门认可的高中以上的学历

B．遵守会计和财经法律、法规

C．具有良好的道德品质

D．具备会计专业基础知识和技能

8．关于会计档案的销毁，表述正确的有(　　)。

A．单位负责人应在会计档案保管清册上签署意见

B．国家机关销毁会计档案时，应由同级财政部门、审计部门派员监销

C．销毁后，监销人应在会计档案销毁清册上签名盖章，并将监销情况向单位负责人报告

D．保管期满但未结清债权债务原始凭证和涉及其他未了事项的原始凭证，不得销毁

9．张某忠于职守，尽心尽力，并且刻苦钻研业务，积极提供合理化建议，体现了他具有(　　)的会计职业道德。

A．爱岗敬业　　B．客观公正　　C．提高技能　　D．参与管理

10．下列选项中，体现会计职业道德“爱岗敬业”要求的有(　　)。

A．工作尽职尽责　　B．工作一丝不苟

C．工作兢兢业业　　D．工作精益求精

三、判断题

1．为保证会计职能作用的充分发挥，任何单位都应设置独立的会计机构，或在有关机构中配备会计人员并指定会计主管人员。(　　)

2．会计人员继续教育根据教育对象分为高级、中级、初级 3 个层次。(　　)

3．企业会计部门内部专门管理会计档案的人员也必须取得会计从业资格证书。(　　)

4．各单位每年形成的会计档案，应当由档案管理部门按照归档要求，负责整理立卷或装订成册，编制会计档案保管清册。 （ ）

5．当年形成的会计档案，在年度终了后，应由会计机构编制移交清册，移交档案机构统一保管。

（ ）

6．未设立档案机构的，应当在档案机构内部指定专人保管。 （ ）

7．固定资产卡片于固定资产报废清理后保管3年。 （ ）

8．年度财务报告(决算)、会计档案保管清册、会计档案销毁清册都是需要永久保存的会计档案。

（ ）

9．财政部门销毁会计档案时，应当由同级财政部门派员监销。 （ ）

10．总账和现金日记账的保管期限均为15年。 （ ）

11．企业员工查阅会计档案，必须经企业负责人批准。 （ ）

12．销毁会计档案时，应由单位档案机构和会计机构共同派员监销。 （ ）

附录1　企业会计准则——基本准则(2006)

第一章　总则

第一条　为了规范企业会计确认、计量和报告行为，保证会计信息质量，根据《中华人民共和国会计法》和其他有关法律、行政法规，制定本准则。

第二条　本准则适用于在中华人民共和国境内设立的企业(包括公司，下同)。

第三条　企业会计准则包括基本准则和具体准则，具体准则的制定应当遵循本准则。

第四条　企业应当编制财务会计报告(又称财务报告，下同)。财务会计报告的目标是向财务会计报告使用者提供与企业财务状况、经营成果和现金流量等有关的会计信息，反映企业管理层受托责任履行情况，有助于财务会计报告使用者作出经济决策，财务会计报告使用者包括投资者、债权人、政府及其有关部门和社会公众等。

第五条　企业应当对其本身发生的交易或者事项进行会计确认、计量和报告。

第六条　企业会计确认、计量和报告应当以持续经营为前提。

第七条　企业应当划分会计期间，分期结算账目和编制财务会计报告。会计期间分为年度和中期。中期是指短于一个完整的会计年度的报告期间。

第八条　企业会计应当以货币计量。

第九条　企业应当以权责发生制为基础进行会计确认、计量和报告。

第十条　企业应当按照交易或者事项的经济特征确定会计要素。会计要素包括资产、负债、所有者权益、收入、费用和利润。

第十一条　企业应当采用借贷记账法记账。

第二章　会计信息质量要求

第十二条　企业应当以实际发生的交易或者事项为依据进行会计确认、计量和报告，如实反映符合确认和计量要求的各项会计要素及其他相关信息，保证会计信息真实可靠、内容完整。

第十三条　企业提供的会计信息应当与财务会计报告使用者的经济决策需要相关，有助于财务会计报告使用者对企业过去、现在或者未来的情况作出评价或者预测。

第十四条　企业提供的会计信息应当清晰明了，便于财务会计报告使用者理解和使用。

第十五条　企业提供的会计信息应当具有可比性。

同一企业不同时期发生的相同或者相似的交易或者事项，应当采用一致的会计政策，不得随意变更。确需变更的，应当在附注中说明。

不同企业发生的相同或者相似的交易或者事项，应当采用规定的会计政策，确保会计信息口径一致、相互可比。

第十六条　企业应当按照交易或者事项的经济实质进行会计确认、计量和报告，不应仅以交易或者事项的法律形式为依据。

第十七条　企业提供的会计信息应当反映与企业财务状况、经营成果和现金流量等有关的所有重要交易或者事项。

第十八条　企业对交易或者事项进行会计确认、计量和报告应当保持应有的谨慎，不应高估资产或者收益、低估负债或者费用。

第十九条　企业对于已经发生的交易或者事项，应当及时进行会计确认、计量和报告，不得提前或者延后。

第三章　资产

第二十条　资产是指企业过去的交易或者事项形成的、由企业拥有或者控制的、预期会给企业带来经济利益的资源。

前款所指的企业过去的交易或者事项包括购买、生产、建造行为或其他交易或者事项。预期在未来发生的交易或者事项不形成资产。

由企业拥有或者控制，是指企业享有某项资源的所有权，或者虽然不享有某项资源的所有权，但该资源能被企业所控制。

预期会给企业带来经济利益，是指直接或者间接导致现金和现金等价物流入企业的潜力。

第二十一条　符合本准则第二十条规定的资产定义的资源，在同时满足以下条件时，确认为资产：

(一) 与该资源有关的经济利益很可能流入企业；

(二) 该资源的成本或者价值能够可靠地计量。

第二十二条　符合资产定义和资产确认条件的项目，应当列入资产负债表；符合资产定义、但不符合资产确认条件的项目，不应当列入资产负债表。

第四章　负债

第二十三条　负债是指企业过去的交易或者事项形成的、预期会导致经济利益流出企业的现时义务。

现时义务是指企业在现行条件下已承担的义务。未来发生的交易或者事项形成的义务，不属于现时义务，不应当确认为负债。

第二十四条　符合本准则第二十三条规定的负债定义的义务，在同时满足以下条件时，确认为负债：

(一) 与该义务有关的经济利益很可能流出企业；

(二) 未来流出的经济利益的金额能够可靠地计量。

第二十五条　符合负债定义和负债确认条件的项目，应当列入资产负债表；符合负债定义，但不符合负债确认条件的项目，不应当列入资产负债表。

第五章　所有者权益

第二十六条　所有者权益是指企业资产扣除负债后由所有者享有的剩余权益。

公司的所有者权益又称为股东权益。

第二十七条　所有者权益的来源包括所有者投入的资本、直接计入所有者权益的利得和损失、留存收益等。

直接计入所有者权益的利得和损失，是指不应计入当期损益、会导致所有者权益发生增减变动的、与所有者投入资本或者向所有者分配利润无关的利得或者损失。

利得是指由企业非日常活动所形成的、会导致所有者权益增加的、与所有者投入资本无关的经济利益的流入。

损失是指由企业非日常活动所发生的、会导致所有者权益减少的、与向所有者分配利润无关的经济利益的流出。

第二十八条　所有者权益金额取决于资产和负债的计量。

第二十九条　所有者权益项目应当列入资产负债表。

第六章　收入

第三十条　收入是指企业在日常活动中形成的、会导致所有者权益增加的、与所有者投入资本无关的经济利益的总流入。

第三十一条　收入只有在经济利益很可能流入从而导致企业资产增加或者负债减少、且经济利益的流入额能够可靠计量时才能予以确认。

第三十二条　符合收入定义和收入确认条件的项目，应当列入利润表。

第七章　费用

第三十三条　费用是指企业在日常活动中发生的、会导致所有者权益减少的、与向所有者分配利润无关的经济利益的总流出。

第三十四条　费用只有在经济利益很可能流出从而导致企业资产减少或者负债增加、且经济利益的流出额能够可靠计量时才能予以确认。

第三十五条　企业为生产产品、提供劳务等发生的可归属于产品成本、劳务成本等的费用，应当在确认产品销售收入、劳务收入等时，将已销售产品、已提供劳务的成本等计入当期损益。

企业发生的支出不产生经济利益的，或者即使能够产生经济利益但不符合或者不再符合资产确认条件的，应当在发生时确认为费用，计入当期损益。

企业发生的交易或者事项导致其承担了一项负债而又不确认为一项资产的，应当在发生时确认为费用，计入当期损益。

第三十六条　符合费用定义和费用确认条件的项目，应当列入利润表。

第八章　利润

第三十七条　利润是指企业在一定会计期间的经营成果，利润包括收入减去费用后的净额、直接计入当期利润的利得和损失等。

第三十八条　直接计入当期利润的利得和损失，是指应当计入当期损益、会导致所有者权益发生增减变动的、与所有者投入资本或者向所有者分配利润无关的利得或者损失。

第三十九条　利润金额取决于收入和费用、直接计入当期利润的利得和损失金额的计量。

第四十条　利润项目应当列入利润表。

第九章　会计计量

第四十一条　企业在将符合确认条件的会计要素登记入账并列报于会计报表及其附注(又称财务报表，下同)时，应当按照规定的会计计量属性进行计量，确定其金额。

第四十二条　会计计量属性主要包括：

(一) 历史成本。在历史成本计量下，资产按照购置时支付的现金或者现金等价物的金额，或者按照购置资产时所付出的对价的公允价值计量。负债按照因承担现时义务而实际收到的款项或者资产的金额，或者承担现时义务的合同金额，或者按照日常活动中为偿还负债预期需要支付的现金或者现金等价物的金额计量。

(二) 重置成本。在重置成本计量下，资产按照现在购买相同或者相似资产所需支付的现金或者现金等价物的金额计量。负债按照现在偿付该项债务所需支付的现金或者现金等价物的金额计量。

(三) 可变现净值。在可变现净值计量下，资产按照其正常对外销售所能收到现金或者现金等价物的金额扣减该资产至完工时估计将要发生的成本、估计的销售费用以及相关税费后的金额计量。

(四) 现值。在现值计量下，资产按照预计从其持续使用和最终处置中所产生的未来净现金流入量的折现金额计量。负债按照预计期限内需要偿还的未来净现金流出量的折现金额计量。

(五) 公允价值。在公允价值计量下，资产和负债按照在公平交易中，熟悉情况的交易双方自愿进行资产交换或者债务清偿的金额计量。

第四十三条　企业在对会计要素进行计量时，一般应当采用历史成本，采用重置成本、可变现净值、现值、公允价值计量的，应当保证所确定的会计要素金额能够取得并可靠计量。

第十章　财务会计报告

第四十四条　财务会计报告是指企业对外提供的反映企业某一特定日期的财务状况和某一会计期间的经营成果、现金流量等会计信息的文件。

财务会计报告包括会计报表及其附注和其他应当在财务会计报告中披露的相关信息和资料。会计报表至少应当包括资产负债表、利润表、现金流量表等报表。

小企业编制的会计报表可以不包括现金流量表。

第四十五条　资产负债表是指反映企业在某一特定日期的财务状况的会计报表。

第四十六条　利润表是指反映企业在一定会计期间的经营成果的会计报表。

第四十七条　现金流量表是指反映企业在一定会计期间的现金和现金等价物流入和流出的会计报表。

第四十八条　附注是指对在会计报表中列示项目所作的进一步说明，以及对未能在这些报表中列示项目的说明等。

第十一章　附则

第四十九条　本准则由财政部负责解释

第五十条本　准则自 2007 年 1 月 1 起施行。

附录2 常用会计科目解释

一、资产类

库存现金：是核算企业现金(备用金)增减变动情况和结余的科目；按币种设置明细账，由出纳员记账，且必须设置库存现金日记账。

银行存款：是核算企业银行存款账户增减变动情况和结余的科目；按不同银行账户设置明细账，由出纳员记账，且必须设置银行存款日记账。

其他货币资金：是核算银行汇票存款、银行本票存款、信用卡存款、信用证等其他货币资金的科目。

交易性金融资产：是核算企业对外进行的具有交易性(赚取差价)为目的股权、债券、基金等短期投资性科目。

应收票据：是核算企业因销售商品，提供劳务，向客户收取的商业汇票(包括商业承兑汇票、银行承兑汇票)；按照票据总类设置明细账。

应收账款：是核算因销售商品提供劳务而应收未收的款项，按债务人名称设置明细科目。

其他应收款：是核算企业除了应收票据、应收账款以外的其他应收、暂付的款项，包括：预支差旅费、支付押金和应收租金等。

坏账准备：是应收账款的备抵账户。

预付账款：是核算企业因采购货物或接受劳务以及其他原因，按合同规定预付的款项，按供货方的名称或预付费用的种类设置明细科目。

在途物资：核算企业购入材料物质，但尚未运达企业或未验收入库，按材料物资的品名、种类设置明细账。

原材料：是核算企业库存材料物资的收、发、存情况的账户，按材料物资的品名、种类设置明细账。

库存商品：是核算企业库存产成品或商品的收、发、存情况的账户，按产品或商品品种、规格设置明细账。

长期股权投资：是核算企业对外进行的股权性质的投资，期限在一年以上。

固定资产：是核算企业固定资产的增减、变化情况的账户。该账户反映的是原价，也就是原始价值。

累计折旧：是核算企业固定资产的磨损(消耗)价值(会计上称之为折旧)是固定资产的备抵账户。

(固定资产-累计折旧=固定资产净值)

在建工程：是核算企业自行建造或安装固定资产过程中的建造安装成本科目。

工程物资：是核算企业购入用于工程项目建造或大型设备安装的专项工程物资科目。

固定资产清理：是核算企业因出售、报废和毁损固定资产等原因，而发生清理费用或清理收益。

无形资产：是核算企业专利技术、土地使用权、商标权、商誉等非货币性资产。

累计摊销：是无形资产的备抵账户，是核算无形资产的摊销账户。

二、负债类

短期借款：是核算企业向银行或其他金融机构借入偿还期限在一年之内的各种借款，该科目只核算本金不核算利息。

应付票据：是核算企业因采购货物，接受劳务而向客户开出的商业汇票。按照票据总类设置明细科目。

应付账款：是核算企业因采购货物，接受劳务而应付未付的款项。按债权人名称、姓名设置明细科目。

预收账款：是核算企业销售商品、产品或提供劳务，按合同约定向采购方预收的款项。按采购商的名称设置明细科目。

其他应付款：是核算企业除应付账款，应付票据以外其他应付暂收款项。例如，存入保证金(押金)、应付的租金等。

应付工资(应付职工薪酬)：是核算企业支付给职工个人的属于工资总额内的各种工资、津贴以及为职工支付的养老保险等福利费用。分设若干明细科目。

应交税金(应交税费)：是核算企业与税务部门之间，应交未交的各种税金。按税种分设明细账，如应交增值税、应交营业税、应交个人所得税、应交企业所得税等。

应付股利：是核算企业应付给股东的现金股利账户。

应付利息：是核算应付利息的科目。

三、所有者权益

实收资本：是核算企业的股东投入的资本金账户，按公司法规定，投入资本可以是货币、实物和无形资产等，企业不得自行随意增减，如需增减，须经工商部门批准。

资本公积：核算企业因资本而产生的，包括资本溢价、折价、资本汇兑差等，此科目可以转增资本金。

盈余公积：是核算企业按照公司法规定，用净利润提取的留待企业今后发展的基金。

本年利润：是核算企业当年度实现的净利润或净亏损(年末转入利润分配)。

利润分配：是核算企业累计的净利润分配情况和剩余未分配利润的账户。

四、成本类

生产成本：是核算企业生产过程中过程成本核算的科目，生产成本包括直接材料，直接人工和间接制造成本。按“基本生产成本”、“辅助生产成本”设置二级明细科目。

制造费用：是核算生产车间发生的，发生时不能直接归属于某个产品对象的间接制造成本，是产品成本中的间接制造成本，月末该科目余额为零(转入生产成本)。

五、损益类(其科目特点：期末无余额，期末全部转入本年利润)

主营业务收入：是核算企业主营业务而产生的收入，该收入占企业总收入的最大比重。

主营业务成本：因主营业务收入增加而增加的销售成本，与主营业务收入是直接配比的科目。该科目来自于生产成本。

其他业务收入：是核算企业因其他业务而产生的收入。如：工业企业的出售原材料、对外出租和转让无形资产使用权等取得的收入。

其他业务成本：是核算企业因其他业务收入而产生的销售成本、费用和税金等，与其他业务收入是直接配比科目。

营业外收入：是核算企业非日常活动中产生的与生产经营无直接关系的各项利得，包括处置非流动资产的利得、受赠利得和盘盈利得等。

营业外支出：是核算企业非日常活动中产生的与生产经营无直接关系的各种损失，包括捐赠支出、非常损失、罚款支出、处置非流动资产损失等。

营业税金及附加：是核算企业因主营业务而产生的各种税金，包括营业税、消费税、城市维护建设税和教育费附加等费用类税金的科目。(不含增值税)

销售费用(营业费用)：是核算企业为销售而发生或销售过程中发生的或单设销售机构或售后服务网点等所有费用，包括运输费、包装费、广告费、展览费和专设销售机构的销售人员工资等。

管理费用：是核算企业行政机构为组织生产经营而发生的各种费用，包括董事会费、公司经费等。

财务费用：是核算企业为筹集生产经营所需资金而与银行或金融机构产生的借款费用，包括利息支出和手续费用等。

资产减值损失：是核算企业资产发生跌价或减值产生的损失，包括坏账损失、存货跌价损失和固定资产减值损失，等等。

所得税费用：是核算企业所得税费用的科目。

注：会计科目中有些虽然不需要掌握核算，但属于新科目，请同学们还是要关注，至少要能知道该科目的属性。如：周转材料、累计摊销、长期待摊费用、公允价值变动损益、资产减值损失等。

会计学原理综合模拟测验一

一、单项选择题(共 20 小题，每小题 1.5 分，共 30 分)

1．在会计核算的基本前提中，确定会计核算空间范围的是(　　)。

A．会计主体　　B．持续经营　　C．会计分期　　D．货币计量

2．会计的基本职能包括(　　)。

A．会计控制与会计决策　　B．会计预测与会计控制

C．会计核算与会计监督　　D．会计计划与会计决策

3．企业计划在年底购买一批机器设备，8 月份与销售方达成购买意向，9 月份签订了购买合同，但实际购买的行为发生在 11 月份，则企业应该在(　　)将该批设备确认为资产。

A．8 月　　B．11 月　　C．12 月　　D．9 月

4．下面关于会计对象说法不正确的是(　　)。

A．会计对象是指会计所要核算与监督的内容

B．特定主体能够以货币表现的经济活动，都是会计核算和监督的内容

C．企业日常进行的所有活动都是会计对象

D．会计对象就是社会再生产过程中的资金运动

5．下列不属于会计核算的环节的有(　　)。

A．确认　　B．计量　　C．记录　　D．报账

6．会计提供的会计信息应当反映与企业财务状况、经营成绩和现金流量有关的所有重要交易或者事项，是企业会计信息质量的(　　)要求。

A．可靠性　　B．相关性　　C．重要性　　D．可理解性

7．按照权责发生制的要求，下列收入或者费用应归属于本期的是(　　)。

A．本期销售产品的收入款项，对方尚未付款

B．预付明年的保险费，银行存款支付

C．本月收回上月销售产品的货款

D．预收销售产品的款项，下月发货

8．下列属于企业流动资产的是(　　)。

A．长期股权投资　　B．固定资产

C．预付账款　　D．无形资产

9．下列各项中，不属于期间费用核算内容的是(　　)。

A．制造费用　　B．管理费用　　C．销售费用　　D．财务费用

10．我国《企业会计准则》规定，企业应采用(　　)。

A．增减记账法　　B．借贷记账法

C．收付记账法　　D．单式记账法

11．所有者权益从数量上看，是(　　)的余额。

A．流动资产减去流动负债　　B．长期资产减去长期负债

C．全部资产减去流动负债　　D．全部资产减去全部负债

12．某企业资产总额为 200 万元，负债总额为 40 万元，在将 20 万元负债转为投入资本后，所有者权益总额为(　　)万元。

A．140　　B．180　　C．160　　D．200

13．将会计凭证分为原始凭证和记账凭证两大类的依据是(　　)。

A．凭证填制的时间　　B．凭证填制的程序和用途

C．凭证填制的方法　　D．凭证所反映的经济内容

14．按照我国会计准则的规定，下列各项中不应确认为收入的是(　　)。

A．销售商品收入　　B．销售原材料收入

C．出租固定资产的租金收入　　D．出售无形资产取得的净收益

15．某企业期末“工程物资”科目的借方余额为 100 万元，“库存商品”科目的借方余额为 50 万元，“原材料”科目的借方余额为 55 万元。假定不考虑其他因素，该企业资产负债表中“存货”项目的金额为(　　)万元。

A．105　　B．115　　C．205　　D．215

16．下列账户不应在账户贷方核算的是(　　)。

A．负债的增加额　　B．所有者权益的增加额

C．收入的增加额　　D．资产的增加额

17．“生产成本”明细账应采用(　　)。

A．三栏式　　B．多栏式　　C．数量金额式　　D．两栏式

18．如果企业资产按照购买时所付出对价的公允价值计量，负债按照日常活动中为偿还负债预期需要支付的现金或者现金等价物的金额计量，则其所采用的会计计量属性为(　　)。

A．公允价值　　B．历史成本　　C．现值　　D．可变现净值

19．资产负债表是反映企业某一特定日期(　　)的会计报表。

A．权益变动情况　　B．财务状况

C．经营成果　　D．现金流量

20．甲公司从乙公司购买原材料一批，合同价款为 100 000 元，增值税率为 17%，甲公司以银行存款支付全部款项，下列有关甲公司会计处理正确的是(　　)。

A．借：原材料　　100 000

　　贷：银行存款　　100 000

B．借：原材料　　100 000

　　应交税费——应交增值税(进项税额)　　17 000

　　贷：银行存款　　117 000

C．借：原材料　　100 000

应交税费——应交增值税(销项税额) 17 000

贷：银行存款 117 000

D．借：原材料 117 000

贷：银行存款 117 000

二、多项选择题(共6小题，每小题2分，共12分；至少两个符合要求，多选、错选、漏选均无分)

1．谨慎性要求会计人员在选择会计处理方法时(　　)。

A．不高估资产　　B．不低估负债

C．预计任何可能的收益　　D．确认很可能发生的损失

2．负债的特征有(　　)。

A．由于过去交易或事项所引起　　B．由企业拥有或者控制

C．承担的潜在义务　　D．最终要导致经济利益流出企业

3．应在账户贷方核算的是(　　)。

A．负债的增加额　　B．所有者权益的增加额

C．收入的增加额　　D．资产的增加额

4．关于会计核算的基本前提，下列说法中正确的是(　　)。

A．会计基本假设包括会计主体、持续经营、会计分期和货币计量

B．如果企业发生破产清算，经相关部门批准后，可以继续使用持续经营假设

C．在我国，以公历年度作为企业的会计年度，即公历1月1日至12月31日

D．会计的货币计量假设，包含了两层含义，一是以货币作为会计的统一计量单位；二是作为会计计量单位的货币，其币值是稳定不变的

5．一般纳税人购入固定资产，下列应当计入固定资产原始价值核算的有(　　)。

A．包装费　　B．保险费

C．购入固定资产增值税的进项税　　D．运输费

6．某企业2013年相关收入及支出情况如下：营业收入600 000元，营业成本350 000元，销售费用15 000元，管理费用20 000元，财务费用18 000元，投资收益50 000元，营业外收入35 000元，营业外支出12 000元，资产减值损失25 000元，下列关于该企业2008年的营业利润总额，错误的是(　　)元。

A．222 000　　B．197 000　　C．247 000　　D．245 000

三、判断题(共10小题，每小题1分，共10分，全部打√或全部打×，此题无分)

1．会计主体必须是法律主体。 (　　)

2. 明细分类科目是对总分类科目进一步分类，提供更详细、更具体的会计信息的科目。 (　　)

3. 复式记账法是指对于发生的每一项经济业务都要以相等的金额同时在相互联系的两个或两个以上账户中进行登记的一种记账方法。 (　　)

4．记账人员根据记账凭证记账后，在“记账符号”栏内作“√”记号。表示该笔金额已记入有关账户，以免漏记或重记。 (　　)

5．登记账簿的唯一依据是审核无误的原始凭证。 (　　)

6．在不同的账务处理程序下，会计报表的编制依据不同。 (　　)

7．营业利润是以主营业务利润为基础，加上其他业务利润，减去销售费用、管理费用和财务费用，再加上营业外收入减去营业外支出计算出来的。 （ ）

8．资产负债表中“固定资产”项目应根据“固定资产”账户余额减去“累计折旧”、“固定资产减值准备”等账户的期末余额后的金额填列。 （ ）

9．接受股东投入设备一台，会使资产、负债同时增加。 （ ）

10．资产负债表的格式主要有账户式和报告式两种，我国采用的是报告式，因此才出现财务会计报告这个名词。 （ ）

四、名词解释(共 4 小题，每小题 4 分，共 16 分)

1．资产。

2．权责发生制。

3．借贷记账法。

4．资产负债表。

五、会计分录题(共 10 小题，每小题 2 分，共 20 分)

某公司 12 月份发生如下经济业务，假设不考虑增值税，请依次编写会计分录。

1．向银行借入一笔三年期的短期借款 20 000 元。

2．前应收 B 公司货款 70 000 元，现已收回存入银行。

3．收到乙公司的投资 100 000 元，其中银行存款 60 000 元，固定资产 40 000 元。

4．从银行提取现金 5 000 元。

5．以银行存款支付本月应负担的各种管理费用 10 000 元。

6．以银行存款支付新产品的展销费用 50 000 元。

7．以现金收取职工的违纪罚款 1 000 元。

8．销售商品 5 000 件，单价 100 元，已收到货款 500 000 元。

9．结转已售商品的生产成本 360 000 元。

10．根据工资汇总表分配本月工资费用，生产工人工资 50 000 元，车间管理人员工资 20 000 元，行政管理人员工资 6 000 元，销售人员工资 4 000 元。

六、业务题：编制银行余额调节表(共 1 小题，每小题 12 分，共 12 分)

资料：某企业 2014 年 6 月末，银行存款日记账余额为 4 200 元，银行对账单的余额为 6 000 元，经双方核对查明，是由于下列未达账项所致，请编制银行存款余额调节表。

(1) 企业于 6 月 28 日从其他单位收到转账支票一张，金额 1 000 元，企业已作为存款的增加，银行尚未入账。

(2) 企业于 6 月 29 日开出转账支票支付钢材款 2 900 元，企业已作为存款的减少，收款单位尚未到银行办理转账。

(3) 银行于 6 月 30 日收到某公司汇给企业的销贷款 1 000 元，银行已作为企业存款的增加，企业尚未收到转账通知。

(4) 银行于 6 月 30 日计扣借款利息 1 100 元，企业尚未收到付款通知，未入账。

会计学原理综合模拟测验二

一、单项选择题(共 10 小题，每小题 1 分，共 10 分)

1．在会计核算的基本前提中，确定会计核算空间范围的是(　　)。

A．会计主体　　B．持续经营　　C．会计分期　　D．货币计量

2．企业计划在年底购买一批机器设备，8 月份与销售方达成购买意向，9 月份签订了购买合同，但实际购买的行为发生在 11 月份，则企业应该在(　　)将该批设备确认为资产。

A．8 月　　B．11 月　　C．12 月　　D．9 月

3．下面关于会计对象说法不正确的是(　　)。

A．会计对象是指会计所要核算与监督的内容

B．特定主体能够以货币表现的经济活动，都是会计核算和监督的内容

C．企业日常进行的所有活动都是会计对象

D．会计对象就是社会再生产过程中的资金运动

4．按照权责发生制的要求，下列收入或者费用应归属于本期的是(　　)。

A．本期销售产品的收入款项，对方尚未付款

B．预付明年的保险费，银行存款支付

C．本月收回上月销售产品的货款

D．预收销售产品的款项，下月发货

5．下列属于企业流动资产的是(　　)。

A．长期股权投资　B．固定资产　　C．预付账款　　D．无形资产

6．下列各项中，不属于期间费用核算内容的是(　　)。

A．制造费用　　B．管理费用　　C．销售费用　　D．财务费用

7．我国《企业会计准则》规定，企业应采用(　　)。

A．增减记账法　　B．借贷记账法　　C．收付记账法　　D．单式记账法

8．某企业资产总额为 200 万元，负债总额为 40 万元，在将 20 万元负债转为投入资本后，所有者权益总额为(　　)万元。

A．140　　B．180　　C．160　　D．200

9．将会计凭证分为原始凭证和记账凭证两大类的依据是(　　)。

A．凭证填制的时间　　B．凭证填制的程序和用途

C．凭证填制的方法　　D．凭证所反映的经济内容

10．下列账户不应在账户贷方核算的是(　　)。

A．负债的增加额　　B．所有者权益的增加额

C．收入的增加额　　D．资产的增加额

二、多项选择题(共10小题，每小题2分，共20分；至少两个符合要求，多选、错选、漏选均无分)

1．谨慎性要求会计人员在选择会计处理方法时(　　)。

A．不高估资产　　B．不低估负债

C．预计任何可能的收益　　D．确认很可能发生的损失

2．负债的特征有(　　)。

A．由于过去交易或事项所引起　　B．由企业拥有或者控制

C．承担的潜在义务　　D．最终要导致经济利益流出企业

3．应在账户贷方核算的是(　　)。

A．负债的增加额　　B．所有者权益的增加额

C．收入的增加额　　D．资产的增加额

4．关于会计核算的基本前提，下列说法中正确的是(　　)。

A．会计基本假设包括会计主体、持续经营、会计分期和货币计量

B．如果企业发生破产清算，经相关部门批准后，可以继续使用持续经营假设

C．在我国，以公历年度作为企业的会计年度，即公历1月1日至12月31日

D．会计的货币计量假设，包含了两层含义，一是以货币作为会计的统一计量单位；二是作为会计计量单位的货币，其币值是稳定不变的

5．一般纳税人购入固定资产，下列应当计入固定资产原始价值核算的有(　　)。

A．包装费　　B．保险费

C．购入固定资产增值税的进项税　　D．运输费

6．某企业2013年相关收入及支出情况如下：营业收入600 000元，营业成本350 000元，销售费用15 000元，管理费用20 000元，财务费用18 000元，投资收益50 000元，营业外收入35 000元，营业外支出12 000元，资产减值损失25 000元，下列关于该企业2008年的营业利润总额，错误的是(　　)元。

A．222 000　　B．197 000　　C．247 000　　D．245 000

7．下列账户中，(　　)应作为填列资产负债表存货项目依据。

A．材料采购　　B．生产成本　　C．工程物资　　D．存货跌价准备

8．关于科目汇总表账务处理程序，下列说法中正确的有(　　)。

A．它可以大大减轻总账的登记工作

B．它能使总账明确地反映账户对应关系

C．它可以对各账户的当期发生额进行试算平衡

D．它适应于规模大、业务量多的大、中型企业

9．年末结转后，“利润分配”科目余额可能表示(　　)。

A．未分配利润　　B．营业利润　　C．利润总额　　D．未弥补亏损

10．相对于单式记账法而言，复式记账法具有(　　)优点。

A．如实的反映资金运动的来龙去脉　　B．不考虑账户之间的联系

C．便于了解交易或事项的内容　　D．便于检查账户记录是否正确

三、判断题(共 10 小题，每小题 1 分，共 10 分，全部打√或全部打×，此题无分)

1．会计主体必须是法律主体。 (　　)

2．明细分类科目是对总分类科目进一步分类，提供更详细、更具体的会计信息的科目。(　　)

3．复式记账法是指对于发生的每一项经济业务都要以相等的金额同时在相互联系的两个或两个以上账户中进行登记的一种记账方法。 (　　)

4．记账人员根据记账凭证记账后，在“记账符号”栏内作“√”记号。表示该笔金额已记入有关账户，以免漏记或重记。 (　　)

5．登记账簿的唯一依据是审核无误的原始凭证。 (　　)

6．在不同的账务处理程序下，会计报表的编制依据不同。 (　　)

7．营业利润是以主营业务利润为基础，加上其他业务利润，减去销售费用、管理费用和财务费用，再加上营业外收入减去营业外支出计算出来的。 (　　)

8．资产负债表中“固定资产”项目应根据“固定资产”账户余额减去“累计折旧”、“固定资产减值准备”等账户的期末余额后的金额填列。 (　　)

9．接受股东投入设备一台，会使资产、负债同时增加。 (　　)

10．资产负债表的格式主要有账户式和报告式两种，我国采用的是报告式，因此才出现财务会计报告这个名词。 (　　)

四、名词解释(共 4 小题，每小题 3 分，共 12 分)

1．收入。

2．永续盘存制。

3．结账。

4．记账凭证。

五、简答题(共 2 小题，每小题 6 分，共 12 分)

1．年终如何结转“本年利润”？

2．什么是红字更正法？这种方法适用于哪两种情况？

六、业务题(共 14 小题，每小题 2 分，共 28 分)

某公司 12 月份发生如下经济业务，假设不考虑增值税，请依次编写会计分录。

1．向银行借入一笔三年期的长期借款 20 000 元。

2．收回 B 公司上月所欠货款 70 000 元，存入银行。

3．收到乙公司的投资 100 000 元，其中银行存款 60 000 元，固定资产 40 000 元。

4．从银行提取现金 5 000 元。

5．以银行存款支付本月应负担的各种管理费用 10 000 元。

6．以银行存款支付新产品的展销费用 50 000 元。

7．以现金收取职工的违纪罚款 1 000 元。

8．销售商品 5 000 件，单价 100 元，已收到货款 500 000 元。

9．结转已售商品的生产成本 360 000 元。

10．根据工资汇总表分配本月工资费用，生产工人工资 50 000 元，车间管理人员工资 20 000 元，行政管理人员工资 6 000 元，销售人员工资 4 000 元。

11．委托某券商发行股票 10 000 000 股，每股面值 1 元，发行价每股 2 元，股票发行已结束，券商直接从发行收入中扣除了发行费用 2 000 000 元，剩余款项已存入中星公司开户银行。

12. 对外发行 3 年期债券 2 000 000 元，债券发行完毕，款项已存入太阳公司开户银行。

13. 10 日，买入 B 公司股票，实际支付 40 000 元，作为交易性金融资产。

14. 12 日，向 A 公司购买一台，价款 600 000 元，中兴公司签发了一张 3 个月期的等额商业承兑汇票，支付给 C 公司。机器已运抵公司，已经可以使用。

七、综合题：(共 1 小题，每小题 8 分，共 8 分)

编写资产负债表

资料：(1) 光明公司 2014 年 1 月 31 部分账户期末余额见下表。

总分类账户的期末余额

单位：元

账户名称	借方金额	账户名称	贷方金额
库存现金	5 000	短期借款	200 000
银行存款	100 000	应付账款	46 800
应收账款	117 000	应交税费	100 000
其他应收款	6 000	应付利息	7 000
原材料	360 000	应付职工薪酬	200 000
低值易耗品	60 000	长期借款	100 000
预付账款	1 200	累计折旧	1 500 000
固定资产	5 000 000	实收资本	3 000 000
		本年利润	495 400
合　计	5 649 200	合　计	5 649 200

(2) 有关明细账余额。

应付账款——A 公司　(借方)　3 000

　　　　——B 公司　(贷方)　49 800

应收账款——C 公司　(借方)　122 000

　　　　——D 公司　(贷方)　5 000

计算：该企业资产负债表中的货币资金是(　　)元、存货是(　　)元、应收账款是(　　)元、应付账款是(　　)元、预收账款是(　　)元、预付账款是(　　)元、固定资产是(　　)元、应付利息是(　　)元。

参 考 文 献

[1] 陈国辉，迟旭升．基础会计[M]．大连：东北财经大学出版社，2012．
[2] 会计从业资格考试辅导教材编写组．会计基础[M]．北京：中国财政经济出版社，2010．
[3] 李海波，蒋瑛．新编会计学原理[M]．上海：立信会计出版社，2013．
[4] 朱小平，徐泓．初级会计学[M]．北京：中国人民大学出版社，2012．
[5] 崔智敏，陈爱玲．会计学基础[M]．4 版．北京：中国人民大学出版社，2012．
[6] 唐国平．会计学原理[M]．大连：东北财经大学出版社，2010．
[7] 刘永泽，陈文铭．会计学[M]．大连：东北财经大学出版社，2012．
[8] 牟小容，王玉蓉．会计学原理[M]．广州：暨南大学出版社，2011．
[9] 綦好东，吕玉芹．基础会计[M]．北京：经济科学出版社，2013．
[10] 葛军．会计学原理[M]．北京：高等教育出版社，2011．
[11] 陈晓芳．会计学原理[M]．大连：东北财经大学出版社，2013．
[12] 张志康．会计学原理[M] ．大连：东北财经大学出版社，2011．
[13] 张捷．基础会计[M]．北京：中国人民大学出版社，2012．
[14] 毛洪涛．会计学原理[M]．北京：清华大学出版社；北京交通大学出版社，2012．
[15] 李秀莲，张华．基础会计[M]．2 版．北京：北京大学出版社，2012．
[16] 张皓．新编基础会计[M]．北京：电子工业出版社，2010．
[17] 胡燕灵，魏玉英．基础会计学[M]．北京：清华大学出版社，2011．
[18] 贺世强，陈钢．会计基础与实务[M]．大连：东北财经大学出版社，2009．
[19] 夏明会．基础会计[M]．北京：北京理工大学出版社，2010．
[20] 曲洪山，禹阿平．新编基础会计[M]．大连：大连理工大学出版社，2009．
[21] 张捷．基础会计[M]．北京：经济科学出版社，2011．
[22] 陆娟，莫映红．基础会计[M]．北京：化学工业出版社，2013．
[23] 胡智敏，张志红．会计学原理[M]．广州：暨南大学出版社，2008．
[24] 郭丽华，乔宏．基础会计[M]．成都：西南财经大学出版社，2012．
[25] 葛家澍，刘峰．会计理论——关于财务会计概念结构的研究[M]．北京：中国财政经济出版社，2003．
[26] 唐国平，王清刚．会计学原理[M]．上海：上海财经大学出版社，2008．
[27] 许家林．会计学原理[M]．北京：科学出版社，2010．
[28] 陈国辉．基础会计[M]．大连：东北财经大学出版社，2007．
[29] 中华人民共和国财政部．企业会计准则—应用指南[M]．北京：中国财政经济出版社，2006．
[30] 石本仁．会计学原理[M]．北京：中国人民大学出版社，2011．

北京大学出版社本科财经管理类实用规划教材（已出版）

财务会计类

序号	书　名	标准书号	主　编	定价
1	基础会计（第2版）	7-301-17478-4	李秀莲	38.00
2	基础会计学	7-301-19403-4	窦亚芹	33.00
3	会计学	7-81117-533-2	马丽莹	44.00
4	会计学原理（第2版）	7-301-18515-5	刘爱香	30.00
5	会计学原理习题与实验（第2版）	7-301-19449-2	王保忠	30.00
6	会计学原理与实务（第2版）	7-301-18653-4	周慧滨	33.00
7	会计学原理与实务模拟实验教程	7-5038-5013-4	周慧滨	20.00
8	会计实务	7-81117-677-3	王远利	40.00
9	高级财务会计	7-81117-545-5	程明娥	46.00
10	高级财务会计	7-5655-0061-9	王奇杰	44.00
11	成本会计学	7-301-19400-3	杨尚军	38.00
12	成本会计学	7-5655-0482-2	张红漫	30.00
13	成本会计学	7-301-20473-3	刘建中	38.00
14	管理会计	7-81117-943-9	齐殿伟	27.00
15	管理会计	7-301-21057-4	形芳珍	36.00
16	会计规范专题	7-81117-887-6	谢万健	35.00
17	企业财务会计模拟实习教程	7-5655-0404-4	董晓平	25.00
18	税法与税务会计	7-81117-497-7	吕孝侠	45.00
19	初级财务管理	7-301-20019-3	胡淑姣	42.00
20	财务管理学原理与实务	7-81117-544-8	严复海	40.00
21	财务管理学	7-5038-4897-1	盛均全	34.00
22	财务管理学	7-301-21887-7	陈　玮	44.00
23	基础会计学学习指导与习题集	7-301-16309-2	裴　玉	28.00
24	财务管理理论与实务	7-301-20042-1	成　兵	40.00
25	税法与税务会计实用教程（第2版）	7-301-21422-0	张巧良	45.00
26	财务管理理论与实务（第2版）	7-301-20407-8	张思强	42.00
27	公司理财原理与实务	7-81117-800-5	廖东声	36.00
28	审计学	7-81117-828-9	王翠琳	46.00
29	审计学	7-301-20906-6	赵晓波	38.00
30	审计理论与实务	7-81117-955-2	宋传联	36.00
31	会计综合实训模拟教程	7-301-20730-7	章洁倩	33.00
32	财务分析学	7-301-20275-3	张献英	30.00
33	银行会计	7-301-21155-7	宗国恩	40.00
34	税收筹划	7-301-21238-7	都新英	38.00
35	基础会计学	7-301-16308-5	晋晓琴	39.00
36	公司财务管理	7-301-21423-7	胡振兴	48.00
37	财务管理学实用教程（第2版）	7-301-21060-4	骆永菊	42.00
38	政府与非营利组织会计	7-301-21504-3	张　丹	40.00
39	预算会计	7-301-22203-4	王筱萍	32.00
40	统计学实验教程	7-301-22450-2	裘雨明	24.00
41	基础会计实验与习题	7-301-22387-1	左　旭	30.00
42	基础会计	7-301-23109-8	田凤彩	39.00
43	财务会计学	7-301-23190-6	李柏生	39.00
44	会计电算化	7-301-23565-2	童　伟	49.00
45	中级财务会计	7-301-23772-4	吴海燕	49.00
46	会计规范专题(第2版)	7-301-23797-7	谢万健	42.00
47	基础会计	7-301-24366-4	孟　铁	35.00
48	信息化会计实务	7-301-24730-3	杜天宇	35.00
49	会计学原理	7-301-24872-0	郭松克	38.00

工商管理、市场营销、人力资源管理、服务营销类

序号	书　名	标准书号	主　编	定价
1	管理学基础	7-5038-4872-8	于干千	35.00
2	管理学基础学习指南与习题集	7-5038-4891-9	王　珍	26.00
3	管理学	7-81117-494-6	曾　旗	44.00
4	管理学	7-301-21167-0	陈文汉	35.00
5	管理学	7-301-17452-4	王慧娟	42.00
6	管理学原理	7-5655-0078-7	尹少华	42.00
7	管理学原理与实务（第2版）	7-301-18536-0	陈嘉莉	42.00
8	管理学实用教程	7-5655-0063-3	邵喜武	37.00
9	管理学实用教程	7-301-21059-8	高爱霞	42.00
10	管理学实用教程	7-301-22218-8	张润兴	43.00
11	通用管理知识概论	7-5038-4997-8	王丽平	36.00
12	管理学原理	7-301-21178-6	雷金荣	39.00
13	管理运筹学（第2版）	7-301-19351-8	关文忠	39.00
14	统计学原理	7-301-21061-1	韩　宇	38.00
15	统计学原理	7-5038-4888-9	刘晓利	28.00
16	统计学	7-5038-4898-8	曲　岩	42.00
17	应用统计学（第2版）	7-301-19295-5	王淑芬	48.00
18	统计学原理与实务	7-5655-0505-8	徐静霞	40.00
19	管理定量分析方法	7-301-13552-5	赵光华	28.00
20	新编市场营销学	7-81117-972-9	刘丽霞	30.00
21	公共关系理论与实务	7-5655-0155-5	李泓欣	45.00
22	质量管理（第2版）	7-301-24632-0	陈国华	39.00
23	企业文化理论与实务	7-81117-663-6	王水嫩	30.00
24	企业战略管理	7-81117-801-2	陈英梅	34.00
25	企业战略管理实用教程	7-81117-853-1	刘松先	35.00
26	产品与品牌管理	7-81117-492-2	胡　梅	35.00
27	东方哲学与企业文化	7-5655-0433-4	刘峰涛	34.00
28	市场营销学	7-301-21056-7	马慧敏	42.00
29	市场营销学：理论、案例与实训	7-301-21165-6	袁连升	42.00
30	市场营销学	7-5655-0064-0	王槐林	33.00
31	国际市场营销学	7-301-21888-4	董　飞	45.00
32	市场营销学（第2版）	7-301-19855-1	陈　阳	45.00
33	市场营销学	7-301-21166-3	杨　楠	40.00
34	国际市场营销学	7-5038-5021-9	范应仁	38.00
35	现代市场营销学	7-81117-599-8	邓德胜	40.00
36	市场营销学新论	7-5038-4879-7	郑玉香	40.00
37	市场营销理论与实务（第2版）	7-301-20628-7	那　薇	40.00
38	市场营销学实用教程	7-5655-0081-7	李晨耘	40.00
39	市场营销学	7-81117-676-6	戴秀英	32.00
40	消费者行为学	7-81117-824-1	甘瑁琴	35.00
41	商务谈判（第2版）	7-301-20048-3	郭秀君	49.00
42	商务谈判实用教程	7-81117-597-4	陈建明	24.00
43	消费者行为学	7-5655-0057-2	肖　立	37.00
44	客户关系管理实务	7-301-09956-8	周贺来	44.00
45	公共关系学	7-5038-5022-6	于朝晖	40.00
46	非营利组织	7-301-20726-0	王智慧	33.00
47	公共关系理论与实务	7-5038-4889-6	王　玫	32.00
48	公共关系学实用教程	7-81117-660-5	周　华	35.00
49	跨文化管理	7-301-20027-8	晏　雄	35.00
50	企业战略管理	7-5655-0370-2	代海涛	36.00
51	员工招聘	7-301-20089-6	王　挺	30.00
52	服务营销理论与实务	7-81117-826-5	杨丽华	39.00
53	服务企业经营管理学	7-5038-4890-2	于干千	36.00
54	服务营销	7-301-15834-0	周　明	40.00
55	运营管理	7-5038-4878-0	冯根尧	35.00
56	生产运作管理（第2版）	7-301-18934-4	李全喜	48.00

序号	书　名	标 准 书 号	主　编	定价	序号	书　名	标 准 书 号	主　编	定价
57	运作管理	7-5655-0472-3	周建亨	25.00	76	现场管理	7-301-21528-9	陈国华	38.00
58	组织行为学	7-5038-5014-1	安世民	33.00	77	现代企业管理理论与应用（第 2 版）	7-301-21603-3	邸彦彪	38.00
59	组织设计与发展	7-301-23385-6	李春波	36.00	78	服务营销	7-301-21889-1	熊　凯	45.00
60	组织行为学实用教程	7-301-20466-5	冀　鸿	32.00	79	企业经营 ERP 沙盘应用教程	7-301-20728-4	董红杰	32.00
61	现代组织理论	7-5655-0077-0	岳　澎	32.00	80	项目管理	7-301-21448-0	程　敏	39.00
62	人力资源管理（第 2 版）	7-301-19098-2	颜爱民	60.00	81	公司治理学	7-301-22568-4	蔡　锐	35.00
63	人力资源管理经济分析	7-301-16084-8	颜爱民	38.00	82	管理学原理	7-301-22980-4	陈　阳	48.00
64	人力资源管理原理与实务	7-81117-496-0	邹　华	32.00	83	管理学	7-301-23023-7	申文青	40.00
65	人力资源管理实用教程（第 2 版）	7-301-20281-4	吴宝华	45.00	84	人力资源管理实验教程	7-301-23078-7	畅铁民	40.00
66	人力资源管理：理论、实务与艺术	7-5655-0193-7	李长江	48.00	85	社交礼仪	7-301-23418-1	李　霞	29.00
67	人力资源管理教程	7-301-24615-3	夏兆敢	36.00	86	营销策划	7-301-23204-0	杨　楠	42.00
68	政府与非营利组织会计	7-301-21504-3	张　丹	40.00	87	企业战略管理	7-301-23419-8	顾　桥	46.00
69	会展服务管理	7-301-16661-1	许传宏	36.00	88	兼并与收购	7-301-22567-7	陶启智	32.00
70	现代服务业管理原理、方法与案例	7-301-17817-1	马　勇	49.00	89	统计学（第 2 版）	7-301-23854-7	阮红伟	35.00
71	服务性企业战略管理	7-301-20043-8	黄其新	28.00	90	广告策划与管理：原理、案例与项目实训	7-301-23827-1	杨佐飞	48.00
72	服务型政府管理概论	7-301-20099-5	于干千	32.00	91	客户关系管理理论与实务	7-301-23911-7	徐　伟	40.00
73	新编现代企业管理	7-301-21121-2	姚丽娜	48.00	92	市场营销学（第 2 版）	7-301-24328-2	王槐林	39.00
74	创业学	7-301-15915-6	刘沁玲	38.00	93	创业基础：理论应用与实训实练	7-301-24465-4	郭占元	38.00
75	公共关系学实用教程	7-301-17472-2	任焕琴	42.00	94	生产运作管理（第 3 版）	7-301-24502-6	李全喜	54.00

经济、国贸、金融类

序号	书　名	标 准 书 号	主　编	定价	序号	书　名	标 准 书 号	主　编	定价
1	宏观经济学原理与实务（第 2 版）	7-301-18787-6	崔东红	57.00	25	东南亚南亚商务环境概论	7-81117-956-9	韩　越	38.00
2	宏观经济学（第 2 版）	7-301-19038-8	蹇令香	39.00	26	证券投资学	7-301-19967-1	陈汉平	45.00
3	微观经济学原理与实务	7-81117-818-0	崔东红	48.00	27	证券投资学	7-301-21236-3	王　毅	45.00
4	微观经济学	7-81117-568-4	梁瑞华	35.00	28	货币银行学	7-301-15062-7	杜小伟	38.00
5	西方经济学实用教程	7-5038-4886-5	陈孝胜	40.00	29	货币银行学	7-301-21345-2	李　冰	42.00
6	西方经济学实用教程	7-5655-0302-3	杨仁发	49.00	30	国际结算（第 2 版）	7-301-17420-3	张晓芬	35.00
7	西方经济学	7-81117-851-7	于丽敏	40.00	31	国际结算	7-301-21092-5	张　慧	42.00
8	现代经济学基础	7-81117-549-3	张士军	25.00	32	金融风险管理	7-301-20090-2	朱淑珍	38.00
9	国际经济学	7-81117-594-3	吴红梅	39.00	33	金融工程学	7-301-18273-4	李淑锦	30.00
10	发展经济学	7-81117-674-2	赵邦宏	48.00	34	国际贸易理论、政策与案例分析	7-301-20978-3	冯　跃	42.00
11	管理经济学	7-81117-536-3	姜保雨	34.00	35	金融工程学理论与实务（第 2 版）	7-301-21280-6	谭春枝	42.00
12	计量经济学	7-5038-3915-3	刘艳春	28.00	36	金融学理论与实务	7-5655-0405-1	战玉峰	42.00
13	外贸函电（第 2 版）	7-301-18786-9	王　妍	30.00	37	国际金融实用教程	7-81117-593-6	周　影	32.00
14	国际贸易理论与实务（第 2 版）	7-301-18798-2	缪东玲	54.00	38	跨国公司经营与管理（第 2 版）	7-301-21333-9	冯雷鸣	35.00
15	国际贸易（第 2 版）	7-301-19404-1	朱廷珺	45.00	39	国际金融	7-5038-4893-3	韩博印	30.00
16	国际贸易实务（第 2 版）	7-301-20486-3	夏合群	45.00	40	国际商务函电	7-301-22388-8	金泽虎	35.00
17	国际贸易结算及其单证实务	7-5655-0268-2	卓乃坚	35.00	41	国际金融	7-301-23351-6	宋树民	48.00
18	政治经济学原理与实务（第 2 版）	7-301-22204-1	沈爱华	31.00	42	国际贸易实训教程	7-301-23730-4	王　茜	28.00
19	国际商务	7-5655-0093-0	安占然	30.00	43	财政学	7-301-23814-1	何育静	45.00
20	国际贸易实务	7-301-20919-6	张　肃	28.00	44	保险学	7-301-23819-6	李春蓉	41.00
21	国际贸易规则与进出口业务操作实务（第 2 版）	7-301-19384-6	李　平	54.00	45	中国对外贸易概论	7-301-23884-4	翟士军	42.00
22	金融市场学	7-81117-595-0	黄解宇	24.00	46	国际经贸英语阅读教程	7-301-23876-9	李晓娣	25.00
23	财政学	7-5038-4965-7	盖　锐	34.00	47	管理经济学（第 2 版）	7-301-24786-0	姜保雨	42.00
24	保险学原理与实务	7-5038-4871-1	曹时军	37.00					

法律类

序号	书　名	标 准 书 号	主　编	定价	序号	书　名	标 准 书 号	主　编	定价
1	经济法原理与实务(第2版)	7-301-21527-2	杨士富	39.00	6	金融法学理论与实务	7-81117-958-3	战玉锋	34.00
2	经济法实用教程	7-81117-547-9	陈亚平	44.00	7	国际商法	7-301-20071-1	丁孟春	37.00
3	国际商法理论与实务	7-81117-852-4	杨士富	38.00	8	商法学	7-301-21478-7	周龙杰	43.00
4	商法总论	7-5038-4887-2	任先行	40.00	9	经济法	7-301-24697-9	王成林	35.00
5	劳动法和社会保障法（第 2 版）	7-301-21206-6	李　瑞	38.00					

电子商务与信息管理类

序号	书　名	标 准 书 号	主　编	定价	序号	书　名	标 准 书 号	主　编	定价
1	网络营销	7-301-12349-2	谷宝华	30.00	6	电子商务概论	7-301-13633-1	李洪心	30.00
2	数据库技术及应用教程（SQL Server 版）	7-301-12351-5	郭建校	34.00	7	管理信息系统实用教程	7-301-12323-2	李　松	35.00
3	网络信息采集与编辑	7-301-16557-7	范生万	24.00	8	电子商务概论（第 2 版）	7-301-17475-3	庞大莲	42.00
4	电子商务案例分析	7-301-16596-6	曹彩杰	28.00	9	网络营销（第 2 版）	7-301-23803-5	王宏伟	36.00
5	管理信息系统	7-301-12348-5	张彩虹	36.00	10	电子商务概论	7-301-16717-5	杨雪雁	32.00

序号	书　名	标 准 书 号	主　编	定价	序号	书　名	标 准 书 号	主　编	定价
11	电子商务英语	7-301-05364-5	覃　正	30.00	27	数字图书馆	7-301-22118-1	奉国和	30.00
12	网络支付与结算	7-301-16911-7	徐　勇	34.00	28	电子化国际贸易	7-301-17246-9	李辉作	28.00
13	网上支付与安全	7-301-17044-1	帅青红	32.00	29	商务智能与数据挖掘	7-301-17671-9	张公让	38.00
14	企业信息化实务	7-301-16621-5	张志荣	42.00	30	管理信息系统教程	7-301-19472-0	赵天唯	42.00
15	电子商务法	7-301-14306-3	李　瑞	26.00	31	电子政务	7-301-15163-1	原忠虎	38.00
16	数据仓库与数据挖掘	7-301-14313-1	廖开际	28.00	32	商务智能	7-301-19899-5	汪　楠	40.00
17	电子商务模拟与实验	7-301-12350-8	喻光继	22.00	33	电子商务与现代企业管理	7-301-19978-7	吴菊华	40.00
18	ERP 原理与应用教程	7-301-14455-8	温雅丽	34.00	34	电子商务物流管理	7-301-20098-8	王小宁	42.00
19	电子商务原理及应用	7-301-14080-2	孙　睿	36.00	35	管理信息系统实用教程	7-301-20485-6	周贺来	42.00
20	管理信息系统理论与应用	7-301-15212-6	吴　忠	30.00	36	电子商务概论	7-301-21044-4	苗　森	28.00
21	网络营销实务	7-301-15284-3	李蔚田	42.00	37	管理信息系统实务教程	7-301-21245-5	魏厚清	34.00
22	电子商务实务	7-301-15474-8	仲　岩	28.00	38	电子商务安全	7-301-22350-5	蔡志文	49.00
23	电子商务网站建设	7-301-15480-9	臧良运	32.00	39	电子商务法	7-301-22121-1	郭　鹏	38.00
24	网络金融与电子支付	7-301-15694-0	李蔚田	30.00	40	ERP 沙盘模拟教程	7-301-22393-2	周　菁	26.00
25	网络营销	7-301-22125-9	程　虹	38.00	41	移动商务理论与实践	7-301-22779-4	柯　林	43.00
26	电子证券与投资分析	7-301-22122-8	张德存	38.00	42	电子商务项目教程	7-301-23071-8	芦　阳	45.00

物流类

序号	书　名	书号	编著者	定价	序号	书　名	书号	编著者	定价
1	物流工程	7-301-15045-0	林丽华	30.00	34	逆向物流	7-301-19809-4	甘卫华	33.00
2	现代物流决策技术	7-301-15868-5	王道平	30.00	35	供应链设计理论与方法	7-301-20018-6	王道平	32.00
3	物流管理信息系统	7-301-16564-5	杜彦华	33.00	36	物流管理概论	7-301-20095-7	李传荣	44.00
4	物流信息管理	7-301-16699-4	王汉新	38.00	37	供应链管理	7-301-20094-0	高举红	38.00
5	现代物流学	7-301-16662-8	吴　健	42.00	38	企业物流管理	7-301-20818-2	孔继利	45.00
6	物流英语	7-301-16807-3	阚功俭	28.00	39	物流项目管理	7-301-20851-9	王道平	30.00
7	第三方物流	7-301-16663-5	张旭辉	35.00	40	供应链管理	7-301-20901-1	王道平	35.00
8	物流运作管理	7-301-16913-1	董千里	28.00	41	现代仓储管理与实务	7-301-21043-7	周兴建	45.00
9	采购管理与库存控制	7-301-16921-6	张　浩	30.00	42	物流学概论	7-301-21098-7	李　创	44.00
10	物流管理基础	7-301-16906-3	李蔚田	36.00	43	航空物流管理	7-301-21118-2	刘元洪	32.00
11	供应链管理	7-301-16714-4	曹翠珍	40.00	44	物流管理实验教程	7-301-21094-9	李晓龙	25.00
12	物流技术装备	7-301-16808-0	于　英	38.00	45	物流系统仿真案例	7-301-21072-7	赵　宁	25.00
13	现代物流信息技术(第2版)	7-301-23848-6	王道平	35.00	46	物流与供应链金融	7-301-21135-9	李向文	30.00
14	现代物流仿真技术	7-301-17571-2	王道平	34.00	47	物流信息系统	7-301-20989-9	王道平	28.00
15	物流信息系统应用实例教程	7-301-17581-1	徐　琪	32.00	48	物料学	7-301-17476-0	肖生苓	44.00
16	物流项目招投标管理	7-301-17615-3	孟祥茹	30.00	49	智能物流	7-301-22036-8	李蔚田	45.00
17	物流运筹学实用教程	7-301-17610-8	赵丽君	33.00	50	物流项目管理	7-301-21676-7	张旭辉	38.00
18	现代物流基础	7-301-17611-5	王　侃	37.00	51	新物流概论	7-301-22114-3	李向文	34.00
19	现代企业物流管理实用教程	7-301-17612-2	乔志强	40.00	52	物流决策技术	7-301-21965-2	王道平	38.00
20	现代物流管理学	7-301-17672-6	丁小龙	42.00	53	物流系统优化建模与求解	7-301-22115-0	李向文	32.00
21	物流运筹学	7-301-17674-0	郝　海	36.00	54	集装箱运输实务	7-301-16644-4	孙家庆	34.00
22	供应链库存管理与控制	7-301-17929-1	王道平	28.00	55	库存管理	7-301-22389-5	张旭凤	25.00
23	物流信息系统	7-301-18500-1	修桂华	32.00	56	运输组织学	7-301-22744-2	王小霞	30.00
24	城市物流	7-301-18523-0	张　潜	24.00	57	物流金融	7-301-22699-5	李蔚田	39.00
25	营销物流管理	7-301-18658-9	李学工	45.00	58	物流系统集成技术	7-301-22800-5	杜彦华	40.00
26	物流信息技术概论	7-301-18670-1	张　磊	28.00	59	商品学	7-301-23067-1	王海刚	30.00
27	物流配送中心运作管理	7-301-18671-8	陈　虎	40.00	60	项目采购管理	7-301-23100-5	杨　丽	38.00
28	物流项目管理	7-301-18801-9	周晓晔	35.00	61	电子商务与现代物流	7-301-23356-6	吴　健	48.00
29	物流工程与管理	7-301-18960-3	高举红	39.00	62	国际海上运输	7-301-23486-0	张良卫	45.00
30	交通运输工程学	7-301-19405-8	于　英	43.00	63	物流配送中心规划与设计	7-301-23847-9	孔继利	49.00
31	国际物流管理	7-301-19431-7	柴庆春	40.00	64	运输组织学	7-301-23885-1	孟祥茹	48.00
32	商品检验与质量认证	7-301-10563-4	陈红丽	32.00	65	物流管理	7-301-22161-7	张佺举	49.00
33	供应链管理	7-301-19734-9	刘永胜	49.00					

相关教学资源如电子课件、电子教材、习题答案等可以登录 www.pup6.cn 下载或在线阅读。

扑六知识网(www.pup6.com)有海量的相关教学资源和电子教材供阅读及下载(包括北京大学出版社第六事业部的相关资源)，同时欢迎您将教学课件、视频、教案、素材、习题、试卷、辅导材料、课改成果、设计作品、论文等教学资源上传到 pup6.cn，与全国高校师生分享您的教学成就与经验，并可自由设定价格，知识也能创造财富。具体情况请登录网站查询。

如您需要免费纸质样书用于教学，欢迎登录第六事业部门户网(www.pup6.com.cn)填表申请，并欢迎在线登记选题以到北京大学出版社来出版您的大作，也可下载相关表格填写后发到我们的邮箱，我们将及时与您取得联系并做好全方位的服务。

扑六知识网将打造成全国最大的教育资源共享平台，欢迎您的加入——让知识有价值，让教学无界限，让学习更轻松。联系方式：010-62750667，wangxc02@163.com，lihu80@163.com，欢迎来电来信。